FÉDÉRATION NATIONALE

DES

COOPÉRATIVES DE CONSOMMATION

85, Rue Charlot, PARIS-3e

DOUZIÈME CONGRÈS NATIONAL

TENU A NANCY

SALLE DE LA GRANDE TAVERNE

16, Rue Saint-Dizier

LES 21 ET 22 MAI 1925

Prix : 6 fr. 50

IMPRIMERIE

DOUZIÈME CONGRÈS NATIONAL

TENU A NANCY

SALLE DE LA GRANDE TAVERNE

16, rue Saint-Dizier

LES 21 ET 22 MAI 1925

FÉDÉRATION NATIONALE

DES

COOPÉRATIVES DE CONSOMMATION

85, Rue Charlot, PARIS-3ᵉ

DOUZIÈME CONGRÈS NATIONAL

TENU A NANCY

SALLE DE LA GRANDE TAVERNE

16, Rue Saint-Dizier

LES 21 ET 22 MAI 1925

RENNES

IMPRIMERIES RÉUNIES (SOCIÉTÉ COOPÉRATIVE) 22, rue de Nemours,

1925

Fédération Nationale des Coopératives de Consommation

85, Rue Charlot, PARIS-3ᵉ

DOUZIÈME CONGRÈS NATIONAL

Tenu à NANCY

PREMIÈRE SÉANCE, JEUDI 21 MAI, 9 H. 30 DU MATIN

La séance est ouverte à 9 heures 30, salle de la Grande Taverne, à Nancy.

OUVERTURE DU CONGRÈS

Poisson. — Au nom du Conseil Central, je déclare ouvert le XIIᵉ Congrès de la Fédération Nationale des Coopératives de Consommation.

Le Conseil Central vous propose notre ami Charles Gide comme Président et Fauconnet, Secrétaire de la Fédération des Coopératives de la région parisienne et Gaston Prache, Secrétaire de la Fédération des Coopératives du Nord, comme assesseurs.

Je prie ces camarades de venir prendre place au bureau.

Le Secrétariat du Congrès sera, comme d'habitude, assuré par le Secrétariat de la Fédération.

M. Charles Gide. — Je donne la parole à mon collègue M. le Professeur Auerbach, Président du Conseil d'Administration de *l'Union des Coopérateurs de Lorraine*.

Discours de M. AUERBACH

La présidence de cette séance inaugurale du XIIᵉ Congrès National, par une tradition qui nous est chère et précieuse, est dévolue au maître, au vétéran illustre de la Coopération, M. le Professeur Charles Gide, qui exerce cette magistrature avec une autorité spirituelle, dans tous les sens de ce mot.

Qu'il me soit permis de m'acquitter simplement de l'office du maître de maison que je partage avec notre collègue Brot, pour vous saluer ici, amis de France et de l'Etranger, au nom de la

Fédération régionale et au nom de l'*Union des Coopérateurs de Lorraine.*

Nous vous avons convié avec joie et fierté, avec une joie sans mélange et avec une fierté un peu inquiète. L'*Union des Coopérateurs de Lorraine* se voit placée, par le volume de ses affaires, par l'ampleur de son domaine, au premier rang des Sociétés coopératives de consommation de France, parmi lesquelles elle est une des plus jeunes, une benjamine. Mais cette enfant de la guerre redouterait de vous apparaître comme une nouvelle riche, elle serait tentée de s'excuser de sa fortune rapide si elle ne déclarait ici qu'elle en est redevable d'abord aux leçons et aux expériences de ses aînées, qui souvent se sont développées dans des milieux plus ingrats. Elle en reporte aussi le mérite sur cette population lorraine, paysanne et citadine, réfractaire aux engouements, mais qui a compris merveilleusement le sens et la portée de cette forme de l'évolution économique qu'est la Coopération. Et c'est pourquoi dans ce cadre qui embrasse la région depuis les confins de la Champagne jusqu'au chevet des vallées vosgiennes — rassurez-vous, nous ne vous ferons pas faire le tour du propriétaire, ce serait trop long — sur ce territoire si vibrant de la France de l'Est, sont éclos 400 magasins qui sont des cellules, des foyers de vie sociale.

Enfin, une des raisons les plus certaines de notre succès, c'est que l'Union des Coopérateurs a trouvé des missionnaires et des serviteurs fervents et heureux. Je ne rappellerai pas leurs noms à vos sympathies, vous les connaissez et ils préfèrent se présenter à vous dans leur œuvre, œuvre encore imparfaite à l'heure actuelle, et qui n'a pas réalisé tous nos vœux. Nous aspirons toujours à monter, mais nous savons faire halte aussi aux paliers pour nous ressaisir et pour nous réconforter. C'est dans une de ces phases de stabilisation et de consolidation que vous nous trouvez aujourd'hui.

Si nous mettons quelque coquetterie à nous montrer à vous en forme et en beauté, c'est que nous avons la conscience d'avoir travaillé, dans ce coin de la patrie française, si terriblement éprouvé il y a quelques années, d'avoir travaillé en suscitant des forces vives, en instaurant un ensemble d'organisations, en élargissant aussi notre horizon, nous avons conscience d'avoir travaillé au rapprochement et à l'union des peuples comme au progrès de la démocratie.

Le Président. — Je donne la parole à M. Marcel Brot, secrétaire de la Fédération régionale de Lorraine et des Ardennes.

Discours de Marcel BROT

Après les paroles de notre Président de l'*Union des Coopérateurs* et de la Fédération régionale, M. Auerbach, je me contenterai de faire avec vous ce qu'il appelait tout à l'heure le tour du propriétaire, de vous résumer, en quelques mots, l'inventaire coopératif de notre région.

M. Auerbach vous a dit que vous auriez l'occasion, au cours du Congrès, de voir, comme manifestation coopérative, l'*Union des Coopérateurs de Lorraine.* En tant que secrétaire de la Fédération régionale, et aussi d'administrateur de l'*Union des Coopérateurs de Lorraine*, je tiens à redire après notre président que le succès n'empêche nullement notre société de se rendre compte combien elle doit au mouvement coopératif tout entier, de manière très directe. Notre Société, qui provient de la fusion de Sociétés déjà grandes, a été inspirée et guidée à tout instant d'une façon effective par les représentants de la Fédération Nationale des Coopératives et du Magasin de Gros, qui sont l'émanation de votre expérience à tous. C'est directement, dès les débuts de l'U.C.L., que nos amis Poisson et Lévy ont collaboré d'une façon permanente à cette œuvre; et, aujourd'hui encore, ils travaillent constamment avec nous dans le conseil d'administration de notre Société.

Je tiens aussi à dire ce que nous devons à l'expérience coopérative de notre région. Le mouvement coopératif n'est pas né en Lorraine seulement depuis la guerre. Nous avons de vieilles sociétés des Vosges et des Ardennes qui remontent à vingt-cinq ou 30 ans. Des coopérateurs y ont mené la lutte héroïque que beaucoup d'entre vous connaissent, cette lutte des petites sociétés où il est exigé souvent des administrateurs plus de dévouement personnel encore que des administrateurs des grandes sociétés d'aujourd'hui.

Dans les Ardennes, le mouvement coopératif, dès sa naissance, s'est ressenti de l'impulsion de nos voisins belges. Il a gardé, sinon complètement l'esprit des coopérateurs belges, du moins une teinte de cet esprit, et, dans les statuts mêmes des sociétés coopératives autonomes, se retrouve la trace de l'influence de nos voisins.

Il y a aujourd'hui une cinquantaine de sociétés autonomes dans la vallée de la Meuse et dans les vallées adjacentes, qui groupent 15.000 sociétaires pour un chiffre d'affaires de près de 20 millions.

Depuis la guerre, il s'est constitué dans le département des Ardennes une société coopérative de développement, l'Union des Coopératives, à Charleville, dirigée et administrée par notre ami Jevais, qui groupe environ 7.000 sociétaires autour d'une quarantaine de magasins et qui fait environ 4 millions d'affaires.

A l'autre bout de notre région, dans les Vosges, autre pointe de notre vieux mouvement coopératif, c'est aussi dans les vallées et non dans la plaine que nous trouvons les sociétés coopératives nombreuses formées par les ouvriers des filatures, des tissages, des papeteries, par les cultivateurs de la montagne, par les bûcherons.

Il y a une centaine de sociétés autonomes qui groupent 17.000 sociétaires et qui font ensemble un chiffre d'affaires d'environ 32 millions.

Et puis, entre ces deux pôles du vieux mouvement coopératif — au Nord les Ardennes, au Sud les Vosges — s'étendent la Meurthe-et-Moselle et la Moselle, riches d'un développement industriel considérable, mais qui, hélas! n'ont pas vu les coopératives indépendantes se développer beaucoup. Nous comptons bien la Société de Dombasle, au centre même de l'industrie de transformation du sel, la Société coopérative de Bayon, coopérative agricole et de consommation; mais la plupart des autres sociétés sont des coopératives patronales. Quelques-unes sont venues à nous, sous la direction même de certains patrons éclairés, se ralliant complètement à notre façon de voir sur la gestion indépendante des sociétés coopératives. Et nous devons ici rendre hommage à certains de ces industriels.

Mais, à côté de cela, fleurissent en Meurthe-et-Moselle des coopératives patronales qui ne sont que le vieux mouvement déguisé des économats patronaux, mouvement qui existe officiellement, d'ailleurs dans toute la grosse industrie de la Moselle, sous une législation encore spéciale à la Lorraine recouvrée. Dans cette région, le système des économats consiste à vendre des denrées au-dessous du prix normal, pour ne pas avoir à donner des salaires normaux et, de ce fait, notre mouvement coopératif, même celui de la grosse Société l'Union des Coopérateurs de Lorraine, rencontre de grandes difficultés.

Vous connaissez l'histoire coopérative du département de la Meuse. Elle est très simple et très courte : en deux ans, grâce à la Coopérative Départementale que Bugnon et Thiriet avaient fondée, les magasins dont le département avait été couvert faisaient déjà, au moment de notre fusion, en 1921, 41 millions d'affaires.

C'est cette Société Coopérative Départementale, vous le savez, qui est devenue l'axe technique de notre nouvelle Union des Coopérateurs de Lorraine.

Je ne voudrais pas terminer l'inventaire coopératif de notre région sans vous parler d'un fait assez curieux.

Il s'agit d'une entreprise industrielle, que de grands fabricants d'automobiles ont fondée sous une forme coopérative. Ils intitulent d'ailleurs leur très puissante usine : Union des Consommateurs d'Acier. C'est au prorata des achats en acier de chacun que sont répartis les bénéfices en fin d'année.

Je ne vous signale pas cette institution coopérative comme pouvant entrer dans le cadre de nos sociétés. Elle n'a certes pas la valeur de la Régie Coopérative du Rhône, dont Bernard Lavergne, dans le dernier numéro de la *Revue des Études Coopératives*, nous signalait l'importance au point de vue des intérêts généraux; mais il est tout de même assez piquant que de grands industriels capitalistes aient trouvé bon et utile pour eux de recourir à la forme coopérative pour une de leurs grandes entreprises — ce qui prouve que la coopération n'est pas incompatible avec la gestion, la bonne gestion même, d'une très grande affaire.

La région métallurgique dont je viens de vous parler ne nous intéresse pas seulement parce qu'elle est actuellement réfractaire à notre pénétration coopérative. Elle nous intéresse aussi parce qu'elle est la manifestation la plus vive et la plus brutale, la plus désordonnée du capitalisme dans notre région.

Vous allez, dans quelques jours, vous diriger vers les paysages pittoresques des Vosges. Il eût été, à un autre point de vue, bien instructif de vous conduire vers les vallées de la Moselle, de l'Orne, de la Fentsch, vers le bassin de Bricy, vers le bassin de Longwy et celui de Forbach, pays des mines de fer et de houille, pays d'usines innombrables, que vous auriez pu voir se succéder sans interruption et où vous auriez pu également vous renseigner sur les conditions de vie, non seulement des Lorrains, mais des hommes de toutes les nations qui affluent de plus en plus dans ce coin de Lorraine.

Il m'est fréquemment arrivé, rentrant de mes tournées de propagande, de dominer, la nuit, toute cette région d'usines, et il me semblait revoir le Dragon monstrueux qui, selon la légende messine, fut détruit par le premier apôtre chrétien. Il me semblait que ce monstre apocalyptique fût revenu et qu'il se déroulait sur plusieurs lieues dans nos vallées sinueuses. Son corps, éclairé de ces milliers de lampes électriques qui illuminent les voies ferrées et les usines, crachait par les transformateurs d'acier des feux d'artifice véritablement merveilleux, embrasant à l'ouverture de la gueule des hauts-fourneaux le ciel tout entier de lueurs d'incendie. Vous auriez aussi, comme moi, évoqué cette bête infernale lorsque vous auriez vu son pouvoir de fascination sur les hommes. Elle attire les paysans de Lorraine qui, de plusieurs lieues à la ronde, viennent le long des routes, leur lampe de mineur à la main, dansant comme des feux follets dans la nuit, rejoindre un travail épuisant. Elle fascine aussi des hommes de vingt nations, d'Europe et d'Afrique, qui viennent mener un vie épouvantable et intense, groupés dans des bouges qui sont comme une lèpre autour du corps de cette hydre moderne. Et vous auriez pensé avec nous aussi qu'il fallait que la Coopération apporte plus tard un peu d'ordre dans les mouvements désordonnés d'une industrie qui cause tant de maux humains et qui, trop souvent aussi, a besoin de la chair même et du sang des hommes.

Il n'est pas, je vous l'assure, un seul coopérateur lorrain, si modéré soit-il dans ses opinions, de quelque idéal moral, de quelque confession religieuse qu'il se réclame, qui ne souhaite voir un jour la Coopération assez puissante, non pas pour détruire la bête infernale du capitalisme moderne, mais au contraire pour la dompter et la domestiquer au plus grand profit de l'humanité tout entière.

Discours de M. Charles GIDE

Nous continuons et nous achevons ici notre tour de France : Marseille, Lyon, Bordeaux, Le Tréport, Nancy, et comme dans les feuilletons bien agencés nous allons de plus fort en plus fort ! Vous êtes ici au sommet de la coopération française. Mon collègue M. Auerbach nommait tout à l'heure l'*Union de Lorraine* la Benjamine des unions françaises. Cette Benjamine a dépassé aujourd'hui toutes ses sœurs, y compris l'*Union des Coopérateurs*, de Paris, sinon comme chiffre d'associés, tout au moins comme chiffre de ventes. Elle atteindra ou dépassera cette année 100 millions de francs de vente. Ce n'est pas seulement numériquement que l'*Union des Coopérateurs de Lorraine* a passé au premier rang, c'est aussi qualitativement. Ce qui vous frappera aussi sans doute, ce sont les succès obtenus dans cette région, dans diverses voies où ailleurs nous avons trouvé souvent des échecs.

Voici, par exemple, ce difficile problème de l'union des campagnes et des villes : je ne sache pas qu'il y ait aucun coin de France où il ait été mieux réalisé que dans l'Union de Lorraine. Vous prendrez ici certainement une admirable leçon.

De même, au point de vue de l'enseignement de la Coopération, c'est ici, on peut le dire, que ce mouvement a trouvé son principal moteur. Le camarade Bugnon, Administrateur-délégué de l'*Union des Coopérateurs de Lorraine* est, en même temps, Président de la Commission Nationale de l'Enseignement dont l'action s'étend sur toute la France, de l'enseignement supérieur à l'enseignement primaire. Il y a là un spectacle admirable, et on pourrait se demander, comme le faisait tout à l'heure mon collègue M. Auerbach, quelles sont les raisons de ce rapide succès. Il l'expliquait par l'esprit de la population de Lorraine. Sans doute. Je suis obligé de constater qu'au fur et à mesure que nous montons du midi vers le nord, si la température marquée par le thermomètre décroit, la température coopérative va croissant!

Si l'on faisait la carte coopérative de la France que je réclame depuis longtemps, on s'apercevrait que le centre de gravité est plus près du Nord et de l'Est que du Midi. Je m'excuse auprès de mes camarades méridionaux que je vois ici, de le dire et je ne me permettrais pas cet aveu humiliant si je n'étais moi-même un méridional — ce n'est peut-être pas aussi apparent que pour notre camarade Daudé, par exemple — mais je ne renie pas mon origine.

La situation géographique de cette province qui a été, pendant toute l'histoire de France, ce qu'on appelait une marche, une marche frontière, a développé chez elles certaines vertus — je ne dirai pas vertus guerrières dont la coopération n'a que faire — mais ses vertus militantes, telles que l'esprit de discipline, la foi dans les chefs et, peut-être aussi, un certain idéalisme et une inspiration qu'on ne trouve pas facilement ailleurs.

Les coopérateurs lorrains, les paysans lorrains dont nous parlait tout à l'heure le camarade Brot, comme Jeanne d'Arc autrefois sous son chêne, savent entendre aussi des voix. Ils sont rares les coopérateurs qui entendent les voix d'en haut! Eh bien, vous en avez ici qui répondent à cet appel d'une inspiration coopérative supérieure à l'appât des bonis.

Nous avons bien besoin, dans le mouvement coopératif en France, d'un certain réveil du souffle de l'esprit coopératif; nous aurions besoin aussi d'entendre ces voix. Ce n'est point à dire que dans les statistiques de nos Annuaires nous n'ayions la joie de constater que le mouvement coopératif en France va incontestablement en progressant, non seulement comme nombre des membres, mais plus encore comme chiffre de ventes. J'ai pris la peine de faire un petit travail statistique dont le rédacteur de l'Annuaire s'était dispensé; j'ai chiffré pour les sociétés de développement le nombre des membres et le montant des ventes et j'ai constaté que tandis que, d'une année à l'autre, le nombre des sociétaires s'était accru de 6 à 7 %, le chiffre des ventes avait augmenté de 16 %. C'est un résultat très appréciable. Je sais bien qu'il faudrait tenir compte de la hausse des prix, mais, de 1923 à 1924, elle n'a pas été telle que cela suffise à expliquer ce progrès. La moyenne des achats va certainement en augmentant depuis deux ans, bien qu'elle soit encore inférieure à la moyenne d'avant la guerre si on la traduit en francs-or. Oui, c'est très bien mais, d'autre part, et c'est à ceci que je voulais en venir, j'ai constaté certains fléchissements qui m'ont attristé dans le domaine que j'appelais tout à l'heure celui de l'esprit.

Ainsi l'Ecole Coopérative à Paris a dû fermer, faute d'auditeurs ; ainsi la vente des brochures et des livres a laissé un déficit parce que les Coopérateurs ne les lisent pas. Ainsi le journal l'*Action Coopéra-tive* est presque sur la limite du déficit.

Voilà pourquoi nous aurions besoin que la génération nouvelle des coopérateurs s'inspirât un peu de l'esprit des coopérateurs de Lor-raine.

Je sais bien que nos camarades communistes nous disent que, s'il y a une certaine stagnation, c'est notre faute, c'est parce que nous avons l'esprit petit bourgeois. Je ne nie certes pas qu'il se trouve trop souvent dans nos coopératives. Mais s'il y a un esprit « petit bourgeois », n'oublions pas qu'il peut exister aussi un esprit petit prolétarien. S'ils sont nombreux ceux qui ne voient que les intérêts des bourgeois, et ne savent pas s'élever à une sphère supérieure, il y a aussi ceux qui ne voient dans la coopération et dans le monde tout entier que les intérêts des prolétaires.

Nous voudrions bien que, de part et d'autres, on sortît de ces limites mesquines.

Vous me permettrez de terminer en évoquant un souvenir d'hier. Je visitais, il y a un mois, les coopératives de Palestine et j'ai vu là tous les types de coopératives, depuis celles qu'on appelle là-bas individualistes et qu'on appellerait ici bourgeoises, jusqu'aux sociétés communistes, tout à fait communistes, d'un communisme

dépassant celui des coopératives de Moscou, puisque toute production comme toute la répartition est en commun et que la monnaie elle-même a disparu. Eh bien, ces colonies individualistes,
communistes, voisinent sans se heurter et sans se quereller, parce
qu'elles ont les unes et les autres le même idéal, cet idéal Sioniste
qu'un de leur prophète exprimait par cette parole : « Faire une
terre nouvelle où la justice habite ». Et les uns comme les autres
croient que la plus sûre voie pour y arriver c'est la Coopération.
La conversation entre nous n'était pas facile car ils ne parlaient
qu'hébreu ou arabe, mais il me suffisait de prononcer le mot « coopération », tout le monde me comprenait et tous les visages s'éclai-
raient. Ils me demandaient : « Vous qui êtes un vieil économiste,
dites-nous quel est, du type individualiste ou du type collectiviste,
celui auquel vous croyez qu'appartiendra l'avenir ? »

Je répondais : « Il n'y a plus de prophètes parmi nous et ce ne
ne sont pas les économistes qui les ont remplacés; mais je dirai
tout de même que ceux d'entre vous, collectivistes ou individualistes, ceux qui créeront le plus sûrement cette terre nouvelle,
ce sont ceux qui auront le plus de foi ».

Et c'est ce que je vous dis aujourd'hui à vous, camarades
délégués; tous ici, que nous soyons bourgeois ou prolétaires, coopérateurs neutres ou coopérateurs communistes, nous avons, comme
ceux de Sion, un même idéal, c'est de faire aussi une terre nouvelle
où la justice habite, non peut-être une terre promise, mais plutôt
une terre conquise par nos efforts.

Chers camarades, sans avoir besoin d'aller en Palestine, vous trouverez ici, dans cette *Union des Coopérateurs de Lorraine*, aujour-
d'hui et pendant les quatre jours de notre réunion, une leçon de foi.

Je donne la parole à M. H.-J. May, Secrétaire Général de
l'Alliance Coopérative Internationale.

Discours de M. H.-J. MAY

Encore une fois, j'ai l'occasion et l'honneur de vous présenter,
au nom de l'Alliance Coopérative Internationale, mes salutations
amicales et chaleureuses et mes souhaits pour le succès de votre
Mouvement coopératif et de votre Congrès.

Je vous félicite du développement de votre Fédération Nationale
qui a marqué un accroissement important du nombre des Magasins
Coopératifs.

Le Mouvement coopératif français a toujours pour moi un grand
intérêt à cause de son armée d'intellectuels, et de mes amis personnels parmi vos militants, et surtout à cause de la vénération —
de l'affection même — que j'éprouve pour votre Président, Charles
Gide. C'est pour moi un souvenir inoubliable que ce voyage en
Russie, il y a plus d'un an, que j'ai fait avec lui.

Notre ami vénéré est pour moi le symbole de l'esprit international. Lorsque nous nous rappelons que ses thèses classiques sur
« les Principes d'Economie Politique » — la science de la vie
humaine et la base de notre mouvement — sont lues par les coopérateurs de vingt pays dans leurs propres langues; également que
les fondations de la « République Coopérative » — sur lesquelles,
grâce à notre ami Poisson, nous voyons déjà les murs s'élever —
ont été établies par lui, il y a trente années; que le drapeau de
l'Alliance Coopérative Internationale a été dessiné par lui à la
même époque avec l'assurance de son adoption — ce qui est réalisé

aujourd'hui — nous comprenons que nous sommes en présence d'un maître qui est bon internationaliste parce qu'il est d'abord bon patriote mais, avant tout, coopérateur dans le sens le plus large du mot.

L'A.C.I., à l'heure actuelle, réunit les organisations coopératives nationales de 31 pays, et compte près de 50 millions de membres. Le Mouvement croît sans cesse en influence et en importance dans le monde.

Il cherche à fonder définitivement la République Coopérative et je constate avec plaisir que les militants français prennent une grande part à ce travail.

A mon point de vue, les choses essentielles pour l'Alliance à l'heure actuelle, et dans les circonstances économiques de l'Europe, sont, premièrement, l'unité nationale; c'est-à-dire la concorde et l'unification des efforts économiques et sociaux de toutes les organisations coopératives de chaque pays, malgré les différences de méthodes ou de vues politiques. Deuxièmement, que la coopération internationale soit acceptée par tous comme un but pratique, sérieux et un moyen d'arriver à la paix universelle et à la fraternité des peuples.

La Journée Coopérative Internationale, que nous allons célébrer pour la troisième fois le 4 juillet prochain, représente le symbole et la puissance des attributs humains les plus précieux et sera dans tous les pays la plus grande manifestation de la puissance, actuelle et potentielle, de l'association de la démocratie que le monde ait jamais vue.

J'ai déjà parlé trop longuement. Je vous invite à donner dorénavant, et plus que jamais, votre appui précieux, votre enthousiasme et votre force, intellectuelle et morale, au but que nous poursuivons.

Le Président. — Je donne la parole à M. S. R. Cocker, délégué de l'Union Coopérative Britannique.

Discours de M. S. R. COCKER

Au nom de l'Union Coopérative de Grande-Bretagne et d'Irlande, je suis enchanté d'avoir l'occasion et l'honneur d'apporter à votre XII° Congrès les salutations cordiales et fraternelles de 4 millions 1/2 de coopérateurs britanniques et de vous remercier très sincèrement de l'aimable invitation que vous nous avez adressée. Je ne sais depuis combien de temps l'Union Coopérative Britannique a été représentée à vos Congrès, mais je puis dire que son Comité Central est toujours enchanté de recevoir votre invitation et d'envoyer à votre Congrès un délégué fraternel pour vous apporter l'expression de son amitié et ses souhaits les plus sincères.

Je constate avec plaisir que le Mouvement Coopératif Français a fait, durant ces quelques dernières années, de constants progrès et qu'il a remporté de nombreux succès. C'est pourquoi je désire, au nom des Coopérateurs britanniques, vous féliciter tous de vos résultats. Vos succès témoignent des capacités et du jugement sûr de ceux qui sont responsables de l'organisation et de la direction du Mouvement en France, et ils prouvent que vous êtes soutenus loyalement par les consommateurs organisés dans vos sociétés, car, en effet, sans l'aide de ces derniers, tous les efforts seraient voués à l'insuccès.

Les coopérateurs britanniques désirent que le Mouvement Coopératif se développe et progresse nationalement et internationalement. Par conséquent, nous sommes ravis d'apprendre vos succès et nous espérons ardemment que le Mouvement Français continuera à se développer et à prospérer.

Il y a de nombreuses années de cela, un de nos propres pionniers prophétisa qu'une grande guerre serait un temps de rigoureuse épreuve pour le Mouvement Coopératif. Ce temps est venu et je pense — et ceci chacun doit l'admettre — qu'après la plus grande guerre que le monde ait connu, le Mouvement Coopératif a résisté à l'épreuve. Il est, à l'heure actuelle, plus vigoureux qu'il ne l'a jamais été et se développe de plus en plus tous les jours malgré l'âpre concurrence des trusts modernes et de différentes combinaisons.

En Grande-Bretagne et en Irlande, nous pouvons enregistrer une forte augmentation dans le chiffre d'affaires de nos sociétés et une amélioration sensible dans la situation économique et financière du Mouvement. Des renseignements sur l'augmentation du nombre des adhérents, sur l'amélioration du commerce et de plus gros bénéfices nous parviennent de toutes parts, en même temps que beaucoup de sociétés indiquent qu'elles ont ouvert de nouvelles boutiques et de nouveaux rayons, qu'elles ont entrepris de travailler dans de nouvelles branches commerciales et commencé à agir sur le terrain des études et le terrain social.

A la fin de 1923, 1.441 sociétés étaient affiliées à l'Union Coopérative. Ces sociétés avaient un nombre total d'adhérents de 4.618.819, un capital-actions et emprunts se montant à £ 126.903.883; un fonds de réserve se montant à £ 11.904.581 et 186.500 employés dont les salaires annuels réunis se montaient à l'énorme somme de £ 24.218.709. Le chiffre d'affaires de ces sociétés a été, pour la même année, de £ 248.449.666 pendant que l'excédent réalisé se montait à £ 17.521.000. Ce sont là des chiffres énormes, mais les coopérateurs britanniques ne sont pas encore satisfaits et nous escomptons avec confiance, à la fois, une grande augmentation des adhérents et des conditions commerciales et industrielles améliorées.

Durant les derniers mois qui viennent de s'écouler, d'importantes questions ont attiré l'attention de l'Union Coopérative et un examen tout spécial a été donné à la question de l'organisation de l'agriculture britannique sur une base coopérative. De tous les côtés la nécessité de l'agriculture coopératisée est reconnue, en même temps que l'insuccès de la société d'organisation de l'agriculture — une société d'agriculteurs aidée par le gouvernement — a suscité pour le Mouvement de Consommation une nouvelle occasion d'étendre son action par la propagation des idées coopératives parmi les agriculteurs britanniques.

Les sociétés coopératives de Grande-Bretagne commencent à attacher une plus grande valeur au travail de l'éducation dans ses différentes directions et elles ont déjà organisé des cours spéciaux pour l'instruction de leurs employés. Le Collège Coopératif établi sous les auspices du Comité Central, avec son siège temporaire au siège social de l'Union Coopérative, Holyoake House, Hanover Street, Manchester, est maintenant prêt à recevoir des étudiants. Le programme du Collège, pour la session de l'hiver 1924-1925, contient des détails sur non moins de 35 matières, la plupart d'entre elles sont enseignées par des membres du personnel du Collège. Des leçons sur une grande variété de sujets ont été organisées pour les étudiants désireux d'étudier l'histoire et les principes de la Coopération et les difficiles problèmes d'organisation et d'administration.

Depuis 1919, date à laquelle le travail et l'enseignement au Collège ont commencé à Holyoake House, un grand nombre d'étudiants y ont reçu de l'instruction. En plus des étudiants d'Angleterre, d'Ecosse et du Pays de Gallés, le Collège a attiré des étudiants coopératifs de beaucoup d'autres pays. Des étudiants de l'Islande et de la Finlande, de la Pologne et de la Suède, de l'Egypte, de l'Inde, de l'Australie et de beaucoup d'autres pays ont déjà été instruits au collège coopératif de Manchester. Jusqu'à présent, nous n'avons pas eu le plaisir de recevoir des étudiants français, mais si vous nous envoyiez un ou deux de vos jeunes gens particulièrement capables, nous serions heureux de les recevoir à bras ouverts.

Au cours de cette année, un bâtiment a été acquis à environ deux milles de Holyoake House et est employé comme Hôtel pour les étudiants fréquentant le Collège. Ce bâtiment peut loger environ 36 étudiants. Certains peuvent dire que c'est un petit commencement et nous reconnaissons que ce n'est pas très important. Mais le Mouvement Coopératif lui-même a débuté dans un chemin très étroit. La graine semée à Rochdale, il y a 80 ans, a poussé et s'est développée de telle manière que ses racines et ses branches se sont répandues dans presque tous les pays du monde. Les coopérateurs, tout au contraire de quelques réformateurs, ne méprisent jamais les débuts de petite importance. Ayant ensemencé avec du bon grain, ils sont contents de labourer et attendent d'avoir de bons résultats.

Quelquefois les coopérateurs, de même que d'autres réformateurs sociaux, sont mécontents de la lenteur avec laquelle se font les progrès, et il serait bon que tous soient stimulés afin de faire de plus gros efforts pour faire avancer leur cause; mais quand les hommes entreprennent de longs travaux, quand ils revoient l'histoire des siècles passés, ils ont évidemment des raisons de se réjouir en contemplant tout ce qui a été accompli.

Le monde peut marcher; et si les coopérateurs de la génération actuelle sont aussi vigilants, aussi fidèles, aussi dévoués que leurs parents le furent, il est hors de doute que le Mouvement Coopératif croîtra et grandira jusqu'à ce que tout le Monde soit coopératif.

C'est parce que nous croyons à cela que nous nous réjouissons de vos succès et vous félicitons de vos progrès. Quelle que soient les divergences qu'il peut y avoir entre les Gouvernements, elles ne peuvent pas diviser les coopérateurs. Nous vous saluons comme nos camarades de travail, comme camarades de la cause commune et nous voulons toujours travailler en harmonie avec vous.

Je vous présente nos meilleures salutations et vous apporte nos meilleurs vœux pour le plein succès de votre Congrès.

Le Président. — La parole est à M. Pickup, représentant le Magasin de Gros de Manchester.

Discours de M. A. PICKUP

Nous avons le plaisir et l'honneur de nous présenter devant vous comme les représentants du Magasin de Gros anglais au nom duquel nous vous adressons nos plus cordiales salutations accompagnées de nos meilleurs vœux pour le succès de vos délibérations et pour la prospérité de votre organisation et du grand Mouvement Coopératif français.

Comme représentants du Magasin de Gros anglais, nous sommes

ici pour vous informer qu'en dépit du passage à travers la plus grande crise connue dans l'histoire du monde et de la rapidité des changements dans la situation mondiale — économique, politique et religieuse — et pendant que certaines nations et royaumes ont chancelé sur leurs fondations, la C.W.S. s'est redressée aujourd'hui et se tient ferme, vigoureuse et intacte dans sa structure, avec toutes ses fondations plus fermement scellées dans l'activité commerciale de la nation. Ses principes et sa morale commandent le plus grand respect et l'admiration non seulement des coopérateurs convaincus, mais des plus grands penseurs de notre pays.

Les chiffres pour 1924 montrent que l'année a été favorable aux affaires et ouvrent des perspectives encourageantes. A la fin de 1924, la C.W.S. comptait 1.187 sociétés adhérentes, comprenant dans leur ensemble plus de 3.660.000 membres, ses ressources financières totalisées se montaient à près de 43 millions 1/2 de livres sterling, pendant que le montant net des ventes de l'année se montait à la somme de 730.000.000 de livres, que la valeur atteinte par sa production était de 24 millions 1/2 de livres sterling et que le chiffre d'affaires du département de Banque figurait approximativement pour 553.000.000 de livres. En d'autres termes, le montant net des ventes indiquait une augmentation de plus de 9 %, le montant financier de la production montrait une augmentation de plus de 15 %, et le chiffre d'affaires du département de Banque indiquait une augmentation de près de 11 % en même temps que le montant du capital de la société et le nombre d'adhérents des sociétés affiliées représentaient les chiffres les plus forts que l'on ait pu enregistrer dans l'histoire de la Société.

Si on sait que ces résultats ont été obtenus pendant une année qui s'est terminée alors que 1.300.000 personnes étaient inscrites sur les registres de chômage, il est aisé d'entrevoir quelles seront les perspectives ouvertes à la société quand les conditions normales seront restaurées.

De cette manière, la C. W. S. est sortie de ce grand temps d'épreuve avec une stabilité qui ne s'est jamais démentie et a maintenu sa position comme une des plus grandes institutions coopératives du monde, institution ayant des relations commerciales avec tous les pays du monde, des dépôts en Europe, en Asie, en Afrique et en Amérique; plus de 35.000 arpents de terre consacrés à des plantations de thé dans l'Inde, dans l'Annam et à Ceylan ; des fermes et des biens embrassant plus de 33.000 arpents de terre en Angleterre et plus d'une centaine d'entreprises industrielles dont la production collective couvre en grande partie les besoins du peuple.

S'il nous est agréable de rappeler la situation de la C.W.S., il nous est également agréable de féliciter la Fédération Nationale des Coopératives de Consommation Françaises pour le grand pas en avant qu'elle a fait pendant ces dernières années et sur la perspective des plus grands progrès qu'elle fera encore pendant les années à venir. Une Fédération telle que la vôtre qui a augmenté le nombre des adhérents, dans le cours d'une seule décade, dans la proportion d'un quart de million à environ 1 million et demi, est digne de l'ordre du mérite. Comme la France a été à l'avant-garde de la civilisation dans l'Europe Continentale, la Fédération Nationale des Sociétés Coopératives est aujourd'hui le pionnier d'une forme plus élevée de la civilisation en France.

Mais, aussi bien que la Coopération lutte pour une forme plus élevée de la civilisation en France, elle lutte pour une forme plus élevée de la civilisation dans tout le Monde, une civilisation avec des principes plus élevés et une action plus haute et, en même temps, qu'il est essentiel que l'action coopérative devrait constituer la personnification des principes de morale et des principes sociaux, il est également essentiel que la Coopération devrait constituer une leçon objective d'effisciente économique la plus élevée; et, cela indique que si, dans chaque pays, le Mouvement doit triompher sur les forces anti-sociales qui infestent le monde économique, il est essentiel qu'il doit partout consacrer toutes ses énergies au devoir de former le type le meilleur et le plus effectif de l'organisation économique.

Mais, aussi ardemment dévoué que le Mouvement Coopératif puisse l'être à l'accomplissement de son devoir économique, il est essentiel qu'il doit toujours diriger sa marche vers l'étoile qui guide l'idéal coopératif, car la Coopération — la vraie Coopération — est la forme visible et extérieure d'une grâce intérieure et spirituelle et lutte pour la transformation de l'ordre économique et social et l'élévation de la société à un degré plus élevé spirituellement et socialement aussi bien que matériellement; degré sur lequel le profit et l'exploitation, la pauvreté, la misère et l'ignorance, les guerres et les bruits de guerre cesseraient d'exister, et dans lequel des agrandissements nationaux ou individuels aux dépens les uns des autres seraient tout à fait inconnus. Frayer le chemin à la justice, à la droiture et à l'universel bien-être, pour la paix sur la terre aux hommes de bonne volonté, tel est le but avoué de la Coopération.

Mais, dans l'intervalle, l'armée coopérative se trouve en face de conflits plus sévères et de devoirs plus lourds qu'il n'y en a jamais eu auparavant. Pendant que la guerre a heurté l'édifice de la civilisation européenne jusque dans ses fondations mêmes, la paix qui dépasse toute compréhension est pleine de nouveaux et formidables périls. Les forces néfastes de la société sont, en tout lieu, sur le sentier de la guerre et l'esprit de Mammon et de militarisme s'avance en rampant à travers le monde pour le péril de la civilisation et de toute la race humaine.

Malgré les inexprimables angoisses et les effets dévastateurs de la dernière et la plus prodigieuse de toutes les guerres, des engins nouveaux et encore plus terribles, destinés au bouleversement, au carnage et à l'universelle destruction sont dès maintenant fabriqués. En dépit de la paix, la Balkanisation de l'Europe constitue une menace plus formidable au bien-être des nations que ne le fut jamais le péril balkanique à l'est, dans les temps précédant la guerre.

Montrer ces choses, c'est montrer les devoirs élevés et sévères que la Coopération a maintenant à se fixer et la nécessité d'une organisation adéquate : éducation, propagande et préparation pour la nouvelle croisade. Dans l'éternel combat entre Ormuzd et Ahriman — entre les pouvoirs de la lumière et les pouvoirs de la nuit — c'est au pouvoir coopératif de renforcer chaque nerf pour la grande cause humaine. Et, si le Mouvement Coopératif mondial et ses forces alliées atteignent le but de leur mission, le monde aura la vision béatifiée du Psalmiste — la justice et la paix s'embrasseront et les étoiles du matin chanteront la joie.

La jeunesse et la justice ont le temps pour elles, l'esprit de lutte sera remplacé par l'esprit de la Coopération, et déjà l'aube s'élève d'un temps où, par tout le Monde, l'homme sera un frère pour l'homme.

Le Président. — La parole est à M. Victor Serwy, secrétaire de l'Office Coopératif Belge.

Discours de M. SERWY

C'est toujours mus par les sentiments les plus fraternels que les délégués de la Coopération Belge assistent à vos congrès et c'est aussi avec le plus vif intérêt qu'ils en suivent les débats. Chacune de vos sessions annuelles indique une phase de l'évolution de votre mouvement. Ce fut la concentration coopérative se poursuivant par l'organisation des sociétés de développement, puis la constitution autonome de votre service national de la finance coopérative, le rapprochement des diverses formes de l'activité coopérative, la spécialisation des organismes nationaux dans un plan d'ensemble parfaitement coordonné, l'enseignement de la Coopération; aujourd'hui, c'est le problème de la paix prenant ses fondements dans des accords économiques. Ainsi se dégagent au milieu du chaos de l'époque non seulement des règles de fonctionnement économique, mais des organismes qui, élargis, deviendront les organes du régime social en gestation dans la société capitaliste. Sûrement chaque jour, ici, partout, la Coopération creuse plus large, plus profonde la tombe du capitalisme.

C'est pour vous dire que votre but est le nôtre. C'est pour toutes ces raisons que volontiers, chaque année, nous sommes vos amphytrions. Cette année, il nous appartient tout particulièrement de vous adresser les remerciements du Comité d'organisation de l'Exposition internationale de la Coopération à Gand pour votre intéressante et vivante participation. Vous avez contribué puissamment à son succès et nous vous en sommes très reconnaissants.

Si cette Exposition et le Congrès international de Gand furent deux grands évènements de la vie coopérative internationale qui eurent un réel retentissement en Belgique, il en est un autre : C'est la constitution de la *Société Générale coopérative.*

Qu'est-ce donc ?

Avant la guerre, l'esprit localiste était général dans toute l'organisation coopérative. C'est ce qui expliquait la multiplicité de petites sociétés coopératives et la lente progression de notre Magasin de Gros, la Fédération des Sociétés Coopératives. La guerre est venue.

La nécessité d'entr'aide a rapproché les hommes et leurs organisations. La concentration des forces coopératives de consommation s'est effectuée depuis lors. Alors qu'en 1914, nous comptions plus de 250 sociétés coopératives socialistes, aujourd'hui c'est tout au plus si nous en dénombrons une cinquantaine. Nos cinq principales coopératives régionales de Liège, de Charleroi, du Centre, de Tournai, de Philippeville rayonnent sur la moitié du pays. En 1914, la coopération de production n'avait point à son actif de nombreuses et brillantes réalisations. Depuis, grâce à l'existence des sociétés de développement, il a été possible de produire sur une large échelle et de faire vivre toute une séries d'usines : siroperie, confiturerie, chocolaterie, margarinerie, fabriques de chapeaux et de casquettes, de tabacs et de cigares, manufacture de chaussures, savonneries, fabrique de pâtes alimentaires qui toutes clôturent en bonis l'exercice de 1924.

L'esprit localiste — que nous ne confondons point avec l'esprit d'initiative, ni avec l'activité locale — n'a toutefois pas complètement disparu de l'organisation coopérative. S'il s'est fortement atténué, se laissant guider par l'intérêt national dans le domaine de la Coopération de consommation, il n'empêche qu'il s'est réveillé dans celui de la coopération de production. A certains moments, il fut question pour certaines de nos sociétés coopératives de développement de créer l'une ou l'autre fabrique existant déjà au sein d'une société. C'eût été la concurrence, la lutte, la ruine peut-être. Pourquoi fonder deux coopératives produisant le même article, dans un pays dont les besoins sont forcément limités (29.000 kilomètres carrés, 7 millions 800.000 habitants).

Pendant des années, nous avons préconisé, à l'exemple de la Grande-Bretagne, de constituer autour du Magasin de Gros, dépendant de lui seul, toute une séries d'usines. Plus tard, en 1914, il avait été question de fonder une société nationale pour l'exploitation d'une meunerie; le Magasin de Gros eut possédé la majorité des parts sociales et l'autre moitié moins une eut été souscrite par les sociétés coopératives de boulangerie au prorata de leur consommation.

Le projet de la production centralisée a été repris, il y a un an et a donné lieu lors de la clôture de l'Exposition de Gand, à la naissance de la *Société Générale coopérative*.

Son objet est la reprise de toute la production coopérative existante et la création d'usines nouvelles destinées à satisfaire tous les besoins de la clientèle coopérative. Fondée au capital de 12 millions de francs, elle reprend à l'Union Coopérative de Liège tout l'ensemble des usines de Micheroux dont le débouché est national; elle reprendra demain la vannerie de Tamise, la fabrique de pâtes alimentaires de Braine-le-Comte, la fabrique de chicorée de Gand. Il entre aussi dans son programme de s'intéresser à toute entreprise industrielle, agricole, commerciale, à tout commerce d'exportation et d'importation.

Son Conseil d'administration est l'image de tout le mouvement coopératif. Les organismes nationaux et toutes les plus importantes sociétés y sont représentées. La société coopérative générale a eu grand soin de se donner une excellente base financière : les capitaux de nos deux banques, la participation obligatoire de toutes les sociétés de consommation au prorata de leurs achats.

C'est pour la Coopération belge un pas important dans la voie de son emprise dans le domaine de la production. C'est, au surplus, une nécessité si elle veut réellement pouvoir lutter contre la concurrence, en faisant bénéficier le consommateur non seulement du bénéfice commercial, mais du profit industriel et aussi du dividende de la banque.

Parallèlement à l'organisation de notre Société Générale Coopérative, les coopérateurs belges poursuivent, par l'aide de leur Comptoir de Dépôts et de Prêts, l'établissement d'une caisse nationale d'épargne, ne cachant point leur objectif : plus un seul centime d'économie des travailleurs ailleurs que dans leurs propres caisses d'épargne.

Ces problèmes vous occupent aussi comme ils sont à l'ordre du jour de toute la Coopération internationale. C'est que, coopérateurs conscients de nos responsabilités, nous comprenons que le capital, puissance de l'adversaire, rendra victorieuse notre cause quand nous le conserverons pour le gérer nous-mêmes.

Nous ajouterons, en terminant, que notre Magasin de Gros, la Fédération des Sociétés Coopératives d'Anvers, a enregistré, pour l'an dernier, le chiffre de vente de 131 millions, ce qui représente environ plus du tiers des achats de nos sociétés coopératives.

Dans l'ensemble, le mouvement coopératif belge, consolidé au point de vue financier, a accru ses forces de consommation et aussi sa puissance de production. Il n'est pas étranger au succès des listes du parti ouvrier, aux élections du 5 avril, qui ont envoyé 78 députés socialistes, tous administrateurs de sociétés coopératives ou adhérents à la Coopération.

Les principes de l'humble boutique de la ruelle des Crapauds sont devenus aujourd'hui la règle de 50 millions de familles.

Jamais prosélytisme n'a conquis en moins d'un siècle tant de nations, tant d'êtres humains de toute langue, de toute race, de toute croyance.

Ayons confiance, soyons unis, l'avenir est à la Coopération!

Le Président. — Je donne la parole à M. Maurice Maire, représentant l'Union Suisse des Sociétés de Consommation.

Discours de M. Maurice MAIRE

Les coopérateurs suisses m'ont chargé d'apporter à votre Congrès leurs cordiales salutations et leurs meilleurs vœux de réussite. Très honoré de cette agréable mission, je m'en acquitte avec le plus grand plaisir.

Conformément à la tradition suivant laquelle, à l'occasion de congrès nationaux, les délégués étrangers donnent quelques renseignments sur leur organisation, j'ai l'avantage de vous communiquer les brèves données suivantes :

L'Union Suisse des Sociétés de Consommation groupait, à fin décembre 1924, 519 sociétés adhérentes englobant 352.000 familles, soit à peu près le tiers de la population.

En 1924, nos sociétés adhérentes ont débité à leurs membres des marchandises pour une somme de 272 millions de francs suisses dans 2.000 magasins de répartition. Elles ont distribué en ristourne une somme de 12.500.000 francs suisses.

Notre Magasin de Gros, pour ce qui le concerne, a eu un débit, en chiffres ronds, de 123.500.000 francs suisses. Le capital social dont dispose notre Fédération est de 9.313.700 francs suisses, abstraction faite d'amortissements importants sur les immeubles et installations.

Si, d'une manière générale, les coopérateurs suisses peuvent se déclarer satisfaits des résultats obtenus jusqu'à présent, ils sont encore bien éloignés du but qu'ils poursuivent. Ils se rendent compte de la tâche immense qu'il leur reste à accomplir pour réaliser dans leur pays la démocratie économique, pour établir l'organisation que le vénéré professeur Charles Gide et notre ami Poisson ont appelée la « République Coopérative ».

Pour atteindre ce but, nous savons qu'il ne suffit pas de perfectionner toujours plus l'organisation matérielle mais qu'il est nécessaire de gagner nos populations au coopératisme par la propagande sous toutes ses formes.

Dans cette tâche, nous trouvons un appui précieux dans votre activité, chers coopérateurs français, dans les publications diverses de vos militants, dans votre vaillante « Action Coopérative », dans votre savante « Revue des Etudes Coopératives » et particulièrement dans votre courageux périodique « L'Emancipation » dont la clarté et la profondeur de vues, la sérénité de jugement et, surtout, la rare indépendance d'idée font toujours l'objet de notre très grande admiration.

Vos efforts d'organisation sont aussi pour nous une leçon constante et un encouragement. Nous avons suivi avec beaucoup d'intérêt la constitution et les progrès de vos fédérations régionales; les transformations apportées à votre Magasin de Gros pour l'adapter aux conditions nouvelles ont aussi retenu notre attention; enfin la création et les succès de votre Banque des Coopératives de France nous serviront d'exemple pour constituer un organisme semblable dans notre pays.

Les délibérations de votre Congrès, où seront traitées tant de questions importantes, nous enrichiront d'idées nouvelles et d'un courage renouvelé pour continuer chez nous le bon combat que vous menez dans votre beau pays de France.

Le Président. — La parole est à M. Skatula, délégué de la Fédération Centrale des Coopératives Tchéco-Slovaques.

Discours de M. Emmanuel SKATULA

J'ai l'honneur d'assister personnellement à votre Congrès déjà pour la deuxième fois. A Bordeaux, il y a deux ans, je pouvais constater la force et les efforts de votre Union Coopérative. Et de votre Rapport envoyé aimablement à mon adresse je puis noter de nouveaux progrès, dont nous pouvons nous réjouir tous.

Chez nous, en Tchéco-Slovaquie, il n'y a pas beaucoup de changement dans le mouvement coopératif. Nous avons réussi à défendre avec succès l'autonomie et l'unité de la Coopération et c'est déjà un fait assez important. Après quelques années d'une grave crise économique, sévissant d'ailleurs dans le monde entier, après la crise du système valutaire, inflation et déflation, nous nous retrouvons maintenant dans l'*état d'une stabilisation* de forces coopératives. Etant donné les conditions pour la concentration du mouvement coopératif assez favorables, nous voyons naître les unités coopératives toujours plus grandes, plus solides et plus aptes à la protection des masses des consommateurs. Le nombre de petites sociétés locales diminue toujours et leurs fusions sont à l'ordre du jour. Par ce *procédé de concentration* nous nous rapprochons lentement vers l'idéal d'une société coopérative de consommation, initiée par le premier Congrès des Coopératives tchécoslovaques après la grande guerre en 1918. Mais, il y a *beaucoup de nouveaux problèmes* : les questions d'arrangement commercial, d'administration et d'éducation naissent parallèlement avec le procédé de concentration des forces coopératives. Nous attachons une importance spéciale à la *question d'éducation coopérative* et nous avons fondé un Comité d'Éducation central et des Comités régionaux ayant ce but, parce que nous savons bien que l'éducation de la conscience des masses des consommateurs peut seule nous assurer un cadre de bons et fidèles coopérateurs. Je ne dois pas oublier de mentionner encore un fait réjouissant : c'est le *rapprochement de divers groupes* coopératifs dans notre pays et la collaboration toujours plus étroite des groupes coopératifs ouvriers tchèques et allemands en Tchéco-Slovaquie. Alors, une base solide pour la protection de tous les consommateurs a été donnée chez nous par la coopération, une base qu'il faut dès maintenant faire plus efficace et plus conforme au but.

Nous n'oublions jamais, que la Coopération ne doit pas être considérée comme la protection seule du consommateur : son idéal est *plus haut*, il tend à la réorganisation générale de l'humanité, vers un nouvel ordre social. Elle doit nous faire sortir du chaos économique de nos jours à la société nouvelle. Il faut donc travailler de toutes les forces pour réaliser ce grand idéal dans chaque nation et parmi tous les peuples.

Je finis mon discours en vous saluant tous au nom de nos coopérateurs, de notre Fédération Centrale des Coopératives tchécoslovaques à Prague. Les meilleurs succès à votre Congrès; vive la Coopération en France; vive le mouvement coopératif international!

Le Président. — Je donne la parole à M. Luis Uriarte, délégué de l'Union des Coopératives du Nord de l'Espagne.

Discours de M. Luis URIARTE

C'est une satisfaction et, en même temps, un grand honneur pour nous d'avoir été désignés par l'Union des Coopératives du Nord de l'Espagne pour la représenter dans une séance aussi solennelle et aussi noble que celle qui nous réunit ici.

En répondant à votre généreuse invitation, nous avons été guidés, non seulement par l'ardent désir des Coopérateurs du Nord de l'Espagne de mieux vous connaître et de conserver dans leur mémoire l'heureux souvenir de cette date de votre XII° Congrès National, mais nous avons encore en vue de trouver dans votre exemple d'enthousiasme et de foi dans les destinées de la Coopération, un stimulant pour tous les habitants de notre région.

Ce n'est pas la première foi que notre délégation vient à vos Congrès; déjà, l'an dernier, au Tréport et, précédemment, à Bordeaux, elle avait eu l'occasion de venir parmi vous; et, en nous adressant aujourd'hui aux Coopérateurs Français et aux Délégués étrangers présents ici, nous répondons aux vœux les plus ardents des Membres de notre Union en vous apportant un salut plein de la plus vive affection, nous voulons vous dire l'admiration qu'ils éprouvent pour votre persévérance et leur reconnaissance la plus sincère à l'égard de la Fédération Nationale pour son aimable invitation.

Après avoir rendu le juste tribut que vous méritez par votre œuvre immense, extraordinaire, et qui ne laisse pas que de supposer une somme formidable de sacrifices et de travaux, tant de la part des classes qui dirigent que des coopérateurs eux-mêmes qui, avec un courage inlassable, ont pénétré aussi bien dans les cités les plus grandes que dans les villages les plus reculés, en faisant partout des prosélytes, sachant convaincre les obstinés et surtout en augmentant considérablement le nombre des coopératives et des coopérateurs, qu'il nous soit permis de féliciter tous ceux qui travaillent pour l'agrandissement de la famille coopérative et aussi la Fédération Nationale qui les représente, et de les encourager à poursuivre leur noble travail, puisque, par leur œuvre altruiste, ils font ce que tous nous devrions faire.

Il serait de rigueur que nous vous donnions maintenant des nouvelles de nos progrès, mais ils sont tellement insignifiants et ils ont si peu varié en comparaison de ceux de l'année dernière, que nous nous abstiendrons de donner des chiffres, et nous nous bornerons simplement à vous annoncer que nos organismes centraux, l'Union et la Banque, grandissent de plus en plus et l'on peut dire, sans crainte de se tromper, que ce qui a commencé comme un timide essai deviendra la base du mouvement coopératif de tout le Nord de l'Espagne.

Notre revue « Le Coopératisme » a contribué puissamment à atteindre ce résultat, car en fuyant toutes les polémiques et les discussions quelle qu'en fût la nature, elle a su se maintenir dans un milieu d'impartialité et de gravité qui lui a mérité les éloges aussi bien des nôtres que de ceux qui restent en dehors de nous.

Sa devise : « Tout par la Coopération et pour la Coopération », est l'étoile qui, dans toutes les occasions, a servi de guide à ses collaborateurs et rédacteurs.

Un fait qu'il convient également de signaler particulièrement, c'est que le Gouvernement Espagnol, reconnaissant que la Coopération prend déjà une certaine importance, est prêt à faire une loi spéciale pour les Coopératives.

Une information publique est ouverte, et le représentant de notre Union à la « Commission de Codification » est l'éminent coopératiste M. Montalvo, notable avocat, qui joint à une haute réputation une immense prédilection pour toutes les études qui se rapportent à la Coopération.

Nous savons que les avants-projets de loi qui ont été proposés au Gouvernement, il y a quelque temps, par MM. Montalvo et Salas-Anton, font actuellement l'objet d'une étude spéciale de la part de la Commission.

Notre règle en Coopération, c'est que les lois rochdaliennes soient observées avec la plus stricte neutralité : Porte ouverte pour tous les consommateurs ; vente au public, aussi bien aux sociétaires qu'aux non-sociétaires, autonomie officielle, à l'instar des Chambres de Commerce et d'Industrie, et la moindre intervention possible de la part de l'Etat.

Nous ne sommes pas de ceux qui attendent tout de l'aide étrangère, et nous comptons davantage sur nos propres ressources que sur l'appui que pourrait nous donner le Gouvernement, mais nous espérons néanmoins que la loi des Coopératives aurait cet avantage de pouvoir donner par la suite naissance à la Fédération Nationale, et nous nous tiendrions alors pour satisfaits.

Partisans résolus de la Fédération Nationale, notre opinion est que tant qu'elle n'existera pas, nous ne devrons pas sortir de l'enceinte dans laquelle nous nous trouvons.

Cette Fédération Nationale, avec des ressources et des moyens que les Fédérations régionales ne pourront jamais atteindre, organiserait l'unité d'action, le développement de notre idéal, stimulant la transformation de l'égoïsme en altruisme pour réunir toutes les classes sociales dans un intérêt unique, de manière que nous, Espagnols, nous arrivions à comprendre que notre devoir est de pratiquer la Coopération pour la conquête de notre propre liberté économique, sans laquelle toutes les autres libertés politiques sont insuffisantes pour faire sortir l'homme de la condition d'esclave.

Et c'est de vous que nous tenons cet exemple vivant; grâce à votre Fédération, vous êtes arrivés à occuper l'une des premières places dans le mouvement coopératif mondial.

Nous voulons suivre la voie que vous avez parcourue et, pour votre satisfaction, nous vous dirons que les enseignements que nous avons reçus par vos Congrès commencent à porter leurs fruits dans notre pays.

C'est avec un réel plaisir que nous sommes venus à Nancy, et nous retirerons, n'en doutez pas, des intéressantes questions qui doivent se traiter ici, des enseignements fructueux pour notre mouvement.

Et c'est à cela que nous apporterons toute notre volonté.

Nous avons foi en notre idéal et nous sommes décidés à ne faiblir à aucun moment dans la défense de ce qui, avec le temps, arrivera à être le patrimoine des générations futures, nous persévèrerons dans notre ligne de conduite, en apportant notre plus grand orgueil à travailler au succès de la Coopération.

LES REMERCIEMENTS DE M. GIDE

M. Charles GIDE. — L'heure est avancée, mais je manquerais à tous les précédents et à toutes les convenances si je ne remerciais d'un mot les délégués étrangers qui nous ont fait l'honneur de venir ici. Ils sont venus de cinq pays, ce qui est un beau succès pour un Congrès National, et dû certainement au prestige de l'*Union des Coopérateurs de Lorraine*.

Je remercie le représentant de l'Alliance Coopérative Internationale, mon ami J. H. May, des sentiments qu'il a bien voulu exprimer à nos sociétés coopératives et pour moi-même personnellement, son vieux compagnon de voyage au pays des bolchevistes, d'où nous sommes revenus l'un et l'autre avec une teinture rouge que rien ne blanchira. Il a bien voulu rappeler que j'avais été le premier à proposer le drapeau aux sept couleurs que vous voyez arboré ici. Mais il y avait bien des chances que je ne le visse pas se réaliser, car il y a trente ans de cela! Heureux quand une longue vie permet de voir se réaliser un rêve de jeunesse formé !

Nous avons écouté avec attention et intérêt les discours des délégués de l'Union Coopérative anglaise et du Magasin de Gros de Manchester ; notre ami M. Cocker a parlé des deux points que j'avais précisément signalés dans mon allocution d'ouverture : de la coopération avec les populations rurales et de la nécessité de l'enseignement coopératif. Nous apprenons avec plaisir que l'Ecole Coopérative de Manchester attend des étudiants français; j'espère que notre Commission de l'Enseignement en trouvera quelques-uns à lui envoyer.

Le discours du délégué du Magasin de Gros était pénétré d'une inspiration qui rappelait cette inspiration biblique des Coopératives de Palestine, dont je parlais tout à l'heure; il a évoqué l'étoile du matin et je me plais à croire que c'était celle de la Coopération. J'aurais souhaité qu'elle figurât dans notre drapeau : cela viendra.

Je voudrais vous faire remarquer que le délégué du Magasin de Gros de Manchester vous a attribué une distinction dont vous n'avez peut-être pas apprécié toute la valeur : il vous a décerné la décoration de l'Ordre du Mérite, ce qui est la plus haute distinction anglaise pour les vertus militaires. Nous l'acceptons mais nous la passons à l'*Union des Coopérateurs de Lorraine*.

Notre camarade Serwy vous a parlé de l'Exposition de Gand; il a remercié les Français d'y avoir contribué, mais c'est nous qui devons remercier nos camarades belges d'avoir fourni à la Coopération française et à celle de tous les pays une occasion unique, je ne dirai pas de s'affronter, mais de se comparer et de se prendre mutuellement pour exemple. L'Exposition de Gand portera plus de fruits encore quand nous pourrons la revoir dans le Livre d'Or qu'on nous a promis et dont nous attendons la publication.

C'est avec une joie particulière que nous avons vu ici les délégués de l'Union Suisse parce que, depuis dix ans, depuis la guerre, par des sentiments que nous respectons, les Suisses avaient suspendu leurs Congrès Nationaux et avaient, en même temps, suspendu leurs visites à nos propres congrès. Ils les reprennent cette année.

Quand je visite la coopération suisse, j'éprouve un sentiment tout particulier qui est fait de sérénité et de fraternité et qu'on ne trouve pas partout. C'est dans la Coopération suisse qu'on peut apprécier combien est injuste cette sentence qui figurait sur le fronton de la section russe à l'Exposition de Gand : « La Coopération neutre est une utopie qui ne profite qu'aux bourgeois ». On voit en Suisse qu'elle profite à tout le peuple.

C'est la seconde fois que le délégué Tchéco-Slovoque vient parmi nous; nous le remercions d'autant plus vivement de sa fidélité que son pays est le plus éloigné de ceux qui sont représentés ici. La Coopération trouve en Tchéco-Slovaquie et dans toutes les nouvelles Républiques issues de la guerre un terrain favorable. Les jeunes États, et c'est un honneur pour la Coopération, apportent dans leur effort coopératif une fraîcheur de sentiment que n'ont pas toujours les vieux pays.

Quant au délégué de l'Union du Nord de l'Espagne, voici plusieurs fois aussi qu'il vient à nos congrès et nous dit où en est le mouvement de la Coopération espagnole dont il a parlé avec trop de modestie. Nous savons dans quelles conditions difficiles se trouve la Coopération en Espagne. Notre camarade, M. Uriarte, nous disait que les libertés économiques conduisent aux libertés politiques. C'est très vrai. Aussi sommes-nous agréablement surpris d'apprendre que le gouvernement espagnol prépare une loi sur la Coopération et montre ainsi qu'il comprend l'importance de la Coopération. Nous regrettons que nos camarades de l'Espagne ne puissent pas arriver à constituer une Fédération entre les Coopératives de Barcelone et celles du Nord de l'Espagne. J'espère qu'à notre prochain Congrès, ils pourront nous apporter cette bonne nouvelle.

Je donne la parole à notre camarade Briat, Secrétaire Général de la Chambre Consultative des Associations de Production.

Discours de M. BRIAT

J'apporte, au nom de la Fédération Nationale des Coopérateurs de Production, notre salut fraternel aux membres du Congrès.

Nous sommes, comme fédération, la plus ancienne, en France, mais nous n'avons pas atteint la prospérité de la consommation. Cela tient à quantité de difficultés que rencontrent les ouvriers à créer des coopératives de production. Pourtant, malgré beaucoup d'échecs, nous sommes maintenant un mouvement des plus intéressants, car nous avons toujours en vue l'émancipation complète du salariat par nos coopératives.

Il y a, en France, 700 sociétés coopératives pour la production, dans les industries les plus variées, principalement dans le bâtiment qui groupe 70.000 associés, ayant fait, en 1924, des travaux représentant plus de 200 millions de salaires.

Nous essayons, dans nos coopératives, de développer de plus en plus l'esprit de solidarité et nous demandons à nos camarades de faire, sur les bénéfices annuels, la part de la solidarité. C'est ainsi que nous avons pu créer en 1890, il y a vingt-six ans, un orphelinat qui a ouvert tout récemment, dans le département de Seine-et-Oise, à Chalo-Saint-Mans, une maison de vacances pour les petits Parisiens, garçons et filles; de plus, nous espérons créer cette année, toujours au moyen d'une partie des bénéfices, une maison de retraite pour les vieux coopérateurs.

C'est dire que notre mouvement continue sa marche et que, grâce au concours que nous trouvons autour de nous, nous espérons qu'il grandira.

J'ajoute que l'année 1924 a marqué aussi la constitution d'une institution nouvelle.

De plus en plus, en France, les caisses de compensation se sont développées, et nos sociétés ouvrières ont créé, pour les enfants des coopérateurs, une caisse de compensation qui a fonctionné à partir du 1er janvier 1924. Pour l'année 1924, elle a réparti aux enfants des coopérateurs âgés de moins de seize ans, plus de 400.000 francs d'allocations.

Les allocations sont, comme l'indique le titre de caisse de compensation, versées par tous les adhérents, quel que soit le nombre d'enfants qu'ils possèdent, et le montant en est réparti en fin de compte à chaque société.

Nous avons marché, en 1924, avec une prime de 3 % sur les salaires; cela nous a laissé un bénéfice de plus de 100.000 francs; en 1925, nous marchons à 2,50 % et nous espérons pouvoir marcher, en 1926, avec un prélèvement de 2 %.

Voilà les œuvres que nous poursuivons.

Je crois devoir rappeler que nous avons, grâce à la Fédération de Consommation, institué, il y a deux ans, un comité d'entente de toutes les formes nationales de la Coopération. Ce Comité d'entente a, en 1924, organisé différentes manifestations, notamment à l'Exposition de Gand dont notre camarade Serwy parlait tout à l'heure, faisant allusion au succès français, bien petit, je dois le dire, à côté du succès belge.

Nous nous sommes préoccupés des modifications à apporter aux lois concernant la Coopération et, d'un commun accord, nous avons chargé notre camarade Ramadier du rapport.

Puis, tout dernièrement, d'accord avec le Groupe de la Coopération au Parlement, nous avons organisé une semaine parlementaire, où ont été faits des rapports particulièrement intéressants dont vous avez eu connaissance, sur les formes les plus variées de la Coopération.

Nous pouvons, vous et nous, tout en conservant chacun notre idéal, parcourir un chemin parallèle, et nous avons l'espoir que nous arriverons, d'accord avec nos camarades de l'agriculture, à développer de plus en plus le mouvement de la Coopération, sous toutes ses formes.

Je vous souhaite, camarades, que les résolutions prises à votre Congrès National soient satisfaisantes et qu'elles donnent au mouvement coopératif une envergure plus grande pour que, dans un avenir que nous désirons prochain, nous arrivions à la République de la Coopération.

Le Président. — La parole est à M. Peyssonnerie, représentant la Fédération Nationale de la Mutualité et de la Coopération Agricoles.

Discours de M. PEYSSONNERIE

La Fédération Nationale de la Mutualité et de la Coopération Agricoles remplit un devoir particulièrement agréable en répondant à la cordiale invitation qui lui est faite de participer aux travaux de votre Congrès.

L'absence de notre Secrétaire général, Paul Vimeux, momentanément retenu à Paris, me vaut aujourd'hui l'honneur de vous exprimer la sympathie de nos organisations démocratiques et de souligner les raisons qui les conduisent, par l'intermédiaire de notre Groupement national, à nouer et à développer des relations de plus en plus confiantes avec votre active Fédération.

La principale de ces raisons tient, sans doute, à une similitude de vues dans les moyens employés pour atteindre les buts que poursuivent nos Associations de Mutualité et de Coopération agricoles et vos Coopératives de Consommation.

Les unes et les autres reposent, en effet, sur les mêmes principes de justice sociale, d'union et de solidarité entre les travailleurs. Les unes et les autres s'inspirant de l'enseignement du Professeur Gide — dont la verte vieillesse et la lumineuse intelligence toujours en éveil reçoivent chaque année les hommages enthousiastes de votre Congrès — s'efforcent d'assurer, dans leurs entreprises, la rémunération qui est due au travail et de constituer, à côté de la propriété individuelle que le paysan français considère comme le fondement essentiel de son indépendance et la sécurité de son foyer, une richesse collective, résultat de l'épargne commune librement consentie, fonds de développement économique, facteur de progrès technique et social qui, au lieu de se thésauriser sans utilité ou de servir à la satisfaction de besoins individuels, se transforme sans cesse pour l'intérêt de tous.

Une autre raison, camarades, rapproche nos organisations coopératives. Elle est due aux conditions nouvelles de la vie rurale. Ainsi que nous l'exposait l'an dernier, au Congrès du Tréport, M. Louis Tardy, Directeur général de l'Office National du Crédit agricole, dans un éloquent discours unanimement applaudi, nos agriculteurs sont devenus des consommateurs de plus en plus importants.

Comme les citadins, comme les ouvriers d'usine ou d'atelier, comme ceux qui vivent du fruit du travail intellectuel, ils ont senti peser sur leurs épaules le fardeau de la vie chère, alourdi sans cesse des exigences de plus en plus grandes d'intermédiaires de plus en plus nombreux.

Il n'est donc pas étonnant qu'à côté de leurs organisations professionnelles de production, de transformation et de vente, ou de leurs Caisses mutuelles d'assurances contre les risques agricoles, les cultivateurs demandent aux coopératives de consommation le moyen d'atténuer les conséquences de la spéculation et de moraliser le marché. Circonstance heureuse, dans bien des cas, les mêmes personnes ont été placées à la tête de ces institutions diverses et il s'est créé ainsi un lien de parenté entre les diverses formes de la Coopération.

Nous en avons des exemples dans les départements de l'Est, où l'Union des Coopérateurs de Lorraine, dont nous apprécions aujourd'hui la cordialité de l'accueil, déploie une activité inlassable pour le développement de l'idée coopérative dans les populations rurales.

Récemment, dans le Gers, il m'était donné d'admirer l'œuvre accomplie par la coopérative agricole de meunerie-boulangerie de Condom dont le Président, après m'avoir expliqué la marche des services de cette utile entreprise, me présentait, quelques minutes plus tard, le personnel d'une coopérative de consommation très florissante, dont il était aussi le Président.

Ces rapprochements, camarades, ne peuvent que faciliter et resserrer les liens qui unissent nos Groupements nationaux. Ils ont permis au Comité d'entente pour la défense de la coopération de faire, en quelques années, une œuvre très utile en vue de la réalisation de notre idéal commun; ils ont permis d'assurer le succès de la Semaine Parlementaire de la Coopération où les Délégués des diverses formes d'institution coopératives — tout en proclamant la nécessité de garder à leurs organisations respectives l'autonomie et l'indépendance qui conviennent à des associations libres — ont fait prévaloir à la fois l'idée d'une unification des méthodes et des buts coopératifs et celle d'une collaboration nécessaire entre producteurs agricoles et consommateurs organisés, collaboration qui faciliterait le vote si désirable de la proposition de loi Chanal sur les relations entre coopératives agricoles de production et coopératives de consommation.

C'est cette notion d'union entre Groupements qu'animent les mêmes sentiments coopératifs que je me plais à évoquer, en présence de M. May, de l'Alliance Coopérative Internationale, à laquelle appartient la Fédération Nationale de la Mutualité et de la Coopération agricoles.

Et maintenant, Chers Coopérateurs, permettez-moi, au nom de notre Président Viger, de notre Vice-Président Fernand David, de notre Secrétaire général Paul Vimeux, de vous transmettre le salut sympathique des 4.000 associations agricoles : Syndicats, Caisses de Crédit, Mutuelles et Coopératives groupées dans la Fédération Nationale de la Mutualité et de la Coopération agricoles, qui forme des vœux ardents pour la réalisation de l'idéal de justice et de paix sociale que représente la Coopération.

LE PRÉSIDENT. — La parole est à M. Louis Tardy, Directeur Général de l'Office National du Crédit Agricole.

Discours de M. Louis TARDY

Il m'est très agréable de venir remercier à mon tour la Fédération Nationale des Coopératives de Consommation de l'aimable invitation que ses secrétaires, nos amis Poisson et Camin, ont si cordialement adressée à l'Office National du Crédit agricole, qui n'est pas une organisation coopérative mais un établissement public, régi en quelque sorte coopérativement, ayant une certaine autonomie financière et administrative et qui, en tous les cas, a, comme l'un de ses principaux objets, celui de promouvoir, d'aider et de faciliter la création de la coopération en agriculture.

C'est d'ailleurs toujours pour moi un plaisir de venir assister à vos réunions annuelles et d'y retrouver mon excellent maître, M. Charles Gide, j'allais dire mon vieux maître, mais il est plus jeune que tous ses élèves et il vient de nous le montrer encore en faisant, sans aucune fatigue, le voyage si long de Palestine dont il parlait tout à l'heure. C'est une joie pour moi, chaque fois que j'en ai l'occasion, de lui exprimer non seulement ma reconnaissance personnelle, mais celle de tous ses élèves, pour l'enseignement qu'il leur a donné d'abord, et aussi pour l'exemple de cette vie tout entière consacrée à la propagande des idées de solidarité et à la défense de la coopération.

Je crois que la réunion de cette année présente aussi un caractère un peu spécial, par suite du grand nombre de représentants des fédérations coopératives étrangères, et particulièrement de la présence du secrétaire de l'Alliance Coopérative Internationale,

M. May. Pour ma part, je veux y voir un symbole de cette paix dont parlait tout à l'heure le délégué de la Wholesale anglaise, de cette paix à laquelle aspirent les coopérateurs de tous les pays et qu'ils s'efforcent de réaliser au point de vue économique et social, en unissant le plus possible tous les travailleurs pour tâcher d'établir plus de justice dans les échanges et d'arriver à ne faire payer aux consommateurs que le « juste prix ».

Je suis heureux aussi d'avoir vu choisir comme siège de votre Congrès cette ville de Nancy, si riche à tous égards en souvenirs historiques et artistiques. Ce choix présente, pour nous, un caractère plus particulier, car Nancy est le centre de l'Union Lorraine, de l'Union qui compte le plus d'agriculteurs, et que je remercie aussi bien vivement de son si aimable et si cordial accueil.

Je crois qu'il faut y voir également un acheminement vers la réalisation des idées que vous avez mises, l'an dernier et cette année, à l'ordre du jour du Congrès.

Tout d'abord, l'an dernier, vous avez étudié les relations qui devaient exister entre les différentes formes de la Coopération et tout spécialement entre la coopération de consommation et la coopération agricole. J'ai été particulièrement heureux, pour ma part, d'entendre Albert Thomas confirmer, avec sa haute autorité et sa grande force de persuasion, ce que j'avais dit très simplement, en faisant remarquer qu'il est de plus en plus difficile, et qu'il sera de plus en plus difficile, à la coopération de consommation d'organiser elle-même directement la production agricole.

C'est qu'en effet, actuellement, dans tous les pays, c'est la petite propriété, l'exploitation familiale qui se développe et, dans cette région de Lorraine, nous en avons d'ailleurs des exemples tout à fait frappants qui ont certainement attiré l'attention des coopérateurs lorrains.

Ceci n'est pas spécial, d'ailleurs, aux régions de l'Europe, puisque tout récemment, avec mon ami Peyssonnerie, alors que nous étions en mission dans une de nos plus importantes colonies où nous tâchions de faire implanter les idées de coopération et de mutualité, nous constations que la situation économique et sociale de l'agriculture était la même en Afrique occidentale française que dans la métropole et dans la plupart des pays d'Europe, et que c'était la petite et moyenne exploitation avec la culture familiale qui tendait à se développer et qu'il y avait intérêt à propager.

Mais, comme je le disais l'an dernier, la petite propriété sans la coopération ne peut pas exister, et c'est pour cela que nous assistons à ce développement constant et progressif de la coopération en agriculture.

Comme Peyssonnerie le rappelait tout à l'heure, la question d'entente entre les coopératives de production et de consommation a fait un pas très sensible depuis l'an dernier et le projet Chanal, qui a été déposé sur l'initiative de la Fédération des Coopératives de consommation et de la Fédération des Coopératives agricoles, a été rapporté par M. le Sénateur Chauveau au nom de la Commission de l'Agriculture du Sénat. C'est déjà un résultat.

Je dois dire cependant qu'à mon avis ce projet pourrait peut-être recevoir encore des améliorations car il prévoit seulement des ententes entre grands groupements de producteurs et de consommateurs et il laisse de côté les encouragements qui pourraient être donnés très utilement aux petites coopératives locales qui groupent déjà des producteurs et des consommateurs, comme les boulangeries coopératives du Sud-Ouest et certaines autres organisations de

producteurs et consommateurs de lait du Nord-Est. Il serait intéressant, à mon avis du moins, de prévoir que des facilités de crédit
pourront être accordées également à ces petites coopératives mixtes
de producteurs et de consommateurs.

Quoi qu'il en soit, en attendant, il est nécessaire, comme vous
l'avez reconnu l'an dernier, de faciliter ces ententes entre producteurs et consommateurs en rapprochant ces deux catégories de
coopératives comme Poisson l'a préconisé au Congrès de la Mutualité et de la Coopération agricoles, à Tours et au Congrès National
de l'Agriculture, à Rouen.

Nous nous y sommes efforcés, nous avons tâché de le faire le plus
possible, pour notre part, à l'Office national du Crédit agricole, et
nous avons encouragé la création de coopératives agricoles ayant
pour objet de fournir certains produits, notamment de la farine et
du pain à des coopératives de consommateurs. Peyssonnerie rappelait tout à l'heure les services obtenus par l'une des plus
ancienne. La Meunerie coopérative de Condom qui a obtenu d'excellents résultats. Il en est d'autres, encore, dans le Gers, dans l'Aube,
dont nous avons favorisé aussi la création et le développement. En
Lorraine même, je crois que vous avez obtenu des résultats intéressants en groupant des producteurs et des consommateurs de lait.

Peut-être pourrait-on aussi effectuer encore d'utiles rapprochements en créant des relations entre le Magasin de gros et les
Coopératives vinicoles. C'est une revendication qui était adressée
récemment à Poisson, au Congrès de l'Agriculture de Rouen. Il y
a là un ordre d'idées vers lequel il faut, je crois, s'orienter de plus
en plus et nous nous efforçons, pour notre part, de créer cette
atmosphère favorable que Poisson a certainement contribué, lui-
même, dans une large mesure, à faire naître à Tours et à Rouen
par sa chaude et persuasive parole.

Dans le Congrès d'aujourd'hui, une question domine, à mon avis,
l'ordre du jour de votre programme; c'est celle de la réforme de la
législation coopérative.

Notre camarade Ramadier a présenté à ce sujet un rapport fortement documenté, dans lequel il expose très sincèrement les raisons
qu'il y a de réclamer une législation uniforme, en même temps que
les difficultés rencontrées par cette réforme. Les raisons en faveur
de cette législation uniforme, sont l'insuffisance de la législation
actuelle, l'imprécision, le formalisme trop étroit de notre législation
sur les sociétés, la nécessité de réprimer les fausses coopératives
Parmi les difficultés, il y a tout d'abord celle de réunir en un seul
texte tout ce qui concerne les diverses sortes de coopératives :
coopératives de consommation, coopératives agricoles, coopératives
ouvrières de production, coopératives de commerçants, coopératives
d'habitations à bon marché, etc... Les agriculteurs sont, en effet,
attachés à leurs sociétés coopératives particulières, ils préfèrent la
société civile à la société anonyme. Ils ont eu, vous le savez, beaucoup de peine à obtenir une législation libérale permettant la création régulière d'associations agricoles, et vous vous rappelez tout
particulièrement, dans cette région, qu'avant que la loi de 1920 n'ait
autorisé les syndicats professionnels à faire des opérations d'achat
en commun, les syndicats agricoles ont fonctionné comme de véritables coopératives d'achat. C'est également avant que la loi du
4 juillet 1900 ne les y ait autorisées que, sous forme de syndicats de
prévoyance, se sont créées les mutuelles agricoles, qui sont de véritables coopératives d'assurances. C'est aussi avant la loi du 5 novembre 1894 et avant celle du 12 juillet 1923 que les coopératives de-

crédit agricole et les coopératives de production agricole se sont constituées sous forme de sociétés en nom collectif et de sociétés civiles régies par les articles 1.832 et suivants du Code Civil.

Il s'est toujours créé ainsi une sorte de droit coutumier pour les coopératives agricoles avant qu'une loi écrite ne soit venue consacrer ces coutumes et c'est pourquoi les agriculteurs tiennent tant à leur législation particulière.

Ils attachent aussi une importance peut-être excessive aux exemptions fiscales, mais ce n'est pas parce qu'ils les envisagent à un point de vue étroit d'égoïsme financier. C'est parce qu'ils n'arrivent pas à comprendre, par exemple, pourquoi une coopérative qui grouperait 500 viticulteurs produisant 5.000 hectos, serait frappée de certains impôts auxquels ne serait pas astreint un grand producteur faisant à lui seul 10.000 hectos. Ils n'arrivent pas à comprendre pourquoi on traiterait un groupe de cultivateurs autrement qu'un agriculteur isolé et c'est pour cela qu'ils demandent que les coopératives agricoles ne soient pas astreintes à un régime fiscal différent de celui des agriculteurs eux-mêmes.

En outre, ils voient un certain danger à être assimilés au commerce au point de vue des impôts, car ils craignent de voir un certain nombre de sociétés coopératives se transformer en sociétés commerciales pouvant faire plus facilement des opérations avec d'autres personnes que leurs sociétaires et étant alors entièrement libres de faire toutes opérations d'achat et de vente.

Quoi qu'il en soit, il ne faut pas s'exagérer ces difficultés et je crois qu'il est possible de trouver une législation permettant de concilier tous les desiderata des coopérateurs notamment ceux des agriculteurs, et de réaliser le projet dont M. Ramadier exposera tout à l'heure les grandes lignes.

Il est toujours possible, du reste sans tarder, de tâcher d'unifier les méthodes coopératives et de les harmoniser. On devrait cesser aussi d'accuser les agriculteurs, comme on le fait parfois, de fonder de fausses coopératives où le capital joue un rôle prépondérant. Je crois que c'est une erreur qui tient à ce que certains économistes ne connaissent pas suffisamment le fonctionnement des coopératives agricoles. En effet, il n'est peut-être pas de coopératives où le capital ait un rôle plus réduit que dans les coopératives agricoles. Les parts qui constituent le capital de ces sociétés ne peuvent recevoir qu'un intérêt fixe, sans aucun dividende; elles ne peuvent participer à aucune répartition des bénéfices qui sont exclusivement réservés aux sociétaires, au prorata des opérations que ceux-ci ont faites avec la société. En cas de dissolution même, l'excédent de répartition d'actif, après remboursement du capital, ne peut être affecté qu'à une œuvre d'intérêt général. Je crois donc que ces sociétés réalisent bien vraiment, au contraire, l'un des caractères principaux que M. Gide reconnaît aux coopératives : le capital n'étant plus, en réalité, qu'un simple salarié.

En tout cas, en attendant, efforçons-nous, comme je l'ai dit, d'unifier les méthodes coopératives, et je crois que des réunions comme celle-ci, où les coopérateurs de toute sorte sont réunis, échangent leurs idées, apprennent à mieux se connaître et à mieux s'aimer, sont des moyens excellents de réaliser l'idéal qui nous est commun.

L'Office du Crédit agricole, pour sa part, y contribuera autant qu'il le pourra, et c'est ainsi que dans l'enseignement de la mutualité et de la coopération agricoles organisé par le Ministère de l'Agriculture, et que je suis chargé de diriger, bien que ce ne soit pas explicitement prévu dans le programme, je fais toujours une place à la coopération de consommation. Je donne non seulement des indications sur la fonction, l'importance et le mouvement de cette forme de coopération, mais je conduis aussi les élèves — qui étaient une vingtaine cette année avec cinquante auditeurs — à la Fédération nationale des Coopératives de consommation, pour leur en montrer les services et au Magasin de Gros pour le leur faire visiter et leur en faire apprécier l'importance. Je remercie, à cette occasion, nos camarades de la Fédération et du Magasin de Gros de l'amabilité avec laquelle ils nous reçoivent toujours lors de ces visites.

Mais l'heure s'avance. Il est midi passé. Je m'excuse d'avoir retenu si longtemps votre attention; je termine en vous assurant de toute la sympathie d l'Office du Crédit agricole et en souhaitant que les coopérateurs de toute sorte soient de plus en plus unis dans le même idéal de solidarité qui est dans tous nos cœurs et à la réalisation duquel ce congrès contribuera puissamment.

M. GIDE. — Vous venez d'entendre les représentants des organisations coopératives qui, comme on l'a dit, sont proches parentes de la nôtre. Mais cette parenté n'empêche pas qu'elles soient restées ignorées les unes les autres pendant bien des années. Je puis me rendre ce témoignage que j'ai toujours pensé que les sociétés de coopération de consommation ne pourraient se passer du concours des coopératives agricoles, ni de celui des coopératives ouvrières de production.

Grâce à la fidélité de nos camarades qui viennent de parler ici, voici que ce rapprochement est en train de se faire et je considère que c'est là un grand résultat.

Je remercie M. Tardy de ce qu'il a bien voulu dire d'affectueux à mon égard. C'est certainement la meilleure récompense d'un vieux professeur de penser qu'il laisse après lui, je ne dirai pas de tels élèves, mais de tels successeurs.

Je donne la parole à Camin pour qu'il nous communique les excuses que nous avons reçues.

LES EXCUSES

Maurice CAMIN. — L'Union et Magasin de Gros des Coopératives Norvégiennes de Consommation, s'excusent de ne pouvoir se faire représenter et disent :

Nous vous remercions de votre cordiale invitation à votre Congrès à Nancy les 21, 22, 23 et 24 mai prochain, mais regrettons de vous informer qu'il nous a été impossible d'accepter votre invitation.

Nous vous prions de présenter au Congrès nos salutations fraternelles et nos souhaits d'un résultat heureux ».

De même, l'Union Centrale des Sociétés Coopératives de Consommation de Finlande nous dit :

« Nous avons bien reçu votre lettre du 6 mars et nous vous remercions vivement de votre amicale invitation à votre XIIe Congrès de Nancy.

Nous aurions été heureux de répondre à votre invitation mais, à notre grand regret, cela nous est impossible et nous vous prions de bien vouloir nous excuser.

Nous souhaitons à votre Congrès le meilleur succès.

Le Magasin Coopératif de Gros anglais à Glasgow s'excuse de ne pouvoir se faire représenter comme il le pensait et dit :

Comme suite à votre lettre du 6 mars invitant notre société à se faire représenter au 12ᵉ Congrès de la Fédération Nationale des Coopératives de Consommation qui se tiendra à Nancy les 21, 22, 23 et 24 mai prochain, j'ai à vous informer que la question de notre représentation a été examinée par le Conseil d'Administration mais qu'il regrette de ne pas voir la possibilité d'envoyer des délégués à cette occasion.

Nous espérons que vous aurez une réunion agréable et pleine de succès.

La Fédération Centrale des Organisations Coopératives danoises nous écrit et s'excuse comme suit :

Nous avons bien reçu votre lettre du 6 courant et nous vous remercions cordialement pour votre aimable invitation à participer au Congrès de la Fédération Nationale des Coopératives de consommation qui aura lieu à Nancy les 21-24 mai prochain.

Cependant, nous regrettons d'être obligés de vous informer que nous ne serons pas en état d'accepter votre invitation et nous vous prions d'agréer l'assurance de nos souhaits sincères pour un résultat heureux du Congrès de votre organisation.

L'Union Centrale des Sociétés Coopératives de Consommation de Finlande nous dit :

Nous vous sommes très obligés de votre invitation du 6 mars au Congrès de la Fédération à Nancy, mais regrettons vivement de ne pouvoir cette fois envoyer nos délégués à Nancy parce que le mois de mai est un des plus actifs pour notre commerce.

Le Magasin Coopératif de Gros d'Irlande s'excuse en ces termes :

Nous vous sommes très reconnaissants de votre aimable invitation du 6 courant à assister à votre congrès coopératif qui se tiendra du 21 au 24 mai prochain.

Par suite du surcroit de travail qu'exige la réorganisation de notre affaire, après la période de difficultés que nous avons subie nous craignons qu'il soit bien improbable que nous puissions nous faire représenter.

Peut-être qu'aux approches de la date du Congrès nous verrons un peu plus clair et pourrons y assister, sinon, nous profitons de l'occasion pour vous souhaiter beaucoup de succès.

De même, la Ligue Coopérative d'Amérique nous dit :

Nous sommes en possession de votre aimable invitation de nous faire représenter à votre douzième Congrès qui se tiendra à Nancy le 21 mai. Nous regrettons extrêmement que la distance qui nous sépare de la France rende impossible notre présence auprès de vous. Soyez assurés de nos meilleurs vœux pour le succès de votre Congrès.

En Amérique, nous sommes en train d'avancer lentement et nous donnons beaucoup de soins à la question de l'éducation coopérative. En effet, il nous est nécessaire de faire au préalable bien comprendre les principes de la Coopération avant de pouvoir procéder à l'élection de sa structure économique. Les conditions du travail capitaliste en Amérique et les circonstances de la vie sociale, rendent le développement du mouvement coopératif plus difficile qu'en Europe. Nous sommes sûrs néanmoins que dans l'avenir notre pays aura un mouvement coopératif important.

Nous vous assurons de notre espoir que la coopération continuera à aller fermement en avant en France, afin de servir les consommateurs sur tous les terrains et de montrer au monde qu'elle peut successivement supplanter le système compétitif actuel de la société.

Le Magasin de Gros Finlandais s'excuse de ne pouvoir se faire représenter et dit :

Nous sommes en possession de votre honorée du 6 mars contenant votre aimable invitation de nous faire représenter à votre XII⁰ Congrès qui aura lieu les 21, 22, 23 et 24 mai à Nancy.

Après avoir considéré cette invitation, notre Conseil d'Administration est venu à la conclusion que nous ne sommes pas, à notre regret, en état d'envoyer cette année des représentants à votre congrès.

Nous vous envoyons tous nos remerciements et nos meilleurs souhaits de réussite.

L'Union Centrale panrusse des Sociétés de Consommation « Centrosoyus » s'excuse également en disant :

Nous avons bien reçu votre aimable lettre du 6 mars et nous vous remercions sincèrement pour votre invitation cordiale à votre XII⁰ Congrès qui aura lieu à Nancy les 21, 22, 23 et 24 mai prochain.

Nous regrettons vivement de ne pouvoir prendre part à votre Congrès, car, malheureusement, les circonstances ne nous permettent pas d'envoyer des délégués en France.

Nous espérons, cependant, recevoir des renseignements sur le Congrès et nous vous prions de lui faire part de nos vœux les plus sincères.

L'Union Générale des Coopératives de Consommation de la Finlande nous écrit en ces termes :

Nous sommes en possession de votre honorée du 6 mars contenant votre aimable invitation de nous faire représenter à votre XII⁰ Congrès qui aura lieu les 21, 22, 23 et 24 mai à Nancy.

Après avoir considéré cette invitation, notre Conseil d'administration est venu à la conclusion que nous ne sommes pas, à notre regret, en état d'envoyer cette année des représentants à votre Congrès.

Nous vous envoyons tous nos remerciements et nos meilleurs souhaits de réussite.

L'Union des Sociétés Coopératives de Lithuanie s'excuse vivement de ne pouvoir se faire représenter et écrit :

En réponse à votre lettre du 6 mars 1925 nous informant que le XII⁰ Congrès de la Fédération Nationale des Coopératives de consommation aura lieu à Nancy les 21, 22, 23 et 24 mai prochain, nous vous exprimons notre vive reconnaissance pour l'invitation que vous avez bien voulu nous adresser.

Ce serait un grand avantage pour notre jeune coopération de faire la connaissance du développement modèle de la coopération dans votre pays, et c'est avec le plus grand regret que nous nous voyons obligés de renoncer au plaisir d'envoyer notre représentant au Congrès.

Les circonstances nous forcent de nous priver de cet avantage vu que le

Congrès de la Fédération Nationale des Coopératives coïncide avec la réunion des délégués coopérateurs lithuaniens de province. La grande distance qui sépare nos pays en rend l'exécution encore plus difficile.

L'Union Coopérative du Canada s'excuse également en nous disant :

J'ai à vous remercier, au nom de notre Union, pour votre aimable invitation d'envoyer des délégués au XII° Congrès de votre Fédération qui doit se tenir à Nancy le mois prochain.

C'est avec beaucoup de regret que je suis obligé de vous informer qu'il ne nous est pas possible de répondre à votre invitation. J'espère que votre réunion sera couronnée de succès et que vos débats marqueront une avance de la cause coopérative dans votre pays.

En vous remerciant à nouveau et avec tous nos meilleurs vœux pour votre succès.

L'Union et le Magasin de Gros des Coopératives polonaises de Consommation s'excusent et nous disent :

Nous vous remercions bien pour votre cordiale invitation au XII° Congrès de la Fédération Nationale à Nancy.

Nous regrettons bien de ne pouvoir prendre part à votre Congrès National et vous prions de lui exprimer les meilleurs souhaits et les salutations les plus sincères au nom des 600.000 coopérateurs polonais réunis en nos sociétés.

Le mouvement coopératif polonais a été unifié les 25 et 26 avril de cette année, comme vous l'avez été il y a treize ans. L'unification française a d'ailleurs été un bon exemple pour nos coopérateurs.

Nous sommes intéressés d'autant plus à la coopération française, que nos nombreux ouvriers camarades qui travaillent en France sont souvent et doivent être les membres de vos coopératives.

C'est pour cela que nos salutations et souhaits aux coopérateurs français sont encore plus vifs et empressés.

Vive la Coopération française. Vive la Coopération entre la nation française et polonaise.

L'Union Coopérative et Magasin de Gros de Suède nous a écrit la lettre suivante :

Nous vous remercions de la cordiale invitation pour votre Congrès du 21-24 mai à Nancy. Il nous sera malheureusement impossible d'envoyer des délégués parce que nous serons occupés à ce moment par les travaux préparatoires de notre Congrès.

Nous vous prions de bien vouloir transmettre à votre Congrès nos cordiales salutations et nos vœux pour des progrès constants de votre organisation et du mouvement coopératif en France.

De plus, les télégrammes suivants sont parvenus au Congrès :

De la Fédération des Coopératives de Catalogne :

Conseil Fédération Régionale Coopératives Catalogne vous adresse meilleurs vœux de succès à l'occasion ouverture Congrès National.

Du « Centrosoyus » :

Envoyons salutations sincères au Congrès. Souhaitons meilleurs succès. — Khintchuk.

De l'Union Coopérative Suédoise :

Les Coopérateurs Suédois vous envoient leurs cordiales salutations et souhaitent que le travail du Congrès aidera à la continuation du progrès des coopérateurs unis de la France.

Notre ami Albert Thomas a adressé au Congrès le télégramme suivant :

Suis retenu Genève par Conférence Internationale Travail. Salut cordial et bonne chance pour vos travaux.

De même, notre ami, M. Chabrun, a envoyé au Congrès le télégramme que voici :

Retenu Mayenne, vous envoie amical souvenir et meilleurs vœux pour Congrès.

Frédéric Brunet qui avait accepté de représenter à notre Congrès le Groupe Parlementaire de la Coopération à la Chambre, retenu à Paris par des travaux urgents, nous a priés de l'excuser et de transmettre au Congrès ses meilleurs vœux pour le succès de ses débats.

Le Président. — La parole est à Poisson.

Poisson. — Nous avons à nommer la Commission des mandats.
Je rappelle que le rôle de cette Commission est très simple, puisque vous savez dans quelles conditions les sociétés sont représentées par l'intermédiaire de leur Fédération régionale.
Comme les années précédentes, je vous propose de nommer une commission de 3 membres qui pourraient être nos camarades Fizes, Wilks et Delabaëre.
Y a-t-il quelqu'un qui demande la parole à ce sujet ?

Un délégué. — Je voudrais faire remarquer une fois de plus qu'on propose au Congrès une Commission de vérification des mandats qui est uniquement composée de camarades en complet accord avec la Fédération Nationale et approuvant son rapport. Il nous paraîtrait normal qu'il y ait au moins un représentant de ceux qui trouvent que tout n'est pas pour le mieux dans le meilleur des mondes coopératifs.

Poisson. — Je ferai remarquer qu'il s'agit de représentants de fédérations régionales, pour lesquelles vous ne savez pas encore s'ils sont en accord avec la Fédération.

Nombreux délégués. — Aux voix ! aux voix !

Poisson. — Je propose que l'on nomme la Commission des mandats telle qu'elle a été demandée et je ne crois pas qu'il puisse y avoir de difficulté, étant donné que le mandat résulte simplement de l'adhésion : il suffit de s'assurer si les cotisations ont été payées ou non. Ce n'est pas une question d'opinion, c'est une question de fait matériel et comptable.

Le Président. — Que ceux qui sont d'avis de nommer les trois camarades proposés veuillent bien lever la main.

Ils sont désignés à la presque unanimité.

DEUXIÈME SÉANCE DU JEUDI 21 MAI

La séance est ouverte à 14 heures 30 sous la présidence de Cleuet, assisté de Richl et de Jouhannet.

Le Président. — L'ordre du jour appelle la discussion du rapport sur l'activité de la Fédération pendant l'année écoulée.

La parole est au Secrétaire général, Poisson.

LE RAPPORT DU CONSEIL CENTRAL

Poisson. — Afin de hâter nos travaux, je voudrais, au nom du Conseil Central, procéder comme l'année dernière. Je ne ferai pas un exposé général du rapport que vous avez entre les mains. Nous allons d'abord vous demander de bien vouloir prendre la parole et sur les observations que vous avez à faire. les suggestions que vous avez à apporter, sur l'activité de la Fédération Nationale.

Je vous propose la méthode de travail suivante : notre camarade Cleuet inscrira dès maintenant les camarades qui ont l'intention de prendre la parole sur ce sujet, la clôture serait ensuite prononcée. Chacun fera connaître son point de vue, et le Conseil Central répondra sur les points qui auront été signalés, concernant l'activité. générale de la Fédération ou l'activité spéciale de chacun de ses services. Je crois que cette méthode est celle qui peut nous donner le plus de clarté tout en nous faisant gagner du temps.

Le Président. — Quels sont les camarades qui demandent la parole ? Je les prie de faire connaître au bureau leur nom et la société qu'ils représentent.

Je donne la parole à Jaudin.

Intervention de JAUDIN

Jaudin. — La société *La Famille Nouvelle* oppose au rapport du Conseil Central un contre-rapport dont vous trouverez le texte dans le numéro du journal *Le Coopérateur* qui vous a été distribué.

Ce contre-rapport constitue à la fois les propositions et la critique de la société *La Famille Nouvelle* et de la Fédération Nationale des Cercles de Coopérateurs révolutionnaires, qui a vu le jour il y a très peu de temps.

Tout d'abord, dans notre contre-rapport, nous manifestons quelque surprise de voir que l'on n'a pas hésité à publier les présences des membres sortants du Conseil, en nous indiquant par exemple, pour ne prendre que celui qui a dépassé toute mesure, Sellier qui a 12 absences sur 13 réunions.

Ceci ne serait pas pour nous surprendre et nous n'aurions qu'à féliciter le Conseil Central de la netteté avec laquelle il tient à ce que tous les délégués des coopératives de France connaissent le degré d'activité et d'assiduité à ses réunions des membres désignés, si nous n'avions pas la surprise de constater que, malgré cette absence à 12 réunions sur 13, le camarade Sellier est de nouveau représenté à vos suffrages, et que le Conseil Central vous demande de le réélire pour que, probablement, il manifeste encore cette année la même activité.

Au point de vue de la propagande, il nous a paru que, durant l'année écoulée, la Fédération Nationale des Coopératives de consommation n'a pas fait de gros efforts pour toucher l'opinion publique.

Nous ne nions pas qu'à l'intérieur des Coopératives, surtout à l'intérieur des Coopératives de développement, un certain effort ait été tenté surtout par la voix de l'*Action Coopérative* pour informer tout au moins les coopérateurs qui reçoivent cet organe, des décisions et des intentions du Conseil Central.

Mais nous reprochons à la Fédération Nationale des Coopératives de Consommation de n'avoir pas, pour les différentes revendications qu'elle présentait devant les Pouvoirs publics, déclenché des campagnes publiques susceptibles d'impressionner, dans une certaine mesure, l'opinion comme la plupart des autres associations économiques n'hésite pas à le faire. Il est inutile que nous rappelions les mouvements qui ont été menés à bonne fin dans différentes régions de la France — boulangers, petits commerçants de diverses spécialités, etc... — qui, dans la plupart des cas, ont obtenu satisfaction des Pouvoirs publics, grâce aux campagnes qui avaient été organisées.

Nous sommes bien obligés de constater que, dans ce domaine de l'action publique, la Fédération Nationale des Coopératives de Consommation n'a rien fait et s'est contentée d'une action sur les parlementaires dont les sympathies lui étaient acquises et dans les couloirs du Parlement.

Au point de vue de la semaine d'adhésions, nous n'insisterons pas, car le fait a dû vous apparaître à tous et il vous suffit d'examiner les sommes qui ont été consacrées à cette Semaine d'Adhésions, pour constater qu'avec plusieurs centaines de mille francs en caisse la Fédération n'a pas fait de gros sacrifices et que cette Semaine d'Adhésions n'a porté que fort peu de résultats en raison précisément de la médiocrité des moyens utilisés par la Fédération.

Au point de vue de l'*Action Coopérative*, nous regrettons que ce journal serve à éduquer uniquement une partie des coopérateurs organisés dans le sein de la Fédération, et nous demandons que cet organe soit ouvert à la fois aux cercles des coopérateurs réformistes et aux cercles des coopérateurs révolutionnaires.

Je pense que cette proposition sera acceptée car, chaque fois que j'ai entendu des camarades comme Poisson intervenir publiquement, ils ont toujours manifesté une certaine ironie pour la tendance de la coopération « lutte de classe ». Ils ont toujours paru fermement convaincus qu'il y avait dans cette tendance une forme idéologique extrême, et qu'il leur était bien facile, dans le domaine des idées, de réfuter les opinions et les doctrines préconisées par cette tendance coopérative.

Partant, je suis convaincu que Poisson lui-même appuiera notre proposition et qu'il permettra de faire la preuve publique, par des controverses organisées dans ce journal, de la supériorité de la tendance dite neutraliste dont il est le champion.

En ce qui concerne le Conseil Supérieur de la Coopération, il nous est apparu que cet organisme n'a guère fonctionné et, qu'en tout cas, pour qu'il puisse présenter certains avantages, pour qu'il puisse véritablement appeler les masses ouvrières à l'action coopérative, il serait utile, si nous voulions véritablement l'utiliser, que ce soit des ouvriers qui représentent le mouvement coopératif, et que, puisqu'il n'avait pas fonctionné, la question ne se posait pas, que nous pouvions demander le retrait de nos délégués à cet organisme.

Au point de vue du Conseil Supérieur du Commerce et de l'Industrie, nous sommes absolument convaincus que les intérêts de tous les tenants du commerce, basés sur le profit et sur les bénéfices individuels, étant en opposition irréductible avec la thèse même défendue non seulement par les coopérateurs lutte de classes, mais également par les coopérateurs se réclamant du neutralisme, nous sommes convaincus que les tenants du commerce ne pourrons jamais s'entendre avec les tenants de la coopération.

Partant, nous demandons que si l'on envisage que cet organisme peut avoir des avantages au point de vue informations, nous nous efforcions de ne pas compromettre les représentants de la coopération dans des relations avec des adversaires aussi déclarés de notre idéal, et nous demandons que des ouvriers, travaillant encore en usine, choisis parmi les militants apportant par leur consommation le maximum de force à la coopération, c'est-à-dire des ouvriers qui ne pourront pas compromettre le mouvement coopératif, soient choisis pour nous représenter au sein de cet organisme.

Pour le Comité des denrées panifiables, nous retiendrons les propositions faites par le Conseil Central, mais nous nous permettons de rappeler qu'au début de la saison, au lendemain de la récolte, des députés du Bloc ouvrier et paysan ont déposé sur le Bureau de la Chambre un projet de loi qui n'a pas été soutenu par la Fédération Nationale des Coopératives de Consommation, et qui tendait à acheter la totalité de la récolte, ce qui aurait pu nous mettre à l'abri de la spéculation qui va nous amener des hausses sans cesse grandissantes, alors qu'à l'heure actuelle les propositions de la Fédération Nationale des Coopératives de Consommation, en admettant qu'elles puissent être efficaces dans une certaine mesure, arriveront trop tard, puisque toute la récolte a été raflée par ceux qui veulent spéculer.

Au point de vue de la vie chère, la divergence est complète entre notre pensée et celle de la Fédération quant aux moyens efficaces auxquels la Coopération doit recourir pour lutter contre la vie chère.

Je n'insisterai pas sur ce point, car les propositions envisagées, la doctrine préconisée, sont fatalement la conséquence des vues et des conclusions que l'on a sur la situation économique envisagée au point de vue de la Coopération.

En face de l'attitude économique du camarade Poisson, nous opposerons tout à l'heure une attitude économique et des moyens qui, suivant nous, pourraient être efficaces dans la lutte contre la vie chère, moyens au service desquels la coopération tout entière devrait mettre dès maintenant sa force matérielle et morale.

Pour notre part, nous ne pouvons que regretter que la Fédération, de même que dans le domaine de la propagande, n'ait jamais cru devoir utiliser son autorité morale sur de grandes masses de consommateurs, et nous pouvons le reconnaître — je ne crois pas qu'on vienne affirmer le contraire — de grandes masses qui, pour la plupart, sont composées de consommateurs pauvres et non de consommateurs riches, bénéficiaires de l'ordre social scandaleux, basé sur le profit, que nous dénonçons tous ici.

Nous prétendons que, pour agir efficacement sur la vie chère, la Fédération aurait pu tout au moins utiliser les familles des consommateurs organisés dans son sein, pour faire toute la propagande nécessaire, consistant d'abord à les éclairer sur les tares du régime économique que nous subissons, de façon à les dresser d'un seul bloc, à les faire peser sur les Pouvoirs publics et à amener ceux-ci à faire le maximum d'efforts en accord avec les Coopératives, tout au moins pour fournir aux Coopératives des moyens actifs leur permettant de lutter efficacement contre la vie chère.

Pour la Semaine Parlementaire de la Coopération, nous nous permettons également de faire quelques réserves. Nous pensons que le fait que de vieux militants coopérateurs soient devenus députés — même du bloc ouvrier et paysan — ne devait pas leur enlever la compétence qu'ils peuvent avoir acquise par de nombreuses années de propagande et qu'il aurait été possible de recourir à leur concours pour établir quelques rapports qui auraient eu, selon nous, leur utilité dans la Semaine Parlementaire de la Coopération.

Pour l'enseignement de la Coopération, nous n'aurons pas besoin de nous étendre longuement puisque le rapport lui-même reconnait que l'Ecole coopérative n'a pu fonctionner faute d'élèves.

Tout de suite, je réponds aux arguments erronés que l'on prétend nous opposer. Je dis que si l'on veut s'efforcer de rechercher parmi les militants ouvriers ceux qui pourraient devenir des éléments actifs et autorisés de la coopération, vous ne serez pas embarrassés pour recruter les élèves dont vous avez besoin pour votre école.

Si certains camarades venaient vous dire qu'il faut choisir des éléments plus aptes à faire des techniciens ou des éléments ayant une culture plus étendue que celle qui est en général le lot de la classe ouvrière, je vous demanderais simplement d'examiner les noms des militants qui sont à la tête de la coopération et de considérer que beaucoup parmi eux sont issus de la classe ouvrière, même si, à certaines heures, ils paraissent l'avoir complètement oublié.

Au point de vue des conflits du travail, nous pensons que l'attitude du Magasin de Gros à Audierne n'a pas été celle qui convenait à un grand organisme prolétarien et nous pensons qu'il est regrettable que, dans les rapports de la Fédération, pas une ligne ne figure sur cette importante question.

Nous pensons qu'il est regrettable qu'à Audierne le représentant du Magasin de Gros ait pu apposer sa signature sur un document commun à tous les usiniers d'Audierne pour l'établissement dans cette localité d'une partie du cahier de revendications qui avait été adopté à Audierne, mais d'une partie seulement, et l'on pourrait dire de celle qui a le moins de valeur sociale.

Douarnenez et Audierne — ce ne sont pas mes amis, c'est Cleuet lui-même qui l'a déclaré — Douarnenez et Audierne sont deux ports égaux, parfois il y a du poisson à Audierne, parfois à Douarnenez, et le personel qui travaille à Audierne va aussi travailler à Douarnenez.

Eh bien, nous prétendons que les conditions de travail d'Audierne sont encore bien inférieures à celles de Douarnenez. Nous pensons que les conditions de Douarnenez auraient pu être acceptées à Audierne.

Nous sommes d'accord qu'il ne faut pas inférioriser la coopération et qu'il ne faut pas inférioriser les organismes de production de la coopération. Mais, en dehors de cela, nous estimons que la Coopération, qui est le fruit d'importants sacrifices ouvriers, doit marquer dans la bataille sociale son origine prolétarienne.

Eh bien, nous disons que tel n'a pas été le rôle qu'elle a joué. Nous disons que les organismes de la coopération ont pour devoir élémentaire de donner leur appui aux salariés dans la bataille douloureuse à laquelle ils sont acculés, et nous disons que, dans une bataille comme celle de Douarnenez, comme celle d'Audierne, le Magasin de Gros avait le devoir d'accorder immédiatement satisfaction aux ouvriers en ne faisant qu'une seule réserve, c'est que si cette première adhésion ne permettait pas aux travailleurs d'obtenir des autres usines les satisfactions accordées par celle du Magasin de Gros, on reviendrait en arrière et on appliquerait un tarif qui ne mette pas le Magasin de Gros en état d'infériorité.

Nous disons que le Magasin de Gros pouvait faire au minimum ce premier sacrifice et qu'il devait accorder cette satisfaction aux ouvriers pour leur permettre de peser sur les autres patrons.

Refuser ce minime concours aux ouvriers de l'usine d'Audierne, c'était leur dire : nous, grand organisme de coopération, nous, qui sommes le produit des sacrifices d'un grand nombre de travailleurs, nous vous traitons comme le font les autres employeurs, comme ceux qui veulent soutenir le régime du profit, nous nous mettons dans la même position qu'eux et nous disons que vous ne pourrez obtenir chez nous des avantages qu'en même temps que chez les autres patrons, c'est-à-dire lorsque vous aurez d'abord déclenché la grève.

Nous disons qu'il n'est pas possible de tenir ce langage qui est celui des industriels capitalistes, et nous ne pouvons pas, quant à nous, qui sommes partie intégrante et de la Fédération et du Magasin de Gros, prendre notre part de responsabilité dans cette attitude de mauvais patron que le Magasin de Gros a cru devoir prendre à Audierne.

Camarades, pour toutes ces raisons, nous vous demandons de repousser le rapport du Conseil Central.

Nous ne nous faisons aucune illusion et je comprends la signification de vos sourires. Vous êtes en train de vous dire : « pourvu qu'il ne parle pas trop longtemps, nous lui donnerons la satisfaction de l'écouter jusqu'au bout; mais il peut être bien tranquille, nous ne repousserons pas le rapport du Conseil Central ! »

Nous savons cela ; mais nous pensons que si le Congrès coopératif ressemble beaucoup plus à des solennités qu'à une réunion des délégués du mouvement coopératif français ayant à se prononcer après une discussion contradictoire, cette situation changera peut-être lorsque les cercles seront devenus des organismes coopératifs où la majorité n'appartiendra pas presque exclusivement à des employés de coopératives ou à des fonctionnaires de coopératives, lorsque les cercles seront devenus de véritables organes de vigilance et de contrôle, lorsqu'ils auront pu éclairer les coopérateurs.

LE PRÉSIDENT. — Avant de donner la parole aux orateurs suivants, nous allons entendre le Rapporteur de la Commission de Vérification des Mandats.

Delabaere. — La Commission de vérification des mandats s'est réunie. Elle a constaté la validité de 5.315 mandats représentés par 400 délégués.

Le Président. — Je mets aux voix le rapport de la Commission de vérification dés mandats.

Il est adopté sans observations.

Le Président. — Je donne la parole à Boyet.

Discours de BOYET

Boyet. — Camarades, les coopérateurs bellevillois m'ont chargé de présenter à ce Congrès la motion qui vous a été distribuée, et dont je vous demande la permission de vous donner lecture :

Au XI° Congrès de l'Alliance Coopérative Internationale, tenu à Gand en 1924, la Bellevilloise qui, jusqu'alors, avait pu envoyer des délégués à tous les congrès coopératifs internationaux, n'avait aucun représentant, malgré les démarches pressantes faites auprès des secrétaires des fédérations nationale et parisienne.

Et les Bellevillois qui se trouvaient à Gand au moment du Congrès firent parvenir au bureau de l'Alliance Coopérative Internationale la protestation:

« Nous, soussignés, membres communistes de coopératives d'Allemagne, de France et d'Italie, tenons à protester énergiquement devant le congrès au nom des coopérateurs communistes de nos pays respectifs, parce que nous avons été privés par nos fédérations nationales de toute représentation au Congrès International Coopératif.

« En France, en Allemagne et en Italie les Coopératives de tendance communiste constituent une minorité importante déjà et, en vertu des principes de démocratie et de neutralité dont ils se réclament, les dirigeants du mouvement coopératif de ces pays ne pouvaient les frapper d'un ostracisme que les statuts de l'Alliance, non plus que le Congrès, ne sauraient tolérer.

« Nous nous trouvons donc dans l'obligation impérieuse de demander à la fois au Congrès et au Comité central de l'Alliance de prendre toutes les mesures qui nous permettront dans l'avenir l'exercice de nos droits ».

Pour la France :
J. Boyet, M. Huyrrecht (Bellevilloise).

Pour l'Allemagne :
Karl Bittel. (Weissenfelds).
Anne Hermann (Halle).
Otto Kerneck (Gotha).

Pour l'Italie
O. Pastore (Legnaia).
Consorzio Coopérative di Produzione lavoranti in legno

Les Coopérateurs bellevillois n'ignorent pas que leur Coopérative étant adhérente à la F. N. C. C., elle ne saurait être représentée elle-même dans les Congrès de l'A. C. I., qu'il lui faudrait pour cela recouvrer son autonomie.

Il faudrait, en effet, pour être représentée dans les Congrès nationaux coopératifs, que la *Bellevilloise* — comme les autres coopératives communistes qui voudraient être représentées — recouvrât son autonomie en se séparant de la Fédération Nationale.

Cependant, comme nous le disons dans notre motion, les coopérateurs de tendance communiste en France constituent une minorité importante. Si l'on considère seulement la *Bellevilloise*, on constate qu'elle fait cette année plus de 21 millions d'affaires.

Eh bien, l'année dernière, la délégation française au Congrès International de Gand se composait de 58 délégués. Si nous multiplions le chiffre d'affaires de la *Bellevilloise* par le nombre de ces délégués, 58, nous arrivons à un total de chiffre d'affaires qui devrait être, pour les Coopératives de la Fédération Nationale, de plus de 1.200 millions.

Je crois que ce chiffre n'est pas atteint. Je dis je crois, parce que je ne connais pas, tout au moins pour l'année dernière, le chiffre total d'affaires des sociétés coopératives adhérant à la Fédération.

L'année précédente, dans une déclaration au Congrès de Bordeaux, notre camarade Poisson avait parlé de 1.200 millions; mais Lévy, parlant ensuite du chiffre d'affaires de ces coopératives, disait amicalement à Poisson : « Poisson nous donne un chiffre selon les circonstances, mais je crois que le chiffre de 1.200 millions est peut-être exagéré ». Et Poisson indiquait, en effet, qu'il ne devait pas dépasser 1.080 millions.

Dans ces conditions, si l'on considérait seulement la *Bellevilloise*, nous aurions, non pas le droit, car les statuts de l'Alliance permettent au Comité central de nous priver de toute délégation, mais enfin, en vertu des principes démocratiques dont sont animés les dirigeants de la Fédération, nous devrions avoir une représentation dans les Congrès internationaux coopératifs.

En dehors de la Bellevilloise d'ailleurs, il y a encore de nombreuses sociétés coopératives qui se trouvent dans le même cas et dont je ne crois pas exagérer le chiffre d'affaires en disant qu'il atteint sans doute 80 ou 100 millions par année.

Nous devrions donc avoir environ le dixième des délégués de la Fédération Nationale française dans les Congrès internationaux, et je crois que nous pouvons le demander.

D'ailleurs, l'année dernière, à Gand où j'ai pu assister au Congrès en tant que membre de la Presse, il me semble qu'il devait y avoir pour les membres dirigeants de la Fédération, quelque humiliation à sentir que la voix de l'opposition avait été complètement étouffée.

En effet, la France était la seule nation qui ne fût pas représentée par une majorité et une minorité.

Un Délégué. — Et la Russie ?

Boyet. — La Russie a fait sa révolution, et tout le monde en Russie s'est rallié à la révolution. Il ne pouvait pas y avoir d'opposition russe puisque l'opposition russe est inexistante.

J'entends dire dans les tribunes du public : « Celle-là est forte! ».

Plusieurs Délégués. — Ah oui, elle est forte !

Boyet. — Pourquoi donc est-elle forte ? Que vous le vouliez ou non, il n'y a pas actuellement, dans le mouvement coopératif russe, la moindre opposition. J'ajoute que si au Centrosoyus, dans l'Union des Coopératives russes, il y a des sans-parti, des membres qui ne soient pas communistes, ils y ont été appelés par les communistes et ne manquent pas de rendre hommage au libéralisme de nos camarades.

Je pense que le coup de sifflet que je viens d'entendre ne s'adresse pas à nos amis de Russie, moins encore à la révolution russe, car enfin ce serait un scandale que la révolution russe fût sifflée ici.

Plusieurs Délégués. — Il n'y a pas eu de coup de sifflet.

Boyet. — Si j'ai mal entendu, tant mieux. On vient encore de me dire de la tribune du public que je ne suis pas politique. J'ai l'habitude de ne pas laisser passer les interruptions sans les relever. Si vous ne voulez pas que vos interruptions soient relevées, n'en faites donc pas.

Je disais qu'il devait y avoir quelque humiliation pour les dirigeants de la Fédération à constater que la France était le seul pays qui ne fût pas représenté au Congrès international à la fois par une majorité et une minorité.

En effet, nous avons entendu les délégués d'Allemagne, d'Autriche, d'Angleterre, d'Italie même et, après la voix de la majorité, celle de la minorité a pu se faire entendre. Seule la voix communiste de la France n'a pas été entendue. Et cependant, si jamais nous avons eu envie de parler, je vous certifie que c'est bien au Congrès de Gand.

Voici, camarades, la motion que nous proposons au Congrès :

Les Coopérateurs bellevillois demandent donc au Congrès de la Fédération nationale des Coopératives de consommation, de prendre la décision suivante: A l'avenir, la représentation dans les congrès de l'Alliance coopérative internationale se fera de la façon suivante :

1° Les diverses tendances de la Coopération française seront représentées ;

2° La proportion des délégués des diverses tendances sera établie selon le nombre de voix obtenues par elles, dans le vote de celle des questions inscrites à l'ordre du jour du Congrès international qu'aura choisie le Congrès.

Un dernier mot. Ce matin, nous avons entendu M. Gide faire appel à l'union et à la concorde coopératives. Nous voulons croire, nous sommes certains que nos camarades dirigeants de la Fédération auront entendu cet appel et ne nous refuserons pas, dans l'avenir, de faire entendre notre voix, même dans les congrès internationaux.

Intervention de FOUCAUT

Le Président. — La parole est à Foucaut, de la Fédération du Nord.

Foucaut. — Je ne viens pas à cette tribune pour critiquer l'effort du Conseil Central. Je voudrais simplement essayer d'apporter quelques suggestions qui permettraient, à l'avenir, d'avoir au sein du mouvement coopératif un organe plus vivant, s'il est possible, que notre *Action Coopérative* actuelle.

Que se passe-t-il actuellement au sein de notre Fédération ? Nous voyons chaque jour naître de nouveaux journaux, nous constatons que chaque société coopérative qui se respecte veut créer un journal par ses propres moyens afin d'augmenter la propagande par la presse. Et ces efforts multiples, qui coûtent si cher à nos différentes sociétés, n'aboutissent le plus souvent qu'à de piètres résultats.

Nous voudrions, à la Fédération du Nord, et surtout dans notre société l'*Union des Coopérateurs de l'arrondissement de Douai*, voir disparaître cette poussière de journaux, nous voudrions que ceux qui s'imposent d'importants sacrifices pour la création de ces journaux consentent les mêmes sacrifices pour la création d'un grand organe coopératif qui paraîtrait toutes les semaines — s'il n'est pas possible qu'il soit quotidien — et pourrait renseigner tous les coopérateurs sur développement de notre mouvement.

Je sais qu'il n'est pas facile à un mouvement comme le nôtre de créer un organe quotidien. Mais vous conviendrez qu'en France, où nous avons aujourd'hui un nombre considérable de familles intéressées par la coopération, où nous faisons un chiffre d'affaires qui n'est peut-être pas inférieur à 2 milliards — car je ne compte pas seulement les sociétés groupées dans la Fédération Nationale, mais toutes les sociétés de France qui atteignent certainement, dans l'ensemble, le chiffre que je viens d'indiquer — nous croyons qu'il est possible d'avoir un organe dans lequel toutes les Sociétés coopératives pourraient insérer les communications intéressant leur mouvement, leur propagande et surtout les résultats des exercices échus.

Nous croyons que ce sera là un moyen de diffusion puissant pour le mouvement coopératif et nous demandons que nos secrétaires fédéraux et le Conseil Central, dont je fais partie, veuillent bien mettre cette proposition à l'étude et la rapporter au prochain Congrès.

Nous demandons aussi que, dans nos bilans, dans le rapport de la Fédération Nationale, soient insérées les cotisations par Fédérations.

Jusqu'aujourd'hui, nous n'avons eu, au moyen de ces documents, aucun rapport sur ce qui se passe dans les autres régions de la France au point de vue de la puissance et du développement coopératifs. On nous indique bien que telle ou telle autre société fait tel chiffre d'affaires; mais cela ne nous donne pas une vue d'ensemble de ce qu'est le mouvement coopératif.

Nous avons divisé la France en 17 régions; il serait utile de connaître par région le développement du mouvement coopératif en France. Ce serait surtout utile parce que ce renseignement nous permettrait d'apporter l'effort nécessaire dans les contrées où le mouvement coopératif semble ne pas se développer.

Notre intervention, comme vous le sentez, n'a pas pour but de blâmer la Fédération Nationale, ni de vous demander de ne pas accepter son rapport. Nous savons qu'avec les ressources actuelles — bien qu'on ait raconté que la Fédération Nationale était riche — il est difficile de porter la propagande dans tous les coins de la France. J'ajoute que cette propagande doit être faite surtout par les coopérateurs des Régions. Nous ne demandons pas souvent dans notre région du Nord, que les secrétaires fédéraux ou que les militants de la capitale viennent apporter chez nous un effort de propagande. Nous estimons que cette propagande doit être faite par les militants de la région, par ceux qui sont connus dans la région pour leur dévouement à la cause coopérative. Ils ont, en effet, beaucoup plus d'influence auprès des populations ouvrières, auprès des populations rurales, auprès des consommateurs, que ne peuvent en avoir des conférenciers venus de l'autre bout du pays.

C'est pour cela que je demande à tous les militants de France réunis ici de bien vouloir porter au cours de l'année prochaine cette propagande dans les milieux où elle est susceptible de produire son effet, dans les milieux où la semence est susceptible de lever.

J'espère que cet appel sera entendu et que tous, comme un seul homme, au lendemain de ce Congrès, nous nous lèverons et nous tâcherons de développer ce grand et magnifique mouvement qui fut magnifié ce matin par notre vénéré Président, M. Gide, et qui donnera demain des récoltes fructueuses si nous voulons, dans l'union et dans la concorde, développer la coopération qui seule est capable d'apporter une transformation sociale immédiate.

Le Président. — Je dois informer l'assemblée que nous n'avons plus qu'un seul orateur inscrit pour la discussion du Rapport du Conseil Central. Notre camarade Poisson répondra ensuite, si d'autres camarades ne se font pas inscrire, et le vote aura lieu.

Henriet. — On pourra répondre à Poisson ?

Le Président. — Il s'agit de savoir si nous sommes ici pour faire une controverse ou pour ordonner une discussion.

Henriet. — On a le droit de répondre au Ministre; on a bien aussi le droit de répondre à Poisson ?

Le Président. — Personne ne se fait inscrire pour la discussion ? Je donne la parole au camarade Bugnon.

Discours de BUGNON

Bugnon. — Je ne répondrai pas aux critiques faites à l'enseignement de la coopération. Le Congrès nous a indiqué une méthode, nous l'avons suivie. Nous avons obtenu des résultats en vertu de cette méthode, en fonctions de ces résultats, nous faisons un nouvel appel à toutes les sociétés pour obtenir une collaboration plus étroite et un concours financier plus important.

La méthode est déterminée par l'idéal coopératif, elle est imposée par les besoins des sociétés. Quel que soit notre idéal politique, quelle que soit la confession religieuse à laquelle nous appartenons, quel que soit notre classe sociale, nous considérons tous la coopéiorant comme une association volontaire.

La coopération repose sur la liberté, l'enseignement coopératif doit être libre. La coopération recherche une technique, la justice par une technique nouvelle de la répartition des richesses, technique que les premiers coopérateurs ont définie par ces quelques mots bien connus : juste prix, bonne qualité, poids exact, technique de la probité, qui s'impose à toutes les fraudes dont s'entoure parfois le commerce privé.

Liberté, probité, voilà les deux principes essentiels de notre enseignement. Joignons-y la volonté de les appliquer en vue de la création d'une moralité individuelle et collective supérieure, à la moramoralité du capitalisme, moralité de l'intérêt général, disciplinant les intérêts privés, moralité du désintéressement réprimant les égoïsmes, moralité d'harmonie et de paix.

Enfin — et ici nous n'avons rien découvert, puisque les pionniers de Rochdale, en affirmant la nécessité d'une éducation coopérative spéciale, fondaient déjà des bibliothèques de culture générale — nous disons qu'il n'y a pas d'éducation sociale, qu'il n'y a pas d'éducation technique qui puisse être sérieuses sans une forte éducation générale préalable.

La Coopération française, comme la coopération internationale, veut élever l'homme tout entier, ne pas en faire simplement un homme soucieux d'économie purement ménagère, un technicien de la répartition, ou de la propagande, mais en faire un homme ouvert aux grands problèmes d'économie générale, d'économie poli_ tique et d'économie sociale, un homme apte à s'élever par toutes les forces de l'humanité à une humanité supérieure.

Pour enseigner la coopération d'après cet idéal, deux méthodes s'offrent : ou la création de toutes pièces d'une école autonome, ou la pénétration de cet enseignement dans l'école nationale.

Autonomie : le mot est bientôt dit, mais la réalisation est diffi_ cile. C'est l'autonomie qu'ont recherché les Anglais, les Belges et les coopérateurs de plusieurs autres nations lorsqu'ils ont fondé leur enseignement coopératif.

Mais ils se trouvaient en Angleterre avec des sociétés assez fortes pour assurer par des subsides réguliers, l'exercice des différentes écoles coopératives ; le budget d'enseignement de la coopération anglaise s'élève, en effet, à plus de trois millions de francs.

En Belgique, la question s'est posée d'une façon différente : la coopération belge est unie aux groupements syndicaux et au parti ouvrier ; ce sont les trois organisations qui ont mis debout cette magnifique école supérieure ouvrière de Bruxelles, créée pour former les militants et les chefs des mouvements coopératif, syndi_ cal et socialiste.

Ces efforts anglais et belges ne pouvaient pas être réalisés en France ; l'exemple de l'Ecole coopérative à Paris le prouve. Elle est morte d'anémie : parce que, en France, nous ne sommes pas encore assez entraînés à l'éducation technique, en l'utilité de laquelle les dirigeants de nos sociétés coopératives n'ont pas con_ fiance, les élèves et les ressources ont manqué à l'Ecole coopérative parce que l'école technique n'est pas encore entrée dans nos mœurs syndicales ouvrières ou patronales.

Entre l'Ecole coopérative de Paris et d'Ecole coopérative de Bruxelles, il y a la différence qui existe entre une brouette et une automobile de grand luxe. Nous ne pouvons pas, dans l'état actuel de la coopération française, faire appel aux sociétés pour qu'elles rassemblent immédiatement les fonds nécessaires à la création d'un enseignement coopératif. Nous ne pourrions même pas leur demander des élèves : les Directeurs se refuseraient à leur donner la liberté nécessaire en invoquant tout comme un patron les exigences du service.

Voilà pourquoi renonçant à l'autonomie, nous sommes venus dans l'école nationale.

L'université française a d'ailleurs toujours été foncièrement indé_ pendante et libre. En faisant appel à l'université pour enseigner la coopération, nous remettions l'enseignement de la coopération entre les mains qui pouvaient véritablement enseigner, celles des maîtres de toutes les écoles de France, dans une entière liberté. .

Je sais bien que dans un papier que j'ai lu tout à l'heure on nous demande d'enseigner les formules de la deuxième, de la troisième, de la quatrième internationale. Lorsque nous demandons à l'université d'enseigner la coopération, c'est en respectant l'entière liberté des maîtres : à eux d'enseigner selon leur conscience.

Nous nous en sommes bien trouvés.

Dans l'enseignement supérieur d'abord. Charles Gide a commencé pendant des années à la Faculté de Droit de Paris, puis au Collège de France. Nous avons invoqué cet exemple pour créer, il y a quatre ans, à Nancy, un cours à la Faculté de Droit, et l'exemple de Nancy a été imité par une demi-douzaine d'universités.

Nous avons fait appel à nos professeurs d'universités pour exposer les doctrines coopératives aux directeurs d'Ecoles normales réunis chaque année à la Sorbonne pour un cours de sociologie.

Les Ecoles normales supérieures, qui forment des maîtres pour les Lycées, pour les Ecoles normales, pour les Collèges, ont également reçu ces maîtres cette année pour professer la coopération à l'intérieur de leurs établissements.

Dans un grand nombre de départements, une trentaine, nous avons eu des professeurs volontaires : professeurs de Lycée, directeurs d'Ecoles normales, professeurs d'Ecoles primaires supérieures ou des Ecoles profesionnelles, se sont chargé de faire des séries de conférences aux élèves réunis des différentes écoles.

Nous avons pu également, dans quelques écoles techniques, créer des cours de Coopération.

Naturellement, nous avons encouragé ces cours. La Fédération nationale, quelques fédérations régionales, un certain nombre de sociétés, quelques conseils généraux et municipaux ont mis des crédits à notre disposition. Nous avons versé des subventions aux professeurs, nous leur avons fait don de quelques livres relatifs à l'enseignement de la Coopération, nous leur avons fait le service gratuits de nos journaux coopératifs.

Car si l'enseignement défriche, s'il ouvre les esprits, s'il aiguise les curiosités, il faut ensuite entretenir ces curiosités par le livre et par les publications.

C'est pourquoi la Commission d'enseignement a immédiatement dressé la liste de tous les ouvrages coopératifs qui pouvaient être lus non seulement par les élèves mais par les maîtres et par les militants de la Coopération.

Des notices sur seize de ces ouvrages ont déjà paru, indiquant ce que chacun d'eux contient et quelle peut en être l'utilité pour les militants de nos sociétés ou pour les professeurs.

Ceux d'entre vous qui n'ont pas encore reçu cette liste pourront la réclamer à la Commission d'enseignement de la Coopération.

Nous donnons aux journaux pédagogiques des communications ; nous chercherons à publier les cours des professeurs, dès maintenant, nous les faisons sténographier et nous les répandons dans les sociétés et dans les écoles de l'Académie.

Il y a quinze jours, nous avons reçu avec plaisir le numéro du « Coopérateur », de nos camarades de Bordeaux, portant in-extenso la magnifique conférence d'ouverture prononcée par le professeur Piron.

Je ne parle que pour mémoire de l'Action Coopérative et de la Revue des Etudes Coopératives, puisqu'on vous a dit tout ce qu'il convenait sur la grande presse coopérative en espérance.

Mais il reste vrai que nous devons préparer des publications : comme on a fait jadis une Encyclopédie socialiste, comme on fait tous les jours des Encyclopédies diverses, et il faudrait que nous ayons aussi l'Encyclopédie coopérative.

Nous aurons pour cela l'appui d'une organisation puissante, les Presses Universitaires de France.

Les sociétés coopératives doivent apporter aux Presses Universitaires de France tout leur concours, financier d'abord, car c'est une société qui se développe industriellement et qui a besoin de capitaux ; commercial ensuite.

Les Presses Universitairs de France sont une organisation coopérative adhérente à la Fédération Nationale.

Il faut que les Presses Universitaires de France deviennent notre magasin de gros intellectuel. Je l'ai déjà dit à un précédent congrès, mais il faut le répéter et le redire.

Elles seront un magnifique instrument de pénétration non seulement dans les masses populaires, car celles-ci comprennent assez facilement la coopération, mais dans les masses universitaires et bourgeoises qui ont besoin d'être éclairées et qui, souvent, ne viennent pas à la coopération parce qu'elles ne la connaissent pas.

A l'enseignement des maîtres, aux publications doivent s'associer les nécessaires leçons des choses.

Chaque fois que nous l'avons pu, nous avons mis à la disposition des maîtres qui enseignent la coopération des bourses de voyage destinées à leurs meilleurs élèves.

Si je pouvais vous lire les rapports que les boursiers de la Coopération ont rédigés les années précédentes, vous seriez frappés à la fois par la précision des renseignements rapportés et par l'ouverture d'esprit dont ils témoignent. Un élève-maître du Nord, qui a visité avec nous, l'année dernière, les coopératives belges, l'Exposition Internationale de Gand et l'Union des Coopérateurs de Lorraine, a été surtout frappé par le caractère de l'enseignement coopératif belge. Il en a relevé les détails avec une conscience parfaite et il a marqué, chose curieuse, la façon dont cet enseignement coopératif pouvait s'adapter ou essayer de s'adapter à nos exigences françaises, comment l'enseignement supérieur belge pouvait, à travers l'esprit des instituteurs français, féconder tous nos cours d'enseignement post-scolaire.

Un autre, étudiant d'une faculté de droit, a relevé les rapports administratifs des organisations belges, organisations, avec leurs ouvriers et employés, les rapports entre la société et sa technique. Il a pris en Belgique une leçon d'organisation du travail qu'il n'aurait certainement pas prise dans nos organisations françaises, où nous sommes, à ce point de vue, passablement en retard.

Une élève de Sorbonne a été frappée par l'identité d'esprit qu'elle a découvert dans toutes les manifestations de l'Exposition de Gand, qu'elle a aperçu dans les organisations belges et retrouvé dans l'organisation lorraine.

Elle croit que l'organisation coopérative, que l'organisation de la justice dans l'ordre économique, ne saurait aller sans un progrès de la démocratie.

Vous trouverez tous ces développements intéressants dans les publications coopératives, et notamment dans un cahier que nous avons l'intention de publier.

Nous avons enfin, comme leçon de choses, dans plus de 500 écoles françaises, la coopération pratiquée sous une forme rudimentaire, « coopération scolaire », parfois un peu déformée dans son esprit, coopération qui apparaît plutôt comme une mutualité, mais déjà coopération véritable, puisque les élèves sont entraînés à produire des richesses, soit par la recherche de plantes médicinales, soit par l'organisation de fêtes cinématographiques, soit par l'utilisation de la téléphonie sans fil, soit par mille autres moyens, que ces ressources sont dépensées par les organisations coopératives élémentaires qui rendent des ristournes et qu'administrent les enfants eux-mêmes, sous la surveillance de leurs parents et de leurs maîtres.

Il faut continuer dans cette voie, nous n'aurons rien fait tant que nous n'aurons pas fait entrer dans nos organisations coopératives l'enfance du pays.

C'est par l'école nationale, cette école de liberté, cette école de probité, cette école de justice que la Coopération gagnera l'esprit français tout entier.

Les résultats ? Ils sont indiqués dans le rapport du Conseil Central.

Toutes les écoles normales, primaires supérieures, secondaires, techniques ont été touchées ; les grandes écoles ont eu leur enseignement de la coopération cette année : l'Institut des Hautes Études Commerciales, Saint-Cloud, Sèvres, Fontenay.

L'Institut Agronomique a toute une organisation de cours spéciaux depuis un an ; les Facultés de Droit enseignent et certaines avec un plein succès, la coopération ; 130 à 200 élèves ont suivi cette année le cours de Grenoble.

Pour les enfants, un Bulletin existe : « Le Coopérateur scolaire », publié par notre collègue, M. Cattier, sous le patronage de M. Lang, industriel, délégué cantonal, et de l'Inspecteur d'Académie des Vosges, M. Rimey. On y trouve, sous une forme souvent naïve, mais toujours sincère, les principes essentiels de nos aspirations les plus généreuses.

Le fait le plus curieux qui nous ait été signalé, par le député Boully, au cours de la « Semaine Parlementaire de la Coopération », est celui de cette coopérative scolaire de l'Yonne, qui, tous les ans, prépare un berceau et le met à la disposition d'une des mères de famille pauvres du village, le lui laisse jusqu'à ce que l'enfant puisse s'en passer, le reprend ensuite, l'organise à nouveau pour le remettre à une autre mère : le berceau, entretenu, embelli par la petite coopérative scolaire, avec des ressources, créées par les enfants, bénéficie aussi d'année en année à l'enfance nécessiteuse du pays.

Que ce berceau soit le symbole de notre enseignement de la coopération, et que le Congrès, en approuvant notre action, lui donne toute sa signification.

L'école sous toutes ses formes, c'est le berceau de l'avenir : on ne saurait trop ni trop bien le préparer, l'embellir, l'enrichir. Il doit porter d'année en année les générations vers la vie, vers le bonheur, vers la justice.

Comme les enfants de l'Yonne, je voudrais que vous preniez aujourd'hui la décision de garnir chaque année le berceau, pour les coopérateurs futurs. Apportez à notre enseignement coopératif qui est un enseignement de liberté, de probité, de justice, de progrès, un enseignement de concorde et de paix, apportez-lui toutes les ressources dont vous pouvez disposer dans vos sociétés.

Notre école vous fera de bons coopérateurs, des coopérateurs qui seront des hommes de foi, idéalistes et ardents, mais aussi des hommes d'affaires, pratiques et désintéressés.

C'est la foi qui soulève les montagnes ; mais c'est aussi la foi qui fait dans les sociétés coopératives les coopérateurs nombreux et les affaires prospères.

Boyet. — Camarade Bugnon, vous avez indiqué que vous aviez distribué l'année dernière un certain nombre de bourses ; je voudrais vous demander d'indiquer au Congrès, si cela vous est possible, la statistique suivante :

Combien avez-vous accordé de bourses à des élèves de l'enseignement supérieur ? Combien à des élèves de l'enseignement secondaire ? Combien à des élèves de l'enseignement primaire ?

Vous nous disiez tout à l'heure que l'enseignement laïque allait chercher jusque dans les masses populaires ceux qui seront l'élite de demain. Je voudrais savoir si vous avez imité l'enseignement laïque et si vous avez distribué vos bourses surtout dans les masses populaires, je veux dire à des élèves de l'enseignement primaire. Je suis persuadé que cette statistique intéressera le Congrès.

Bugnon. — Je n'ai pas le renseignement d'une façon absolument exacte, mais le Congrès me fera confiance si je le lui donne approximativement.

Trente-deux bourses ont été accordées : nous n'avons pas attribué de bourses à des élèves des écoles primaires élémentaires ni à des élèves des écoles primaires supérieures, parce que l'année dernière nous n'avons pas eu de cours dans ces établissements.

Vous savez comment nous pratiquons ; nous descendons du sommet à la base. Il a fallu d'abord organiser l'enseignement supérieur, clefs de nos établissements scolaires.

Nous nous sommes adressés ensuite aux lycées, collèges et écoles normales.

Et c'est cette année seulement que nous abordons les écoles primaires.

Nous avons surtout donné des bourses à de futurs instituteurs, dans la proportion de 50 pour cent, elles ont été accordées à des élèves-maîtres.

Les six bourses de la région du Nord ont été données à des élèves-maîtres.

Nous en avons eu six en Lorraine : quatre à des élèves-maîtres, deux à des élèves de l'école de commerce ; six dans la région de Grenoble : deux à des étudiants de la Faculté de Droit, quatre à des élèves-maîtres ou élèves-maîtresses. Celles de Lyon ont été données : une à un étudiant en droit, deux à des employés de sociétés coopératives. Vous voyez que c'est assez varié. A Marseille : deux à des étudiants en droit.

A Paris : quatre bourses ont été données. Une à une élève du cours de sociologie de M. Bouglé, qui méritait doublement une bourse par son ardeur au travail et par la faiblesse de ses ressources.

Les autres ont été données : une à une élève de l'école de Saint-Cloud ; une à une élève de l'École normale de jeunes filles de Fontenay-aux-Roses ; une à un élève d'une école de commerce. Cinq ont été remises aux élèves de différentes écoles techniques.

Voilà la répartition des bourses cette année. Vous le voyez, 50 pour cent ont été accordées à l'enseignement primaire.

Le Président. — Personne n'étant plus inscrit sur la discussion du rapport, la parole est au camarade Poisson.

Discours de POISSON

Il ne faut pas qu'il y ait d'équivoque. Il n'y a peut-être pas de procédure parlementaire, mais il y a la procédure de libre volonté du Congrès. Je demande, en tant que rapporteur pour le Comité Central, à pouvoir présenter mes observations d'ensemble à la fin de la discussion.

Je demande donc au Président du Congrès s'il est entendu que la clôture est prononcée après mon discours, pour qu'il y ait ensuite le vote ?

Comme il convient, même en procédure parlementaire — je l'apprendrai même à Henriet — le gouvernement, et nous sommes le gouvernement coopératif, se réserve toujours le moment où il entend parler. Eh bien, j'entends me réserver de parler le dernier.

Henriet. — C'est toujours l'adversaire qui parle à la fin.

Le Président. — Quand Poisson a demandé d'organiser, comme les années précédentes, la discussion du rapport, le Congrès a manifesté sans opposition qu'il donnait son consentement.

Il n'y a plus d'orateurs inscrits, la parole est à Poisson, pour répondre sur l'ensemble, et ensuite nous passerons au vote.

Henriet. — A condition qu'on réponde.

Poisson. — Non, non ! La question se pose ainsi. Nous représentons ceux qui doivent des comptes. Vous avez nos comptes par notre rapport. A vous de faire les critiques ; à nous de répondre à ces critiques quand nous le jugeons utile.

Je demande si la discussion est close et si personne n'a plus d'observations à faire sur le rapport du Comité Central. Je répondrai ensuite.

Henriet. — Je demande la parole.

Le Président. — Henriet a la parole.

Henriet. — Je dis ceci, c'est que Poisson, l'année dernière, dans sa réponse, a apporté des arguments et même des faits qui étaient controuvés. Et comme la discussion était close, il a été impossible d'apporter la vérité.

J'estime que pour Poisson lui-même, il doit reconnaître que nous avons tous ici le droit de discussion. C'est une question de politique et de loyauté. Il n'est pas possible d'apporter des arguments que personne ne connaît sans qu'on ait le droit de répondre.

Le Président. — C'est le Congrès qui le décidera tout à l'heure.

Poisson. — Eh bien ! je vais faire gagner du temps au Congrès. Des questions précises ont été posées seulement par Foucaut. Je dis donc à Foucaut que la proposition qu'il a faite en ce qui concerne un journal quotidien est extrêmement intéressante. Je pense que Camin l'aura entendue avec plaisir car il avait eu le premier l'idée de faire ce journal. Il sera certainement heureux de mettre cette question à l'ordre du jour du Congrès de l'année prochaine.

Le deuxième point posé par Foucaut concerne l'organisation de la propagande. Je pense que, de ce côté aussi, il sera extrêmement intéressant peut-être que l'année prochaine nous examinions ensemble le rôle dans la propagande de l'organisation centrale et des organisations régionales. Je crois par conséquent que ce problème, soumis au Conseil Central, pourra être rapporté au prochain congrès.

Je constate avec un très grand plaisir que l'ensemble des délégués n'ont pas été opposés à l'action de la Fédération et n'ont pas apporté à cette action d'objections que je puisse qualifier de sérieuses.

Je veux répondre à une seule question posée par Boyet, concernant la représentation au Congrès international.

Je dirai à cet égard que le mouvement coopératif français a, depuis longtemps, adopté cette doctrine que c'est le Conseil Central, composé non pas de 58 membres, mais de 33 membres, qui envoie des délégués dans les congrès internationaux, parce que c'est lui qui a la responsabilité de l'ensemble du mouvement.

J'ajoute que l'on invite les sociétés à envoyer des délégués à titre consultatif, qui viennent pour s'instruire ou se renseigner, et que cette conception n'est pas seulement la nôtre, mais est aussi — car Boyet n'est pas heureux dans ses critiques — est aussi celle des amis de Boyet à l'étranger, car il est un peu osé de déclarer que tous les coopérateurs russes sont du même avis, alors que l'Alliance coopérative a été obligée d'envoyer Serwy, en Géorgie, pour faire une enquête sur les divisions qui existent dans le mouvement coopératif. Et cependant, la Géorgie n'était pas représentée au Congrès de Gand.

Nous pensons, du reste, que c'est une bonne règle d'administration qu'il y ait homogénéité dans la direction et nous pensons que le mouvement coopératif tel qu'il est en France, imbu de neutralité politique et indépendant à l'égard de tous les partis politiques, tant qu'il aura la majorité, devra assurer sa représentation d'une façon homogène. Et nous déclarons par avance que si nous n'avions pas cette majorité, nous laisserions la direction et la représentation aux autres, sans demander la charité d'une représentation.

On a fait quelques observations dans un journal et on les a répétées ici ; ces arguments sont tellement faibles que je ne m'y attarde pas. La Fédération Nationale a pour elle le rapport que vous avez entre les mains ; elle a pour elle son activité ; elle a pour elle les satisfactions qu'elle a obtenues au cours de l'année, tant en ce qui concerne les questions fiscales qu'en ce qui concerne la Semaine parlementaire de la Coopération. Vous direz si elle a bien agi, et puisqu'il en est ainsi nous gagnerons beaucoup de temps dans la discussion. Je ne vous infligerai pas un discours. Je demande que le vote ait lieu immédiatement.

Boyet. — Poisson m'autorise-t-il à dire un mot ? Camarade Poisson, nous ne vous avons pas demandé la charité d'une représentation ; nous ne savons pas, quant à nous, observer l'attitude de ceux qui supplient. Nous avons simplement voulu vous fournir l'occasion de mettre vos actes en accord avec vos principes. Au surplus, si vous ne voulez pas que nous allions dans les congrès internationaux, libre à vous. Mais, permettez-moi de vous faire remarquer ceci. Jusqu'à l'an dernier, sinon l'année dernière, du moins jusqu'en 1923, la « Bellevilloise » a eu une direction qui n'était pas une direction communiste, et jusqu'à ce moment-là elle a pu envoyer des délégués qui n'allaient pas représenter la « Bellevilloise » elle-même, il est vrai, mais en qui étaient des Bellevillois et qui avaient la liberté de parole dans les congrès internationaux. C'est ainsi qu'en 1923, un de nos délégués, le citoyen Lamothe, a parlé à Bâle et a émis un vote sur la question de l'entrée de la Russie dans l'Alliance Coopérative, qui n'était point en accord avec le vote émis par la majorité française.

En ce qui concerne le fameux délégué de Géorgie, vous demandiez que ce pays fût représenté à je ne sais quel congrès, c'est un congrès précédent. Le délégué de Géorgie n'habitait pas la Géorgie depuis deux ans, il ne pouvait donc la représenter utilement.

Poisson. — En ce qui concerne le délégué de Géorgie, je ferai remarquer à notre camarade Boyet qu'il pourrait bien connaître plus exactement le mouvement coopératif international. S'il parlait du délégué du Comité Central, son argument pourrait tenir. Mais il s'agit non de la représentation au Comité Central, mais au Congrès de Gand, où vous désiriez une représentation de la minorité. Et je vous dis que la Géorgie, qui compte des milliers d'ouvriers et de paysans en désaccord avec les autres, n'était pas représentée.

En ce qui concerne la Bellevilloise, il est exact qu'au congrès, non pas de 1923, mais de 1921, la Bellevilloise était représentée, pour la bonne raison non pas que Lamothe était de l'opinion du Conseil central puisque lorsqu'il est allé à Bâle, s'était avec un mandat différent de celui de la Fédération Nationale et du Comité central, mais pour la raison que jusqu'en 1921 les, organisations coopératives autonomes, comme la Bellevilloise, pouvaient adhérer directement à l'Alliance, en payant une cotisation spéciale.

Mais, depuis 1921, les organisations coopératives qui adhèrent à une organisation nationale ne peuvent plus adhérer individuellement à l'Alliance et, du reste, ne payent plus de cotisation spéciale.

Voilà comment la connaissance des choses me permet de faire cette mise au point.

Le Président. — Nous allons procéder au vote sur le rapport du Conseil Central, dont les résultats seront indiqués plus tard.

LA RÉFORME DE LA LÉGISLATION COOPÉRATIVE

Le Président. — En attendant, nous allons examiner la question qui vient à l'ordre du jour : La réforme de la législation coopérative. La parole est à Paul Ramadier.

Discours de Paul RAMADIER

Ce n'est pas d'aujourd'hui que se pose le problème qui a été inscrit à l'ordre du jour de notre Congrès. Presque, depuis qu'il existe des coopératives, on a parlé du régime juridique sous lequel elles pourraient vivre. Et si, à l'origine, on ne songeait pas à leur donner une situation juridique spéciale, à faire pour elles une législation coopérative propre, du moins avait-on la préoccupation de rechercher sous quelle forme du droit commun elles pourraient fonctionner avec le moins de difficulté.

Dès le premier jour, on a discuté sur la forme qu'il conviendrait de donner à ces sociétés.

La plupart des coopératives se sont d'abord formées sous la forme de sociétés en commandite, qui offrait l'avantage d'échapper à un grand nombre de formalités et aussi de jouir dès avant la loi de 1867, de la liberté la plus absolue pour la constitution, alors qu'au contraire les sociétés anonymes étaient soumises au régime de l'autorisation gouvernementale.

Malgré l'adoption de cette forme assez libérale, les coopérateurs ont rencontré de grands obstacles et de grosses difficultés, et sous les régimes politiques qui leur étaient hostiles, ils ont souffert de l'absence de toute disposition législative particulière aux sociétés coopératives.

On pourrait rappeler en passant qu'au lendemain du coup d'Etat du 2 Décembre, nombreuses furent, par exemple à Lyon, les coopératives dont on prononça la dissolution, tantôt à la suite de poursuites judiciaires, tantôt même par voie administrative, parce qu'on voulait y voir des associations non autorisées.

Aussi les coopérateurs eurent-ils, dès le début, le souci de rechercher une forme juridique sous laquelle ils pourraient constituer leurs sociétés, sans avoir à craindre les intrusions et les persécutions du pouvoir.

Un premier projet, présenté en 1849, fut repoussé par l'Assemblée législative de 1850. Et il faut attendre 1867 et la grande loi qui a réformé le régime des sociétés commerciales, pour trouver des dispositions permettant aux coopératives de se former librement. Dispositions sans doute insuffisantes que celles de cette loi, et qui furent acceptées d'assez mauvaise grâce par les Coopérateurs, mais enfin, dispositions qui permettaient à la rigueur de vivre.

Le Gouvernement impérial, voulant attirer à lui les masses ouvrières, voulant les flatter et leur accorder, en même temps que des libertés syndicales, des libertés coopératives, avait fait introduire par le Conseil d'Etat, dans le projet de loi déposé en 1865, un titre spécial réservé aux sociétés de coopération.

Mais les coopérateurs furent les premiers adversaires de ce projet. Ce sont leurs réclamations, ce sont leurs protestations auprès de la Commission du Corps Législatif et auprès des ministres de l'Empire qui amenèrent à supprimer de la loi le mot de coopération et la réglementation spéciale aux sociétés coopératives.

Il y avait chez eux de la méfiance à l'égard du gouvernement. Ce cadeau qu'on leur offrait leur paraissait empoisonné. Ils flairaient un piège, ils se demandaient si, sous prétexte de coopération plus largement autorisée, on ne chercherait pas en réalité à réduire l'activité de certaines coopératives, à limiter leur action, à réduire leur influence.

C'est dans cette pensée que, cédant aux instances des coopérateurs eux-mêmes, au lieu de réglementer d'une façon spéciale et de définir en termes propres la coopération, la loi de 1867 s'est bornée à introduire un titre relatif aux sociétés à capital variable.

On a dit au Corps Législatif, on a dit au Conseil d'Etat et les coopérateurs eux-mêmes ont répété : Il n'y a dans le droit commun qu'une chose qui gêne les coopératives, c'est que le capital d'une société anonyme est fixé au moment de sa constitution et ne peut être augmenté qu'après des formalités complexes. Or, le personnel et le capital des sociétés coopératives, qu'elles soient de production, de consommation ou de crédit, sont infiniment variables, infiniment instables ; ils augmentent par des adhésions, ils diminuent par des radiations ou des retraits.

Et les coopérateurs ajoutaient : Donnez-nous le droit commun, nous y trouverons plus de sécurité puisque ce droit est fait pour tous et qu'on ne pourra réduire nos libertés sans réduire celles des autres. Mais donnez-nous en même temps cette exception au droit commun que représente la variabilité du capital.

Le Corps Législatif et le Gouvernement impérial ont tenu

compte de ces observations et ont introduit dans la loi de 1867 les textes que vous connaissez bien, sous lesquels fonctionnent nos sociétés, textes concernant les sociétés à capital variable.

Je dois dire, d'ailleurs, qu'à peine la loi était votée qu'elle souleva mille protestations, des coopérateurs eux-mêmes qui ne la trouvaient pas assez libérale ; ils pensaient que le droit commun donnerait, malgré l'introduction de la variabilité du capital, plus de liberté que les dispositions spéciales aux coopératives ; il y eut aussi des protestations des partis politiques qui critiquaient, dans la loi de 1867, l'œuvre d'un gouvernement qu'ils combattaient.

Et pendant plusieurs années les coopératives, au moins jusqu'à la guerre de 1870 et même dans les années qui suivirent, au lieu d'accepter les dispositions de la loi de 1867, se sont ingéniées à vivre sous la vieille forme de sociétés en commandite.

Cette résistance s'est atténuée avec le temps et, à partir de 1880, à partir même de 1875, lorsque le mouvement coopératif a repris son essor, les coopérateurs se sont, en général, conformés aux dispositions de la loi nouvelle et se sont inclinés devant elle.

Mais ils ont cependant conservé, à l'encontre de la loi de 1867, certains préjugés, et lorsque en 1883, M. Waldeck-Rousseau prescrivait une enquête sur les sociétés coopératives, c'était avec l'arrière-pensée de donner satisfaction aux groupements qui s'étaient élevés contre la loi de 1867 et d'établir un texte régissant toutes les sociétés coopératives.

L'enquête eut lieu ; un projet spécial aux sociétés de production fut déposé. A la suite des démarches de l'Union Coopérative qui venait alors de se constituer, on ajouta à ce texte un titre spécial aux sociétés de consommation.

Vous connaissez, tout au moins les plus âgés d'entre vous se rappellent les tribulations de ce projet, transporté de la Chambre au Sénat, du Sénat à la Chambre ; d'année en année, un vote nouveau était émis, apportant des amendements nouveaux, et il faut bien le dire, restreignant à chaque fois un peu plus les libertés dont pouvaient jouir les coopératives.

Ce projet, en définitive, n'a pas abouti.

A un certain moment, en 1897, au Sénat, un amendement fut voté, déclarant que les coopératives de consommation seraient imposées à la patente.

Le rapporteur de la loi déclara : Nous avons préparé un projet destiné à apporter aux sociétés de coopération quelques avantages. Après le vote du Sénat, non seulement on n'apporta pas d'avantages nouveaux, mais on supprimait même les avantages dont jouissaient déjà les coopératives sous l'empire de la législation en vigueur. En présence de ce vote hostile à la coopération, le rapporteur, M. Lourties, donna sa démission et le projet fut définitivement abandonné.

Depuis cette époque, on n'a plus reparlé, au Parlement du moins, d'une législation unique pour toutes les coopératives.

Mais un lent mouvement, un mouvement né beaucoup plus de la pratique et de la réalité des choses que d'une idée préconçue et d'un plan organisé à l'avance, un lent mouvement législatif s'est dessiné pour donner à chaque forme du mouvement coopératif un régime juridique particulier, d'abord, pour les sociétés de crédit agricole, puis pour les sociétés coopératives agricoles, puis pour les sociétés de crédit maritime et les sociétés coopératives maritimes, puis pour les sociétés de production, pour les sociétés de consommation, pour les sociétés de crédit populaire, pour les sociétés d'habitations à bon marché, enfin pour toutes les formes si variées du crédit et de la coopération agricole. Des textes ont été votés, dont le point de départ a été l'organisation des avances de l'Etat, mais dont le point d'aboutissement a été toujours d'organiser un régime juridique spécial, sinon entièrement indépendant du droit commun, du moins différant de ce droit commun sur des points importants, au profit des sociétés dont il s'agissait dans chaque loi spéciale.

Voilà, Camarades, le point où nous en sommes aujourd'hui : pas de législation coopérative générale, sinon le titre de la loi de 1867, sur les sociétés à capital variable ; mais une poussière de lois relatives à des formes spéciales de la coopération, loi qui sont réformées à chaque occasion mais qui laissent encore passer à travers le réseau de leurs mailles une quantité considérable de formes coopératives sans statut juridique particulier.

C'est dans cet état de choses que se pose le problème de la législation coopérative.

Un homme que vous connaissez bien et qui est un habitué de nos Congrès, a repris, il y a quelques années l'idée d'établir une législation d'ensemble pour toutes les sociétés coopératives. Cet homme, c'est Alfred Nast.

Il a proposé aux derniers congrès de l'Union Coopérative qui ont précédé l'unité de reprendre en le modifiant, en l'améliorant et aussi en l'étendant, le projet du gouvernement qui avait subi successivement les votes limitatifs et restrictifs de la Chambre et du Sénat.

Et, à l'appui de son opinion, il disait : « Voyez, à l'heure actuelle, en France, le régime du droit commun sous lequel nous vivons, il n'y a pas de définition légale de la coopération. Tout le monde peut se dire coopérateur, toute entreprise, quelle qu'elle soit, peut prendre le titre de coopérative, et il est impossible que soient sanctionnés des abus qui sont parfois de véritables escroqueries, comme il est impossible aux coopérateurs véritables de démontrer qu'ils sont authentiquement des coopérateurs et qu'ils ont droit à ce titre.

Et notre ami Nast, feuilletant les annales judiciaires, citait un certain nombre de cas particulièrement typiques et particulièrement curieux, par exemple celui — c'est peut-être le plus extraordinaire — d'un pharmacien qui n'avait trouvé rien de mieux que d'appeler son officine « Pharmacie Coopérative ».

Vous savez, Camarades, que la législation actuelle interdit aux coopératives d'ouvrir des pharmacies ; vous savez que lorsqu'on veut ouvrir, entre coopérateurs, un pharmacie, on est obligé de prendre un détour et de se placer sous le régime des sociétés de secours mutuels. Eh bien ! ce pharmacien diplômé, ayant le droit d'exercer, n'avait pas hésité à usurper le titre de « Pharmacie Coopérative » qu'il avait inscrit sur sa boutique. Ce n'était pas Daudé-Bancel : il ne se serait jamais permis cet abus.

Il fallut que d'autres pharmaciens, trouvant qu'il y avait tout de même quelque excès dans cette publicité, poursuivent, par leur syndicat, en concurrence déloyale leur confrère un peu excessif et le fissent condamner à des dommages-intérêts et à la suppression du titre.

On peut citer quelques autres cas, non point certes très nombreux ni très importants, mais tout de même des cas instructifs, de particuliers n'ayant ni de près ni de loin aucun droit au titre de coopérative et qui cependant font du commerce sous ce titre.

Il y a, à côté de cela, d'autres abus, peut-être moins certains, peut-être moins évidents, mais d'autres abus dont il convient tout de même de tenir compte.

Ce sont ceux des organisations commerciales qui, sans prendre absolument et d'une manière très nette, le titre de coopératives, s'efforcent tout de même de se faire prendre pour des coopératives.

On a cité le cas de sociétés à succursales multiples qui prennent des titres voisins du titre coopératif, où figure même parfois le mot « coopérative », et qui imitent en apparence la coopération jusqu'à donner, par certains détails de leur organisation, l'illusion qu'on se trouve bien en présence d'une coopérative. C'est le cas de ces organisations qui placent dans leur clientèle non point des actions qui donneraient un droit de direction aux consommateurs, mais des obligations dont on se libère par dixièmes. Elles donnent non pas des ristournes, mais des tickets qui permettent d'obtenir, à la fin de chaque trimestre, une prime proportionnelle au montant des achats.

Ainsi, le consommateur qui n'est pas très averti, qui ne sait pas exactement ce qu'est la coopérative, peut croire qu'il se trouve en présence d'une véritable coopérative et se laisser aller à des illusions.

Nast a réuni ces faits, il en a montré les inconvénients qui pouvaient être graves pour le mouvement coopératif et il a dit aux coopérateurs, réunis à cette époque dans l'Union Coopérative : Prenez garde, voilà un danger qui nous guette, un danger qu'il faut éviter et que nous ne pouvons éviter qu'en faisant voter une loi sur la coopération, définissant clairement ce qu'est la coopération et donnant ainsi à tout le monde les moyens de reconnaître si l'on est en présence d'une coopérative véritable ou, au contraire, d'une fausse coopérative.

Nast avait soumis l'idée ; elle ne fut pas tout de suite accueillie ; mais il semble bien tout de même qu'aujourd'hui elle a fait son chemin et qu'il faut l'examiner et la prendre en considération certaine.

Les Coopératives peuvent-elles se contenter de la législation actuelle ? Il semble bien, Camarades, que l'expérience prouve que la législation sous laquelle nous vivons constitue un véritable danger. Elle constitue un danger, par l'obscurité des textes mêmes qui nous régissent.

La loi de 1867 et surtout le titre sur les Sociétés à capital variable, a été, comme bien des lois récentes, l'objet de remaniements successifs qui sont loin d'en éclairer la forme et de permettre d'en pénétrer aisément le sens.

Les articles qui forment ce titre III sont souvent contradictoires les uns avec les autres, et l'on s'est souvent demandé, si la jurisprudence avait à trancher telle ou telle question, quelle solution elle pourrait bien adopter.

Sans doute, une opinion moyenne s'est aujourd'hui établie ; mais comme les procès entre coopérateurs sont heureusement très rares, les tribunaux n'ont pas eu à fixer leur interprétation et l'on peut se demander si certains textes qui nous régissent ne seraient pas, en définitive, interprétés par la Cour de Cassation dans un sens entièrement différent de celui où ils sont pris en général.

Je vais vous en citer un seul exemple.

L'article 48 de la loi de 1867 permet d'augmenter le capital par l'admission de nouveaux sociétaires, et il semble bien que l'augmentation du capital résulte du simple consentement donné par le coopérateur nouvel adhérent, dès qu'il a signé son bulletin d'adhésion, dès qu'il a manifesté son existence coopérative, et sans qu'aucune formalité soit à remplir: Pourvu que l'adhésion soit admise par l'autorité qualifiée, en vertu des statuts, il est généralement admis dans l'opinion courante que rien d'autre ne doit être exigé.

Et cependant, un autre passage de l'article 48 et l'article 49 paraissent indiquer que l'augmentation du capital reste subordonnée, dans les sociétés à capital variable, aux mêmes formes que dans les sociétés à capital fixe. Le second alinéa de l'article 48 dit que les sociétés à capital variable seront régies par toutes les dispositions de la forme spéciale qu'elles ont adoptée, quelle que soit cette forme. Si donc la forme adoptée est celle de la société anonyme, avec une interprétation différente de celle que je vous signalais tout à l'heure, on peut dire : Il faut, pour que l'adhésion soit définitive et le capital augmenté, que l'on procède aux formalités complexes de l'augmentation du capital dans les sociétés anonymes : déclaration notariée, vérification par une assemblée générale représentant la moitié du capital social, toutes choses que la première partie de l'article 48 paraît formellement exclure.

Sans doute, entre ces deux textes qui se contredisent, les auteurs et la pratique ont choisi ; tout le monde est d'accord pour dire qu'exiger dans la société à capital variable les formalités requises, en cas d'augmentation du capital, des sociétés anonymes, serait un véritable défi au bon sens.

Mais tant que les tribunaux ne se sont pas prononcés, un doute subsiste et l'on peut aujourd'hui, après plus de cinquante ans, se demander si demain quelque arrêt de la Cour de Cassation, voulant serrer les textes de plus près, ne viendra pas balayer d'un seul coup toutes les organisations coopératives que vous avez construites.

Il y a là un danger grave, un danger auquel il est infiniment difficile d'échapper, à moins de créer des procès fictifs et de former une jurisprudence artificielle. Mais il serait plus sûr et préférable de faire voter une loi nouvelle, plus claire et plus nette.

Il y a un autre danger dans la législation actuelle. Il vient de sa complication, de son caractère formaliste.

La loi de 1867 a donné aux sociétés anonymes la liberté. Avant cette loi, une société anonyme ne pouvait se constituer qu'après autorisation gouvernementale. Depuis cette loi, ces sociétés peuvent se créer sans autorisation, et la plupart de nos coopératives sont constituées sous la forme de sociétés anonymes à capital variable.

Mais en leur donnant cette liberté, le législateur, imbu d'une certaine méfiance à l'encontre de cette liberté dont il redoutait les abus, l'a entourée de garanties, de précautions minutieuses, de règles formalistes, de prescriptions restrictives que nos coopératives supportent avec quelque peine.

Pour la constitution : Déclaration notariée, assemblée constitutive, formalités et prescriptions minutieuses concernant la publication ; et puis, chaque année, à chaque assemblée générale, prescriptions légales ou jurisprudentielles concernant les convocations, la tenue des assemblées, la publication des décisions ; prescriptions nombreuses et encore plus restrictives en ce qui concerne le droit de modifier les statuts, le droit de dissoudre la société, la manière de liquider, la manière dont les fusions doivent être faites, etc., etc.... Je ne veux, je ne pourrais pas, eussiez-vous même des trésors d'attention et de patience, je ne pourrais pas dans les quelques instants qui me sont donnés vous tracer le tableau complet de toutes les formalités qui sont exigées des coopératives au moment de chaque acte de leur existence. Il me suffit des quelques indications que je vous ai présentées pour vous montrer à quel point la législation coopérative se trouve tracassière, minutieuse, restrictive et formaliste.

Eh bien ! dans nos organisations qui vivent de l'opinion, qui agissent sous la poussée de cette opinion, des formalités aussi minutieuses sont véritablement impossibles ou tout au moins très difficiles à observer, et nombreuses sont les sociétés qui, considérant le fond plus que la forme, passent par-dessus certaines de ces prescriptions, n'en tiennent pas un compte rigoureux, sans penser suffisamment que la sanction attachée par la loi et par les tribunaux à l'inobservation des formalités prescrites n'est ni plus ni moins que la nullité. C'est-à-dire que tout ce que l'on fait en omettant un seul point, en violant une seule prescription légale ne compte pas, et si un seul sociétaire ou même un seul intéressé quel qu'il soit, même étranger à la société, veut intenter devant le tribunal une action en nullité, il le peut.

Et cette action,pour certaines des nullités, ne se couvre jamais. C'est-à-dire que le procès peut être engagé même au bout de dix ou vingt ans ; on se demande même si la prescription trentenaire joue toujours.

D'autres nullités sont, il est vrai, depuis 1893, couvertes par la prescription de dix ans. Il n'en reste pas moins que la moindre inobservation des formalités est sanctionnée par la nullité et met en jeu souvent l'existence même et la vie organique de nos sociétés coopératives.

Voilà donc un second vice, et très grave, de notre législation.

Et quand vous aurez ajouté à cela que les fausses coopératives sont permises ou tolérées, que rien ou presque rien ne les interdit et que ce n'est que quand elles abusent véritablement trop qu'elles peuvent s'exposer à des actions en concurrence déloyale, alors vous aurez fait le bilan des inconvénients qui résultent de notre législation actuelle, inconvénients graves qui ne permettent pas d'accepter comme un régime définitif celui sous lequel elles vivent.

Ah ! sans doute, la législation spéciale aux diverses formes de la coopération a introduit fort heureusement des atténuations et des corrections, et aujourd'hui certaines des formalités qui pouvaient être exigées autrefois ne sont plus exigibles ; on peut même espérer, par des amendements successifs apportés à la législation de chaque forme de la coopération, obtenir les améliorations qui apparaissent, dans l'état actuel des choses, comme indispensables et qui nous mettraient enfin sous un régime praticable.

Mais ces améliorations de détail, applicables seulement à certaines formes particulières de la coopération, ces améliorations de détail n'empêchent pas d'élaborer le programme général des réformes nécessaires, des améliorations d'ensemble et, tout au contraire, il semble bien que ces réformes de détail elles-mêmes ne pourront être envisagées et réalisées que si l'on a arrêté le programme d'ensemble et si l'on a vu ainsi d'un coup d'œil sur l'ensemble de la législation coopérative, ce qu'il est nécessaire de faire pour arriver à un régime satisfaisant et pratique pour tous.

Ah ! j'entends bien que ce coup d'œil d'ensemble, que cette réforme générale est difficile à réaliser, que l'on rencontre des obstacles et qu'il faut chercher à vaincre ces obstacles.

Le premier de tous, c'est la complexité même de l'activité coopérative.

Car enfin, il n'y a pas que la coopération de consommation, il y a d'autres formes qui deviennent aujourd'hui aussi répandues que celle que nous pratiquons, il y a la coopération agricole qui, en se multipliant surtout depuis quelques années, prend une importance considérable ; il y a les sociétés de production, les sociétés de crédit, les sociétés d'habitation à bon marché.

Et dans chacun de ces mouvements, des pratiques différentes sont introduites, des pratiques qui ne coïncident pas entre elles. Il y a même sur certains points des divergences totales.

Ainsi, par exemple, tandis que nous considérons qu'un des axiomes de la coopération, c'est que chaque sociétaire ne peut jouir que d'une voix au sein d'une assemblée générale, quel que soit le capital qu'il ait apporté, beaucoup de sociétés coopératives agricoles luttent contre ce principe et veulent proportionner le nombre des voix au nombre des actions, car elles veulent permettre à ceux dont l'exploitation agricole est plus importante et qui par conséquent s'adressent plus fréquemment à la coopérative agricole, d'exercer au sein du Conseil d'administration ou de l'assemblée générale une action plus grande que celui qui n'a qu'une petite exploitation.

Difficulté, vous le voyez, de réduire à l'unité toutes ces formules divergentes, difficulté considérable.

Sur tous les points, car ce n'est pas seulement sur le vote des assemblées, c'est aussi sur la répartition des bonis, sur tous les points on rencontre des divergences. Nous demandons que les bonis soient répartis sous forme de ristournes entre les consommateurs sur lesquels ils ont été gagnés. Mias les producteurs veulent que les bonis soient répartis suivant d'autres formules ; certains, par exemple, accordent une part au capital, une part à la direction, une part au travail.

Vraiment, lorsqu'on cherche à unifier toutes ces formules, on éprouve quelque embarras.

J'entends bien que, dans l'un et l'autre des mouvements, aussi bien chez les coopérateurs de production que chez les coopérateurs de consommation, l'accord s'est fait sur les principes, et je crois qu'il ne serait pas difficile d'obtenir la reconnaissance des mêmes principes par tous les coopérateurs, à quelque forme de mouvement qu'ils appartiennent.

Mais lorsqu'on descend dans la pratique et dans l'application, il faut remonter le courant de pratiques souvent invétérées, il faut lutter contre les tendances depuis longtemps établies, et l'on se trouve en présence de difficultés beaucoup plus grandes, de difficultés parfois insurmontables.

Néanmoins, il faut dégager quelques principes communs, car si l'on doit faire une législation coopérative différente de celle sous laquelle nous vivons aujourd'hui, il convient que cette législation soit applicable à toutes les formes, quelles qu'elles soient, du mouvement coopératif.

Sans doute, ce ne seront que des principes généraux qui seront communs ; mais encore convient-il de fixer ces principes et de fixer également la forme générale, la forme légale dans laquelle ils seront mis en application.

Je ne veux pas, au cours de cet exposé, détailler ces principes et les discuter devant vous ; je veux encore moins entrer dans le détail de la réglementation à laquelle leur application doit donner lieu ; mais je crois, en tout cas, que cet effort nécessaire d'unifi-. cation, de règle générale de la coopération sera singulièrement fructueux pour toutes les formes du mouvement coopératif, et que c'est là une raison encore de souhaiter qu'on travaille à la réali- sation de ce régime.

Voilà une première difficulté, mais je dois dire que ce n'est pas la seule.

Nous devons, en organisant ce régime légal, nous méfier de deux autres inconvénients encore. Tout d'abord, nous devons nous mé- fier un peu de ceux qui voteront la loi. Oh ! sans doute, il y a parmi eux des coopérateurs, mais ce ne sont pas toujours des coopéra- teurs très avertis, et malheureusement l'exemple a été donné de sénateurs ou de députés ayant à l'égard du mouvement coopératif les meilleures intentions, cherchant à améliorer, à perfectionner, et qui, sous prétexte d'amélioration ou de perfectionnement, intro- duisent dans la législation des règles absolument incompatibles avec notre fonctionnement.

En second lieu, il faut nous méfier de nous-mêmes, car le mou- vement coopératif a besoin de légiférer, non seulement pour le pré- sent, mais pour l'avenir. Or, pour le présent, il faut que nous fassions attention à la diversité des doctrines, il faut que nous sachions, au lieu de nous en tenir à une formule dictée par l'idéal qui est particulier à chacun d'entre nous, il faut que nous sachions voir qu'il y a à côté des idées communes à la plupart d'entre nous, des idées dissidentes ou différentes qui, elles aussi, ont droit à la liberté.

Si nous devons lutter pour une législation nouvelle, nous devons avoir le souci de n'exclure aucune coopérative de bonne volonté, et quelle que soit l'école dont elle se réclame, qu'elle soit coopératiste, communiste ou catholique, nous devons en tout cas songer que toutes les coopératives ont le droit de se placer sous le régime que nous préparons pour toutes et non pas seulement pour quelques- unes d'entre elles.

C'est pourquoi il faudra que le législateur prenne garde à s'ins- pirer d'une pensée libérale, au lieu de s'enfermer dans des formules. d'école, et c'est pourquoi surtout nous devons pousser le libéralisme jusqu'à veiller à ce qu'il ne légifère pas seulement pour le présent, mais aussi pour l'avenir, afin que des formes de coopération un peu différentes de celles que nous connaissons aujourd'hui et qui pour- raient voir le jour, ne soient pas par avance bannies par la législa- tion nouvelle.

Ainsi, camarades, nous rencontrerons des obstacles qui viennent de ceux qui font la loi et qui viennent aussi de nous-mêmes et nous devons, tant pour nous que pour les parlementaires auxquels nous. soumettrons nos travaux, nous devons nous inspirer du plus large libéralisme et songer que lorsque nous dessinons les traits d'une loi coopérative, nous fixons en même temps les limites de notre propre liberté : il faut, par conséquent, que cette liberté soit aussi large que possible.

Voilà, camarades, les obstacles que nous rencontrons, obstacles dont il ne faut pas dédaigner l'importance et qu'il faudra que nous cherchions de toutes nos forces à atténuer.

Malgré ces obstacles, malgré ces difficultés, malgré les incerti- tudes que l'on peut avoir à certains moments sur la possibilité de mener à bien une œuvre aussi complexe, il semble tout de même qu'afin d'échapper aux obscurités et aux complications de la loi actuelle, afin de combattre les fausses coopératives, nous devons.

nous efforcer de donner à la coopération française une législation plus moderne et plus acceptable pour elle.

Cette œuvre-là, l'an dernier, le Congrès de la Coopération agricole a décidé de l'entreprendre. Et c'est la raison pour laquelle aujourd'hui nous avons inscrit cette question à l'ordre du jour de notre Congrès et que nous devons vous en parler.

Oui, camarades, je crois que les coopérateurs agricoles ont eu raison. Compte tenu des raisons qu'on peut avoir de discuter et même d'hésiter, il faut aussi que nous nous intéressions à cette œuvre, que nous en étudions le plan, en plein accord avec les représentants des autres formes du mouvement coopératif.

C'est pourquoi nous venons vous demander aujourd'hui de saisir la Fédération de la question. Elle s'en est déjà préoccupée; elle a mis la question à l'ordre du jour de son Congrès et, en même temps, elle l'a renvoyée par avance à l'étude et aux délibérations de l'Office technique qui a commencé l'examen d'un avant-projet.

Il faut que vous donniez mandat au Conseil Central d'en saisir les pouvoirs publics, de s'entendre à son sujet avec les autres formes de la coopération ; il faut enfin que vous lui donniez mandat de saisir le Groupe parlementaire.

C'est pourquoi je vous ai proposé, à la fin de mon rapport, la résolution que vous avez tous lue et dont je vous demande de voter les termes.

Etudier, il ne peut s'agir que de cela pour le moment. Car, ainsi que je vous l'ai indiqué, les difficultés sont grandes et il ne faut pas, dans cette voie, agir avec trop de précipitation et sans avoir la certitude que ce que nous mettrons à la place de la législation actuelle vaudra mieux que celle-ci.

Mais dès que nous aurons acquis cette certitude, nous aurons créé alors un cadre adapté à nos besoins, permettant beaucoup mieux aux coopérateurs des différentes formes de la coopération de satisfaire aux nécessités de leur vie quotidienne, leur permettant de vivre avec moins de complication, avec plus de facilité et sans tenir compte d'une manière aussi exacte des formalités nombreuses que la loi actuelle exige.

En faisant cela, camarades, vous permettrez au mouvement coopératif de prendre un nouvel essor, en le libérant des entraves légales qui alourdissent sa marche.

Le Président. — Quelqu'un demande-t-il la parole sur le rapport présenté par notre camarade Ramadier ?

Marrane. — Au Congrès de Lyon, on a soumis un projet de loi qui devait réglementer les assemblées générales des coopératives. Le texte de la résolution présentée à ce Congrès a été adopté à l'unanimité. Je rapelle que, dans ce texte, il y a le passage suivant :

Au surplus, on ne peut accepter que l'action et le progrès de la coopérative soient susceptibles de gêne ou même de paralysie, parce que des sociétaires, volontairement ou involontairement, sont absents aux réunions. Toutes précautions employées pour éviter les surprises et déjouer les manœuvres, il faut que, en dernière épreuve, les sociétaires actifs, quel que soit leur nombre, aient plein pouvoir de décision, même pour apporter à l'armature statutaire les changements, les améliorations qui suggèreront les circonstances, car l'avenir de la coopération en dépend; ces sociétaires actifs sont seuls capables de tirer la leçon des événements: on doit donc leur accorder la possibilité de triompher de l'inertie et, après avoir été bons juges, d'être bons artisans.

Ce texte a été adopté à Lyon. Nous voudrions savoir quel sort lui a été fait, car non seulement nous ne savons pas qu'une loi ait été votée pour introduire ce texte, mais même que rien ait été fait pour l'introduire dans les statuts des coopératives.

Je voudrais bien connaître l'avis de Ramadier sur la question.

RAMADIER. — Je peux répondre que le texte voté par le Congrès de Lyon a été l'objet d'un rapport au Conseil supérieur de la Coopération. Un projet de loi a été établi par les soins de notre ami Nast, projet qui a été déposé par le Gouvernement au Sénat et voté par cette assemblée.

Le projet a ensuite été envoyé à la Chambre, où il a été l'objet d'un rapport du D\u1d63 Fié, député de la Nièvre.

Il est inscrit à l'ordre du jour de la Chambre et va venir très prochainement en délibération, à la rentrée.

J'espère que, malgré quelques difficultés soulevées au dernier moment, la Chambre votera ce texte qui deviendra ainsi définitivement une loi.

Quant à introduire dans les statuts-types les dispositions qui se trouvent dans le texte du projet, cela n'est pas possible. Croyez bien que si cela avait été possible, il n'aurait jamais été question de faire déposer un projet.

La législation actuelle, la loi de 1867, exige que les assemblées générales votent à un seul degré; il n'y a pas d'assemblées générales à deux degrés.

Dans nos sociétés de développement, il y a des réunions préalables à l'assemblée générale, mais ces réunions de section n'ont aucune valeur légale; dans ces réunions, les coopérateurs peuvent se concerter et se mettre d'accord pour désigner des mandataires communs à l'assemblée générale, mais il ne saurait être question d'une représentation à deux degrés, représentation qui n'est pas prévue dans la loi actuelle mais qui pourra être permise demain, quand le texte nouveau aura été voté par le Parlement.

Intervention de HENRIET

HENRIET. — Ce n'est pas cette question-là que le camarade a posée. Il voudrait savoir quelle est la forme d'organisation des assemblées générales dans les sociétés de développement.

Ramadier vient de dire que les assemblées de sections, pour désigner les délégués aux assemblées générales, ne sont pas régulièrement constituées. Mais elles sont admises par les statuts des sociétés et, par conséquent, la question ne se pose pas.

S'il y a dissentiment et s'il y a appel devant les tribunaux pour l'organisation des assemblées générales, c'est précisément parce que la direction de notre Fédération Nationale et surtout de nos sociétés de développement commettent des abus de pouvoir.

Il faudrait une règle très précise, parce que précisément les assemblées générales des sociétés de développement ne peuvent avoir lieu que par représentation, en raison du grand nombre de sociétaires. Il est évident que, dans les sections, la représentation directe ne peut avoir lieu. Tous les statuts des sociétés de développement indiquent nettement que la représentation doit avoir lieu à l'assemblée plénière. Par conséquent, les assemblées de section doivent être des assemblées de présentation.

Toute la difficulté qui se présente vient d'une mauvaise interprétation.

La vérité, c'est que l'assemblée générale pleinière des sociétés de développement ne peut se tenir qu'à la condition qu'il y ait des représentants des sociétaires. Nous sommes tous d'accord pour que les sociétaires soient représentés.

Habituellement, 50 sociétaires sont représentés par un mandataire; mais on fait une assemblée de section pour que celle-ci puisse envoyer les représentants des membres qui assistent aux séances de section.

Il faudrait donc qu'il y ait une jurisprudence dans nos sociétés coopératives qui conservât une certaine loyauté dans les rapports entre l'administration et les sociétaires, de façon à ce qu'on n'ait pas le spectacle de cette division et de cette brutalité qui se présente à l'heure actuelle.

Ainsi, pour citer un cas qui se produit à l'infini dans la région parisienne, la 27e section de l'*Union des Coopérateurs* a 400 personnes à l'assemblée générale; les décisions sont votées presque à l'unanimité. Eh bien, Poisson, au nom du Conseil d'Administration, qui a réuni des pouvoirs par de moyens peù logiques, puisque ce sont les employés qui vont les recueillir au domicile des sociétaires, Poisson, avec ces pouvoirs, fait la loi dans l'assemblée. Il désigne lui-même, de sa propre autorité, les représentants à l'assemblée générale.

Eh bien ! quand un secrétaire de Fédération Nationale agit de cette façon, on peut dire que s'il y a protestation violente, c'est bien lui qui l'a provoquée.

C'est en présence de tous les délégués que je demande qu'il y ait une règle et que les représentants de la Fédération y soient astreints comme les autres.

J'ai été moi-même délégué à l'Assemblée générale et au Comité de Section. Poisson a trouvé le moyen, de sa propre autorité, de supprimer ma délégation, de sorte que je n'ai été ni au Comité de Section, ni à l'Assemblée générale.

Pour des avocats qui se piquent de légalité, il me semble que c'est une situation extrèmement gênante. Veulent-ils pousser la révolte jusqu'au bout. Oui, camarades, il y a révolte ici ! Il y a révolte !

On vous a montré que l'*Union des Coopérateurs de Lorraine* se développait d'une façon merveilleuse. C'est vrai. Mais il y a ici aussi un petit ver rongeur, il y a une révolte de sociétaires, précisément pour ce même sujet.

Vous sentez le danger pour l'organisation coopérative. Si vous admettez que cela continue, vous pourrez peut-être avoir un boycottage qui s'étendra partout, ou bien une action devant les tribunaux, ce qui est pour l'Union des Coopérateurs parisiens un grand danger.

Il est, par conséquent, nécessaire qu'on trouve une solution pour éviter la dissolution des coopératives.

Je suis ici le représentant de beaucoup de camarades qui protestent et qui seraient heureux qu'on trouve un moyen loyal et honnête de représenter les sociétaires, non pas en faussant les assemblées générales, mais en les faisant représenter conformément à la logique de la démocratie coopérative dont vous vous réclamez.

Il faut que tous les sociétaires soient représentés aux assemblées générales.

LE PRÉSIDENT. — La parole est à Ramadier.

HENRIET. — Mais, je n'ai pas fini !

On prétend que c'est à l'assemblée de section que les pouvoirs doivent se présenter. Je dis qu'il y a là quelque chose de véritablement déloyal, de contraire à tout ce qui a été fait dans l'organisation coopérative, de contraire à la décision du Congrès de Lyon qu'on rappelait tout à l'heure.

Il a toujours été décidé que, quel que soit le capital souscrit par un sociétaire, il n'a droit qu'à une voix. Comment pourrait-il se faire que dans nos assemblées de section, réunies précisément pour arriver à la représentation des sociétaires, on fasse représenter des sociétaires qui ne sont pas là, alors que ceux qui sont présents n'auront finalement pas de délégué ?

Voilà comment la question se présente. Il ne faudrait pas la tourner comme on a essayé de le faire.

La vérité, c'est qu'il y a actuellement une véritable dictature. La dictature, que l'on reproche aux autres, on l'applique soi-même toutes les fois qu'on le peut.

Nous protestons contre la dictature, quand elle s'exerce à l'encontre de l'intérêt général, comme c'est le cas dans la circonstance.

Le Président. — La parole est à Ramadier.

Ramadier. — Henriet me permettra de lui répondre.

Au point de vue juridique, la réponse à la question qu'il pose ne peut pas être contestée, et je crois qu'elle n'a jamais été contestée par personne.

Chaque sociétaire, dans les petites comme dans les grandes sociétés, a le droit d'être représenté à l'assemblée générale.

Dans les grandes sociétés , où il est matériellement impossible dans une seule salle de réunir, je ne dis pas tous les sociétaires, mais seulement ceux qui voudraient bien venir, on décide que les sociétaires s'entendront entre eux pour désigner des mandataires communs. Par 50, par 100, quelquefois par un nombre supérieur, ils se groupent et ils envoient des délégués pour les représenter.

Voilà la règle. Il n'y en a pas d'autres et il ne peut pas, dans l'état de notre législation, y en avoir d'autre.

Les assemblées de section, que sont-elles donc ? Ce ne sont point, comme on l'a dit et comme on le répète trop souvent, des organes constitués, émettant des votes et délibérant à la majorité ; ce sont des réunions où les camarades d'une commune ou d'un quartier se rencontrent pour procéder à la nomination de délégués communs. Il n'y a pas à voter, dans ces réunions de sections, il n'y a qu'à compter les voix et à dire : Voilà quarante, voilà cinquante personnes qui s'entendent pour choisir le même mandataire.

C'est à ce décompte des voix et à cette désignation des délégués qu'est exclusivement consacrée l'assemblée de section.

Dans cette assemblée de section, pour opérer le travail de répartition des mandats entre les délégués, il est permis de tenir compte non seulement de ceux qui sont matériellement et personnellement présents, mais aussi de ceux qui ont déjà remis leurs pouvoirs, afin qu'ils soient confiés aux mandataires qui seront désignés au cours de cette asemblée.

Je crois bien que s'il y a eu parfois à cette règle des infractions, c'est peut-être — Henriet me permettra de le dire — de la part de ceux qui ont voulu faire voter les assemblées de section, qui ont voulu imposer la loi de la majorité des présents, non seulement à la minorité des présents, mais encore à la majorité de ceux qui avaient remis leurs pouvoirs.

Si, au cours de certaines assemblées générales, des discussions se sont élevées, Henriet pourra tout de même rendre cette justice à ceux qui ont organisé ces assemblées générales qu'il a été tenu compte de toutes les délégations qui étaient présentées, appuyées par 50 pouvoirs au minimum.

On a donc respecté la règle, et je vous avoue que même si on ne l'avait pas respectée, je ne comprendrais pas que certains coopérateurs aient profité de l'infraction pour saisir les tribunaux et pour demander non seulement la rectification du vote, non seulement l'annulation d'une assemblée générale — ce qui eût déjà été cependant un recours assez anormal à ce qu'on appelle la justice bourgeoise — mais aussi qu'une des plus grandes sociétés de France fût placée sous la main d'un administrateur de justice et que son existence fût brisée.

Car enfin, à la barre du tribunal, on a demandé cela, sans tenir compte de l'atteinte que cela pourrait porter au crédit de la Coopération.

Je veux bien penser qu'embarrassé dans la procédure, on ne s'est peut-être pas toujours rendu compte des conclusions que l'on déposait et des formules que l'on prononçait. Mais si l'on ne s'en est pas rendu un compte exact, je fais appel à Marrane, je fait appel à Henriet : il y a au sein du mouvement coopératif d'autres habitudes et d'autres moyens de régler les litiges. Il y a des arbitrages impartiaux, et il y a dans le mouvement coopératif des hommes capables de rendre des sentences impartiales.

Aux termes de ces quelques mots qui sont bien loin de la question que nous discutions tout à l'heure, je me permets d'y revenir et de vous dire, en m'appuyant sur cet exemple : je n'avais pas cru, jusqu'à l'an dernier, au danger de toutes les nullités comprimées par la loi de 1867. Mais, lorsque j'ai vu que des coopérateurs — et des coopérateurs convaincus, qui sont, je le crois, malgré la procédure excessive qu'ils ont engagée, des coopérateurs loyaux — lorsque j'ai vu que ces coopérateurs ont pu se saisir des armes de la loi de 1867 pour menacer de nullité une société, pour exercer sur elle une pression, alors vraiment j'ai été conquis à l'idée de réformer la législation coopérative.

Quand une loi permet d'exercer, au nom d'une jurisprudence plus ou moins complexe, une pareille pression, c'est qu'elle est empreinte d'un formalisme excessif, c'est qu'elle ne répond pas aux nécessités profondes de notre groupement, et si les évènements judiciaires de ces derniers mois ont mis quelque chose en évidence, c'est la nécessité de rompre avec cette législation trop formaliste et d'aller vers une législation plus libérale, plus souple, plus nette et plus claire.

Intervention de POISSON

Poisson. — Je suis extrêmement heureux que le problème discuté en ce moment soit posé devant un Congrès National. Il avait trait exclusivement à l'étude d'une loi organique non seulement des coopératives de consommation, mais de l'ensemble des formes du mouvement coopératif. Et si j'insiste tout à l'heure sur les faits précis dont a parlé Henriet, je veux dire que nous savons tous ici que la loi de 1867, avec la multiplicité de ses formules et de ses procédures, rend la vie de nos sociétés extrêmement difficile.

Il n'y a pas un administrateur qui, à chacune de ses assemblées, ne se soit pas demandé s'il avait bien procédé conformément à toutes les règles de la loi et de la jurisprudence. Du reste, quand on s'adresse à notre conseil juridique, nous ne sommes pas rassurés, car bien souvent il nous dit : Ah ! oui, ceci est régulier, mais il y a là d'autres choses qui peuvent n'être pas régulières. De sorte qu'on est jamais rassuré et cela tient au fait que nous n'avons pas une législation assez souple, assez empreinte de liberté pour permettre à nos organisations de vivre et de se développer comme elles en ont besoin.

Une des grandes raisons de la nécessité de la loi organique, c'est de retirer du souci continuel et permanent des administrateurs cette crainte qu'ils sont à la merci, ici d'un petit groupe de mécontents, là d'un employé renvoyé, ou même tout simplement de mercantis et d'intermédiaires décidés à abattre la coopération, non pas en la combattant en face, mais en la tuant dans le maquis de la procédure et des procès.

Il faut que demain nous soyons tous à l'abri de difficultés comme celle qui se produit actuellement dans une grande société, l'*Union des Coopérateurs*, de Paris, dont a parlé tout à l'heure Henriet.

En effet, cette affaire dépasse le cadre d'une société particulière, car elle n'est pas seulement d'ordre juridique, elle est aussi d'ordre moral, et il faut que l'ensemble du mouvement coopératif en soit juge.

Voici de quoi il s'agit :

A l'*Union des Coopérateurs* de Paris, il a plus de 80.000 sociétaires. Il est — vous le pensez bien — impossible de les réunir dans une seule salle. Du reste, le rayon d'action est étendu, il y a des succursales dans l'Oise, il y en a dans les quartiers de Paris, il y en a en Seine-et-Marne, et l'on ne peut pas faire déranger des milliers et des milliers de sociétaires, payant leurs frais de voyage, pour venir exercer leur droit de vote en participant à l'assemblée générale.

Qu'a-t-on imaginé ? On a imaginé un système qui consiste, comme à l'*Union des Coopérateurs de Lorraine*, comme dans toutes nos sociétés de développement, à convoquer l'assemblée générale au deuxième degré; à l'assemblée générale viennent des mandataires choisis par les sections locales.

Mais voici ce qui est arrivé pour l'*Union des Coopérateurs*, de Paris. Les amis d'Henriet ont prétendu que seuls les présents à chacune des assemblées de section avaient le droit de vote et pouvaient donner mandat pour l'assemblée générale au second degré.

On vient dire ici qu'on comprend très bien des mandataires au deuxième degré, mais qu'il ne peut pas y en avoir au premier degré; dans l'assemblée au premier degré, on veut qu'il n'y ait que les présents qui comptent.

Eh bien, savez-vous ce qui arrivait dans la Région Parisienne ? C'est que, dans une section qui comprend 1.500 sociétaires, dans un arrondissement de Paris qui est plus grand que Nancy, 200 ou 300 sociétaires venaient aux assemblées. Et, alors, on faisait inscrire comme sociétaires à l'*Union* des gens qui ne consommaient pas et qui, pour une somme de 10 francs, venaient voter aux assemblées de sections ; il suffisait d'amener ainsi 150, quelquefois moins de ces soi-disants coopérateurs, pour s'emparer de l'ensemble d'une société de 1.500 membres et, en répétant l'opération, de l'ensemble d'une société de développement de 80.000 membres. Quatre ou cinq centuries suffisaient à cette jolie opération.

Qu'est-ce que nous avons répondu ? Nous avons répondu qu'il fallait agir régulièrement et que les sociétaires qui ne venaient pas à l'assemblée de leur quartier avaient le droit de faire connaître leur opinion et de donner un pouvoir, c'est-à-dire un mandat.

On a alors envoyé à chaque sociétaire, à son domicile, un pouvoir libellé ainsi qu'il suit :

Je donne mandat de me représenter à l'assemblée de section et à l'assemblée générale, et de voter : 1° pour l'approbation du rapport du Conseil ; 2° pour la liste des candidats.

Et au-dessous :

Ceux qui seraient partisans de voter contre le Conseil ou contre la liste des candidats n'ont qu'à biffer simplement les deux votes ci-dessus.

C'est un référendum régulier, normal, beaucoup plus efficace que 100 présents dans une assemblée de sociétaires.

Vous me direz : les présents montrent qu'ils sont plus actifs dans la coopération.

Cela pourrait se défendre si on ne connaissait les mœurs des assemblées de section à Paris.

Henriet. — Et ailleurs.

Poisson. — Non seulement, elles ne peuvent pas se tenir, mais les membres du Conseil d'administration y son bafoués, quelquefois frappés; il y a des administrateurs qui sont dans cette salle qui ont été bousculés et frappés par les 200 présents d'une section de 4.000 membres et qui, dégoûtés de venir pour entendre des injures ou des coups, se contentent d'envoyer des pouvoirs donnant leur opinion.

Voilà ce qu'on ne sait pas, et il est bon que vous l'appreniez pour le dire dans vos Fédérations et dans vos sociétés. Voilà la vérité.

On nous accuse de faire voter les absents. Nous n'avons fait voter que les pouvoirs réguliers, indiquant le nom du sociétaire, son adresse, son matricule, le vote exprimé par écrit, avec signature et la mention « Bon pour pouvoir ».

Et alors, on dit : vous vous servez de ces pouvoirs pour le Comité Général et pour les Comités de section. Car on fait des concessions, on dit : cela va pour l'Assemblée Générale, mais les pouvoirs ne devraient pas compter pour la nomination du Comité Général, et il n'y a que les présents qui devraient compter pour le comité de section.

Seulement, ce qu'on ne dit pas, c'est qu'à l'*Union des Coopérateurs*, de Paris, le Comité Général a, en réalité, la direction morale de la société, parce qu'il a le droit de présentation des candidats au Conseil d'Administration, ce qui veut dire qu'en ayant le Comité Général, on s'emparerait, le lendemain, de la société elle-même.

Et pour quelles fins ? Je vais vous le dire.

Sans doute, avant qu'on ne s'empare d'une société, on dit : « C'est parce que votre coopération est petite bourgeoise; mais quand nous serons maîtres de la société, nous n'entendrons pas du tout l'affilier à un parti ».

Mais nous disons : « C'est pour des fins politiques, c'est pour un parti politique que vous voulez vous emparer des sociétés ».

Vous disiez : « Non ». Et après tout, nous finissions par douter, nous disions : «C'est peut-être vrai, nous leur prêtons peut-être des sntiments qui ne sont pas les leurs ». Et puis, vous avez pris une société, la Bellevilloise.

La *Bellevilloise*, de par son organisation interne, sa direction morale, est en réalité sous la férule du Cercle. C'est le Cercle des Coopérateurs qui présente les candidats au Conseil d'Administration et s'il n'a pas l'administration directe de la Société, il exerce une direction efficace en tenant les administrateurs.

Et une fois que vous avez eu cette société en votre possession, vous n'avez pas fait de politique ? Vous avez publié pour les élections municipales dernières un journal que j'ai là et que je vais donner au Congrès, journal intitulé *Le Bellevillois*, et où, en première page vous donnez une étude où vous dites : « Bellevillois, votez pour les candidats du Bloc Ouvrier et Paysan ».

Et, en seconde page, les candidats d'une autre opinion sont traités de renégats.

Est-ce que c'est de la politique, cela ?

Et alors, toutes vos déclarations où vous disiez que vous n'en feriez pas ? Vous allez dire : « Ce n'est pas le Conseil d'administration, c'est le Cercle ». Oui, mais le Cercle est le maître du Conseil d'Administration qu'il contrôle.

Vous avez donc fait la démonstration pratique que vous voulez vous emparer des sociétés pour des fins politiques, dans l'intérêt de votre parti. C'est ce que nous ne voulons pas.

Nous sommes animés, nous, uniquement de la pensée de la vie coopérative et nous acceptons tous les éléments d'où qu'ils viennent; nous disons à nos sociétés qui sont indépendantes et autonomes : « La porte ouverte à tout le monde, la porte ouverte aussi bien aux gens de droite qu'à ceux de gauche, aussi bien aux libres-penseurs qu'aux religieux, et même si vous venez de points opposés à la Coopération pour je ne sais y faire quelle besogne, ce n'est pas à priori que nous vous repousserons ; nous avons confiance dans l'éducation. Il n'y a pas de frères mineurs dans les coopératives. Tous, quelles que soient leur opinion, ont droit à un égal respect ».

Nous ne laisserons donc pas des clans s'emparer de nos sociétés pour les faire servir à des fins politiques.

Voilà le problème. Puisque vous avez posé le problème politique devant le Congrès National tout entier, je le traite.

Vous avez institué, à cause de cette question, un procès devant ce que vous appelez la justice bourgeoise. Est-ce que c'est bien de vos principes que vous vous réclamez ?

Vous avez discuté d'abord la question de savoir si le quorum nécessaire pour la validité de l'Assemblée Générale avait été atteint.

Voilà, n'est-il pas vrai, une discussion de lutte de classe !

Vous avez examiné la question de savoir si le quorum déterminé par la loi de 1867 a été atteint ! Voilà le procès qu'on fait ! Il avait consisté d'abord à demander la nullité de l'Assemblée par la nullité des pouvoirs et du quorum non atteint.

Mais il y a quelque chose de plus grave. Jusque là, ce n'était guère, permettez-moi de vous le dire, que comique. Mais vous avez fait plus. Il y a six jours, vous avez modifié le sens de votre procès. Il y a six jours, nous sommes allés, avec notre avocat devant le Tribunal de Commerce, et vous avez, Jaudin, déposé des conclusions où vous demandez non plus la nullité d'une Assemblée Générale, mais où vous demandez que l'*Union des Coopérateurs*, de Paris, soit déclarée société inexistante. Vous avez demandé la nullité immédiate de la Société.

Ce n'est pas tout. Vous avez demandé également la nomination immédiate d'un administrateur judiciaire, pour venir prendre la place des administrateurs actuels.

Vous demandez donc de détruire la société, et dès maintenant de la remettre entre les mains d'un arbitre du Tribunal de Commerce, qui n'est certainement pas un homme partageant nos idées.

C'est cela, la lutte de classe ?

L'un des accusés — Jaudin — est à la tribune. On le voit mieux.

Et puis, tandis qu'il y en a comme celui-ci qui font cette triste besogne, il y en a d'autres qui, au fond d'eux-mêmes, désapprouvent le procès, le regrettent, voudraient l'éviter. Est-ce que ce n'est pas votre cas, à toi, Marrane, et à toi, Henriet ?

Moi, cela m'est bien égal, les sentiments qui guident cet homme! Mais je vois l'intérêt de notre mouvement, et je vous dis, à cette tribune : il y a un moyen de montrer sa bonne foi.

Nous avons, à l'*Union*, une méthode. Vous dites qu'elle est mauvaise. Je l'ai défendue. Peu importe. J'accepte, moi, la justice des pairs et je demande au Congrès de nommer ici trois camarades choisis comme arbitres, à la condition qu'avant que la Commission d'arbitrage ne soit réunie vous ayez abandonné votre procès devant la justice bourgeoise.

Le Président. — Henriet était inscrit : veut-il prendre la parole ?

Henriet. — Je laisse parler Jaudin.

Intervention de JAUDIN

Jaudin. — L'indignation que vous avez manifestée tout à l'heure montre deux choses. La première, c'est qu'il y a dans cette salle des militants qui s'intéressent au mouvement coopératif ; la deuxième, c'est que Poisson est un vieux militant, disposant d'un organe puissant, d'une technique remarquable du discours et d'une éloquence bien tenue.

Nous venons d'assister en somme à ce que l'on appelle un mouvement de meeting, un mouvement de congrès bien monté, par un homme ayant toute la compétence nécessaire.

Si vous êtes capables de m'accorder dix minutes, je vais vous montrer que quoique ne disposant pas de l'éloquence de Poisson, fort de ma conscience de militant ouvrier — et je défie à qui que ce soit de me faire un reproche depuis dix-sept ans que je milite — je vais m'expliquer. Hier, lorsque nous sommes entrés dans cette salle, tous les faits qui ont été portés à cette tribune existaient, c'est le citoyen Poisson lui-même qui m'a tendu la main. Je dis donc qu'il y a dans son geste d'hier la preuve d'un mouvement de séance bien monté.

Mais je dois vous dire qu'il vient de vous raconter une histoire un peu à la manière du Père Loriquet.

Les faits, les voici. Que demandons-nous à l'*Union des Coopérateurs*, de Paris ? Car si je suis le délégué de la *Famille Nouvelle*, je suis également le secrétaire du Cercle de l'U. D. C.

J'ai l'habitude, avec les moyens dont je dispose, de n'agir que d'accord avec ma conscience et je prends toujours la pleine responsabilité de mes actes.

Ce n'est pas moi ni mes amis qui avons fait les statuts de l'*Union des Coopérateurs*. Poisson je crois y a participé plus que nous. il lui aurait suffi, pour fixer ce débat, de vous donner lecture intégrale des statuts auxquels il a fait allusion.

L'année dernière, je n'assistais pas à votre Congrès, mais j'en ai lu le compte rendu et je me suis aperçu que Poisson, après avoir indiqué qu'il parlait le dernier, vous a donné lecture d'une partie des statuts. Il faudra regarder les statuts édités par l'U.D.C. qui portent sur la couverture le titre :

Commentaires, statuts, règlement intérieur, 1924.

Vous lirez l'article en entier, vous verrez ce que les statuts disent, vous verrez qu'ils précisent bien que des feuilles de présence sont tenues à la porte des assemblées. Vous y verrez que, sur les feuilles de présence, les sociétaires sont tenus de signer et que chaque délégué de la section reçoit une feuille de délégation revêtue de cinquante signatures.

Il n'y a pas besoin d'avoir l'éloquence de Poisson pour laisser à ce texte, probablement rédigé par Poisson lui-même, toute sa puissance.

Lorqu'aujourd'hui, après avoir, devant nos protestations, rétabli la feuille de présence qu'on avait supprimée, on tente de faire des feuilles de présence revêtues de fausses signatures, je dis que ceux qui violent les statuts, ce n'est pas moi, c'est Poisson et ses amis.

J'ai insisté depuis plusieurs années avec une patience exemplaire. Les coopérateurs de l'U.D.C., des ouvriers pour la plupart, ont protesté contre ces violations réitérées des statuts et contre le mépris avec lequel on reçoit leurs réclamations. Je vais vous citer un seul fait, pour vous indiquer jusqu'à quel point ce mépris est allé.

On a parlé de centuries mobilisées pour aller faire les assemblées de section. Je vais vous indiquer comment on mobilise les centuries. Une seule section entre douze, pour ne pas abuser de votre patience: Les Lilas, par exemple. Poisson, présent aux Lilas, en accord avec les camarades des Lilas, a tenu toute l'assemblée de la section. A l'unanimité de tous les camarades présents, jusqu'à la fin, toutes les délégations ont été données, tous les votes ont été émis. Et quand cela a été terminé, Poisson a dit : Votre assemblée générale est irrégulière, comme l'année dernière vous n'aurez pas de mandat.

Je dis qu'en face d'une provocation aussi insolente, s'il y avait eu des centuries et si quelqu'un s'était livré à des voies de fait, je dis que la responsabilité en imcombait à Poisson lui-même.

Je sais qu'il y a dans cette salle un nombre considérable de représentants de l'U.D.C. et on nous reproche de n'avoir pas fait appel à l'arbitrage.

Mais voyons, le Secrétaire général de l'U. D. C., qui est-ce ? C'est Poisson. Le Secrétaire général de la Fédération, qui est-ce ? C'est Poisson. L'U. D. C., comment se conduit-elle tous les jours ? Dernièrement, elle avait besoin de vendre l'*Egalitaire*, elle avait besoin de liquider la construction : il s'agit de très vieilles constructions du XXe arrondissement.

PLUSIEURS DÉLÉGUÉS. — Du Xe!

UN DÉLÉGUÉ. — Nous avions demandé à Jaudin de se libérer de l'accusation portée par Poisson sur un fait précis qui est la plainte portée devant la justice. Est-ce exact ? Cette plainte a-t-elle eu lieu ? C'est ce que les camarades veulent savoir.

JAUDIN. — Je vous ai dit tout à l'heure que j'avais l'habitude de prendre pleinement mes responsabilités. J'entends protester et rire des gens qui militent avec la décoration de la Légion d'Honneur. Mais nous, nous militons sans craindre de recevoir les coups des adversaires de la classe ouvrière.

Je vous ferai remarquer que si mon intervention n'est pas encore finie, c'est à cause d'un excellent camarade, ami de Poisson, qui tient à relever toutes mes paroles. Je dirai à ce camarade en même temps qu'au Congrès que, pour l'*Egalitaire*, il s'agissait de bâtiments du Xe arrondissement qui avaient montré leur utilité, car l'*Egalitaire* a fait ses preuves.

Lorsque la Commission de propagande de l'*Egalitaire* a appris que l'on voulait vendre, que l'immeuble allait être vendu, elle s'est assuré le concours d'organisations ouvrières et a demandé à l'U. D. C. de conserver l'*Egalitaire* à la classe ouvrière, offrant de payer le même prix et les mêmes conditions de paiement qui étaient proposés par les capitalistes.

Eh bien ! l'U. D. C. a prétendu qu'un versement immédiat de 100.000 francs lui soit fait, et que le paiement soit effectué rapidement, alors que l'immeuble restait là comme garantie. Voilà, camarades.

UN DÉLÉGUÉ. — Et c'est pour cela que vous l'attaquez en nullité ?

JAUDIN. — Je vous montre que nous étions en face de violations constantes de statuts. Je tiens à indiquer tout de suite quelles auraient été les conséquences de l'application des statuts en toute honnêteté. Cela vous expliquera peut-être la violence de la réaction contre un état de choses qui marquait le mépris le plus souverain contre toutes les protestations que nous faisons.

Le rôle de l'assemblée de section, quel est-il ? Il y a deux méthodes à l'U.D.C. Il y a deux façons de participer à l'Assemblée générale ou d'y être représenté.

Il y a la méthode directe, qui consiste à réunir 50 pouvoirs pour envoyer un représentant à l'assemblée générale, sans passer par l'assemblée sectionnelle. Et puis, il y a la méthode prévue par les statuts, de délégués nommés par les sections non pas avec des pouvoirs, mais avec une feuille de présence revêtue de 50 signatures.

On vous a parlé de danger. La vérité, c'est que nous aurions, par l'application des statuts, une représentation qui correspondrait aux forces que nous représentons dans l'U.D.C.

Bugnon lui-même vous disait que l'éducation était plus facile auprès des masses ouvrières. Quoi d'étonnant à ce que le communisme se répande chez les ouvriers de Paris ? Vous n'allez pas nier qu'il y ait des ouvriers dans l'U.D.C. Et des gens qui seraient communistes. C'est pour vous faire toucher du doigt la vérité — je m'adresse à ceux qui sont de bonne foi.

Vous êtes bien obligés de vous rendre compte que le fait même, au sein de l'U.D.C. et dans tous les Congrès que la minorité soit inexistante, vous prouve qu'il faut employer des moyens de force pour l'écraser.

La violation des statuts, c'est le mépris absolu des règles...

PLUSIEURS DÉLÉGUÉS. — Ce n'est pas la question. A la question !

JAUDIN. — Je terminerai sur le procès et puisqu'on nous a fait une proposition, je répondrai à cette proposition ; je réserve ma réponse comme conclusion.

Mais vous ne m'empêcherez pas de vous dire que, pour des hommes de bonne foi, le fait qu'aucune minorité n'existe plus à l'U.D.C. prouve la vérité de ce que je dis.

Tout à l'heure, on nous a accusés d'avoir appelé l'U.D.C. en justice. Depuis trois ans, la menace pesait sur l'U. D. C. Nous disions : Si vous ne voulez pas appliquer les statuts — car nous n'avons jamais demandé autre chose et nous continuons à le demander — nous vous attaquerons.

L'arbitrage n'est pas nécessaire. Que Poisson déclare : Nous appliquerons les statuts pour l'Assemblée générale du 7 juin, et immédiatement l'action judiciaire cesse.

L'action judiciaire est engagée pour obtenir le respect des statuts. Si des coopérateurs sincères admettent qu'on viole les statuts, que l'on en fasse ce que l'on voudra, que chaque année l'on procède d'une façon différente de l'année précédente, s'il n'existe plus aucune garantie, même élémentaire, je dis que la Coopération n'est plus ce que vous déclarez vous-mêmes qu'elle doit être.

Elle n'est plus : la Coopérative aux Coopérateurs ; elle est la Coopérative à quelques-uns, à ceux qui tiennent la direction de la Société.

Camarades, voici ma réponse à la question posée.

Nous sommes aujourd'hui ni plus ni moins qu'hier. On a fait allusion au tribunal de commerce. Nous emploierons tous les moyens pour obtenir le respect des statuts, rien de plus.

On nous a offert la liquidation de l'U.D.C. Si nous étions les hommes que Poisson vient de dire, si nous voulions la destruction de la société, nous n'avions qu'à accepter.

RAMADIER. — Vous l'avez demandée.

JAUDIN. — Le fait brutal est là, Ramadier ne peut pas dire le contraire. Le Président nous a demandé si nous voulions la dissolution.

RAMADIER. — Pas du tout ! pas du tout ! Le Président du tribunal, saisi par vous d'une demande de déclaration d'inexistence de l'*Union des Coopérateurs* et de nomination d'un administrateur judiciaire ayant pouvoir de rechercher l'origine de chaque bien et de rendre chaque bien à celui dont il venait, le président vous a dit : «Je veux bien nommer un arbitre pour examiner la question que vous posez, mais je ne puis pas, sans examen et sans preuves, vous accorder un administrateur judiciaire, c'est-à-dire un liquidateur ».

Voilà ce que vous a répondu le président. Mais c'est vous qui avez demandé le liquidateur ; le président non seulement ne vous l'a pas offert, mais a refusé de le nommer sans examen. Voilà la vérité.

JAUDIN. — Je maintiens mon affirmation. Evidemment, Ramadier l'a très belle étant donné que je ne suis pas avocat. Néanmoins, puisque Ramadier vient d'apporter un démenti, je vais donner cette précision. Il me reproche d'avoir modifié mes premières conclusions. Oui, parce que nous sommes décidés à lutter jusqu'au bout.

Nous avions obtenu un premier jugement qui condamnait les dirigeants de l'U.D.C. à faire la preuve — Parce que, je vous dis que les coopérateurs n'obtiennent rien. — Nous n'avons jamais pu obtenir de commission de vérification des pouvoirs, nous n'avons jamais pu obtenir aucun contrôle.

UN DÉLÉGUÉ. — Ce n'est pas exact.

HENRIET. — Jamais !

JAUDIN. — Je suis tranquille : les hommes de bonne foi comprendront.

On vient d'instituer le referendum. Vous ne trouverez pas une ligne dans un article des statuts ou du règlement intérieur où l'on parle de referendum.

Mais votre referendum n'est pas contrôlé. Eh bien, un vote, quel qu'il soit, s'il n'est pas contrôlé, qu'il soit fait par mandats, par bulletins ou par referendum, est inacceptable, et je dis qu'on a le droit de suspecter tous les hommes qui refusent le contrôle.

On nous a refusé le contrôle; on a traité toutes nos protestations par le mépris.

Vous m'avez fait une proposition, j'y réponds. Nous sommes cinq à avoir engagé le procès; je réponds au nom de mes amis comme au mien. On nous demande d'accepter l'arbitrage. Mais comment ? Vous nous avez refusé tout contrôle; nous venons au Congrès où vous avez les neuf dixièmes des voix, et vous nous proposez l'arbitrage, sans mêmes indiquer sur quelles bases.

Un délégué. — Acceptez d'abord le principe.

Jaudin. — Il ne doit pas y avoir dans cette salle un coopérateur qui puisse autoriser la violation des statuts. L'arbitrage, je vais vous en faire l'économie. Je dis à Poisson : Si vous déclarez aujourd'hui qu'à l'Assemblée générale du 7 juin les statuts que vous avez élaborés vous-mêmes seront appliqués, si vous prenez cet engagement devant le Congrès, cela me suffit, je donne ma parole que l'action judiciaire est éteinte.

Un délégué. — Elle était donc commencée ?

Poisson. — La question est très simple. Ce que vous appelez l'application des statuts, c'est ce que vous voulez. A tort ou à raison, nous croyons, nous, appliquer les statuts. Ce qu'il faut soumettre à l'arbitrage, c'est précisément la question de savoir si c'est vous ou nous qui interprétons exactement les statuts. Nous acceptons, quant à nous, par avance la décision de la commission d'arbitrage.

Acceptez-vous et retirez-vous votre procès ? Car il faut le retirer avant que la Commission fonctionne.

Quant à l'arbitrage même, pas d'équivoque. Toutes garanties pour tous. Dans l'arbitrage, vous aurez un représentant et nous en aurons un. Ils nommeront un tiers arbitre. Vous aurez donc toute garantie. Acceptez-vous ?

Henriet. — Non, non, non !

Poisson. — Voilà la réponse !

Catel. — Je n'ai que quelques mots à dire ; c'est pour démontrer simplement à cette tribune que si les méthodes changent, la doctrine reste la même.

On vient nous dire qu'on poursuit l'U. D. C. parce que, depuis trois ans, on n'arrive pas à obtenir le respect des statuts. La meilleure preuve que c'est une tactique générale, c'est qu'à l'*Union d'Amiens*, alors que nous avons toujours respecté nos statuts, nous sommes poursuivis par le Procureur de la République pour la soi-disant constitution irrégulière de nos commissions de propagande.

Et alors, quelques communistes — car ils ne sont pas tous d'accord pour cette vilaine besogne — quelques communistes, à Amiens, ils sont exactement onze, dans une ville de 100.000 habitants qui compte plus de 15.000 familles coopératrices, onze communistes ont déposé une plainte.

Et comme ils n'ont pas pu attaquer la validité de nos assemblées générales, ils attaquent la formation des commissions de propagande.

Je ne veux pas abuser des instants du Congrès, je veux seulement lui dire ce que sont nos commissions de propagande.

Sur le bénéfice brut est prélevée une somme de 3 % qui est répartie au prorata des ventes à chaque section. Une commission de propagande composée de 5 membres est chargée de la propagande coopérative, sous le contrôle du conseil d'administration et des sociétaires, règle l'emploi des fonds.

Si je monte à cette tribune, c'est pour montrer que les méthodes changent selon les villes, mais que la tactique est la même. On essaye de s'emparer par tous les moyens des coopératives, parce qu'on sent qu'il y a une force considérable dans le mouvement coopératif et qu'on voudrait bien alors que la force politique du parti communiste diminuée profite de la force de la coopération.

Intervention de HENRIET

HENRIET. — J'estime que la question mérite d'être discutée. Il faudrait qu'elle soit discutée dans le calme, pour que nous puissions peser exactement les termes des statuts à adopter.

Quand, tout à l'heure, on faisait à Jaudin le reproche d'avoir changé ses conclusions en demandant la nullité de la société, cela provient précisément d'un manque de contrôle.

La question se pose ainsi : L'assemblée générale est discutée. On veut savoir quels sont les pouvoirs qui composaient cette assemblée générale, on demande à Ramadier qui est l'avocat de la société : Quels sont les pouvoirs que vous avez en mains ? Comment votre assemblée générale a-t-elle pu être valable ? Aucune réponse.

Jamais on n'a pu voir ces pouvoirs.

Et si vous ne pouvez pas montrer les pouvoirs, comment existez-vous ?

Ramadier sait bien que ce je dis est exact.

RAMADIER. — Ce n'est pas du tout cela.

HENRIET. — Vous pouvez protester. Vous ne m'empêcherez pas de parler ; j'ai vu bien d'autres orages !

Voilà la question posée.

En l'absence des pouvoirs, l'annulation de l'assemblée générale est de droit.

RAMADIER. — Veux-tu me permettre un mot ?

Tu sais — ou peut-être tu ne sais pas — mais enfin il y a des camarades qui savent pourquoi on n'a pas produit les pouvoirs. Mais cette année, si on recommence à les demander, je crois d'ailleurs qu'on ne recommencera pas, on pourra les présenter, et on présentera la note en même temps.

HENRIET. — Il est facile d'obtenir un succès dans ces conditions là. Jamais un seul camarade n'a demandé qu'on apporte des pouvoirs légalisés. Par conséquent, la question de la légalisation des pouvoirs ne se pose pas. Nous demandions simplement la communication des pouvoirs tels qu'ils sont.

RAMADIER. — Est-ce que tu ne sais pas que la communication a été demandée par la voie du Greffe, et que toutes les pièces produites au Greffe doivent être timbrées et enregistrées ? Le prix du timbre de l'Enregistrement et des amendes encourues s'élèverait, pour l'*Union des Coopérateurs*, à 1.800.000 francs.

HENRIET. — La difficulté qui existe pour l'*Union des Coopérateurs* de présenter les pouvoirs provenait simplement de ce qu'ils n'avaient pas été contrôlés par les assemblées. Il était, par conséquent, impossible de les présenter en aucun cas.

On donne comme motif une question d'amende. Nous n'avons jamais demandé à ce que l'*Union* soit frappée d'une amende.

RAMADIER. — Voici les conclusions :

S'entendre l'*Union des Coopérateurs* condamner en tous les dépens de l'incident, lesquels comprendront tous droits, doubles droits, amendes de timbre et d'enregistrement qui pourraient être dus ou perçus sur les pièces et documents produits, et ce même à titre de dommages-intérêts...

Henriet. — Quel est le but que nous cherchons ?

Ramadier. — Ah ! voilà...

Henriet. — Nous voulons aboutir à l'exécution des statuts.

Un délégué. — On te propose l'arbitrage.

Henriet. — Laisse-moi donc parler. Les statuts sont formels. Il était donc facile de recourir à un compromis; d'ailleurs Ramadier m'en parlait tout à l'heure, et j'étais de cet avis. Le fait qu'on grossit cette affaire montre qu'on veut bien un compromis parce qu'on ne peut pas faire autrement. C'est justement à cela que nous voulions vous amener.

Nous vous disons : Nous avons toujours été prêts à accepter un compromis dont l'exécution des statuts formerait la base. Ce que nous demandons est très simple. Nous reconnaissons qu'une assemblée générale de sociétés à succursales multiples ne peut être tenue qu'à la condition que les sociétaires y soient représentés. Par conséquent nous ne critiquons pas ce point. D'ailleurs, c'est statutaire puisque les statuts indiquent que 50 sociétaires peuvent avoir un délégué à l'assemblée générale, la question est de trouver cinquante sociétaires ayant la même opinion pour choisir un même délégué.

On sait que les assemblées de sociétés doivent être tenues avec une feuille de présence où les sociétaires présents doivent apposer leur signature.

Un délégué. — Présents ou représentés.

Henriet. — Non, pas représentés. Je sais que c'est ce que vous voulez, mais ce n'est pas ce que disent les statuts. Vous pouvez recueillir des pouvoirs en dehors des assemblées de section, et personne ne s'est opposé à ce qu'ils servent en Assemblée Générale de la Société.

Ce que nous demandons, c'est que l'assemblée de section, contrairement d'ailleurs à ce que disait un camarade qui m'a précédé à cette tribune, puisse discuter le mandat parce qu'on ne donne pas un mandat sans qu'il ait été débattu.

J'ai expliqué tout à l'heure que si on était arrivé à ce degré dans la lutte, c'était précisément devant l'esprit de brutalité qui a présidé à la réunion des sections. Les sections ont délibéré, qu'on le veuille ou non, elles ont discuté et, dans les sections où la décision a été favorable aux dirigeants, on a tenu cette décision pour bonne ; mais quand on n'a pas eu la majorité, on a purement et simplement dissous la section.

Une voix. — Et la motion préjudicielle ?

Henriet. — Le camarade qui dit cela, sait très bien dans quelles conditions la motion préjudicielle a été présentée à la 27° section et adoptée à la presque unanimité de l'assemblée, non seulement des communistes, mais des autres.

La vérité, c'est que nous avons fait tout notre posible pour que les choses se passent régulièrement, et si nous sommes allés devant la Justice...

Un délégué. — La justice bourgeoise !

Henriet. — Bourgeoise ! Vous y allez tous les jours devant cette justice. La justice est le seul arbitrage qui reste quand on ne peut pas s'entendre. Est-ce que vous n'allez pas devant elle avec votre propriétaire ou votre patron ? Fichez-moi donc la paix avec votre justice bourgeoise, on va devant la justice quant on ne peut pas faire autrement.

En tout cas, nous ne voulons pas des décisions d'arbitrage d'une assemblée qui prend parti contre nous comme vous le faites à l'instant.

Un délégué. — On le propose l'arbitrage.

Henriet. — L'arbitrage de gens qui sont de parti pris ? Non, ça n'a rien à faire.

Un délégué. — Tu préfères l'arbitrage des commerçants du Tribunal de Commerce ?

Henriet. — L'année dernière la même question s'est posée pour la Société *La Famille Nouvelle* où il y avait un conflit. On avait déjà commencé à prendre parti contre nous, et sans qu'il y ait eu opposition de formée, la Banque avait refusé au Conseil la possibilité de toucher les fonds qui étaient sa propriété, mettant par conséquent la société dans l'impossibilité de faire face à ses affaires.

Nous nous en sommes tirés, mais ce ne fut pas la faute de ceux qui ont fait tout leur possible pour nous en empêcher.

On nous avait aussi proposé l'arbitrage que nous avions dû refuser, pour les mêmes raisons que nous allons refuser celui d'aujourd'hui, car les conditions où il fût proposé étaient les mêmes.

Pour l'instant, nous sommes tout prêts à un compromis, mais nous ne voulons pas l'arbitrage des gens qui ont déjà pris parti contre nous. Si donc nous posons la question, c'est uniquement pour qu'elle soit publique et pour qu'on sache que nous sommes disposés à accepter un compromis sur la base des statuts, mais non à subir les brimades de qui que ce soit.

Dans le conflit actuel, il n'y a plus grand chose à faire si vous ne voulez pas accepter ce que nous vous demandons.

J'espère que cela vous servira de leçon, et ce sera ma conclusion.

Si vous voulez la paix, il ne faut pas créer la guerre.

Vous dites que vous ne voulez pas vous occuper de politique, et cependant l'orateur qui m'a précédé à la tribune prétendait que le parti communiste était en recul. Nous avons eu 200.000 voix dans la région parisienne.

Un délégué. — Et en province ?

Henriet. — En province, nos voix ont augmenté partout.

S'il y a un parti qui devrait être modeste, c'est le vôtre car il a lutté pendant des vingtaines d'années sans avoir le succès que nous avons.

Mais laissons la politique : Je dis que cette affaire devrait servir de leçon, parce que toutes les sociétés de développement se trouvent dans le même cas que celle de Paris.

Le fait d'interpréter arbitrairement les statuts ne peut que provoquer des conflits du genre de celui que nous examinons. Et nous entendons défendre ce que nous croyons être notre droit de coopérateur.

Un délégué. — Vous n'êtes plus des coopérateurs.

Henriet. — Je dis que nous avons le droit de nous défendre et que nous le ferons.

Ce que nous désirons, ce n'est pas la guerre avec les coopérateurs, c'est une entente, mais cette entente nous ne l'accepterons pas si on viole les statuts. Nous ne demandons que cela et, dans ces conditions, je crois que j'en ai assez dit.

Je sais qu'il y a des sociétés coopératives qui se trouvent déjà dans l'embarras. Ces embarras, est-ce que c'est moi qui les a inventé ? Est-ce que par hasard ce sont des communistes qui ont organisé le boycottage de l'*Union Lorraine* à Bar-le-Duc.

Un délégué. — Oui.

Henriet. — Non. Ce sont des fonctionnaires, rien que des fonctionnaires, et ils ne le font pas au nom d'un parti. Vous voyez donc qu'il n'y a pas que nous.

Si vous voulez que la Coopération se développe, ce n'est pas en introduisant la force et la violence dans nos sociétés. Je sais ce que je dis, trois années durant il y a eu des élections, faites dans les mêmes conditions. Eh bien, nous ne nous laisserons pas brimer de cette façon, et si vous voulez continuer comme ça, je vous dis que vous en serez les victimes.

Le Président. — Cinq orateurs se sont fait inscrire.

Nombreux délégués. — La clôture, la clôture.

Le Président. — J'entends proposer la clôture. Elle est prononcée après ces cinq orateurs, à qui je demande d'être aussi brefs que possible.

Avant de poursuivre la discussion, Camin va faire connaître au Congrès les résultats du vote sur le rapport du Conseil Central.

LE VOTE SUR LE RAPPORT DU CONSEIL CENTRAL

Maurice Camin. — Voici les résultats :

Mandats représentés	5.315
Contre le rapport	278
Abstentions	143
Pour le rapport	4.894

Le Président. — Je donne la parole à Buguet, premier orateur inscrit.

Déclaration de BUGUET

Buguet. — Je veux dire, en ce qui concerne la question de l'*Egalitaire*, combien nous avons été patients avec nos camarades. Nous les avons attendus pendant trois semaines; ils nous promettaient tous les jours de verser les 100.000 francs, mais ne versaient jamais rien.

Lorsqu'on veut remettre le sort de la société à la volonté des seuls présents, encore faudrait-il être sûr que ceux-ci sont des consommateurs. Nous avons eu la curiosité d'examiner dans une section quels étaient les opposants et ce qu'ils valaient comme coopérateurs. Nous avons constaté que cent et quelques camarades, qui avaient voté contre le rapport, n'avaient aucune consommation.

Jaudin a essayé de justifier le procès. Celui-ci pouvait encore se justifier lorsqu'il demandait la nullité de l'Assemblée Générale. Mais lorsqu'on arrive aux conclusions que vous citait Poisson, j'estime qu'il n'y a plus de justification possible.

Au nom de l'*Union des Coopérateurs* je serais prêt à me rallier à nos adversaires qui ne veulent pas l'arbitrage parce que j'ai beaucoup plus de confiance dans notre juste cause que dans les arbitrages quels qu'ils soient. Peut-être arriverait-on à prouver qu'il y a quelques petits vices de procédure, comme dans toutes les organisations, mais on ne peut manquer de reconnaître que notre bonne foi est entière.

Intervention de FOUCAUT

FOUCAUT. — Je n'aurais pas voulu prendre la parole, mais l'accusation portée ici par Poisson m'oblige à demander au Congrès une sanction.

Nous estimons à la Fédération régionale du Nord et du Pas-de-Calais que c'est un crime envers la coopération que de porter contre une société une accusation aussi grave, qui pourrait permettre à nos adversaires de classe, à la justice bourgeoise de dissoudre une société aussi importante que l'*Union des Coopérateurs* de la région parisienne.

Je demande donc, à tous ceux qui sont sincèrement des militants coopérateurs, de se séparer de celui qui a engagé ces poursuites, et je demande au Congrès de blâmer unanimement cette attitude.

Intervention de MARRANE

MARRANE. — Dans sa conclusion, Poisson a indiqué qu'il était prêt à se ranger à l'arbitrage.

Vous admettrez, camarades, qu'après les déclarations qui ont été faites ici, en particulier par Buguet qui est administrateur-délégué de l'Union des Coopérateurs de Paris, on ne semble guère disposé pour la conciliation. Quand on propose l'arbitrage, on doit être animé d'un esprit de conciliation.

Il est facile, dans une assemblée où on a la presque unanimité pour soi, de déclencher les applaudissements. Mais si vous êtes des coopérateurs sérieux, il ne peut suffire d'approuver ou de blâmer, il faut que vous examiniez les données du problème.

Il y a entre nous des divergences de pensée. Nous avons, quant à l'utilisation de l'organisation coopérative, des interprétations différentes. C'est notre droit aux uns et aux autres. Mais nous poursuivons un but commun; nous collaborons au développement des organisations coopératives et, sur ce terrain, avec une bonne volonté réciproque, il y a moyen de collaborer.

Cette opinion, que je viens d'énoncer, je le dis bien nettement parce que je connais l'état d'esprit des camarades coopérateurs révolutionnaires avec lesquels je suis entièrement solidaire, cette opinion est celle de tous les coopérateurs révolutionnaires.

Il n'en est pas un seul qui ne déplore d'utiliser la justice bourgeoise, à employer des procédés comme ceux-là.

Quand un problème comme celui-là est posé, on ne le résout pas par des interruptions.

Nous désirons quant à nous la solution, et quand je dis cela devant le Congrès, ce n'est une révélation ni pour Poisson, ni pour Buguet. Seulement, il faut s'efforcer de comprendre la situation.

Quand vous avez blâmé Jaudin, c'était une chose facile ; mais Jaudin a derrière lui un certain nombre de militants, coopérateurs dévoués de la région parisienne.

Poisson a dit que lui et d'autres membres de l'U.D.C. avaient été injuriés. C'est possible.

POISSON. — C'est même certain.

MARRANE. — Nous aussi, nous sommes injuriés plus souvent qu'à notre tour. Mais ce n'est pas cela le problème.

Le problème, c'est qu'il y a entre nous des divergences, c'est que nous devons avoir la possibilité de nous exprimer, et pour nous exprimer d'avoir notre représentation.

Vous savez bien que la classe ouvrière constitue non seulement la grande majorité des sociétaires des coopératives, mais la presque unanimité des consommateurs de nos sociétés. Vouloir la brimer, ce n'est pas vouloir servir le mouvement coopératif.

Un délégué. — Ce n'est pas la question. Nous réclamons le vote.

Maranne. — Nous savons tous qu'il est extrèmemnt difficile de faire faire l'éducation du consommateur. Par conséquent, si nos discussions sont organisées de telle façon qu'elles peuvent donner aux assemblées des coopératives un attrait qui permettra de faire venir à ces assemblées un plus grand nombre d consommateurs, je dis que loin de faire du tort à la société, cela favorisera son développement.

Ces discussions ne peuvent gêner personne, même pas Poisson, dont nous connaissons les qualités, car nous ne sommes pas à ce point obtus que nous nous refusions à reconnaître les qualités de ceux qui ne pensent pas comme nous. Poisson ne devrait pas être du tout gêné puisqu'il a la conviction qu'il défend des idées justes. Et comme il a un talent très grand pour les développer, il ne devrait pas avoir à craindre la contradiction de ceux qui ne pensent pas comme lui.

Nous disons, quant à nous, que cette contradiction peut être fertile pour le développement de la coopération.

Poisson sait bien que c'est là notre pensée. Il faut que nous recherchions ensemble les moyens d'organiser la propagande coopérative de telle façon que nos idées puissent s'exprimer.

Il faut donc que nous usions de notre droit de contrôle. Nous ne devons accorder une confiance aveugle à personne, cette confiance aveugle nous ne la demandons jamais pour nous, parce que nous savons qu'on ne doit jamais refuser de donner des garanties à tous les sociétaires : le contrôle est la meilleure garantie pour la majorité comme pour la minorité, et même pour ceux qui ne militent pas.

Un délégué. — Parlez donc sur l'arbitrage. C'est ça, la question.

Maranne. — Il ne suffit pas de répondre oui ou non sur l'arbitrage. Je dis que tous les coopérateurs révolutionnaires déplorent les moyens qu'ils furent contraints d'employer. Mais qu'il n'y en a pas d'autres lorsque l'on est brimé comme l'ont été nos camarades. Lorqu'on est brimé par tous les moyens, on cherche à faire respecter ses droits par tous les moyens également. Un procédé ne vaut pas mieux que l'autre.

J'ai donné la preuve de notre désir d'accord puisque j'ai fait, à mon corps défendant, dans des conversations avec Poisson, des propositions qu'il n'a pas acceptées.

Quand on est militant, on a jamais peur des responsabilités qu'on prend, même quand elles peuvent vous être désagréables.

A l'heure actuelle, la déclaration de Buguet nous a permis de constater qu'il n'y a pas beaucoup de désir de conciliation. De notre côté, il y a le désir unanime d'éviter l'emploi de procédés comme ceux-là, à la condition toutefois que l'on permette à ceux qui ont la confiance de leurs camarades, d'exercer le contrôle qui est la garantie de leurs droits.

Ma conclusion est la suivante : Nous avons toujours été partisans de la conciliation ; mais les camarades qui sont ici n'ont pas de mandat du Cercle des Coopérateurs révolutionnaires.

Le Conseil d'Administration sait bien que, s'il veut entrer en pourparlers, il est sûr de trouver un écho favorable, à la seule

condition que l'on reconnaisse le droit de tous les coopérateurs dans
la société.

Intervention de Gaston LEVY

Gaston Lévy. — Je serai le plus bref possible. Et je tiens d'abord
à faire observer que nous sommes très loin de la discussion que
nous devions avoir sur le rapport de Ramadier au sujet d'une législation spéciale pour la coopération. Mais tous ces incidents montrent
l'utilité que présenterait une législation vraiment conforme aux
principes et aux besoins des sociétés coopératives.

Je veux simplement rappeler quelques faits, de façon que nous ne
soyons pas en présence de propositions diverses, sans qu'on puisse
savoir ce qu'il en est.

Vous avez entendu à cette tribune des affirmations au sujet de
l'affaire de l'U.D.C. de Paris.

Jaudin se plaint qu'on ait fait une espèce de coup monté, alors
que c'est Henriet qui, le premier, a parlé de la question ici. En
second lieu, Jaudin dit que le procès a été intenté parce que le
Conseil d'Administration a décidé la vente de l'Egalitaire. C'est
inexact, et Jaudin le sait bien, car la réunion où la protestation a
été faite est du 13 juin 1924, tandis que la décision pour l'Egalitaire
a été prise en février 1925.

J'arrive au point le plus délicat, celui des statuts, et si j'en parle
c'est parce que j'ai personnellement une responsabilité dans la création de l'U.D.C. et dans les conditions où les statuts ont été établis.

Pendant les premières années, nous n'avons eu aucune difficulté
et personne ne se préoccupait des conditions dans lesquelles les
statuts étaient appliqués en ce qui concerne la feuille de présence,
l'enregistrement des pouvoirs, etc...

C'est lorsque nous avons vu se créer dans la société ce que nous
avons considéré comme quelque chose de dangereux, c'est-à-dire
une opposition qui n'était pas une opposition de principe, quand
nous avons vu dans votre journal, d'une façon constante, comme
je l'ai dit il y a deux ans au Congrès de Bordeaux, des attaques
personnelles, calomnieuses, que personne ne peut contester et quand
nous pouvons voir ces jours-ci encore que vous traitiez les camarades du Conseil d'Administration de faussaires, je me suis rendu
compte de quel côté était le désir d'entente.

Je tiens à marquer ici ma solidarité pleine et entière avec les
camarades qui, à l'heure actuelle, ont la responsabilité du Conseil
d'administration de l'U.D.C.

Lorsque nous avons vu ce qu'était cette opposition, nous avons
dit : il faut appliquer strictement les statuts, il faut que nous ne
nous laissions pas majorer dans des assemblées truquées.

Nous avons donc compté les pouvoirs que nous recevions et que
nous avions envoyés à tous les sociétaires.

Lorsque les camarades reçoivent un pouvoir, ils reçoivent en
même temps le rapport du conseil d'administration, la brochure qui
leur donne tous les renseignements dont ils peuvent avoir besoin et
les sociétaires savent qu'ils peuvent, quinze jours avant l'assemblée
générale, venir prendre connaissance au siège de la société de tous
les livres. Le contrôle est donc parfaitement assuré, et lorsque le
sociétaire signe son pouvoir, il sait ce qu'il fait.

On nous a fait le reproche d'avoir des pouvoirs en blanc. Lorsque
la question a été posée, j'ai pris l'engagement formel qu'on ferait
pour l'année suivante des pouvoirs qui seraient libellés de façon

telle que le coopérateur ne pourrait se tromper sur le sens qu'il donnerait au pouvoir. C'est ainsi qu'on a adopté le texte que Poisson indiquait tout à l'heure.

On nous a parlé d'application des statuts et, après Jaudin, qui a apporté des arguties juridiques et des affirmations inexactes, Marrane est venu dire : nous sommes bons princes, nous sommes prêts à nous entendre.

Nous aussi, et je pense qu'il y a intérêt à ce qu'une entente ait lieu. Mais entente sur quoi ? Vous pensez bien qu'il est impossible qu'elle s'établisse sur la déclaration que le Conseil d'Administration a violé les statuts.

La question est justement d'interpréter les statuts. On vous propose un arbitrage. L'arbitrage portera sur l'interprétation des statuts, à la condition bien entendu que vous retiriez votre procès.

Vous dites que vous avez engagé le procès parce que vous n'avez pas la possibilité de vous défendre. Est-ce que, dans toutes les assemblées de sections, les voix n'ont pas été régulièrement comptées ?

Et dans votre journal, n'avez-vous pas fait appel à tous les coopérateurs de l'Union pour qu'ils vous remettent des pouvoirs ? N'avons-nous même pas, quelquefois en vérifiant, trouvé que certains de ces pouvoirs étaient contraires à la volonté des coopérateurs ?

N'avez-vous pas appelé tous les coopérateurs à vous envoyer leur pouvoirs ? Que voulez-vous, ce n'est pas notre faute s'ils n'ont pas répondu à votre appel.

Par conséquent, vous n'avez pas le droit de dire qu'on ne vous a pas donné votre part. Vous avez eu toutes vos voix, seulement vous en avez eu peu.

Je reviens à la seule question, celle de l'arbitrage. L'arbitrage doit porter sur l'interprétation des statuts.

Mais ce n'est pas aujourd'hui la question qui importe au Congrès. Ce qui importe, c'est que cela serve de leçon et la conclusion c'est que nous devons travailler en vue d'obtenir une législation nouvelle des coopératives qui empêche de tels faits de se renouveler.

Poisson. — Vous avez à voter sur le rapport de Ramadier et sur la question de la loi organique des coopératives dont l'utilité, j'en suis convaincu, est maintenant démontrée au suprême degré.

En ce qui concerne l'incident relatif à l'*Union des Coopérateurs*, de la région parisienne, un ordre du jour a été déposé.

Conformément à tous les précédents, et bien que cet ordre du jour soit favorable au Conseil, il doit être renvoyé à la Commission des résolutions.

Le Président. — Je mets aux voix les conclusions du rapport de Ramadier.

Il est adopté.

La séance est levée à 19 heures 15.

DEUXIÈME JOURNÉE

PREMIÈRE SÉANCE

La séance est ouverte à 9 h. 30.

Poisson. — Le Conseil Central vous propose, pour présider cette séance, Foucaul ; et comme assesseurs, Ponard et Cayol.

Le Président. — Je donne la parole à Lafosse, pour une communication concernant *l'Union de révision et de contrôle*.

L'UNION DE REVISION ET DE CONTROLE

Lafosse. — La Fédération de Lorraine avait chargé Brot de faire au Congrès un exposé sur *l'Union de Révision et de Contrôle*. Malheureusement, un fâcheux accident impose à Brot un certain repos et j'ai été chargé de vous faire cet exposé.

Je le regrette, pour Brot d'abord, pour vous ensuite, car vous serez privés de sa chaude éloquence qu'anime une grande foi coopérative et une très grande sincérité à laquelle il nous plait de rendre hommage.

Il n'est pas nécessaire que je vous expose ce qu'est l'Union de Révision et de Contrôle. Son organisation, ses buts ont été discutés dans les précédents Congrès et son utilité a été largement démontrée.

Je me bornerai à vous exposer simplement, en quelques mots, ce que nous avons fait dans notre Fédération de Lorraine pour diffuser cette organisation.

Certes, ce que nous avons fait est encore peu de chose, mais les résultats que nous avons obtenus, les constatations que nous avons faites nous incitent à décupler nos efforts pour faire adhérer toutes les sociétés à l'Union de Révision.

Nous avons le bonheur, ici, de posséder comme secrétaire fédéral, un camarade actif et dévoué, à qui nous devons les résultats obtenus, le camarade Brot.

Brot, chargé d'intéresser les sociétés à l'Union de Révision, s'est activement mis à la besogne. Son travail n'a pas toujours été très facile, car il a fallu lutter contre ce que j'appellerai l'esprit de faux amour-propre qui anime encore beaucoup de nos administrateurs et du personnel des coopératives qui considéraient souvent comme une ingérence le fait de leur démontrer l'utilité de la revision de leur comptabilité.

Je puis dire que cet obstacle est aujourd'hui franchi et qu'un certain nombre de sociétés ont demandé le concours de l'Union de Révision et de Contrôle.

Nous avons le bon espoir que d'ici à la fin de l'année la presque totalité des sociétés adhérentes de la Fédération de Lorraine et

Ardennes auront donné leur adhésion à l'Union de Révision et de Contrôle.

Notre effort s'est particulièrement porté sur les Ardennes et les Vosges, où les sociétés sont nombreuses. Dans les Ardennes, la plupart des sociétés furent visitées par Brot et l'agent régional du Magasin de Gros.

Ils ont démontré aux administrateurs l'utilité de l'Union de Révision et ont eu le plaisir d'être compris. Les deux tiers des sociétés adhérentes donnèrent leur adhésion à l'Union de Révision et, quelque temps après, Brot, accompagné de deux réviseurs, allait dans les sociétés procéder aux opérations de révision. D'autres sociétés attendent la visite des réviseurs.

Dans les Vosges, le temps a manqué pour faire une tournée générale, mais des jalons ont été posés, quelques sociétés, et parmi elles d'importantes, ont fait réviser leur comptabilité, une quinzaine d'autres ont demandé la visite des réviseurs.

L'utilité de l'Union de Révision a été si bien comprise que nous avons eu récemment le plaisir d'enregistrer la décision du Congrès de la Sous-Fédération des Coopératives des Vosges, comprenant 42 sociétés, de prendre à sa charge les frais de séjour des réviseurs, frais qui incombaient jusque là aux sociétés. Il en résulte que les opérations de révision sont entièrement gratuites pour les sociétés des Vosges.

Au cours des visites effectuées, la constatation a été faite que des camarades dont le dévouement pour leurs coopératives est sans limite, ne peuvent remplir les fonctions de comptabilité dont ils ont la charge.

Aussi avons-nous décidé récemment, au Congrès de la Fédération Régionale, la création d'un service fédéral de comptabilité, pour les sociétés ne pouvant elles-mêmes faire cette comptabilité.

Nous avons également constaté que bien des sociétés perdues dans le labyrinthe des lois fiscales, payaient des impôts qu'elles ne devaient pas payer. Aussi avons-nous décidé également la création d'une service fédéral du contentieux qui sera chargé de l'examen de toutes les feuilles d'impôt qui lui seront soumises ; et nous avons également décidé la gratuité de ce service, tout au moins pour les premières années.

Je dois dire en passant que la création de ce service nous a été facilitée par l'Union des Coopérateurs de Lorraine qui a mis à notre disposition deux de ses meilleurs comptables, et je suis heureux de l'occasion qui m'est offerte de l'en remercier, au nom de la Fédération régionale.

Mais, pourrait-on objecter, l'Union de Révision peut être utile, nécessaire même, aux sociétés qui ne peuvent pas avoir de personnel comptable, mais elle ne saurait avoir le même intérêt pour celles dont les écritures sont faites par des professionnels.

C'est là, à notre avis, une erreur. La révision de la comptabilité est pour le directeur d'une société une sorte de certificat moral qu'il peut présenter à son conseil d'administration sous la forme du rapport du réviseur. Le conseil d'administration, par le rapport du réviseur, a la certitude que les comptes qu'il présente aux coopérateurs sont vrais, et les coopérateurs eux-mêmes, par suite de l'examen des comptes fait par une personne étrangère à leur société, sous l'autorité de l'Union de Révision et de Contrôle, accepteront toujours avec plus de confiance les comptes qui leur sont présentés.

Cela est si vrai que quatre des plus importantes sociétés de notre Fédération régionale, sociétés faisant de deux à six millions d'affaires et employant un personnel comptable, ont eu le souci de faire réviser leur comptabilité et le directeur comme les administrateurs n'ont eu qu'à s'en féliciter.

Nous ne saurions trop attirer l'attention du Congrès et plus particulièrement des Secrétaires des Fédérations régionales sur la grande utilité, sur la nécessité même de l'Union de Révision et de Contrôle; pour se convaincre de cette nécessité, nous leur conseillons de visiter les sociétés coopératives de leur Région. Ils constateront, comme nous l'avons constaté nous-mêmes, que, dans beaucoup de sociétés, les camarades administrateurs n'ont pour toutes connaissances que leur bonne volonté, leur dévouement et leur foi coopérative. Certes, ces vertus sont l'honneur du mouvement coopératif, mais hélas ! ces vertus, si belles soient-elles, ne sauraient suppléer à la science des chiffres. Ils rencontreront, comme nous avons rencontré, des sociétés où la comptabilité est inexistante ; ils en trouveront d'autres qui se débattent au milieu des difficultés et qu'un simple conseil aiderait à sortir du chaos ; d'autres qui, pour satisfaire au désir de grosses ristournes, n'ont pas hésité à majorer leur actif ; d'autres encore qui, depuis plusieurs années, n'ont plus d'existence légale.

Ils se convaincront alors de la nécessité de l'Union de Révision et de Contrôle.

Le mouvement coopératif se doit de créer des administrateurs ; il se doit de veiller sur la bonne marche des sociétés, de les aider, de les conseiller et, dans une large mesure, l'Union de Révision est capable de remplir ce rôle, car, ne l'oublions pas, camarades, si les sociétés bien gérées, bien administrées sont heureusement nombreuses, il y en a encore un très grand nombre dont la gestion et l'administration laissent beaucoup à désirer, parce que les camarades qui sont chargés des fonctions de gestion et d'administration n'ont pas toujours la compétence nécessaire.

Cette compétence, ils peuvent et ils doivent l'acquérir; mais encore faut-il les y aider, et là aussi l'Union de Révision peut jouer un grand rôle.

Pour terminer, s'il m'est permis d'émettre un vœu, ce sera celui-ci : Que l'an prochain, à la réunion du Congrès National, les Fédérations régionales disent, comme nous le disons aujourd'hui : Voilà ce que nous avons fait.

Et quel que soit leur effort, si minime qu'en soient les résultats, nous avons confiance qu'elles auront travaillé à assurer la vie coopérative dans ses bases essentielles : ordre, méthode et compétence.

Le Président. — La parole est au camarade Lebon.

Lebon. — Au nom de l'Union de Révision, je remercie le camarade Lafosse qui, de la part de la Fédération de Lorraine et Ardennes, vient d'intervenir aussi utilement.

L'année dernière, une intervention du camarade Brot, au nom de la même Fédération, avait eu auprès de vous un accueil aussi chaleureux que cette année. Je croyais donc, qelque temps après notre rentrée, avoir de la part des sociétés dont les délégués étaient au Congrès, un certain nombre d'adhésions.

Hélas ! j'ai dû déchanter. L'année dernière, nous avions, au moment du Congrès du Tréport, 127 sociétés adhérentes à l'Union de Révision. Nous en avions, à l'heure actuelle, époque du Congrès de Nancy, 171, soit 44 adhésions pour l'année.

En ce qui concerne les révisions, en 1924, au moment du Congrès du Tréport, 28 sociétés s'étaient fait reviser. A l'heure actuelle, 74 se sont fait reviser, soit 46 pour l'année.

C'est évidemment un progrès sur l'année précédente, mais ce n'est vraiment pas suffisant, eu égard au nombre de sociétés qui adhèrent à la Fédération Nationale.

Je n'ajouterai rien à ce qu'a dit Lafosse, mais je prie instamment les congressistes de faire le nécessaire, à leur rentrée, pour que les adhésions arrivent à l'Union de Révision, qu'ils se rappellent son existence et surtout qu'ils s'en servent.

Le Président. — Camarades, le Congrès prend acte des paroles de Lafosse et de Lebon, et je crois ne pas trop m'engager en invitant instamment les représentants des sociétés à faire le possible pour que celles-ci adhèrent à l'Union de Révision et de Contrôle.

Je donne la parole à Camin.

Camin. — Les camarades désignés pour faire partie de la Commission des Résolutions sont désignés et je vais me préoccuper d'avoir une salle et cette Commission pourra se réunir.

Le Président. — L'ordre du jour appelle l'examen de la question : « La situation économique et les Sociétés coopératives ». La parole est à Poisson.

LA SITUATION ECONOMIQUE
ET LES SOCIÉTÉS COOPÉRATIVES

Poisson. — Etant donné l'importance des questions que nous avons à traiter, je m'efforcerai d'être aussi bref que possible. La question que nous allons maintenant aborder est celle de la situation économique et des Coopératives.

Le Conseil Central a pensé qu'il était utile cette année — et peut-être les années suivantes la question reviendra-t-elle — pour le mouvement coopératif, d'indiquer sa tendance et son point de vue sur la situation économique et sur la position des sociétés coopératives, en face de cette situation.

L'examen de la situation économique et l'examen de notre Mouvement en face de cette situation nous conduiront peut-être — et c'est notre avis — à une modification de notre action positive, de notre action de propagande, qui doit être inspirée, croyons-nous, d'une direction nouvelle.

Voilà pourquoi il y a pour nous, non pas seulement un intérêt théorique, mais un intérêt pratique, un intérêt positif et immédiat, à envisager le problème.

C'est pour aboutir à cette conclusion que nous allons, si vous le voulez bien, examiner l'ensemble du problème.

Permettez-moi d'abord de dire — oh ! non pas le premier, ni à cette tribune, ni dans nos journaux — permettez-moi de dire que, lorsqu'on parle du problème de la vie chère, du problème de la hausse des prix, très souvent on est entraîné par l'opinion publique et par l'opinion des journaux, très souvent inexacte, si bien qu'on n'arrive pas toujours à des conclusions heureuses.

Pour notre part, nous pensons que le problème de la cherté de la vie n'est pas seulement et uniquement un problème de la hausse des prix. Le problème de la cherté de la vie, c'est tout simplement celui d'un déséquilibre entre les prix et les ressources de chacun. Il ressort de ce fait que les prix montent et que les revenus ne montent ni en même temps ni dans la même mesure; c'est là ce qui cause le malaise et la crise économique.

Si les prix doublaient demain pour toutes les marchandises, pour tous les produits, et qu'en même temps les salaires des travailleurs, les traitements des fonctionnaires, les revenus de tous montent exactement dans la même proportion et en même temps, il n'y aurait pas de problème de cherté de la vie, tout au moins pour chacun des consommateurs pris individuellement.

C'est donc non pas dans la hausse des prix qu'il faut voir la cause du malaise, c'est dans le déséquilibre entre la montée des prix et la montée des revenus.

Le problème ainsi posé est à examiner autrement qu'on ne le fait d'habitude, et nous nous permettrons tout de suite d'indiquer notre point de vue.

Nous croyons que la cause profonde de la cherté de la vie tient à un appauvrissement général et de notre pays et du monde entier. Sans que nous nous en rendions compte, il y a aujourd'hui une diminution générale de la production et, d'autre part, une augmentation générale des besoins.

S'il y a moins de produits et si on a un plus grand désir de consommer, il est inévitable — les deux facteurs jouant en sens inverse — que la cherté de la vie s'aggrave.

Voulez-vous que, très rapidement, nous nous demandions pourquoi il y a, d'une part, diminution de la production et, d'autre part, augmentation des besoins ?

Pour se rendre compte de la diminution de la production, il suffit de lire l'admirable enquête qui a été faite par le Bureau International du Travail, enquête qui a du reste été dirigée par notre ami Milhaud que vous entendrez tout à l'heure sur une autre question. Il suffit de voir les statistiques de la production dans le monde, pour les principales marchandises ou pour les principales matières premières, pour se rendre compte d'un affaiblissement, dans l'ensemble de tous les pays, de la production de la plupart des objets importants. C'est là une constatation qui ne peut être niée.

La cause de la diminution de la production, si nous prenons notre pays, n'est pas difficile à dégager.

D'abord, pourquoi, à l'heure actuelle, il y a-t-il moins de matières premières, moins de produits ? Deux exemples pris dans le domaine agricole qui a une importance primordiale pour la consommation et pour l'alimentation, donneront la démonstration de ce que j'avance. En France, il y a aujourd'hui moins de terres ensemencées en blé qu'avant la guerre et, de plus, un cheptel moins important ; c'est un fait démontré par les statistiques.

Il est donc inévitable, s'il y a d'une part moins de terres emblavées et si le rendement à l'hectare n'a pas augmenté — en fait, il est tombé de 16 hectolitres à l'hectare à 13 hectolitres — qu'il y ait moins de blé et moins de pain. S'il y a moins d'animaux, il y aura moins de viande.

Or, quand une denrée devient rare, si les besoins ne diminuent pas, il y a une tendance inévitable à la hausse.

La production a diminué : pourquoi ? Parce que d'abord, en raison même de la guerre, des espaces assez importants ou n'ont pas pu être remis en culture, par exemple dans les régions libérées, ou n'ont pas pu retrouver — c'est le cas des plaines de Picardie — leur rendement d'avant-guerre.

Il y a une production diminuée, pourquoi encore ? Parce que, non seulement la nature n'apporte pas son contingent normal, mais aussi parce que le facteur « travail » se trouve aujourd'hui atteint.

Pour ne prendre que notre pays, la guerre a détruit des êtres humains et, par conséquent, a retiré à la production un million et demi d'hommes qui étaient justement dans la période de leur existence où l'on donne le maximum de production. N'est-ce pas ceux qui auraient aujourd'hui entre vingt-cinq et quarante ans ? Il s'ensuit inévitablement une diminution des forces de production.

Mais ce ne sont pas seulement des vies détruites, ce sont aussi des millions et des millions d'individus qui ont été pour ainsi dire « désorbités par la guerre », soient qu'ils en aient été directement victimes et que leur force de production se trouve amoindrie, soit qu'ils aient été blessés, soient qu'ils aient perdu une partie de la force musculaire et nerveuse qu'ils possédaient.

Et puis, le fait que les « forces » de production ont été modifiées ou transformées. Nous rendons-nous compte combien, par suite de la guerre, il y a eu de modifications dans les positions sociales. Combien de gens ont changé de métier et de fonctions ? Ce n'est pas du jour au lendemain que l'on parvient au « rendement maximum » qui n'est que le résultat non seulement du travail mais de l'expérience acquise. Aujourd'hui, les modifications de la vie sociale se constatent à tous les degrés, dans toutes les catégories sociales.

Nous contastons que, lorsqu'on a pris à une nation les forces techniques qui se maintiennent en raison même du travail de chaque jour, lorsqu'on a arrêté le travail pendant cinq ans, qu'il s'agisse de travail manuel ou de travail intellectuel, il y a inévitablement une perte de connaissances. Le mécanicien sachant admirablement son métier et qui, pendant des années, ne l'exercera plus, lorsqu'il devra le reprendre n'aura plus la même habileté ni la même force de rendement. Si nous prenons un intellectuel, par exemple, un ingénieur ou un chimiste qui a mis des années et des années à acquérir les connaissances nécessaires pour l'exercice de sa profession, si, pendant cinq ans, il ne l'exerce plus, il lui faudra des années pour se remettre au courant.

Il s'ensuit également que c'est tout le progrès humain qui se trouve suspendu. Sans doute, pendant la guerre, il y a eu des inventions de toute nature; mais elles étaient dirigées non pas vers le progrès social et la civilisation, mais inévitablement vers l'objet qui était alors d'importance primordiale, la défense du pays et, par là même, la guerre.

Ces raisons vraies pour la France et même pour le monde entier, conduisent aujourd'hui à une diminution de la production.

Autre et dernière considération, ce ne sont pas seulement les hommes qui ont modifié leur position sociale, c'est aussi les institutions qui ont changé d'objet. La guerre a fait naître et se développer des industries faites pour la guerre et ces industries, il a fallu ensuite essayer de les adapter à la paix, or nous nous trouvons en présence de ce paradoxe. Alors que, dans l'ensemble, la production est insuffisante, nous sommes à la veille d'une crise de surproduction dans certaines industries. C'est que l'équilibre n'a pas été fait entre les différentes formes de la production. On a poussé au-delà des besoins certaines catégories de la production mécanique ou chimique, et ces industries ne vivent plus qu'artificiellement, abritées derrière des droits de douane illégitimes et par l'élévation du prix de revient général de leurs propres produits.

Dans un état de déséquilibre économique comme celui dont nous souffrons, ce n'est pas la loi de l'offre et de la demande qui fonctionne pour déterminer le prix des marchandises, c'est, en réalité, dans chaque industrie, pour chaque cellule de la vie économique, la cellule la moins bien outillée, celle où le prix de revient est le plus élevé, qui constitue la base suivant laquelle se forme le prix général des choses.

Et, de ce point de vue, il existe une sorte de « régression économique », un manque de production, une technique moins perfectonnée. Le résultat est que les prix montent.

Voilà une des causes profondes de la cherté de la vie.

Et, chose curieuse, pendant que la production est stagnante ou diminuée, ou désorbitée ou déséquilibrée, pendant ce même temps, les besoins humains sont plus grands.

Cela peut paraître extraordinaire et paradoxal; mais c'est, en vérité, un fait que les besoins humains se sont multipliés, et cela pour diverses raisons.

Ce n'est pas que, pour ma part, je critique le désir de l'humanité de mieux vivre. Je pense, au contraire, que le besoin est un heureux présage de civilisation supérieure, et je ne suis pas plus pour le malthusianisme de la production que pour le malthusianisme de la consommation. Je ne viens pas du tout ici comme un moraliste et je me réjouis, pour ma part, de voir que, dans l'ensemble des classes sociales et particulièrement dans les classes de travailleurs, il y ait une plus grande nécessité de bien-être.

Mais ce que je constate, c'est qu'il existe dans toutes les classes sociales un accroissement des besoins, aussi bien chez les travailleurs des villes qui veulent se reposer davantage et consommer plus que chez les travailleurs des campagnes qui ont le désir de se mieux nourrir et de se mieux habiller, et croyez bien que je ne critique ni le cinéma des ouvriers, ni le chapeau des villageoises, je pense au contraire qu'il y a utilité et intérêt, pour le développement du progrès, à ce que les hommes, de plus en plus soucieux de leur propre dignité, essayent à la fois de se mieux nourrir, de se mieux loger et de se mieux habiller.

Il n'en reste pas moins que la guerre, en modifiant les mœurs, en transportant des populations d'un bout de la France à l'autre, a tout à fait modifié les habitudes de vie et les goûts. Est-ce qu'en passant je ne signalerai pas ce fait que des populations du Nord et du Pas-de-Calais, après avoir bu de la bière pendant vingt ans, pendant trente ans, se sont mises à boire le fameux pinard national? Je sais bien que mon ami Daudé-Bancel en sera peut-être désolé, quoique Méridional lui-même, mais c'est un fait, un petit fait qui marque que les rapports plus étroits et plus fréquents entre les hommes, que les voyages et les émigrations ont pour résultat de créer des besoins nouveaux ou de les accroître.

Il y a même une autre raison, d'ordre presque psychologique. C'est que, quand on demandé à un peuple un effort considérable pendant cinq ans, une tension musculaire et nerveuse, des privations de toutes sortes, il éprouve le désir de se détendre, de se procurer plus de bien-être, d'avoir des satisfactions plus complètes et plus totales.

La cherté de la vie repose donc sur ces deux faits : un fait matériel et positif qui est le manque de production ou le déséquilibre de la production; et un fait psychique ou moral, qui est le désir plus grand chez tous les hommes de plus de bien-être et de plus de civilisation.

C'est l'opposition de ces deux choses qui fait à la fois plus de misère et qui en détermine le sentiment.

A première vue, on ne s'en rend pas distinctement compte, parce que la baisse de la valeur monétaire, la dépréciation du franc, trouble le problème. Ainsi aujourd'hui, les plus modestes, les moins bien rémunérés, ceux qui gagnent le moins n'ont pas, surtout à un certain âge, pu perdre le total souvenir de la valeur primitive du franc, et qu'ont-ils dans les mains ? Des morceaux de papier qui font perdre totalement la notion du prix.

J'ai souvent indiqué à nos amis, dans nos réunions coopératives, qu'à l'heure actuelle, chaque consommateur ne sait plus ce que valent les choses et si on vous demandait quel sera le prix de l'habit que vous achèterez demain, beaucoup d'entre vous seraient incapables de le dire. Eh bien, avant la guerre, il n'en était pas ainsi; on connaissait, à quelques francs près, le prix d'un habit.

Voilà ce qui fait qu'au fond le monde est plus pauvre et que nous ne nous en rendons pas compte. Quand on arrive au problème de la cherté de la vie, on parle seulement de la hausse des prix et on ne voit pas, au fond du problème, les choses plus importantes que je viens, je crois, de vous indiquer.

Et maintenant, après ces prémisses, il est peut-être plus facile d'avoir une opinion sur ce qu'il serait possible de faire demain, à propos du problème de la vie chère.

Je pense qu'il est du devoir des coopérateurs, chargés de défendre à la fois les intérêts des consommateurs et aussi de les éduquer, de ne pas répéter, à propos de la cherté de la vie, les erreurs qui courent dans l'opinion publique, aussi bien dans les classes sociales riches que chez les travailleurs, où l'on croit que, pour combattre la cherté de la vie, il faut tout simplement baisser les prix.

Il en est ainsi encore dans toutes les sphères, même parlementaires, qui pensent qu'on pourrait en revenir sans heurts et sans chocs aux prix d'avant-guerre. C'est là non seulement une pure imagination, mais je vais essayer de vous montrer que c'est aussi une œuvre dangereuse.

Les coopérateurs doivent, dans leur propagande et leurs efforts, montrer que ,pour remédier à la cherté de la vie, il ne s'agit ni de hausse ni de baisse de prix, mais qu'il s'agit au contraire d'obtenir d'abord la stabilisation et ensuite la persistance des prix, pour obtenir l'équilibre économique qui peut nous permettre d'aller vers la civilisation et le progrès.

En effet, il n'est pas difficile de démontrer, parce que c'est l'opinion du sens commun, qui n'est pas toujours le bon sens, qu'il n'est pas désirable qu'il y ait une hausse.

La hause, fait normal depuis quelques années, est incontestablement fâcheuse à la fois pour le consommateur et pour l'intérêt général. Elle est fâcheuse pour tous les consommateurs.

La plus grande victime d'une hausse continue et persistante, c'est avant tout ce que j'appellerai la classe moyenne, et surtout, dans la classe moyenne, la catégorie la plus modeste, celle des vieux travailleurs, celle des retraités, celle des épargnants, l'ensemble de ceux qui avaient mis de côté quelques billets de mille francs pour avoir un morceau de pain sur leurs vieux jours. Incontestablement, par la hausse des prix, ceux-là qui ne sont plus capables de tenir une place dans la vie productive, qui vivent de leur travail passé et de son fruit accumulé, mais diminué de la moitié ou des trois-quarts, ceux-là n'ont plus aucun moyen de récupérer les ressources perdues. Les premières victimes de la vie chère, ce sont les petits rentiers, les petits épargnants, ce sont en réalité les vieux travailleurs.

Après eux viennent aussi les travailleurs, la masse des travailleurs de la ville et des champs, travailleurs dont les salaires montent à mesure que les prix montent, sans doute, mais plus lentement, avec un certain retard, sans jamais pouvoir les rattraper.

C'est ainsi qu'on constate à l'heure actuelle que, tandis que les indices des prix ont monté à 414 ou 420, l'ensemble des salaires, en ce qui concerne les ouvriers industriels, n'a monté qu'à 350.

C'est donc la démonstration que ce ne sont pas les hauts salaires qui font la vie chère, puisque ces salaires ne permettent pas à l'ouvrier de vivre comme il vivait autrefois. C'est aussi la démonstration qu'on souffre dans toutes les classes sociales, non pas seulement de la hausse mais du recul qu'ont les salaires par rapport à cette hausse.

Enfin, parmi les travailleurs, ce sont ceux qui reçoivent un salaire fixe, en particulier ceux dont le revenu provient du budget, qui sont le plus atteints, parce qu'ils sont toujours plus que les autres en arrière par rapport à la hausse générale. En effet, il faut plus de temps aux fonctionnaires pour obtenir une augmentation de salaires, parce qu'un vote est nécessaire et que le budget doit être préparé longtemps à l'avance. De plus, c'est précisément dans les périodes de crise économique que les ressources de l'Etat, des départements et des communes sont elles-mêmes le moins facilement équilibrées.

Enfin, ce n'est pas seulement le travail, ce sont aussi les forces d'entreprise elles-mêmes qui sont les victimes de la hausse des prix.

On a dit que la hausse des prix était un stimulant à l'activité économique et à l'esprit d'entreprise; on a dit que , par un certain côté, une dépréciation de la monnaie et une hausse des prix pouvaient soutenir la vie économique.

Oui, pendant un certain temps. C'est un excitant, mais un excitant qui ressemble singulièrement à un poison. C'est qu'en vérité cela fait naître des entreprises, des industries, des commerces ou des organisations économiques qui ne correspondent pas à des besoins réels, mais qui, au contraire, correspondent à une production en disproportion avec les besoins réels.

Soyons donc, non seulement du point de vue de l'intérêt des consommateurs, mais du point de vue de l'intérêt général, contre la hausse des prix et, à ce point de vue là, nous croyons que s'il y a des gens qui doivent craindre l'inflation, ce sont particulièrement les consommateurs et, parmi eux, les travailleurs.

Nous avons, pour notre part, intérêt plus que quiconque à la défense d'une monnaie qui, en baissant, détermine la hausse générale des prix, hausse déplorable pour tout le monde.

Mais si la hausse est à craindre, est-ce que c'est la baisse que nous devons chercher ?

Sur ce point, il faut qu'un mouvement sérieux comme le nôtre, qui a la connaissance des difficultés de la vie économique, dise son opinion. Il faut que nous ayons le courage de dire notre pensée à l'opinion publique qui croit qu'il est désirable, pour les consommateurs, qu'il y ait une baisse générale et rapide des prix.

Nous disons, nous, très hautement qu'une baisse rapide et générale des prix serait un désastre pour les consommateurs, comme un désastre pour le pays lui-même.

Ce serait un désastre pour les consommateurs, et je n'ai pas besoin, pour le démontrer, de recourir à beaucoup d'arguments. Je n'ai qu'à rappeler un fait. Vous vous rappelez tous la crise de 1920; on a annoncé aux consommateurs que tout allait être pour le mieux, qu'ils allaient payer tout moins cher; qu'est-il arrivé ? Les consommateurs se sont frotté les mains, les ménagères ont secoué leur panier en chantant, pour aller faire leurs provisions. Seulement, voici ce qui est arrivé. C'est que, quand la baisse s'est produite, elle a fait boule de neige, elle s'est aggravée de jour en jour et les consommateurs, à l'annonce de la baisse, ont ralenti leurs achats; les affaires se sont arrêtées, les stocks ne se sont pas écoulés, on n'a plus acheté à la production, la production s'est ralentie, s'est mise en sommeil, des usines ont fermé leurs portes, le chômage est venu, des entreprises commerciales et industrielles ont sombré et, parmi ces entreprises, on a vu surtout des entreprises nouvelles, mieux outillées, mais n'ayant pas encore accumulé de réserves suffisantes pour résister à la crise. La vie économique a été désarticulée, et nous savons que ces choses ne sont jamais favorables au progrès, qu'elles s'exercent toujours dans le sens de la régression. Les consommateurs, s'ils sont ouvriers, sont entraînés au chômage; s'ils sont agriculteurs, éprouvent de la difficulté à vendre leurs produits : le commerce, l'industrie et l'agriculture sont atteints. Voilà ce qu'est une baisse générale et rapide des prix.

Ce n'est pas tout, cette baisse, fâcheuse pour les consommateurs, fâcheuse pour la vie économique, on la retrouve en un autre sens comme contribuable.

Imaginez-vous ce que serait demain la situation du plus modeste des contribuables, s'il y avait une baisse générale et rapide des prix ! Est-ce que vous vous rendez compte que les ressources du budget, déjà si difficiles à trouver, qui, pour une large part, sont fonction des prix, est-ce que vous vous rendez compte qu'elles diminueraient dans des proportions telles qu'un déficit considérable se produirait, que, le budget étant en déficit, la monnaie se déprécierait, tendant peut-être ainsi à arrêter la baisse mais accentuant encore le déséquilibre, ce qui aboutirait à un véritable chaos ?

J'ose donc dire que nous n'avons pas intérêt, nous, consommateurs, dont les intérêts se confondent avec l'intérêt général du pays, à voir demain une baisse brusque et rapide des prix.

Je sais bien que cette thèse peut paraître difficile à défendre. Et pourtant, c'est la vérité.

Nous devons opposer à une politique d'oscillation des prix une politique aboutissant à la stabilisation et à la persistance des prix.

Le plus grave, dans ces variations en hausse ou en baisse des prix, c'est l'insécurité totale qui en résulte pour tout le monde. Insécurité pour le travail qui ne sait si demain il ne sera pas acculé au chômage ; insécurité pour le travailleur qui ne sait si demain son industrie ou son commerce résisteront; insécurité pour celui qui voudrait économiser quelques sous, je ne dis pas pour devenir propriétaire, mais les quelques sous nécessaires contre la maladie, le chômage ou la vieillesse. Quel effort voulez-vous demander à cet épargnant, quand il se dira lui-même : « Peut-être que ce que j'économise n'aura plus que le quart de sa valeur quand le moment de l'utiliser sera venu ; peut-être que mon effort sera sans valeur pratique, sans résultat ».

Il est incontestable que l'instabilité diminue la capacité d'épargne et, dans un pays comme la France où l'épargne est une des conditions de la vie économique, rien n'est mauvais comme de décourager l'épargnant. Car nous sommes en France, des épargnants. Et qu'on ne dise pas que les ouvriers ne peuvent pas épargner. Car c'est un fait contre lequel toutes les théories ne peuvent rien, c'est un fait que les Français, même les plus modestes, mêmes ceux qui se privent le plus, même ceux qui sont le moins avantagés de la vie, épargnent. Vous n'avez qu'à voir les Caisses d'Epargne, vous n'avez qu'à voir quels en sont les clients; vous y verrez non pas seulement le bas de laine du paysan, mais la bourse de la ménagère du plus modeste ouvrier. Et la grande force, le grand ressort économique de notre pays, c'est précisément cette faculté d'épargne.

L'insécurité des prix et de la vie économique, c'est ce qui peut le plus décourager une des conditions même de notre redressement et de notre développement.

Enfin, plaçons-nous même d'un point de vue industriel et commercial ou agricole. Quel est l'encouragement, à l'heure actuelle, qu'on peut trouver à faire naître une entreprise ? On ne sait pas si demain elle correspondra à un besoin et si elle pourra vivre. On crée aujourd'hui une entreprise avec un capital déterminé, et on ne sait pas si demain ce capital sera suffisant pour la faire fonctionner et prospérer.

C'est donc le découragement total de l'activité économique.

On va se mettre à produire des rubans et on ne sait pas si, demain, les rubans pourront se vendre. On veut produire pour l'exportation, mais les oscillations des changes ne vous permettent pas de savoir si les produits que vous fabriquez aujourd'hui pourront être exportés demain.

C'est donc, à mon avis, le plus grand mal de l'heure actuelle, plus que la misère ou l'appauvrissement, plus que le besoin de civilisation et de bien-être. Le grand mal de la cherté de la vie, c'est l'insécurité de tous.

Voilà ce que les coopérateurs doivent dire, parce qu'ils sont, par leur organisation, un modèle et un exemple de vie économique ordonnée.

Ils ne sont peut-être pas en mesure aujourd'hui, par leurs propres forces, de dire qu'ils donnent la solution du problème; mais ils possèdent cette solution en puissance : s'il y avait une économie coopérative généralisée, il n'y aurait pas de problème de la cherté de la vie.

Mais si déjà la coopération est un élément et une cellule d'une vie économique nouvelle qui augmente les possibilités de réalisation sous une forme partielle, si, dès maintenant, nous pouvons dire : voilà un modèle de vie économique organisée, de la vie économique nouvelle, si nous pouvons dire cela, nous savons aussi que nous ne sommes pas encore en possession d'une force telle que notre solution s'impose à tout le monde.

Nous nous contentons donc de dire que c'est dans le cadre de nos idées, que c'est en nous inspirant de notre expérience sociale que nous devons envisager pour l'ensemble du pays la solution du problème de la cherté de la vie.

C'est, à notre avis, dans l'idée de l'organisation économique, c'est dans l'idée de la liaison entre tous les éléments de la vie économique que se trouve la solution du problème. Ce n'est pas dans le laisser-faire ou dans le laisser-passer des économistes, qui a fait son temps, c'est dans l'équilibre consenti et voulu, non pas un équilibre institué par des décrets ou des lois, mais un équilibre économique des forces elles-mêmes et des conditions nouvelles d'organisation.

Je n'ai pas le temps de vous montrer la possibilité sur tous les terrains et pour toutes les questions d'une politique d'organisation économique. Je me permetrai simplement de dire que cette politique est possible, tout en rappelant seulement la question du blé, de la farine et du pain.

Dans ce problème, où l'on essaie de jeter les uns contre les autres les producteurs des campagnes et les consommateurs des villes, où l'on essaie de dire aux cultivateurs que ce sont les consommateurs qui ne veulent pas payer le prix réel, pendant qu'en même temps on dit aux consommateurs qu'ils sont rançonnés par la rapacité des producteurs des campagnes, dans ce problème, la vérité, c'est qu'il faudrait arriver à l'entente des producteurs et des consommateurs pour la disparition des intermédiaires. C'est là que se trouve la veritable solution.

Il est arrivé cette année que le blé vendu à un prix faible par les cultivateurs a monté par la suite. Comme la récolte avait été déficitaire, on a du faire venir des blés exotiques, et ce sont les blés de l'étranger qui ont déterminé la hausse des prix des blés indigènes. Au profit de qui ? Des cultivateurs ? Non ! Au profit des intermédiaires, c'est-à-dire au détriment des cultivateurs et des consommateurs. On n'établit pas un prix de revient réel, rémunérateur du blé; et, d'autre part, on laisse monter les prix par l'influence des blés exotiques.

Est-ce que vous croyez que cette politique du laisser-faire et du laisser-passer est une politique utile pour tout le monde ? Non. Et les consommateurs doivent dire bien haut au monde rural qu'ils entendent que le cultivateur soit payé et bien payé de son travail, et qu'ils n'entendent pas obtenir la baisse du pain d'une telle baisse du blé qui ferait que le cultivateur n'aurait pas une rémunération juste.

Nous avons dit partout où nous l'avons pu que notre organisation nationale des consommateurs n'était pas pour les bas prix à toute force.

Du reste, la baisse, au lieu d'être continue et réelle, n'est jamais qu'accidentelle quand elle se manifeste dans ces conditions, et les produits, quand ils arrivent au consommateur, ont toujours rattrapé leur prix.

Nous disons qu'il est possible d'instituer une organisation économique du blé, de la farine et du pain, non pas en remettant à des organismes d'Etat ou à des organismes politiques le soin de la gestion ou de l'importation des céréales, mais en confiant librement et volontairement aux représentants des producteurs de blé comme aux représentants des consommateurs, le soin de l'importation dans des conditions déterminées, comme la fixation réelle et efficace d'un prix rémunérateur du blé.

Voilà ce qu'est la politique d'organisation sur un point.

Je pourrais vous la montrer à l'égard de la meunerie ou de la fabrication du pain, et les solutions sont différentes suivant chaque cas. Il faudrait tout à la fois constituer dans notre pays des meuneries coopératives, propriété commune des consommateurs et des producteurs, et aboutir à un progrès économique, par la transformation même de l'industrie de la boulangerie, qui est une industrie moyennageuse et archaïque.

Je ne dis pas cela pour pousser les sociétés coopératives, dans l'état actuel de leurs finances, à créer des œuvres artificielles. Ce n'est qu'un projet d'ensemble que j'ébauche en ce moment, projet d'entente entre producteurs et consommateurs, qui pourrait nous apporter la solution.

Si j'ai ainsi marqué comment, sur un point, sur une question spéciale, notre idée de l'organisation économique pourrait trouver sa réalisation, c'est pour en arriver par là même à ma conclusion dans cet examen de la situation des sociétés coopératives en face de la crise économique.

Que devons-nous faire ?

Nous avons déterminé d'une manière générale nos directives. Mais il y a à en tirer des conclusions pratiques. Ce ne sont pas seulement les consommateurs qui ont intérêt à la stabilité et à la persistance des prix; ce sont aussi nos coopératives. En tant qu'organisation des consommateurs, les coopératives perdent à toutes les oscillations.

Quand il y a hausse, les coopératives perdent, parce qu'elles sont forcées de limiter leur bénéfice; et quand arrive la baisse, surtout si leurs ressources sont minimes, elles ne peuvent pas toujours faire face à la perte que cette baisse leur inflige, et quand elles se défendent, elles sont critiquées par certains coopérateurs qui resserrent leur consommation et vont ailleurs, laissant à la coopérative ses stocks qui ne s'écoulent pas. C'est la gêne, ce sont les difficultés ou c'est l'épuisement des réserves accumulées.

La coopération est chaque jour menacée dans son existence par les oscillations des prix et par l'insécurité.

Ce que j'ai montré pour les consommateurs, pour l'intérêt général, est encore plus vrai pour les coopératives elles-mêmes, et cela parce que justement les coopératives sont les éléments et les cellules du monde économique nouveau, reposant sur l'organisation économique.

Cela c'est ma conclusion. Mais pour aboutir à une conclusion peut-être modeste, je crois qu'il faut toujours essayer de ne pas être un empirique; il faut essayer de donner des raisons profondes. La conclusion, c'est que nous devons orienter notre propagande différemment demain. Nous avons trop dit aux coopérateurs qu'il fallait venir à la coopérative parce que la coopérative vendait moins cher que le commerce. Nous avons dit cela, permettez-moi de le remarquer, par un petit sentiment de démogagie coopérative, et nous avons fait notre propagande en faisant appel aux consommateurs et en leur disant : « Venez chez nous, c'est moins cher qu'à côté ».

Nous avons cru faire une bonne besogne en pratiquant la politique des bas prix que nous condamnons pour l'ensemble du pays et que nous devons condamner pour nous-mêmes, parce que si vous n'avez attiré chez vous le consommateur que par le bas prix, savez-vous ce qui arrivera ? C'est que le jour où vous aurez une crise économique, ou le jour où vous aurez en face de vous des concurrents redoutables, capables de perdre des sommes considérables pour vous faire tomber, vous ne pourrez pas tenir le coup, vous ne pourrez pas faire des prix plus bas qu'à côté, et le consommateur dira : C'est cela, la coopérative ? J'y suis allé parce que vous m'avez dit que c'était meilleur marché, mais c'est plus cher et je n'y retourne pas.

Et même, en admettant qu'il n'y ait pas de crise économique, en admettant que vous n'ayez pas de concurrents habiles qui se coalisent pour vous faire tomber, dans la règle générale des choses, vous serez toujours mal placé sur tel ou tel produit; à tel moment déterminé, vous n'aurez pas toujours chez vous que de bonnes choses, vous ne pourrez pas faire face à une « coup de fusil » d'un concurrent. Et alors, le consommateur à qui vous aviez dit que vous vendiez à bas prix, qui a compris évidemment que le bas prix portait sur toutes choses, vous aurez beau lui expliquer qu'il faut prendre la moyenne, il ne vous comprendra pas.

Il ne faut donc pas pratiquer la politique du bas prix. Ce qu'il faut dire, c'est que nous ne sommes pas pour la vie à bas prix, coûte que coûte; nous ne sommes pas pour le bas prix qui découragerait le producteur. Nous sommes pour la vie au juste prix ; nous sommes pour une formule tout autre qui est la formule de l'organisation économique. Nous devons régulariser les prix mais nous ne devons pas essayer une baisse qui ne serait du reste que factice, car vouloir' lutter contre la vie chère par la baisse des prix au détail sur quelques marchandises, ce n'est pas là ce qui pourrait porter remède à tous les problèmes que je vous ai exposé tout à l'heure.

Nous ferions tout simplement la politique ridicule de ces marchands épiciers qui ont établi des rayons dits de « Vie à Bon Marché », et qui n'ont été qu'une fumisterie.

Qu'est-ce que c'est que la coopération ? La coopération, c'est une institution qui donne au consommateur — non pas une partie — la totalité des bénéfices de l'intermédiaire de détail, bénéfices qui sont évidemment limités et qu'il ne faut point exagérer non plus, si nous voulons être forts dans notre propagande, bénéfices qui seraient évidemment plus considérables, si nous n'en étions pas encore à l'embryon de notre organisation de gros ou de notre production, bénéfices de détail limités, mais qui vont au consommateur soit sous la forme directe de la ristourne, soit qu'ils les touchent sous la forme indirecte de bénéfice social, soit même que le consommateur, songeant à l'avenir, multiplie les réserves de sa société qui lui permettront, par la suite, de fonctionner sans payer des intérêts d'argent et d'étendre son rayon d'action.

Ce que nous devons dire dans notre propagande, non point en retournant notre veste mais en mettant au point notre position, c'est que la coopération est une institution de réglementation des prix, que c'est un monde économique nouveau, un monde moral et social nouveau; c'est pour cela que le consommateur doit aider la coopération et aller à elle.

Et alors, que la coopérative vende cher ou bon marché, nous disons au consommateur : « Dans tous les cas, tu auras la totalité du bénéfice de l'intermédiaire ».

C'est dans la mesure où nous ne fausserons pas l'idée du juste prix, où nous ne ferons pas la politique du bas prix, que nous pourrons utilement soutenir la concurrence ; ce n'est que dans la mesure où nous ne ferons pas la politique du bas prix que nous pourrons tendre la main aux producteurs des campagnes, en leur disant : « Nous voulons payer ce qui vous est dû, nous ne voulons pas payer plus cher ; nous ne voulons pas être pillés par les intermédiaires ; nous n'entendons pas vivre à bon marché sur le dos des producteurs qui n'auraient pas eux-mêmes ce qu'il leur est nécessaire pour vivre ».

Voilà la politique que nous devons faire demain. Elle s'appuie sur cette idée nouvelle de propagande, sur cette idée de faire appel demain au consommateur sur le terrain que je viens de marquer de l'équilibre économique, du bénéfice de l'intermédiaire au consommateur, du monde moral, économique et social que nous représentons.

C'est ainsi que nous donnerons l'exemple d'un mouvement qui sait ce qu'il veut, qui propose des solutions et qui les applique pour lui-même, dans la mesure de ses forces et de ses moyens.

Je m'excuse auprès du Congrès d'avoir été un peu long ; cependant je pense qu'il était utile, pour ici comme pour l'extérieur, qu'on sache pourquoi la coopération est pour l'organisation économique, pourquoi elle n'est ni pour la politique de hausse ni pour la politique de baisse, mais pour une politique de stabilisation, de persistance des prix, d'organisation et d'équilibre.

Discours de M. Charles GIDE

Le Président. — Je donne la parole à Charles Gide.

Charles Gide. — Je ne viens pas critiquer ce que vous a dit le camarade Poisson, mais simplement ajouter un post-scriptum à son rapport.

J'ai hésité à le faire, parce que ces discussions de science financière ne me paraissent pas tout à fait à leur place dans un Congrès où il est assez difficile de donner les explications nécessaires; elles seraient plutôt à leur place dans une salle de cours, avec un tableau noir. Mais enfin, je vais essayer d'être clair.

Je suis d'accord avec Poisson sur cette thèse que la stabilisation des prix est l'idéal désirable pour tout le monde, non seulement pour les consommateurs, mais même pour les producteurs.

Au reste, cette thèse n'est pas nouvelle d'ailleurs. De tout temps, la stabilité des prix a été cherchée par les hommes. S'ils ont inventé, il y a des milliers d'années, l'emploi de l'or et de l'argent pour monnaie, c'est précisément parce que, de toutes les marchandises, l'or et l'argent ont paru celles dont la valeur était le plus stable et pourrait, par conséquent, assurer la sécurité des échanges. En effet, depuis des siècles, l'or a assez bien répondu à ce désideratum. Il n'a cependant pas été parfaitement stable lui-même, car par suite de la découverte de mines d'or et par d'autres raisons encore, la valeur de l'or a un peu varié et les prix en ont été modifiés.

C'est pourquoi les économistes ont cherché une monnaie, un instrument d'échange plus stable que l'or lui-même ; quelques-uns d'eux, dont je suis, pensent que le progrès du crédit pourrait permettre, demain ou après-demain, de créer une monnaie de papier qui, à la différence de celle que nous avons malheureusement aujourd'hui, serait émise dans des conditions scientifiques, assurant la stabilité d'une façon permanente.

Comme Poisson l'a dit, ce ne sont pas seulement les consommateurs qui ont besoin de la stabilité des prix; ce sont aussi les producteurs. Les trusts et les cartels auxquels on reproche bien souvent de créer la hausse des prix, recherchent bien plus souvent la stabilité des prix. Si le temps me le permettait, je vous montrerais que les trusts américains et surtout les cartels allemands n'ont d'autres buts que d'assurer la stabilité des prix en règlementant et en limitant les quantités produites.

Mais le point sur lequel nous ne sommes pas tout à fait d'accord, Poisson et moi, ou du moins que nous n'envisageons pas sous le même angle, ce sont les causes de la cherté.

Il n'y a, à mon avis, qu'une cause de la cherté. C'est ce qu'on appelle d'un mot qui, aujourd'hui, est devenu familier, quoique, il y a dix ans, il fût inconnu, même par les étudiants en droit à l'examen, c'est l'inflation, c'est-à-dire la dépréciation du franc causé par sa multiplication. Et vous remarquerez que cette cause de la cherté est précisément celle sur laquelle nous, coopérateurs, nous ne pouvons rien.

Vous savez que le franc d'avant la guerre, notre ancien franc, a perdu les 3/4 de sa valeur.

Vous me direz : comment le savez-vous ?

Pour le savoir, il n'y a qu'à regarder ce que le franc vaut au change. Dès que vous passez la frontière, vous voyez que le franc français vaut, en Suisse, 27 centimes environ par rapport au franc suisse, lequel, jusqu'à la guerre, était exactement le même que le franc français.

Pourtant, il y a un an, il est tombé à 21 centimes et vous savez quelles ont été les conséquences politiques. Mais cela n'a pas duré et l'on peut dire que, depuis trois ans, le franc est à peu près stabilisé à 27 centimes.

Quelle est la hausse des prix que suppose cetet dépréciation du franc ?

C'est une loi économique bien connue qu'on appelle la « loi quantitative » qui veut que les variations des prix soient toujours en raison de la dépréciation de la monnaie. Ce qui veut dire que si la valeur du franc tombe de moitié, les prix doublent; si la valeur du franc tombe au quart, les prix quadruplent.

Cette loi se trouve parfaitement vérifiée dans la situation actuelle, la valeur du franc étant tombée à peu près au quart, les prix ont à peu près quadruplé.

Vous n'avez qu'à regarder les nombres indices — un autre terme avec lequel aujourd'hui tout le monde est familier, mais qu'on ignorait il y a quelques années — qui sont publiés tous les mois par le Service de la Statistique Générale de la France. Et vous voyez que le nombre indice a été, si mes souvenirs sont exacts, en avril dernier, pour Paris, de 408. Pour la province, on n'a donné encore que les chiffres de janvier; ils sont un peu supérieurs : 420.

La hausse des prix paraît donc un peu supérieur à celle qui résulterait mathématiquement de la dépréciation du franc puisque celui-ci est à 0,27 et que 100 divisé par 27 donne pour quotient seulement 3,7 : le nombre indice devrait donc être 370. S'il est au-dessus de 400, c'est donc qu'il y a d'autres causes que la dépréciation du franc. Mais, en tout cas, ces autres causes n'agissent que dans l'étendue de la faible marge qui est entre 370 et 420.

Il n'est pas facile de dresser ces nombres indices; il y a toujours une certaine part d'arbitraire.

Les camarades communistes — ou du moins « l'Humanité » — prétendent que ces nombres indices sont dressés en vue de favoriser les patrons au détriment des ouvriers et de façon tendancieuse ; qu'en réalité, la hausse des prix est plus considérable.

N'en croyez rien ! Ceux qui sont au bureau de Statistique sont des professionnels qui n'ont aucune préoccupation bourgeoise ou socialiste et qui font leur métier de leur mieux.

J'encline à croire, au contraire, que la hausse réel des prix est un peu inférieur à 400 ? Ce qui me le fait croire, c'est l'expérience personnelle que chacun de vous peut faire de même.

Je n'ai pas constaté que mes dépenses personnelles aient quadruplé. Je fais le compte depuis bien des années au coût moyen de mes repas.

En 1914, il était de 1 fr. 55. Aujourd'hui, il s'élève, non à quatre fois 1 fr. 55, ce qui ferait 6 fr. 20, mais seulement à 5 fr. 30, ce qui correspond au nombre indice 342.

Excusez cette digression. Elle a simplement pour but de confirmer ma thèse à savoir que la hausse actuelle des prix se trouve suffi_samment et surabondamment expliquée par la dépréciation de la monnaie et que, par conséquent, l'action de toutes les autres causes que l'on invoque comme ayant amené la cherté de la vie, telles que épuisement des matières premières, diminution de la main-d'œuvre, impôts, spéculation, droits protecteurs, sont quasi négligeables.

En face de cette situation, qu'est-ce qu'on peut faire ? Pas grand-chose, puisque la seule cause échappe absolument à toute initiative individuelle et non moins à celle des coopératives.

Le gouvernement seul peut agir sur l'inflation, et encore est-il douteux qu'il ait la puissance de la faire rentrer dans son lit après l'avoir déchaînée ?

Ceci donc est pour nous inspirer une salutaire modestie quant à notre pouvoir d'agir sur la cherté de la vie.

Nos moyens d'action dans la lutte contre la cherté apparaîtront d'autant plus limités si j'ajoute maintenant une seconde observation. C'est que la cherté de la vie n'en est pas une : il n'y a pas actuellement de cherté de la vie en France.

Je l'ai écrit dans plusieurs articles qui ont fort surpris ceux qui les ont lus : la France est de tous les pays du monde, en dehors de la Belgique, celui où la vie est le meilleur marché. Vous n'avez qu'à interroger les délégués étrangers ici présents — Suisses, Espagnols, Anglais et même Tchéco-Slovaques.

Et si voulez faire la contre-épreuve, vous n'avez qu'à aller à l'étranger, vous verrez que tout y est plus cher qu'en France, à tel point qu'il est presque impossible à un Français de voyager à l'étranger, si ce n'est en Belgique. Même en Palestine et en Russie, j'ai trouvé toute chose beaucoup plus chère qu'en France.

Ce fait qui vous paraît déconcertant apparaîtrait avec une clarté aveuglante si nous avions encore en circulation le franc d'avant-guerre — et je regrette, pour ma part, que la loi l'ait interdit — nous aurions aujourd'hui, en France, deux prix, l'un en franc-or, l'autre en franc-papier et tout le monde verrait que ce prix en or est le même prix qu'en 1914, parfois même un peu inférieur. Au contraire, les autres pays qui ont conservé leur monnaie d'avant-guerre, Suisse, Etats-Unis, Hollande, pays Scandinaves, ont vu monter les prix, même comptés en or.

Le coût de la vie dans tous ces pays qui ont conservé leur monnaie d'avant-guerre, a augmenté d'un peu plus d'un tiers; les nombres indices sont de 166, 170, 173. L'uniformité est tout à fait remarquable.

En un mot, tous ces pays-là ont dépassé les prix d'avant la guerre; tandis que nous sommes encore à nos prix d'avant-guerre, calculés en francs-or.

Or, n'y a-t-il pas à craindre, dans ces conditions, que tôt ou tard l'équilibre se rétablisse entre notre pays et les pays étrangers à monnaie d'or et que nos prix arrivent à la parité des leurs ?

Pourquoi les prix ont-ils monté dans ces pays puisqu'ils n'ont pas subi l'action de la dépréciation de la monnaie, laquelle est, d'après moi, la seule cause de la hausse en France ? C'est sans doute parce qu'ils ont subi l'action des autres causes qu'indiquait tout à l'heure Poisson et dont l'influence ne s'est pas encore manifestée chez nous, mais il est à craindre que chez nous aussi elles n'ajoutent leur action à celle de la dépréciation des billets.

C'est pourquoi nous ne devons pas écarter comme inutiles les mesures que l'on peut prendre contre la cherté, soit celles qui sont à notre disposition, c'est-à-dire l'action coopérative, soit celles qui appartiennent aux pouvoirs publics, comme la taxation, la poursuite de la spéculation sur les denrées, la diminution des droits protecteurs. Ces mesures, si elles sont inopérantes actuellement, peuvent avoir un effet préventif ; elles pourraient agir comme frein pour enrayer une hausse nouvelle qui mettrait les prix français au niveau des prix étrangers.

Mais c'est seulement dans cette modeste mesure que nous pouvons essayer d'agir et que l'on peut demander aux pouvoirs publics d'exercer leur action.

Un dernier mot à propos d'une des causes de cherté indiquée dans le rapport de Poisson ; il a parlé de l'influence des besoins sur la hausse des prix.

Remarquez qu'il ne suffit pas que les besoins augmentent pour que les prix montent. Bien des gens contemplent à la devanture des magasins de comestibles les foies gras et les pâtés truffés ; mais quoiqu'ils éprouveraient le très vif désir de les acheter s'ils n'ont pas d'argent, tous leurs désirs ne feront pas augmenter d'un centime les mets mis en montre. Ce qui veut dire que les besoins ne peuvent influer sur les prix que lorsqu'ils peuvent se traduire sous la forme effective d'achats en monnaie, ce qui suppose qu'ils ont en poche la quantité de monnaie nécessaire à la satisfaction de ces besoins.

En un mot, il ne suffit pas que les besoins des hommes augmentent pour faire monter les prix, il faut que leurs revenus et leurs disponibilités aient également augmenté.

Le Président. — Je donne la parole à Boyet.

Discours de **BOYET**

Boyet. — Notre camarade Poisson n'avait pas besoin, tout à l'heure, de s'excuser d'avoir parlé trop longuement. J'ai été pour ma part très heureux de l'entendre et je m'efforcerai de répondre aux arguments nouveaux qu'il nous a donnés.

La situation économique et les Coopératives est un sujet qui contient les plus angoissants problèmes de l'heure présente et, si on veut l'étudier même comme l'a fait notre rapporteur sous le seul aspect de la cherté de la vie et des moyens propres à y remédier, il faut au moins effleurer les questions les plus graves de notre époque, je veux dire la situation financière de notre pays en particulier et de l'Europe en général.

Et j'ajoute que, pour avoir une idée exacte de la situation, il faut le plus souvent sortir du cadre national et étudier la situation économique internationale.

La question est assez ardue ; afin de ne pas vous lasser et parce que nous sommes près de l'heure du déjeuner, je m'efforcerai de la traiter le plus rapidement possible. Cependant, je suis obligé de jeter un coup d'œil rapide sur divers problèmes et je vous demande de m'accorder un silence tout au moins relatif, afin de me laisser la liberté d'esprit nécessaire pour traiter des questions si difficiles.

La situation économique d'un pays, disons-nous dans notre motion, est toujours dominée, déterminée par sa situation financière.

Or, la guerre a laissé une Europe désorganisée, bouleversée au point de vue financier.

Au sortir de la grande tuerie, des hommes éminents — savants, financiers, économistes — trompés sans doute par les exemples de l'histoire et peut-être insuffisamment renseignés sur l'immensité des ruines causées par la guerre, pensaient que les pays belligérants trouveraient dans leurs richesses, dans leurs classes travailleuses, la possibilité d'effacer peu à peu les terribles pertubations et de recouvrer assez rapidement un équlibre normal.

Or, on se rend compte aujourd'hui qu'il est beaucoup plus difficile qu'on ne l'avait d'abord pensé de résoudre la crise, de réparer le désordre et le nombre est toujours plus grand de ceux qui pensent que le capitalisme — c'est un problème que nous devons étudier ici — que le capitalisme s'est condamné lui-même en déchaînant la guerre de 1914 à 1918.

Le but de la première partie de mon exposé est de montrer le plus rapidement possible comment la situation économique résulte de la situation financière d'abord, et ensuite de démontrer que la cherté de la vie n'a point d'autre cause que le désordre et le détraquement de nos finances.

Je vais donc essayer de condenser, de ramasser, si je puis dire, le problème financier.

Pendant cinq années de guerre, la France, pour employer une expression courante, non seulement a mangé son fonds avec son revenu, mais — parce que tout travail productif était à peu près supprimé — a réalisé des emprunts aux conditions les plus onéreuses.

Lorsqu'un pays est en effet engagé dans une grande guerre, il doit se procurer d'immenses ressources, à la fois pour ravitailler ses armées en vivres et en munitions, et pour servir à ceux qui restent à l'intérieur certaines allocations, parce qu'on les a privés de leur soutien naturel.

Nous avons eu, pendant la guerre, des budgets où le montant des seules allocations aux familles des mobilisés dépassait le chiffre de recettes.

Et ces ressources, pour les trouver, il doit souvent passer sous les fourches caudines de ceux qui les lui doivent procurer. Ainsi, pendant la guerre, notre gouvernement a été obligé d'émettre des emprunts toujours au-dessous du pair ; c'est-à-dire que lorsqu'il remettait au souscripteur un titre d'une valeur nominative de 100 francs, il ne recevait en échange que 90, 87, 85 francs. On a vu même pendant la guerre le Trésor émettre à 100 francs un emprunt remboursable d'une valeur nominale de 150 francs.

Enfin, la gabegie, le gâchis, le désordre, furent tels qu'après cinquante mois « d'assassinats en tas », pour employer une expression de M. Clémenceau, après cinquante mois d'assassinat méthodique et scientifique, la dette intérieure de la France — je ne parle que de celle-là — était passée de 35 milliards à 225 milliards.

La paix revenue, nos gouvernements — et c'est ici que nous reprochons au rapporteur du Conseil Central de n'avoir pas stigmatisé les responsables de cet état de choses, nous ne le lui reprochons pas d'ailleurs parce qu'il est notre adversaire, mais parce que nous estimons qu'il était impossible de traiter la question sans signaler à l'indignation publique, à la colère des travailleurs, sans clouer au pilori de l'histoire entière tous ces « maquignons de la patrie », comme les appelait Jaurès, qui ne se chargent des intérêts d'un pays que pour mieux les trahir — nos gouvernements, la paix revenue, ont-ils changé de politique ? Pas du tout !

On a fait appel aux politiciens les plus roués, souvent les plus ignorants en matière financière. La « petite semaine » pour relever les finances du pays et tous ont continué la politique. M. Herriot, dans un discours prononcé il y a quelques temps à Aurillac — 'e 26 avril — pouvait dire :

« Depuis cinq ans, l'énorme passif résultant de la guerre s'était alourdi encore de 180 nouveaux milliards ».

Un délégué. — Combien la Banque de France touche-t-elle pour placer les bons de la Défense nationale ? On m'a dit 3 %. Est-ce exact.

Boyet. — Je vous déclare que je ne suis pas renseigné sur ce point. La Banque de France ne laisse pas courir partout les renseignements de cet ordre.

Et comme Herriot ne ménageait point les responsables — je ne veux pas être désagréable à Poisson, peut-être n'est-ce de sa part qu'un oubli — comme M. Herriot ne ménageait pas les responsables, il ajoutait :

Non seulement les dirigeants du Bloc National ont grevé la France de ce fardeau immense, mais ils l'ont fixé sur ses épaules d'une façon particulièrement instable et périlleuse, par un échelonnement absurde des échéances de la dette à court terme. Ces gens qui se posent en censeurs de mon gouvernement ont en effet groupé entre le 27 septembre et le 8 décembre prochain près de 23 milliards d'échéances.

Une telle politique, outre qu'elle ruine l'Etat, le déshonore, en aliénant son indépendance, en le plaçant sous la menace et sous le chantage des puissances d'argent.

Camarades, voici, à titre documentaire, la situation que j'ai relevée dans l'étrange inventaire fait par le non moins étrange ancien Ministre des Finances, M. Clémentel, qui nous indiquera quelle a été la situation trouvée par Herriot à son arrivée au pouvoir :

1° Une dette intérieure se montant à 278 milliards : **a)** dettes perpétuelles ou à long terme, 149 milliards et demi ; **b)** dette à court terme, 37 milliards ; dette flottante, 91 milliards et demi ;

2° Une dette extérieure considérable pour le règlement de laquelle rien n'a été fait depuis la fin de la guerre ;

3° Une crise de confiance qui s'était manifestée par les cours désordonnés du change et par l'échec de l'emprunt du Crédit National émis en janvier 1924 par le cabinet Poincaré, emprunt qui n'avait produit qu'un milliard et demi sur les trois milliards demandés ;

4° Des échéances accumulées au cours de l'année 1925, pouvant atteindre 23 milliards ;

5° Enfin, une émission de billets nouveaux, source d'inflation, dont la limite autorisée avait été élevée successivement à 36 milliards en 1919, à 40 milliards un peu plus tard, à 41 milliards en 1920, et qui a atteint tout dernièrement le chiffre formidable de 43 milliards, en face d'environ 3 milliards d'encaisse métallique.

Que peut-il se passer quand un Etat ainsi appauvri et désorganisé, avec un budget en déséquilibre permanent, se trouve en face d'une situation pareille ?

Laissez-moi vous donner ici un petit renseignement qui a sa valeur.

Il y a quelque temps, l'ancien Président du Conseil — et cela vous montrera que les dirigeants du pays ne sont même pas d'accord sur l'état du budget qu'ils sont chargés d'établir ou plutôt qu'ils ont établis — il y a quelque temps, l'ancien Président du

Conseil disait, le 19 octobre dernier, que le déficit du budget de 1924 était de 4 milliards 183 millions.

Or, dans le même temps, M. Henry Béranger, personnage considérable de la troisième République, rapporteur de la Commission sénatoriale des Finances, affirmait que non seulement le budget de 1924 ne présentait pas de déficit, mais qu'il offrait un excédent de plusieurs milliards.

Même formidable désaccord en ce qui concerne les arrérages de la dette, alors que l'opinion courante à la Chambre était que les arrérages se montaient à 15 milliards, M. Henry Béranger qui avait raison cette fois, en fixait le montant à plus de 20 milliards, inscrits d'ailleurs au budget dont le montant total atteint 32 milliards.

Ainsi, sur un budget total de 32 milliards, il y a, du côté des dépenses, plus de 20 milliards pour le paiement des arrérages de la dette.

Que peut-il se passer dans un Etat ainsi appauvri et désorganisé, disais-je ? Que doit-il, plutôt, forcément se passer ?

Ce qui s'est passé dans ce pays : crise des changes, débâcle du franc, inflation fiduciaire — et je suis heureux de voir que mon opinion concorde avec celle que vous exprimait tout à l'heure le professeur Charles Gide — débâcle du franc, inflation, « sources empoisonnées, nous déclare un des hommes les plus compétents de cette époque en matière financière, de la hausse des prix, donc de la vie chère, et disons inévitable cortège de secousses sociales ou de la faillite de l'Etat, prélude des révolutions politiques ».

Pendant la guerre, on avait pu maintenir le cours du franc à un niveau très voisin du pair, à l'aide des crédits accordés par les alliés. Mais, dès la fin des hostilités, ces crédits cessèrent et, au contraire, nous dûmes verser sur les places extérieures, en paiement d'achats de marchandises, une certaine quantité de notre devise.

Ne parlons pas de la spéculation internationale, elle n'a été, à mon avis, qu'un facteur insignifiant dans la débâcle du franc.

Ce qui a le plus influé sur les cours de notre devise, depuis la fin de la guerre, c'est le facteur moral, c'est l'opinion qu'ont dû se faire les étrangers, de notre propre pays. Malgré que nos dirigeants s'en soient défendu, dans toutes les conférences internationales qui ont eu lieu, un état d'esprit s'est créé, on ne peut plus défavorable à la France ; celle-ci était regardée comme pouvant nuire à la paix du monde, comme pouvant déterminer à nouveau un conflit, et c'est un facteur qui a joué un rôle important dans la débâcle du franc.

Les étrangers se disaient, en effet, que la France, qui n'arrivait pas à reconstituer ses finances, entretenait une armée nombreuse, ils se demandaient dans quel but.

Il faut ajouter, enfin, camarades, que, pour les finances d'un pays, les réputations se créent de la même façon que pour les finances individuelles ou, si vous préférez, pour la situation d'un commerçant ou d'un industriel, et qu'il est parfois très difficile, sinon impossible, de surmonter. Mais, en la circonstance, loin d'essayer d'atténuer les effets de la mauvaise réputation que nous avions, nos gouvernants continuaient leur politique d'aveuglement qui nous a conduits où nous sommes, au bord de l'abîme.

Voulez-vous un exemple typique et frappant de l'incurie criminelle dont ont fait preuve nos gouvernants pendant la guerre et depuis ? Je vais vous communiquer un court article de Georges Boris qui donne des renseignements vraiment intéressants.

Un délégué. — C'est de la politique, tout cela, ce n'est pas de la coopération.

Boyet. — Croyez-vous que la coopération soit si étrangère que cela à la politique ?

J'étais étonné d'avoir été écouté en silence depuis un quart d'heure. En tout càs, si ce que je dis touche à la politique, c'est une politique qui tient de très près aux problèmes financers et économiques dont nous avons à traiter aujourd'hui.

Je vous demande de me laisser continuer, je n'en aurai pas pour longtemps.

Voici l'article de Georges Boris dont je parlais tout à l'heure ; il y est question du « franc électoral », et vous savez ce que cela signifie :

Il nous faut apporter sur cette affaire du franc des précisions qui éclaireront d'un jour sinistre les agissements du gouvernement du Bloc National, car de toutes les forfaitures commises par les Millerand et les Poincaré, celle-ci est peut-être la plus abominable.

Au mois de mars dernier, la chute catastrophique du franc, déterminée par une bande de spéculateurs sans scrupule, amenait le gouvernement à faire contracter par la Banque de France, auprès des banquiers étrangers, des emprunts en livres et en dollars. Le principal de ces banquiers était M. Morgan. Il consentit un prêt de 100 millions de dollars, donc deux milliadrs de francs environ.

Mais jamais conditions plus humiliantes ne furent imposées à une grande puissance. On avait amené le pays jusqu'au bord du gouffre; il fallait bien passer par où M. Morgan voulait qu'on passât.

Et là, camarades, je trouve une illustration vraiment savoureuse des affirmations produites dans un discours qu'a prononcé à Moscou notre camarade Trotsky, au début de l'année dernière et où il disait :

Le capital américain commande maintenant aux diplomates; il se prépare à commander également aux banques et aux trusts européens et à toute la bourgeoisie européenne. C'est ce à quoi il tend. Il s'imposera aux financiers et aux industriels européens... il règlera leur activité, en un mot il les réduira à la portion congrue.

Et il ajoutait cette phrase :

Au fur et à mesure que se développperont les événements, les événements européens iront chercher aide et protection à Washington et à Londres; les changements de partis et de gouvernements seront déterminés, en dernière analyse, par la volonté du capital américain.

J'avais donc raison de vous dire qu'il y avait là une illustration savoureuse des affirmations de Trotsky.

M. Georges Boris continue :

On sait le reste: l'opération, brillamment menée, fut couronnée de succès. Les baissiers du franc furent étranglés, le cours de la livre tomba de 123 francs à 80, puis à 75. La Banque de France réalisait un bénéfice considérable, qu'on chiffrait à plusieurs centaines de millions de francs, et qui devait former, une fois les emprunts remboursés, une caisse de réserve pour de futures interventions.

Les hommes du bloc national poussèrent des cris de triomphe.

De ce sauvetage — opéré par des banquiers étrangers au prix de quels sacrifices pour la dignité nationale ! — ils résolurent de faire leur tremplin électoral.

S'ils avaient donné suite à cette pensée avec quelque prudence, avec quelque discrétion, le résultat des élections n'eut pas été pire pour eux. Mais, du moins, leur honneur serait-il sorti indemne de cette affaire.

Leur folle présomption leur dicta une autre attitude.

Pour mieux frapper l'esprit des électeurs, il fallait, estimaient-ils, des cours de la livre toujours plus bas.

A un mois des élections, on commença à peser sur le marché. Le 11 avril, la livre valait 73,35. Le 17, elle tombait au-dessous de 70.

En vain des banquiers, des industriels, des commerçants, même des amis du bloc national représentèrent-ils qu'on allait trop vite, que les affaires en souffraient, qu'on faisait monter le franc à un niveau qui ne correspondait plus au coût de la vie en France; qu'on attirait ainsi les marchandises étrangères, qu'on paralysait le commerce d'exportation.

L'objectif des hommes du bloc national c'était le cours du franc d'avant la Ruhr, quoi qu'il dut en coûter.

Le 23 avril on touche 65 francs.

Mais là on rencontre de graves obstacles: les spéculateurs relèvent la tête, les importateurs qui achètent en masse les marchandises bon marché de l'étranger ont besoin de devises.

Il faut céder du terrain.

On revient à 67, à 68. Et il est difficile, il est onéreux de résister à la poussée.

Qu'importe ? On est maintenant au 1er mai, si près du but !

Le mot d'ordre est donné : tenir coûte que coûte.

Dans la semaine qui précède les élections, le syndicat des banquiers constitués pour la défense du franc — tout en murmurant contre ces instructions — défend tenacement les positions, mais doit lâcher peu à peu ses réserves.

En un seul jour il lui faut céder 3 millions de livres, soit 200 millions de francs !

Mais voici le moment où, excédé, M. Morgan se fâche. « Je croyais être venu au secours de la France, déclare-t-il et non à celui d'une clique de politiciens. Je suis votre banquier et non pas votre agent électoral. Si vous continuez votre folle politique, je vous retire mon appui. »

Cette fois, il faut céder.

On permet donc à la livre de monter. Du 7 au 8 mai elle passe de 66,93 à 70,60, le 9 elle est à 73,90 pour revenir à 73,20 le samedi, veille des élections.

Catastrophe! le 11 mai, le Bloc National est vaincu.

C'est donc en vain que des centaines de millions ont été la semaine dernière prélevés sur la caisse de réserve et jetés sur le marché des changes. En vain! En vain!

Mais nous n'avons pas assisté encore à la scène culminante de cette tragi-comédie.

Le 12 mai au matin le rideau se lève à nouveau sur le marché des changes.

Or, ce matin-là, sur des ordres de vente venus de France (et il faut qu'une enquête révèle par qui ils ont été donnés), les cours du franc s'effondrent. Voici la livre à 78.

La Bourse assiste, étonnée, à cette débâcle. Mais elle ne s'inquiète pas trop. On va, pense-t-elle, intervenir. Les ordres de la Banque de France ne sauraient tarder.

O stupeur ! le syndicat des banquiers qui n'a pas d'ordres de la Banque de France, ne bouge pas.

Il ne bouge pas parce qu'en haut lieu on ne le veut pas, parce que, suivant le désir de M. Millerand et de ses valets, il faut châtier l'électeur infidèle, affoler l'opinion publique, lui faire croire que la victoire du Bloc des Gauches c'est la ruine.

La livre saute à 79,40 et ne peut être que péniblement ramenée à 76.

Le lendemain, bien entendu, une presse servile exploite contre les Républicains cette séance de Bourse.

Le lendemain encore ça recommence : sous les yeux impassibles des banquiers, la livre grimpe à 81.

Toujours pas d'ordre d'intervenir !

Mais vient un moment où le scandale passe les limites. L'indignation gagne les milieux les plus hostiles au Bloc des Gauches.

Cédant à une pression supérieure, le gouvernement décide au Conseil des ministres de mardi de faire reprendre les interventions sur le marché des changes.

Et maintenant, récapitulons :

Nous accusons le gouvernement du Bloc National et personnellement M. Millerand d'avoir manipulé les cours du franc pour des fins électorales.

Nous les accusons d'avoir gaspillé dans ce but les fonds réservés pour la défense du franc : ce qui revient à les accuser d'avoir soustrait ces fonds qui appartenaient à la nation, pour les verser dans la caisse électorale du Bloc National.

Nous les accusons d'avoir volontairement laissé tomber le franc, au lendemain des élections, au prix de nombreuses ruines individuelles, pour satisfaire leur rancune contre le suffrage universel.

N'avions-nous pas raison de parler de forfaiture et de crime ?

Et combien de temps encore les républicains toléreront-ils à l'Elysée le coupable de ce crime, de cette forfaiture ?

Camarades, vous pouvez penser qu'après un tel acte d'accusation, dressé devant le pays tout entier, Millerand va quitter l'Elysée et Poincaré la Présidence du Conseil ?

Plusieurs délégués. — C'est de la politique !

Le Président. — Camarades, un peu de silence, s'il vous plaît. Il est certain que le camarade Boyet avait pris la parole pour apporter des critiques sur le rapport de Poisson. Or, nous sommes complètement en dehors de ce rapport. Je prierai donc Boyet de s'en rapprocher le plus possible.

Boyet. — Je me permettrai de faire observer à notre président qu'apporter seulement des critiques au rapport de Poisson ,serait une besogne vaine.

Un délégué. — Mais vous n'en apportez même pas ! vous faites un discours politique.

Boyet. — Tout ce que vous pouvez nous demander, c'est de ne pas sortir de la question portée à l'ordre du jour. Eh bien ! je suis convaincu d'être dans la question.

Nombreux délégués. — Non, non ! Vous n'en avez pas dit un mot !

Le Président. — Camarades, laissez parler Boyet.

Boyet. — Je vais abréger. Je voudrais cependant bien préciser devant le Congrès que nous n'approuvons pas la politique du Bloc national. Bloc national et bloc des gauches, nous mettons tous les deux dans le même sac.

Plusieurs délégués. — C'est de la politique !

Le Président. — Je prie encore une fois Boyet de laisser de côté la politique ; sans cela, je serai obligé de consulter l'Assemblée sur la question de savoir s'il faut lui retirer la parole.

Boyet. — Je voudrais maintenant parler de la politique d'inflation dont a parlé déjà le professeur Charles Gide.

Un délégué. — Tout le monde le sait, maintenant !

Le Président. — Faites silence, camarades.

Boyet. — Je rentre dans le sujet, cette fois, et vous protestez encore. A l'avenir, vous nous préparerez vous-mêmes les discours que nous pourrons prononcer.

Qu'est-ce que l'inflation ? Une définition caractérise bien la situation des divers Etats depuis la guerre. « C'est un accroissement des pouvoirs d'achat, sans un accroissement correspondant des marchandises ou, si vous voulez, des biens achetables ».

Durant la guerre et jusqu'aujourd'hui, pour faire face aux besoins de la Trésorerie, le Gouvernement a dû se faire avancer par la Banque de France des fonds qui se montaient dernièrement à 43 milliards de francs-papier, en face d'une encaisse métallique de 3 milliards environ.

D'autre part, les emprunts qui se sont réalisés par l'émission de titres de rente ou de bons de trésorerie ou de la défense nationale sont encore un accroissement des moyens d'achat.

C'est ce qui a déterminé l'inflation.

L'inflation elle-même a aggravé la crise des changes. Elle a peut-être facilité d'abord le commerce d'exportation ; elle a, en tout cas, gêné les importations et, par là même, créé, déterminé la vie chère.

J'en viens, camarades, au problème de la production. C'est un problème sur lequel nous devrions nous étendre dans un congrès coopératif, mais je sais que vous allez encore me presser. J'aurais voulu faire avec vous, comme nous le faisions, il y a quelques années, le procès de la production capitaliste.

Car, lorsque Poisson vient indiquer quelles sont les causes de la diminution générale de la production, nous sommes d'accord avec lui et, déjà à Marseille, nous les avions dénoncées, nous avions parlé avec quelque précision sur cette question ; j'étais entré personnellement dans quelques développements sur lesquels je ne reviendrai pas aujourd'hui.

Mais il faut, à notre avis, indiquer d'abord ceci : s'il est vrai, en effet, que par suite d'un désir de civilisation plus haute, les besoins ont grandi, il n'est pas vrai qu'ils aient grandi au point de déterminer le désordre économique.

Oui, d'une manière incessante, le prolétariat réclame un niveau toujours plus élevé de l'existence, et d'ailleurs, ce niveau, il l'obtient. Il est certain que si nous faisions une comparaison entre le niveau de l'existence il y a 10, 20 ou 30 ans, nous trouverions une différence en faveur de la période que nous vivons.

Ce niveau de l'existence toujours plus élevé, le prolétariat le réclamera d'ailleurs sans cesse et nous pensons que le capitalisme est absolument impuissant à le lui donner, non seulement impuissant dans son essence même, mais impuissant aussi parce qu'il a été bouleversé par la guerre.

.Camarades, dans un livre absolument remarquable — et ne croyez pas que je vais entrer dans de longs développements — notre ami, le professeur Varga, ancien commissaire de la République des Soviets de Hongrie, étudie et démontre pourquoi le capitalisme aujourd'hui est incapable d'arriver au maximum de rendement du travail.

Il laisse de côté, dans son étude, les facteurs constants de rendement du travail, comme la nature du sol par exemple, facteur qui ne se modifie en tous cas que lentement, et il étudie les facteurs du travail qui sont variables. Ils sont, dit-il, au nombre de quatre : 1° rationnalité du travail ; 2° productivité du travail ; 3° intensité du travail ; 4° enfin la relation entre le nombre d'individus productifs et d'individus non productifs d'un peuple.

Par rationnalité du travail, il faut entendre les différences de rendement qui proviennent des qualités intellectuelles des travailleurs.

A intensité et à productivité égales, le rendement du travail est supérieur lorsque la formation professionnelle et la culture générale sont plus grandes.

.Varga donne des exemples qu'il serait intéressant de citer ; je n'en indiquerai qu'un seul. Il a étudié la statistique générale agricole dans les pays européens et il est arrivé à déterminer que le rendement à l'hectare ne correspondait pas seulement à la nature du sol, mais qu'il y avait un parallélisme saisissant entre le facteur moral et intellectuel et le rendement ; il a remarqué que dans les pays où il y avait beaucoup d'analphabetes, le rendement était moindre que dans ceux où l'on rencontrait un minimum de culture. Par productivité du travail, il faut considérer les différences de rendement du travail provenant de la diversité des moyens de production employés. Par l'intensité du travail, il faut entendre les différences de rendement du travail provenant de la diversité dans le nombre et de l'effet utile des mouvements producteurs que le travailleur accomplit dans une même unité de temps.

Une première constatation s'impose au point de vue général, c'est que le principal obstacle au rendement maximum en régime capitaliste, c'est la barrière que le profit impose au système capitaliste du travail. Dans ce régime, en effet, tous les moyens de production, même le sol, qui n'est cependant pas un produit du travail, tous les moyens de production constituent une propriété privée et ne sont utilisés pour la production que s'il en résulte un certain profit individuel.

La rationnalité du travail, en régime capitaliste, est nécessairement très faible. Le degré le plus bas de la culture intellectuelle — savoir lire et écrire — n'est pas atteint, même en Europe, par des millions d'ouvriers. L'esprit conservateur, indispensable au maintien de la classe ouvrière sous la domination de la classe bourgeoise, perpétue cet état de choses.

La productivité du travail, en régime capitaliste, est également faible. Les découvertes nouvelles de la science et de la technique ne sont utilisées qu'en vue d'un profit individuel privé, et selon l'initiative indviduelle.

Enfin, il y a dans la production capitaliste une véritable anarchie

parce que chacun fait ce qu'il veut en vue de son intérêt personnel,
sans égard à celui de la collectivité. Anarchie aussi dans le choix
des professions, en effet, tandis que les enfants des classes riches
peuvent poursuivre leurs études jusqu'à l'âge de 20 ou 25 ans, les
enfants des ouvriers sont obligés de commencer leur apprentissage
à l'usine ou aux champs dès l'âge de douze ou treize ans.

Plusieurs délégués. — Ce n'est pas la question.

Le Président. — Laissez finir l'orateur, camarades, je vous demande d'avoir un peu de patience.

Boyet. — L'élite du pays, ceux qui seront appelés à diriger, à
organiser, sont choisis parmi les enfants de la bourgeoisie représentant à peine dix pour cent de l'ensemble. Pour les 90 % qui
restent, tous les talents certainement nombreux sont étouffés, sacri-
fiés, et les enfants d'ouvriers, même les plus doués, sont condamnés
à un travail dans lequel ils ne donneront qu'un rendement inférieur,
alors qu'ils auraient produit davantage dans une autre branche de
l'activité humaine.

Un délégué. — Il y a longtemps que ces choses là sont dans le programme du parti socialiste, nous les connaissons tous, et ce n'est pas
le moment de les rabâcher.

Boyet. — Je suis en train de démontrer que le régime capitaliste
ne peut pas arriver à un bon rendement du travail.

Un délégué. — Mais nous le savons !

Boyet. — Je ne crois pas que la solution proposée par Poisson soit
de nature à résoudre la crise. La crise, en ce qui concerne le blé, le
pain et la farine, résulte uniquement du déficit qui existe depuis plusieurs années dans la production, et je crois qu'une politique pré-
voyante eût pu atténuer cette crise.
J'arrive à ma conclusion.

Il eût été cependant nécessaire, à mon avis, d'insister encore sur
le grand rôle qu'ont à jouer les coopératives dans la lutte contre
la cherté de la vie. A ce sujet, nous ne sommes pas d'accord avec
Poisson. Contrairement à ce que disait Poisson, les coopératives
devront à l'avenir surveiller particulièrement leurs achats, comprimer jusqu'à l'extrême limite leurs frais généraux pour arriver
à vendre au plus bas prix.
Par bas prix, nous entendons le moindre bénéfice, parce que c'est
le meilleur moyen que nous puissions employer pour amener à la
coopération les masses ouvrières. A cet égard, je suis absolument
d'accord avec ce qu'écrivait l'année dernière le citoyen Compère-
Morel.

Le monde ouvrier et paysan a à sa disposition un moyen certain de
combattre la vie chère. Puisque la coopérative lui permet d'atteindre ce
double but : empêcher la hausse inconsidérée des prix et lui fournir les
ressources voulues, pour empêcher la majorité du Bloc National de se
reconstituer au Parlement et hâter l'avènement d'un régime où la vie chère
ne sera plus qu'un vilain souvenir. Qu'il devienne vite coopérateur, mais
avec la volonté de faire servir la coopération à des fins socialistes et révolutionnaires.

Camarades, avant de lire notre résolution, je me permets de regretter devant ce Congrès que nous soyons obligés d'écourter des discussions aussi importantes que celle de la « situation économique des coopératives ». Cette question renferme en elle-même les problèmes les plus graves de l'heure actuelle, et je considère qu'au lieu d'y consacrer une heure ou deux, c'est au moins une journée que le Congrès devrait lui réserver.

Je ne lis pas la résolution que nous vous proposons, parce que vous la connaissez tous. Elle commence par des extraits d'articles du camarade Poisson, et nous demandons la division afin de permettre à Poisson de ne pas renier ses propres écrits.

Poisson. — Je demande la parole.

Le Président. — La parole est à Poisson, mais pour cinq minutes seulement.

Intervention de POISSON

Poisson. — Je ne répondrai pas à toute une partie du discours de Boyet, qui a été purement politique. La question qui était à l'ordre du jour n'était pas la situation financière du pays, mais la situation économique et le rôle des coopératives.

Boyet. — Pourquoi Gide a-t-il parlé de l'inflation ?

Poisson. — Je vous reproche d'avoir parlé en dehors du sujet, et non d'avoir parlé de l'inflation. Malheureusement la partie qui était dans le sujet, c'est celle que vous n'avez pas traitée.

Boyet. — Comment voulez-vous qu'on traite sérieusement une question quand on n'a pas une majorité pour vous écouter ? C'est absolument impossible. Nous nous en souviendrons. Vous nous brimez de toutes les façons. C'est intolérable.

Poisson. — Je dis au contraire qu'il faut qu'on ait véritablement de la bonne volonté pour vous avoir écouté comme on l'a fait, alors que vous avez tout le temps parlé en dehors du sujet. Vous avez commencé à traiter la question, seulement lorsque vous étiez à la fin de votre discours, et il est même regrettable qu'à ce moment là vous ne vous soyez pas étendu davantage ; mais vous aviez déjà parlé pendant quarante minutes de choses qui n'étaient pas à l'ordre du jour.

Je veux simplement répondre, et c'est beaucoup plus important, aux observations faites par M. Charles Gide. Je veux dire d'abord que je suis tout à fait d'accord avec lui sur les effets des fluctuations du change sur le prix.

Je suis tout à fait d'accord aussi pour dire que la dépréciation du franc est, dans une très large mesure, la cause de l'augmentation des prix.

Mais je me permets de lui faire remarquer que j'ai essayé de montrer que le problème de la cherté de la vie n'était pas le problème de la hausse des prix.

En effet, la hausse des prix est facteur, dans une mesure extrêmement forte, et j'estime comme M. Gide qu'en France, à l'heure actuelle, les prix n'ont pas monté dans la même mesure qu'à l'étranger. Si, par conséquent, la vie est plus chère à l'étranger que chez nous, je pense que, malgré tout, le problème de la cherté de la vie n'étant pas celui de la hausse des prix, les arguments que j'ai donnés sont valables. Je constate que si, pour certaines catégories sociales, les revenus ont monté dans la même mesure que les prix, cela n'est pas vrai pour toutes les classes sociales, et cela n'est pas vrai non plus pour certaines catégories de travailleurs, puisque l'indice moyen des prix est de 414 alors que l'indice moyen des salaires n'est que de 350.

C'est la démonstration, par conséquent, que si la hausse des prix est fonction des changes pour une large part, la cherté de la vie est une question différente.

Comme M. Gide, je pense que les remèdes à la cherté de la vie ne sont pas du tout de l'ordre des questions monétaires, mais de l'ordre économique, et je réponds par là même à Boyet. La situation économique est une chose, la situation financière en est une autre, et quelles que soient les relations et la concordance qu'il y ait entre elles, il faut tout de même les examiner séparément.

J'ai écouté avec beaucoup de plaisir ces deux choses que j'enregistre. C'est que Boyet nous a indiqué — c'est un point intéressant — que le niveau de la vie de la classe ouvrière s'était amélioré au cours des temps et même dans les temps derniers. Par conséquent, contrairement à ce qui est dit dans la résolution qu'il présente, le prolétariat ne souffre pas d'une misère croissante, puisque Boyet lui-même a déclaré très justement que le sort de la classe ouvrière, sans être assez amélioré, s'est cependant, à l'heure actuelle, amélioré.

J'enregistre ce point, qui est très intéressant et que je retiens pour les discussions futures, car si le niveau de la classe ouvrière s'est amélioré, il peut encore s'améliorer.

Boyet. — Il peut y avoir de la misère pour une partie du prolétariat, alors que pour une autre partie le niveau de l'existence a monté.

Poisson. — Alors, je vais poursuivre le raisonnement. S'il y a une partie de la classe ouvrière pour laquelle le niveau monte, alors qu'il en est une autre pour laquelle le niveau ne monte pas, l'unité de classe entre ces deux éléments me paraît bien compromise.

Je suis tout à fait de l'avis de Boyet en ce qui concerne l'amélioration du sort de la classe ouvrière ; seulement j'avoue que je ne comprends pas très bien certaine orthodoxie d'opinion.

Pour ma part, je regrette que Boyet ait passé son temps à parler d'autre chose que du vrai problème qui nous préoccupe, car j'aurais bien voulu entendre ses explications.

Le problème qui est posé aujourd'hui, ce n'est pas le problème des responsabilités ; c'est celui de savoir ce que doit faire la coopération en face de la situation économique actuelle, et quelle est la propagande à engager pour conquérir de nouvelles masses de consommateurs.

J'ai, pour ma part, montré la nécessité de défendre une politique d'équilibre et de stabilisation des prix. Ce que j'aurais voulu savoir, c'est pourquoi on pourrait s'y opposer.

En second lieu, si on est pour la politique de stabilisation, on ne peut pas être pour la politique des bas prix qui est contenue dans la motion proposée par Boyet.

C'est là-dessus que j'aurais voulu entendre combattre mon rapport.

Nous ne sommes pas pour une politique des bas prix, dont la conséquence serait les bas salaires et la faible rémunération des producteurs.

J'avoue que je voudrais bien savoir comment, dans la société d'aujourd'hui, on peut expliquer une politique des bas prix dans l'intérêt du consommateur, et défendre en même temps une politique des hauts salaires avec une grosse rémunération du producteur.

A cette politique incohérente, nous opposons une politique d'équilibre et d'organisation économique. Peut-être n'a-t-elle pas l'avantage d'être favorable à une agitation artificielle des masses, mais elle fait l'éducation du consommateur et, comme l'a très bien remarqué Boyet — pour un seul point je suis d'accord avec lui — le rendement de la classe ouvrière ou paysanne n'est pas dû seulement à la vigueur musculaire, il est dû aussi à la culture intellectuelle des producteurs. Boyet a fait l'apologie de ceux qui savent lire et écrire comme d'un élément de civilisation à l'intérieur du régime capitaliste. Je suis donc heureux de constater que la transformation n'est pas seulement possible sous un gouvernement révolutionnaire.

Le Président. — Camarades, il y a encore un orateur inscrit.

Nombreux délégués. — Cet après-midi.

Poisson. — Non. Cet après-midi, on parlera d'autre chose.

Le Président. — Marrane a demandé la parole.

Poisson. — Je ne veux pas empêcher Marrane de parler, mais c'est une question d'organisation. Nous avons pour cet après-midi un programme, et nous ne pouvons donner que cette matinée à la question que nous discutons actuellement.

Marrane. — Je n'en aurai pas pour plus d'un quart d'heure.

Poisson. — Je demande qu'on termine cette question ce matin.

Marrane. — On pourrait commencer un peu plus tôt cet après-midi.

Le Président. — Je suis obligé de consulter l'Assemblée, d'autant plus que ce n'est pas moi qui présiderai la séance de cet après-midi.

Voulez-vous terminer ce matin, ou donner la parole à Marrane cet après-midi ?

Je mets la question aux voix.

L'assemblée se prononce pour que la question soit terminée immédiatement.

Le Président. — Camarade Marrane, si vous voulez prendre la parole, je demande à l'Assemblée de vous entendre pendant dix minutes.

Intervention de MARRANE

Marrane. — Camarades, dans son rapport le camarade Poisson indique que tous les efforts des coopérateurs doivent être orientés vers une stabilisation économique favorable à toutes les classes.

Or, c'est un fait qu'il n'est pas possible à la coopération de supprimer les contradictions du régime capitaliste et que, par conséquent, s'il est possible dans certains moments d'obtenir une stabilisation provisoire, il n'en reste pas moins que toutes les contradictions économiques et politiques du régime capitaliste subsistent et que, par conséquent, quand on veut vraiment obtenir une stabilisation, on doit d'abord orienter ses efforts pour supprimer

les causes du désordre économique et, par conséquent, lutter avant
tout contre le régime capitaliste qui les engendre.

Quand on préconise dans le régime capitaliste la stabilisation
des prix, on s'oriente inévitablement vers la consolidation de ce
régime et, par conséquent, de ses contradictions.

Nous pensons donc que pour arriver à établir un ordre économique non seulement national mais international, l'effort des
coopérateurs doit être orienté en toute occasion vers la lutte contre
ce régime de compétition individuelle qu'est le régime capitaliste.

Poisson indique que nous devons d'abord nous efforcer d'obtenir
une augmentation de la production.

Eh bien, dans la motion qui vous est soumise, nous rappelons que
dans certains moments, on a vu une abondance de produits, et
cette abondance de produits, dont la plus grande partie était
détenue par des consortiums ou des trusts internationaux, non seulement n'avait pas comme résultat de faire baisser le prix de la
vie, mais ces messieurs, disposant d'un monopole, préféraient
détruire des quantités importantes de produits de première nécessité, plutôt que de les jeter sur le marché, ce qui aurait eu pour
conséquence de faire baisser les coût de la vie et de satisfaire, par
ce moyen, aux besoins de consommation des populations.

Regardez chez nous. Il y a certains produits pour lesquels il n'y
a pas crise de production, je veux citer par exemple les produits
vinicoles. On annonce une crise vinicole. Il y a à l'heure présente
des quantités importantes de vin de la récolte dernière qui ne sont
pas écoulées ; on sait que l'imminence de cette crise constitue l'une
des préoccupations du Midi. Eh bien, l'espoir des viticulteurs, c'était
qu'il y aurait en avril ou mai quelques gelées qui viendraient
réduire la récolte prochaine, de façon à permettre de maintenir les
prix pour que les petits viticulteurs puissent recueillir le fruit de
son labeur. Or, à l'heure actuelle, bien que tous leurs chais aient
considérablement augmenté, les viticulteurs vendent leur vin
proportionnellement bien moins cher qu'avant la guerre. Dans beaucoup d'endroits, ils ne réussissent plus, malgré l'abondance de la
récolte, à gagner leur vie.

Cet exemple vous indique que dans le régime capitaliste ,même
avec les barrières douanières, quand il y a abondance de production, comme il y a quand même la loi des salaires et toutes les
contradictions économiques, l'abondance de production ne peut pas
suffire à permettre aux travailleurs de réaliser leur besoin de
consommation.

Nous pensons donc que l'action des coopérateurs doit être dirigée
pour faire cesser la cause des désordres économiques et pour utiliser toutes les circonstances susceptibles d'affaiblir le régime
capitaliste.

Comment pouvons-nous, dans cet ordre d'idées, développer le
mouvement coopératif pour lui donner le maximum de moyens
d'action ?

Nous pensons que, quand il y a des crises de vie chère, nous
devons utiliser ces crises pour attirer à la coopération la masse
des travailleurs les plus pauvres, ceux qui souffrent le plus des
périodes de vie chère, et quand nous parlons des masses de travailleurs, nous parlons aussi de cette catégorie de petits commerçants, de fonctionnaires, de retraités, de petits rentiers qui
avaient épargné quelques milliers de francs et qui sont dépossédés
des trois quarts de leurs économies par le régime capitaliste lui-
même, qui sont dépossédés par l'inflation.

Nous voulons utiliser la période de vie chère pour développer le mouvement coopératif et, comme nous pensons que ceux qui ont intérêt à supprimer le régime capitaliste, ce sont ceux qui en souffrent le plus, ceux qui travaillent, ceux qui produisent, ceux qui sont les jouets de cette formidable machine capitaliste, nous voulons que la coopération soit utilisée pour attirer tous les travailleurs pauvres dans la coopération, car la coopération est un moyen d'action et d'organisation.

Ce moyen d'action et d'organisation appartient aux travailleurs ; mais ils ne l'ont pas, dans l'ensemble, encore compris. Ils le comprendraient d'autant plus facilement qu'on utiliserait cette période de vie chère par une agitation publique intense et qu'on s'efforcerait d'utiliser la coopération pour permettre à ces classes pauvres de lutter dans les meilleures conditions possibles contre les difficultés de l'existence.

Il y a des moyens d'action qui ne peuvent être utilisés que si l'on s'appuie sur la classe ouvrière. Je cite, par exemple, cette crise viticole ; elle se produit à un moment où le transport des vins du Midi à Paris coûte plus que le produit lui-même. Eh bien, l'action des classes pauvres doit tendre à obliger le gouvernement, par des manifestations, par une agitation méthodique, à abaisser le prix des transports. Elle doit tendre à ce que, sur toutes les denrées de première nécessité, on enlève les impôts ; elle doit tendre à ce que les pouvoirs publics aident la coopération pour lui permettre de concurrencer efficacement et sérieusement les grosses firmes capitalistes.

Voilà comment nous comprenons l'utilisation de l'organisation coopérative.

Poisson a dit qu'il peut y avoir des travailleurs qui soient dans des situations différentes ; que certains peuvent bénéficier d'une amélioration alors que d'autres subissent une aggravation.

Cela n'empêche pas que les uns et les autres sont soumis à un régime d'exploitation qui est le même et qu'ils sont les uns et les autres victimes du désordre capitaliste. Leur intérêt est donc de démolir ce régime dans le plus bref délai.

Par conséquent, nous considérons, quand nous faisons appel à la vente à bas prix, que c'est un des moyens de propagande de la coopération pour attirer tous les travailleurs, pour attirer tous les exploités.

Nous ne voulons pas dire qu'il ne faut pas faire l'éducation des coopérateurs ; nous voulons dire que, quand à certains moment il est possible de vendre des denrées de première nécessité aux prix les plus bas, c'est un moyen de propagande à employer, parce qu'il permet de développer la coopération par le fait qu'il y attire la masse des travailleurs.

D'ailleurs, camarades, puisque nous sommes à Nancy, je veux signaler que l'Union des Coopérateurs de Lorraine ne s'est pas toujours inspirée du désir qui a été manifesté ici et qui constitue une des théories du coopératisme, c'est-à-dire de vendre toujours au juste prix, parce que la lutte même contre le capitalisme nécessite à de certains moments l'emploi de méthodes différentes.

Vous voyez, en effet, dans le journal qui vous a été distribué par l'*Union des Coopérateurs de Lorraine*, qu'à certains endroits, les coopérateurs de Nancy n'ont pas hésité à vendre certains produits même au-dessous du prix de revient, de façon à conserver leur chiffre d'affaires et à développer quand même, malgré la concurrence, la vitalité de leur organisation commerciale.

Cet exemple qui nous est donné par les coopérateurs de Lorraine, nous sommes tout à fait d'accord qu'il est intéressant et qu'il faut employer des moyens comme celui-là, avec cette différence que nous demandons qu'il ne soit pas appliqué seulement quand on a en face de soi une grosse firme capitaliste, mais qu'il le soit d'une façon générale et dans la plus large mesure possible.

Ces baisses de prix doivent permettre de renforcer rapidement la tâche des organisations coopératives et, en augmentant leur chiffre d'affaires, diminuer les frais généraux.

Par conséquent, camarades, la motion que nous vous présentons indique que nous voudrions voir la direction de la Fédération des Coopératives et de toutes les grandes coopératives de fusion et de développement s'orienter dans cette voie.

Nous sommes bien forcés de constater que, dans les débats qui se sont déjà déroulés devant ce congrès, nous n'avons pas du tout l'impression que c'est la voie vers laquelle on se dirige.

Nous avons, en effet, entendu à cette tribune le secrétaire de l'Union des Coopérateurs de Lorraine qui nous a parlé des grandes organisations capitalistes et surtout qui a dit que les coopératives avaient été assez souples pour entretenir des rapports cordiaux avec certaines coopératives patronales et, dans tout son exposé, pas un moment il n'a tenu compte des possibilités d'action que donnerait la conquête des masses ouvrières qui sont autour de ces firmes capitalistes et qui doivent être l'appui le plus sérieux pour les organisations coopératives.

Eh bien ! Quand dans un congrès comme celui-là, qui est composé de représentants d'organisations ouvrières — je dis ouvrières, parce que personne ne peut contester que la grande majorité des coopérateurs sont des travailleurs — on est plus préoccupé de relations cordiales avec les patrons, que de gagner les ouvriers, je dis que l'on fait fausse route. Nous devons faire appel aux classes pauvres, parce que c'est dans la mesure où nous arriverons à les amener à nous que nous lutterons efficacement contre les mercantis, que les exploités apprendront eux-mêmes à diriger l'organisation et cesseront d'être des machines soumises au capitalisme. Nous voulons des efforts agissant sur les masses des travailleurs qui, en s'efforçant de développer la coopération, travailleront en même temps à renverser le capitalisme, pour instaurer un régime qui assurera le développement du mouvement coopératif international.

Le Président. — La discussion est close. Je mets aux voix les conclusions du rapport de Poisson.

Elles sont adoptées à l'unanimité moins 10 voix.

La séance est levée à midi 45.

DEUXIÈME SÉANCE DU VENDREDI 22 MAI

La séance est ouverte à 14 h. 30.

Poisson. — Camarades, le Conseil Central vous propose de désigner, pour présider cette séance, notre camarade Cozette ; et pour assesseurs, nos camarades Chiousse et Delmas.
Je prie ces camarades de prendre place au bureau.

Le Président. — Je donne la parole à M. Pierre Denis, délégué par la Société des Nations pour suivre nos travaux.

Discours de M. Pierre DENIS

Denis. — Je ne retiendrai pas longtemps l'attention du Congrès. Je veux seulement profiter de l'occasion qui m'est donnée pour exprimer à la Fédération Nationale des Coopératives de Consommation la reconnaissance du Secrétariat de la Société des Nations pour l'invitation qu'il lui a adressée d'assister à ce Congrès. Je suis très heureux que l'occasion m'ait été donnée d'accompagner ici mes collègues de Genève qui suivent régulièrement vos travaux.
Le mouvement coopératif est un effort pour organiser la vie économique en dehors de la concurrence, pour remplacer l'organisation économique basée sur les lois de la concurrence par un idéal différent, fondé sur un principe moral.
De même que dans la vie nationale vous pensez que la concurrence est un élément de dégradation et finalement un élément de misère, de même, dans la vie internationale, vous considérez que cette concurrence, cette lutte de force entre puissances rivales, n'est pas un principe d'organisation suffisant, et qu'elle peut être remplacée par des ententes, par des accords, par des décisions prises en commun.
C'est d'une idée exactement semblable qu'est née la Société des Nations.
La Société des Nations peut trouver dans les milieux de coopérateurs un appui extrêmement précieux. Et, par là, je ne veux pas dire seulement qu'elle peut compter trouver parmi les coopérateurs des hommes qui accepteront volontiers les solutions résultant des discussions de la Société des Nations, avec même les sacrifices réciproques que comportent nécessairement ces solutions, mais je veux dire aussi que la Société des Nations peut espérer trouver dans les milieux des coopérateurs l'idée même des compromis qui feront la base des accords qu'elle pourra conclure et vous savez tous qu'aussitôt que l'idée d'un compromis est apparue, aussitôt que la formule d'un accord a été découverte et exprimée, l'accord n'est pas loin d'être réalisé.
Le mouvement coopératif a le caractère d'une force consciente, d'une force volontaire.

Lorqu'on est persuadé que la vie économique du monde repose et doit reposer sur des lois naturelles, sur les lois de la concurrence, à quoi bon se creuser la tête pour chercher un programme d'organisation économique ? Il n'y a qu'à s'abandonner à ces lois naturelles, il n'y a qu'à les subir de bonne grâce, les accepter si on en est la victime, à en profiter si on le peut.

Au contraire, lorsque, à ces lois soi-disant naturelles, on veut substituer un programme de justice, un programme de dignité humaine, un programme moral, on prend une grande responsabilité ; on s'engage, en effet, à découvrir et à formuler un programme d'action et des méthodes d'action. C'est précisément cet effort auquel il m'est donné d'assister en ce moment.

Je tiens à saluer ici l'idée de la stabilisation qui a été développée ce matin par Poisson. Si vous examinez les travaux de la Société des Nations, si vous les suivez, vous verrez la place énorme que cet effort de stabilisation a tenu dans ses préoccupations. Elle a envisagé la stabilisation, d'abord du point de vue monétaire. Nous avons réussi, par exemple, à stabiliser le change autrichien, le change hongrois; nous avons même dégagé des principes, à l'occasion de notre intervention en Autriche et en Hongrie, qui ont été utilisés par d'autres pays en vue de la stabilisation de leur monnaie.

Mais les organes techniques de la Société des Nations n'en sont pas restés là. En dehors même du change et de la monnaie, ils se sont posé le problème plus délicat de la stabilisation des prix, c'est-à-dire de la régularisation de la vie économique dans les pays où la monnaie était stabilisée.

Je vous demande de suivre avec un peu d'attention les travaux de la Société des Nations. Vous y trouverez des sujets de réflexion et des exemples ; vous y trouverez aussi des éclaircissements sur certains des problèmes que vous vous posez à vous-mêmes et sur certaines des conséquences qu'entraînent les principes que vous posez; vous y trouverez des notions sur les sacrifices que comporte l'application de ces résolutions et de ces principes, car on n'obtient pas de résultats sans sacrifices.

Quant à la Société des Nations, elle tirera un grand bénéfice de l'attention et de la fidélité avec lesquelles les milieux des coopérateurs suivront ses travaux et avec laquelle ils apporteront leur appui en connaisance de cause aux gouvernements qui veulent s'appuyer sur la Société des Nations.

LA COOPERATION DANS L'ORDRE INTERNATIONAL

Le Président. — Je remercie M. Pierre Denis au nom du Congrès, et je donne la parole à Edgard Milhaud.

Discours de Edgard MILHAUD

Déjà, à plusieurs reprises, nos sociétés ont discutés le problème de l'organisation économique de la paix, déjà pendant la guerre, sur l'initiative de notre maître Charles Gide, des résolutions ont été soumises à vos suffrages qui, en un temps où il était particulièrement difficile d'aborder une telle question dans un esprit de pleine indépendance, ont formulé avec rectitude les principes que nous ne pouvons que suivre et préconiser aujourd'hui encore.

Au lendemain de la guerre, dans les conférences interalliées et neutres des coopérateurs et, par la suite, en 1921, au Congrès International de Bâle, ces principes ont été affirmés à nouveau sur des interventions de Charles Gide et d'Albert Thomas. Poisson, à plusieurs reprises, à son tour, et notamment dans sa *République Coopérative*, a opposé aux modalités diverses de la politique commerciale des Etats dans la société présente les formes de politique économique internationale qui répondraient aux principes de la coopération et qui seraient de nature à assurer dans ce domaine des relations de paix.

Si donc aujourd'hui nous reprenons la question, ce n'est pas dans la pensée de suggérer des solutions nouvelles. C'est, d'une part, pour rappeler devant l'opinion les principes essentiels de la coopération internationale dans ce domaine; c'est aussi pour tirer d'un certain nombre de faits récents certaines conclusions.

A vrai dire, la question se pose à nous aujoud'hui en des termes quelque peu préoccupants, j'allais dire angoissants.

On se rappelle le protocole voté à l'unanimité par l'Assemblée de la Société des Nations, au mois de septembre dernier, Un grand enthousiasme régnait dans les milieux de cette Assemblée et les peuples en général avaient fait un accueil chaleureux aux résolutions adoptées.

Depuis, le protocole s'est trouvé tenu en échec, et des manifestations diverses de la vie internationale sur lesquelles je n'ai pas besoin d'insister — telle, il y a deux ou trois dimanches, l'élection d'un Président de République dans un pays voisin — nous montraient que l'esprit de paix semble devoir se heurter dans le monde à d'assez fortes résistances .

Nous trouvions un écho de ces inquiétudes dans les paroles que prononçait à cette tribune, hier matin, le représentant du Magasin de Gros d'Angleterre, qui déclarait que des rumeurs de guerre cheminaient et serpentaient jusqu'à nous. Et le même état d'esprit, je le rencontrais, il y a quelques jours, dans un livre que vient de faire paraître un homme qui a été, pendant plusieurs années, un haut fonctionnaire de la Société des Nations, le professeur Rappart, qui est aujourd'hui membre d'une des commissions permanentes de la Société, la Commission des Mandats.

Rappelant l'œuvre accomplie, affirmant sa foi dans la nouvelle institution, il laissait entrevoir une inquiétude, une préoccupation allant jusqu'à l'appréhension de nouvelles commotions internationales.

Dans ce livre, dont l'objet est de commémorer l'entrée de la Suisse dans la Société des Nations, il y a cinq ans, par le vote du peuple de ce pays, il écrit ces quelques mots que je crois devoir soumettre à vos réflexions :

L'humanité est lentement en marche vers une ère nouvelle de paix, de justice et de fraternité internationales. La route est longue jusqu'à l'étape. Les défaillances seront encore nombreuses. Des bouleversements seront peut-être encore nécessaires et inévitables. N'empêche. Nous marchons et nous marcherons !

Bouleversements nécessaires et inévitables... peut-être, peut-être inévitables !...

Il y a cinq ans, il y a six ans, au lendemain de l'armistice, lorsque nous étions arrivés au dénouement et que les peuples qui s'étaient assigné pour programme l'organisation de la paix dans le droit et qui avaient proclamé leur volonté que cette guerre fût la dernière guerre, venaient de triompher, qui donc aurait, en ces termes troublants, émis de telles hypothèses ?

Il y a quelques jours, dans le journal *Le Quotidien*, mon ami Pierre Bertrand citait un organe italien, un organe fasciste sans doute, mais un organe du parti au pouvoir, et je vous demande la permission de vous rappeler les termes de la déclaration citée, non pas que j'y voie à aucun degré l'expression de la volonté générale même du parti gouvernemental italien, mais simplement pour vous montrer quelles sont les idées qu'en 1925 on peut exprimer sur le problème de la paix et de la guerre, sans soulever les protestations unanimes des pays qui ont fait la guerre : « Le fascisme est né de la guerre ; il doit aboutir à la guerre ».

C'est *L'Impéro* qui formule cette thèse et il ajoute : « Cette guerre, on l'affrontera avec le courage serein des peuples élus pour dominer le monde ». Cette guerre, enfin, « sera l'effort conscient, orgueilleux, optimiste, volontaire, d'une nation saine, vigoureuse, désireuse d'expension dominatrice, qui s'élancera, forte d'un droit supérieur et divin, non plus pour briser des chaînes, mais pour conquérir l'espace nécessaire à sa vaste respiration ».

Comment est-il possible que de telles affirmations, je le répète, ne soulèvent pas une réprobation unanime ? N'est-ce pas que l'esprit qui régnait en 1919 et 1920 n'a plus cette même puissance universelle ? Je ne tirerai de cette constatation qu'une conclusion, c'est que notre effort de redressement, notre effort de propagande et d'action pour la paix ne doit pas fléchir, qu'il doit au contraire se renforcer et prendre toute la vigueur nécessaire pour tenir en échec partout les velléités bellicistes qui tendent aujourd'hui à s'opposer à l'organisation générale de la paix.

Nous avons donc des raisons nouvelles d'étudier à fond le problème de l'organisation complète et notamment de l'organisation économique de la paix. Peut-être, si, depuis des années, l'effort d'organisation en ce sens avait été plus systématique, si certaines satisfactions positives avaient été données aux aspirations de certains peuples, peut-être la tâche serait-elle aujourd'hui moins ardue.

N'importe ! Nous prenons la situation telle qu'elle est et nous devons discuter à fond ce problème de l'organisation économique de la paix qui, à la dernière asemblée de la Société des Nations, a été proclamé par les représentants de la délégation française, le plus important de ceux qu'il conviendrait de traiter, au lendemain de l'organisation politique et juridique de la paix.

Au lendemain ! Il semblait alors que l'organisation politique de la paix fût à peu près accomplie et que l'on était à la veille d'une nouvelle tâche. Mais puisqu'aujourd'hui, dans cet ordre d'idées, nous avons vu surgir des difficultés, la question qui se pose à nous est de savoir s'il ne faudrait pas, sans tarder davantage, avant même peut-être que l'organisation politique de la paix ait été consommée, présenter un programme et donner des garanties à ceux qui peut-être se trouvent retenus dans la voie qui conduit à l'organisation politique de la paix par la crainte de certaines difficultés d'ordre économique.

Abordons donc ensemble, à cette heure, ce problème, non seulement comme celui de l'organisation économique de la paix, mais comme faisant partie intégrante d'une seule et même tâche, pressante et impérieuse, qui est d'organiser la paix.

Jouhaux disait, en septembre dernier, dans une des deux grandes commisions de l'Assemblée de la Société des Nations : « Il ne suffit pas d'organiser politiquement la paix, il faut arracher les racines économiques de la guerre ». Quelles sont ces racines économiques de la guerre ?

Je ne reprendrai point ici dans le détail les considérations que j'ai développées longuement dans mon rapport écrit, et sur lesquelles j'ai eu aussi l'occasion d'insister à la Semaine Parlementaire de la Coopération. Je me résumerai sur ce point en quelques mots.

Trois ordres de questions mettent aujourd'hui, sur le terrain économique, les peuples aux prises : la question des matières premières, la question de la main-d'œuvre étrangère, la question des débouchés.

La question des matières premières a perdu de sa force et de son actualité depuis le temps où la pénurie du temps de guerre et du lendemain de la guerre a fait place à la crise économique mondiale. Les matières premières ne manquent plus et leur prix ne sont plus excessifs. Au surplus, les peuples producteurs, accablés par leurs stocks, renoncent, en règle générale, à établir plusieurs prix, un pour les nationaux, l'autre pour les étrangers. La question des matières premières n'est plus, aujourd'hui, qu'une question d'arrière-plan.

Il en est autrement de la question de la main-d'œuvre. Vous savez que les pays, comme le Japon, l'Italie, la Pologne, qui sont obligés d'exporter une portion de leur population pour avoir une existence économique équilibrée, se heurtent aux barrières nouvelles établies par un certain nombre d'Etats étrangers.

Mais la plus grave de ces questions, c'est celle des débouchés. Celle-là était aiguë avant la guerre, comme elle l'est aujourd'hui, et c'est elle qui donne et à la question des matières premières et à la question de la main-d'œuvre toute leur gravité.

Si nous allons au fond des choses, si nous cherchons pourquoi les peuples se trouvent aujourd'hui en antagonisme sur ces questions, nous en trouvons la raison dans la division du travail qui s'est établie dans chaque pays et entre les pays, rapprochée du régime régnant des relations économiques internationales.

Nous discuterons tout à l'heure de l'opportunité de l'extension de la division internationale du travail; mais elle est un fait, elle est le fait qui domine toutes les sociétés des temps modernes, et elle s'étend de plus en plus. Je vous demande la permission d'insister sur ce fait, qui nous est tellement familier que nous finissons par perdre de vue certaines de ses caractéristiques essentielles et graves. Et je voudrais, en le faisant, me placer non seulement au point de vue des peuples, mais encore des individus.

Si nous tournons nos regards vers la vie des autres êtres qui se trouvent dans la nature, je veux dire de ceux qui ne sont pas des hommes, les animaux et les plantes, nous constatons une existence naturellement organisée. Je vous demande la permission d'user d'une image toute simple.

Assez souvent, me rendant quotidiennement à mon travail à Genève, sur les hauteurs de Prégny, je traverse un jardin zoologique, et j'ai sous les yeux des animaux variés, des daims, des biches, des lamas. Leur existence s'offre à moi toujours la même et toute simple : ils baissent la tête vers l'herbe qui s'offre à eux et assurent leur alimentation. Et ce geste facile symbolise le caractère élémentaire de la satisfaction des besoins de leur vie.

Si nous regardons le paysan de sociétés un peu reculées, par exemple le paysan européen du Moyen-Age, nous constatons qu'il possède dans la terre l'instrument direct de la satisfaction de tous ses besoins ou d'à peu près tous ses besoins.

C'est là une vie organisée et harmonieuse. La famille paysanne est fixée sur le sol et se nourrit du sol, un peu comme la plante plonge dans le sol ses racines et en extrait la sève nourricière.

Lorsqu'arrivent la technique moderne, les grandes voies de communication, les impôts, les marchés, la nécessité de vendre, le paysan, à son tour, entre en communion avec une économie plus large, celle de la région, celle de la nation, mais il garde une attache avec la terre.

J'entendais hier avec intérêt l'un des représentants de la coopération agricole, nous montrant comment la petite propriété est conçue aujourd'hui encore par la grande majorité des paysans de France comme le mode naturel de leur existence juridique et économique, quel que fût le rôle que la coopération peut remplir dans des sphères supérieures de leur vie, dans les relations avec les autres groupes de la société nationale et internationale.

Nous avons bien alors ce support de l'existence des paysans qu'est la propriété individuelle de la terre avec la Coopération comme organe de leurs fonctions de relation.

C'est une vie à peu près organisée, soumise néanmoins au rythme de la vie économique de la nation et du monde et à tous les aléas périodiques des marchés.

Mais il y a dans l'économie moderne une classe d'hommes qui ont définitivement rompu les liens qui les rattachaient à la terre. Ce sont les déracinés de la terre, et ils n'ont pas encore réussi, en général, à plonger leurs racines ailleurs. Ce sont les prolétaires industriels de notre temps.

Ceux-là évoquent pour moi l'image d'une plante que la tempête, que l'orage aurait arrachée au sol et qui flotterait dans le torrent ou dans le fleuve, cherchant à plonger ses racines dans un autre sol et, à chaque nouvelle bourrasque, emportée à la dérive.

La vie du prolétaire industriel moderne est une vie économique non encore organisée et soumise à tous les aléeas de la vie économique de la région, de la nation, du monde.

Il peut sembler que je me suis éloigné de mon sujet ; je suis au fond même de la question.

L'ouvrier moderne, comme l'usine moderne, n'a pas une économie indépendante, mais reliée, par la division du travail, à d'autres économies, et de proche en proche à l'économie universelle.

Je vous disais tout à l'heure que nous aurions à parler de la division du travail. C'est le fond même de notre sujet.

Et que signifie-t-elle donc, la division du travail ? Encore un exemple. Si nous prenons un morceau de tissu qui forme notre vêtement et si notre réflexion, avec assez de soin, se portait sur tous les concours de travail qui se sont directement ou indirectement appliqués à la fabrication de ce centimètre carré d'étoffe — je n'exagère pas et je vais vous le prouver — ce sont des millions, ce sont peut-être des milliards d'êtres humains qui y ont été associés.

Laine de l'Afrique du Sud ou de l'Australie, coton des Etats-Unis... Songez au labeur des hommes qui ont été engagés dans cette production, songez à leurs instruments de travail nécessaires à l'obtention du produit, songez à leur alimentation, songez à la source de leur alimentation qui émane pour une part de la plupart des pays du monde, et songez à la fabrication du tissu, aux engins mécaniques qui ont été nécessaires, songez aux transports, songez aux navires... Combien de centaines d'hommes sont attachés à la construction d'un seul navire ! Mais les matériaux de ce navire, combien d'autres centaines d'hommes ont été attachés à leur construction! Et les engins mécaniques nécessaires à la production de ces matériaux, combien de centaines et combien de milliers encore! Et pour tous, pour tous, il y a le vêtement, il y a la maison, il y a tous les éléments de la vie !

Si vous voulez bien suivre une semblable idée jusqu'au bout, et si vous voulez bien réfléchir à tout ce qui entre dans chacun des éléments qui, directement ou indirectement, se trouvent engagés dans l'une quelconque des phases du processus de production qui aboutit à la constitution de ce centimètre carré de tissu mixte de coton ou de laine ou simplement d'un tissu de l'un ou de l'autre de ces produits, il vous apparaîtra évidemment qu'il n'est pas un seul pays du monde qui, directement ou indirectement, ne s'y trouve pas engagé.

D'où je conclus que le monde est tributaire de chacun de nous dans son travail, pour chacun des centimètres carrés des vêtements que nous portons.

Et je ne parle que des vêtements, mais pensez à tout le reste !

Mais alors, s'il y a cette solidarité, si le vêtement que nous portons, si l'aliment que nous consommons, si le meuble que nous utilisons, si tous les objets de notre consommation mettent ainsi en mouvement, de proche en proche, dans la Nation et dans le Monde, d'aussi nombreuses activités agglomérées et intégrées, lorsqu'une coupure se fait quelque part, quelle déchirure dans la trame économique du monde !

Le monde, disais-je, est tributaire, dans son travail, de chacun de nous, comme consommateur, et cela, représentants des coopératives de consommation, ne semble pas fait pour diminuer la conscience que vous avez de la puissance de votre mouvement.

Mais si le monde est ainsi tributaire, pour la vente de ses produits, de la consommation de chacun de nous, cela signifie en même temps que, réciproquement, comme consommateur, chacun de nous est tributaire du travail non seulement de son pays, mais du monde.

Et lorsque la vie de chaque citoyen, de chacun de ces prolétaires modernes que je définissais tout à l'heure se trouve ainsi intégrée à l'existence économique du monde, que constatons-nous dans les relations économiques des différents pays ? Qu'ils sont étrangers les uns aux autres, qu'ils peuvent dresser des barrières les uns vis-à-vis des autres, les uns contre les autres, et que personne ne peut protester, que c'est un droit, un droit dont la conséquence est à certains moments, au delà de la frontière, d'atteindre des centaines de milliers ou des millions d'êtres humains ?

Lorsque chaque pays n'était qu'une agglomération de ces petites cellules économiques, de la famille de paysans puisant la substance de leur vie dans le sol qu'elles cultivaient, les barrières douanières pouvaient être provinciales, elles pouvaient même être locales, cela n'avait pas de grosses conséquences.

Lorsque la matière première du travail d'un pays, lorsque le coton que filent et que tissent les manufactures d'un pays est dans la main d'un autre, qui le forme ou qui le refuse, qui en élève le prix à son gré, arbitrairement, sans avoir de comptes à rendre à personne, alors ce sont des fabriques, ce sont des régions, ce sont des pays dont le sort économique est à la merci de la décision d'autres pays.

Vous vous rappelez le mot maintes fois prononcé par nos amis Anglais lorsque nous nous plaignions de la misère de nos régions dévastées. Ils nous disaient : Nous avons aussi, nous, nos régions dévastées, nos provinces industrielles en chômage, nos fabriques arrêtées, nos ouvriers sans gagne-pain normal.

C'est l'image d'une économie dans laquelle la vie d'un peuple est sous la dépendance de l'activité économique d'autres peuples.

Nous, coopérateurs de France, nous avons le droit de le rappeler, au lendemain de la guerre, nous avons demandé à la solidarité internationale l'octroi de crédits pour la reconstitution des pays les plus gravement atteints, et nous avons dit : Cette reconstitution de pays en apparence étrangers, elle est de l'intérêt commun de l'Europe et du Monde.

Ce n'est que lentement qu'on nous a entendus et qu'on a réalisé ce programme. On l'a réalisé pour l'Autriche, on l'a réalisé pour la Hongrie, on l'a réalisé, par le plan Dawes, pour l'Allemagne.

Et que voyons-nous ? C'est que la reconstitution de tous ces pays a ranimé le commerce et l'industrie des pays qui ont apporté leur concours. Les industriels suisses, par exemple, ont, ces dernières années, bénéficié largement du relèvement des pays de l'Europe centrale et orientale.

Ma conclusion sur ce point, c'est que la division internationale du travail a créé de telles solidarités qu'il n'est plus possible de maintenir cette absolue indépendance politique et douanière, cette absolue indépendance économique des Etats dans leurs relations réciproques et qu'il faut en venir à un régime d'organisation internationale.

Mais il faut plus encore. On n'arriverait pas à l'organisation des relations économiques internationales, c'est-à-dire à la création d'une économie organisée dans les rapports entre pays, si l'économie n'était organisée dans l'intérieur de chaque pays.

Ici, la Coopération fraie les voies, et nous pouvons avec fierté constater que si les principes de notre mouvement étaient universellement réalisés, si tous les consommateurs du monde faisaient partie de nos sociétés, si la consommation organisée pouvait ainsi exercer une action méthodique à la fois sur la production et sur la répartition des produits, l'économie universelle deviendrait une économie ordonnée. Nous n'aurions plus alors d'antagonismes entre les peuples.

Mais comme il n'en est pas encore ainsi, comme ni à l'intérieur ni à l'extérieur ces principes n'ont triomphé, le problème des matières premières, à chaque crise déficitaire, doit se poser avec acuité, comme mettant en opposition les pays qui les possèdent et ceux qui en ont besoin, car le manque de matières premières, c'est le chômage des pays qui mettent en valeur ces matières premières, et de même, le manque de débouchés, c'est l'impossibilité pour les pays producteurs qui travaillent pour le dehors d'assurer la continuité de leur existence économique dans des conditions normales.

Il faut organiser, au dedans et au dehors, la vie économique ; il faut l'organiser selon l'esprit et à l'image de la coopération.

Est-ce que, aujourd'hui, tout est à faire en ce sens ?

Si, il y a quelque dix ans, nous avions abordé un tel problème, nous aurions pu trouver bien ambitieux un programme d'organisation économique. Mais depuis dix ans, de notables progrès ont été réalisés, des idées sont en marche, de hautes autorités individuelles et collectives, se sont engagées dans la voie des solutions pratiques.

C'est sur ce point que je voudrais maintenant faire porter ma démonstration.

Depuis quelques années, pour régulariser la vie économique des différents pays, deux idées ont été mises en avant et sont déjà, pour une part, modeste encore sans doute, entrées dans le domaine des réalités.

La première, c'est celle de l'utilisation des travaux publics, comme moyen de régulariser la vie économique.

Les communes et les Etats disposent de commandes ou de travaux qui représentent des milliards, et l'on dit : Nous devons utiliser ces travaux de façon à assurer un contre-poids au fléchissement éventuel de l'économie privée. Si l'activité industrielle se ralentit, nous devons intensifier les travaux publics ; si au contraire il y a, dans l'économie privée, une demande excessive de main-d'œuvre et de matériaux, pour éviter une exagération du mouvement des affaires aboutissant à une exagération des prix, nous ralentirons les travaux publics.

La seconde idée, c'est celle d'une politique de crédit. On dit : Si nous établissons un contrôle social du crédit donné au commerce et à l'industrie, nous pouvons de même ralentir les mouvements de hausse excessive des prix, prévenir les entraînements d'une production, en restreignant les crédits et nous pouvons inversement, en les développant au moment où l'on observe une tendance à la baisse des prix et au fléchissement de la production, relever les premiers et ranimer la seconde.

Si l'on voulait s'engager dans cette voie et si l'on voulait même faire un pas de plus, si l'on voulait considérer les travaux publics et le crédit comme des instruments préalables d'organisation de la production, il serait sans doute possible de prévenir le renouvellement des crises et d'assurer le développement continu et régulier d'une grande partie de la production.

Mais ce n'est là qu'un premier groupe de mesures qui devrait être complété par l'organisation de l'industrie privée elle-même. A côté d'une politique systématique des travaux publics, à côté même de l'organisation des crédits octroyés à l'économie privée, il faudrait prévoir une organisation de cette économie privée.

La coopération pratique l'organisation pour son compte, la coopération est même, par essence, l'organisation. L'organisation est son fonds. Malheureusement la coopération à ses limites. Je le répète, si elle avait pu, par l'organisation des masses, conquérir le monde, les propositions que nous faisons n'auraient pas à être émises ; à cette heure, les bases économiques de la paix seraient déjà établies et assurées.

Sans doute, les chiffres qui ont été apportés hier par les représentants de la coopération dans différents pays attestent qu'elle fait de grands progrès. Mais elle n'est pas la maîtresse du monde. Nous devons redoubler d'énergie pour accroître ses forces et nous acheminer vers le régime de la République coopérative ; mais en attendant, il faut regarder autour de nous, autour de la coopération, et rechercher quelles sont, dans l'économie actuelle, les forces d'organisation que nous pourrions utiliser pour stabiliser la vie économique dans le pays et pour la stabiliser dans le monde.

Et nous trouvons ici les ententes industrielles.

Je sais bien que nous ne sommes point habitués, nous, coopérateurs, à envisager avec tendresse ces groupements qui fédèrent les entreprises capitalistes et quelquefois les absorbent, les fusionnent. C'est là, dans son principe, une forme éloignée de notre idéal.

Néanmoins, je suis heureux de pouvoir m'appuyer sur l'autorité de M. Charles Gide, sur les vues qu'il expose dans sa brochure sur le programme coopératiste et le commerce international, pour déclarer qu'il faut aujourd'hui que nous fassions entrer dans un programme d'organisation générale de la vie économique nationale et internationale les ententes industrielles.

Leur objet, vous le connaissez : Stabiliser la production dans toute la mesure du possible, standardiser la production en réduisant le nombre des types au chiffre le plus petit possible, en tenant compte des besoins normaux, et stabiliser le travail afin d'assurer aux ouvriers une sauvegarde contre le chômage.

Qu'il y ait dans les ententes industrielles une préoccupation capitaliste, qui donc pourrait en douter ? Mais nous demandons un contrôle, nous demandons un contrôle de l'Etat d'abord, des industries consommatrices ensuite, des consommateurs individuels organisés, c'est-à-dire des sociétés coopératives de consommation enfin.

Et sous cette forme, le cartel est un moyen de régularisation de la vie économique, propre à fournir une continuité au travail, dans le pays comme dans le monde.

Sans doute faudra-t-il que ces contrôles soient puissamment organisés. Nous ne sommes plus ici dans notre cercle habituel de sociétés coopératives unissant des volontés dirigées vers l'intérêt commun. Il s'agit de sociétés de capitaux, où c'est l'argent qui compte, où les voix dont on dispose dans les assemblées sont au prorata des capitaux engagés.

Nous sommes loin, nous sommes à l'antipode de notre idéal. Mais un principe pourtant doit nous intéresser dans les ententes industrielles : elles représentent dans l'économie capitaliste, l'organisation.

Et maintenant, c'est sur le plan international que nous devons faire pénétrer, dans toute la mesure du possible, l'entente industrielle.

Tout n'est pas à créer à cet égard.

Je rappelle ce cartel des potasses, entre l'Allemagne et la France, qui a été conclu au mois d'août 1924, pour toutes les exportations en Amérique, et qui, le 8 de ce mois, le 8 mai, est devenu une entente universelle, réglant toutes les exportations de ces deux pays.

Nous pouvons donc aujourd'hui considérer que le marché des potasses n'est plus un point de friction et d'antagonisme entre l'Allemagne et la France. Les deux pays ont signé pour trois ans un pacte d'action collective. La répartition se fait dans les proportions suivantes : France, 37,5 % ; Allemagne, 62,5 %.

Les prix sont établis d'un commun accord pour trois ans. Ce sont des prix fixes, stables, invariables, ils assurent donc la stabilité de la production. Les dépenses de publicité sont faites en commun, au prorata des contingents de vente, par les soins d'un organisme commun, et on agira en commun, fait à noter, pour éviter des campagnes de hausse et empêcher notamment que les intermédiaires vendent la potasse plus cher que le prix fixé.

Eh bien ! ce sont là des garanties.

Il y a une seconde entente qui se prépare aujourd'hui entre la France et l'Allemagne, qui pourrait même dépasser le cadre de ces deux pays et dont la portée serait beaucoup plus grande. Il s'agit de l'entente métallurgique, dont vous avez certainement lu les péripéties dans la presse.

La France, l'Allemagne, l'Angleterre, la Belgique, la Tchécoslovaquie, la Pologne, tous les pays européens de production métallurgique entraient dans une union commune et fixeraient des règles qui stabiliseraient la production et assureraient, entre ces différents pays, la répartition des marchés.

Désormais, par suite, la lutte disparaîtrait entre eux sur ce terrain, et si l'on veut songer au rôle que la métallurgie, que l'industrie lourde joue dans les antagonismes internationaux, on peut se représenter quelles seraient les conséquences pour l'organisation de rapports pacifiques entre la France et l'Allemagne, et plus généralement entre les grands pays industriels de notre vieux monde, de la conclusion d'un tel accord, sous le contrôle organisé de tous les éléments intéressés.

Sans doute, jusqu'ici, nous n'avons envisagé que l'organisation par tranches, peut-on dire, des différentes industries. Il faudrait coordonner les tranches, coordonner ces organisations partielles. et pour cela, il existe en France aujourd'hui un organisme. C'est le Conseil National Economique.

La Coopération y est représentée. Elle aura donc son mot à dire et elle pourra sans doute appeler l'attention sur les fonctions diverses que, dans l'intérêt de l'organisation économique, nous attendons du Conseil National Economique.

Première fonction, celle-là même que je viens de mentionner : relier les unions industrielles les unes aux autres et les fédérer verticalement, si je puis dire, puisqu'on oppose aujourd'hui l'organisation verticale de l'industrie aux organisations par tranches.

En second lieu, régler le fonctionnement du crédit dans le pays. Nous avons aujourd'hui des banques qui utilisent les épargnes pour leurs propres fins. Permettez-moi de les considérer un peu comme des fermiers généraux de l'épargne. Ce qu'il faudrait, c'est une utilisation des épargnes pour le but général du relèvement et du développement de l'économie générale du pays.

Nous avons ici un exemple dans la Banque des Coopératives de France. Elle a sa politique, elle oriente les crédits dont elle dispose par l'épargne des consommateurs, vers la production coopérative.

Il faudrait obtenir, par l'action systématique du Conseil National Economique, qu'un organisme de contrôle, agissant sur les banques et agissant par suite sur l'épargne du pays, aboutisse à orienter toutes les épargnes nationales vers le développement de la production dans les villes et de la production dans les campagnes.

· Si cette politique était méthodiquement suivie, nous n'aurions peut-être point besoin de droits de douane aussi élevés pour défendre certaines productions nationales.

J'ai sous les yeux des chiffres qui concernent le rendement de la terre en froment, en France et dans quelques autres pays. Je n'en retiendrai que quelques-uns.

Le rendement de l'hectare a été, en 1923 : en France, 13 quintaux 6 ; en Allemagne, 19 quintaux 6 ; au Danemark, 29 quintaux.

Avant la guerre, à une époque où l'Allemagne se trouvant dans des conditions plus normales, pouvait porter plus haut sa production, les rendements étaient : en France, 13 quintaux ; en Allemagne, 29 quintaux ; au Danemark, 33 quintaux.

Pourquoi notre rendement agricole n'est-il pas plus fort ? Question d'engrais, question d'outillage, question peut-être aussi de répartition de la propriété, d'insuffisance de cohésion.

N'y aurait-il pas toute une politique à établir, toute une action à exercer ? Le Conseil National Economique ne pourrait-il pas l'exercer ? Ne serait-il pas possible, en mettant à la portée de l'agriculture toutes les ressources techniques, tous les moyens de production dont elle peut avoir besoin, en prenant toutes les mesures requises, lui permettre d'aller plus loin, plus haut dans les rendements, et de demander par suite moins de protection contre l'étranger ?

Songez à ce que signifierait pour la France une production par hectare, non pas de 13 quintaux, mais de 24 quintaux comme en Allemagne, ou de 33 quintaux comme au Danemark !

Enfin, le Conseil National Économique, dans l'ordre que nous indiquons, aurait aussi pour objet immédiat, en même temps que de régulariser et de développer la production, d'assurer aux larges masses le bénéfice de cette production régularisée et accrue, et notamment de développer les assurances sociales et d'assurer ainsi à ces prolétaires industriels que j'ai caractérisés tout à l'heure, dans chacune des circonstances critiques de la vie, la couverture des risques par l'assurance organisée.

Ainsi, à l'intérieur du pays, une politique d'organisation économique, et entre les pays une politique économique internationale nouvelle, destinée à établir entre eux des relations organisées.

D'abord, les ententes ; ensuite, une cohésion entre les ententes.

La Société des Nations pourrait développer dans cette direction ses efforts. Par des conférences, par son organisation économique qui, dès aujourd'hui, exerce une activité importante, par le développement de cette organisation, en liaison avec le Bureau International du Travail, grâce aussi au concours d'organismes tels que les coopératives et leur représentation centrale, la Société des Nations pourrait ordonner la vie économique internationale et, ainsi, appliquer les principes d'une politique qui ne serait ni la vieille politique protectionniste, ni la vieille politique libre-échangiste, mais cette politique spécifique de la coopération que M. Gide caractérisait déjà en 1917 et que le Congrès International de Bâle adoptait en 1921.

Quelle sera cette politique de la coopération ? Elle s'oppose aux vieilles méthodes comme une politique d'action collective délibérée.

Délibérée non pas dans le tête-à-tête de deux nations, mais délibérée dans le concert de toutes les nations rapprochées pour rechercher en commun les meilleurs moyens d'organiser leur vie économique internationale.

Les accords de pays à pays, d'un seul pays avec un seul autre pays, sont des accords périlleux, car ils laissent de côté tous les autres intérêts et risquent par suite de susciter des antagonismes et des occasions nouvelles de conflits.

Il faudrait que tous les problèmes de politique internationale fussent discutés en commun, tous les peuples étant là et chacun faisant entendre ses desiderata ou ses objections.

Tout n'est pas à créer dans ce domaine. Le Pacte de la Société des Nations contient à cet égard un principe fécond. C'est le principe de l'équitable traitement du commerce de tous les États membres de la Société des Nations.

Sans doute, il y a une réserve : « Membres de la Société des Nations », mais comme nous entendons tous que la Société des Nations doit devenir universelle, il va de soi que ce principe doit être entendu à son tour comme universel.

Donc, le Pacte de la Société des Nations nous fournit cette base juridique : le principe de l'équitable traitement du commerce de tous les pays.

Sur la base de ce principe, on peut négocier. On peut d'abord demander son extension à d'autres domaines que celui du commerce, à l'ensemble des relations économiques des Etats, à ceux, par exemple, qui concernent, non pas le mouvement des marchandises, mais le mouvement des personnes, l'exportation et l'importation des hommes, c'est-à-dire l'émigration et l'immigration.

On peut donc faire entrer dans la discussion générale et mettre au bénéfice du principe de l'équitable traitement les relations économiques de toute nature concernant les personnes aussi bien que les biens, les capitaux aussi bien que les marchandises.

Ainsi, tous les intérêts économiques internationaux sont soumis à la discussion internationale.

C'est une méthode nouvelle. Aujourd'hui, à la frontière, chacun veut être le maître, il ne doit de comptes à personne. Il doit des comptes s'il a consenti à négocier et à se lier et dans le mesure où il s'est lié, mais s'il adopte le système des tarifs autonomes : il les les élève, il les abaisse, il les supprime, il les rend prohibitifs : nul n'a rien le droit de dire.

Dans le système nouveau, non seulement il se lie, mais il se lie avec tous et tous se lient avec lui. C'est donc un système de solidarité internationale dans la discussion des intérêts économiques et dans l'adoption d'une politique économique internationale.

Déjà aujourd'hui, des conférences ont été tenues qui ont traité de tels objets. Je rappelle la conférence financière internationale de Bruxelles, en 1920, la conférence économique internationale de Gênes, en 1922, les conférences internationales des communications et du transit, à Barcelone, en 1921, à Genève, en 1923. Pour ne prendre qu'un exemple et dans un domaine un peu spécial, cette dernière conférence a posé et discuté une question qui prouve jusqu'où peuvent aller les suggestions d'organisation internationale dans les relations économiques : il s'agit du problème de la fixation en commun de la date des fêtes religieuses, de Pâques, en particulier. On imagine les résistances morales qu'une telle suggestion pouvait soulever. Eh bien! En fait, l'accueil fait à cette proposition a été assez généralement bienveillant, et l'on envisage l'éventualité de cette fixation internationale entre toutes les religions d'une telle fête, dans l'intérêt du commerce des peuples.

On a aussi, dans un conférence récente, discuté de la simplification des formalités douanières et adopté des résolutions d'un haut intérêt, dès aujourd'hui ratifiées par un grand nombre de pays. Autre progrès !

Il s'agit maintenant d'avancer davantage dans cette direction, ce ne sont plus les conditions générales du commerce, ce sont les principes mêmes du commerce, les principes des relations économiques qu'il s'agit de discuter, c'est l'autonomie absolue des différents pays dans l'ordre des relations économiques qu'il s'agit sinon de limiter, du moins de soumettre à l'obligation de certaines délibérations.

Il y a des formules transactionnelles que l'on pourra admettre, la formule de la recommandation, par exemple.

En réalité, ce n'est point tant une organisation nouvelle qu'il s'agit de créer qu'une méthode qu'il s'agit d'adopter. Dans l'ordre des relations politiques, on a adopté la méthode de la discussion internationale. Aujourd'hui, elle s'applique à tous les domaines, et c'est parce qu'elle s'applique à tous les domaines que nous pouvons espérer assurer, contre les velléités belliqueuses, le maintien de la paix.

Je rappelle cet article essentiel du Pacte de la Société des Nations qui montre à quel point de transformation ou d'assouplissement de la vie politique internationale il est possible d'arriver par le seul jeu de la délibération ; c'est l'article 19 du Pacte, qui fait partie, on le sait, de tous les traités de paix :

L'Assemblée peut, de temps en temps, inviter les membres de la Société à procéder à un nouvel examen des traités devenus inapplicables, ainsi que des situations internationales dont le maintien pourrait mettre en péril la paix du monde.

Donc, au point de vue politique, le Pacte de la Société des Nations ouvre la voie à toutes les possibilités de discussion de tous problèmes qui opposent les intérêts moraux d'un pays aux intérêts moraux d'un autre, de manière à rendre possible la solution qui conviendrait aux exigences nouvelles de circonstances qui n'existaient pas au moment où le traité a été signé.

C'est une possibilité perpétuelle d'adaptation.

Un tel article qui ne signifie nullement la mise en discussion perpétuelle de tout ce qui est acquis, mais qui permet les transformations que l'évolution rendrait nécessaires, par d'autres voies que les voies de la violence par la libre discussion internationale, un tel article fournit une base solide à l'organisation définitive de la paix dans toutes les questions qui sont d'ordre politique.

Mais il y a les questions d'ordre économique. On les a jusqu'ici à peine effleurées.

On a sans doute formulé des desiderata, on a demandé le maximum de liberté, l'abaissement des frontières douanières, mais en faisant uniquement appel à la bonne volonté des différents États.

Ce que nous demandons aujourd'hui, dans l'esprit des principes coopératifs, c'est que l'on soumette à la discussion internationale toutes les questions économiques et qu'on les soumette à cette discussion dans un conseil où siégeraient les représentants des grandes forces économiques organisées des différents pays, industrie, commerce, agriculture, crédit, travail, consommation.

Le jour où, dans un tel organisme, seraient représentés tous ces grands intérêts, les questions économiques qui peuvent mettre aux prises les peuples seraient librement discutées, avec un souci d'entente réciproque, de conciliation, de bonne volonté. On trouverait sans doute des formules de conciliation effective et des solutions.

Ce ne serait plus ce libre-échange pur et simple qui souvent donne l'impression du déchaînement d'une guerre entre pays les mieux armés, les plus avancés, ayant un avantage décisif sur les autres. Ce ne serait pas non plus ce protectionnisme étroit, mesquin, particulariste, nationaliste, qui est à son tour une politique de lutte, de lutte des faibles contre les forts.

L'une et l'autre, la vieille politique libre-échangiste et la vieille politique protectionniste, feraient place à une politique de sauvegarde collective et rationnelle de tous les intérêts légitimes.

Sans doute, l'idéal du libre-échange contient une protection précieuse d'intérêts humains supérieurs qu'il ne faudrait pas purement et simplement rejeter.

Ce qu'ont en vue les représentants du libre-échange, c'est le développement le plus complet possible de la division internationale du travail. Dans une certaine mesure, il y a là un principe sain et que la coopération n'a eu garde de négliger. Oui, il faut que chaque peuple puisse développer pleinement ses ressources, il faut qu'il tire de ses aptitudes naturelles, de ses traditions, des forces de ses hommes et de sa population tout ce qu'il peut en extraire, non seulement dans son intérêt propre, mais dans l'intérêt de l'humanité tout entière.

Mais est-il bien certain que la liberté des échanges assure à fond ce résultat, non seulement dans une minute donnée, mais au cours de l'histoire ?

C'est ici qu'intervient une autre considération, l'inégalité d'évolution des différents pays. Certains ont une avance ; faudra-t-il leur livrer les autres pieds et poings liés ou, au contraire, faut-il prendre des mesures pour sauvegarder leur avenir, pour permettre leur développement futur ?

Si c'est chaque peuple qui prononce, il risque de le faire pour des motifs strictement égoïstes.

Si c'est un organisme international qui délibère, qui écoute, qui prend note des desiderata, qui s'informe, alors on peut obtenir des mesures qui ne seront pas dictées exclusivement par des visées égoïstes ou par la crainte d'innovations, mais par l'intérêt bien entendu du monde entier.

Il n'est pas sûr qu'il faille permettre aux supériorités présentes de s'éterniser; il n'est pas sûr qu'il faille faire obstacle à l'expansion future de forces qui ne se développerait pas si l'on permettait à d'autres forces de les dominer définitivement aujourd'hui.

Il y a là des équilibres à établir, une balance à tenir, toutes sortes d'intérêts de l'avenir comme du présent à sauvegarder. Il y a même, pour la Société des Nations, des considérations de sauvegarde internationale, même dans l'ordre de la sécurité.

Qui sait si le libre-échange absolu n'aboutirait pas à abandonner à quelques pays, peut-être à un même groupe de pays, par le jeu de la spécialisation économique à outrance, des forces militaires redoutables, et s'il n'y aurait pas là, par suite, le jour où il faudrait prendre des sanctions, un péril ?

Nous voilà donc ramenés, par des considérations d'intérêt général, dans l'examen du problème des rapports économiques des États, à des préoccupations extra-économiques ; ce ne sont plus, certes, des préoccupations militaires nationalistes, ce sont des considérations militaires internationales, et c'est la Société des Nations qui dira que sans doute il pourrait y avoir un intérêt de productivité à concentrer en tel point de l'Europe, la Rhur, par exemple, la production métallurgique et mécanique des engins de combat de l'Europe et du monde, mais qu'une telle concentration présenterait des dangers d'ordre politique international.

La Société des Nations, qui comptera avec les intérêts matériels et moraux de tous les pays et qui a la charge de la Paix du Monde dira : Nous pratiquons, dans ce domaine, une politique de protection, non certes une politique protectionniste, qui permettra une répartition internationale de certaines productions nécessaires à la sauvegarde définitive des intérêts supérieurs, car si nous ne prenions pas ces précautions, l'heure pourrait venir, dans un monde où toutes les forces économiques auraient pris leur plein essor, ou la défense commune, celle de la Société des Nations elle-même, serait devenue impossible.

Nous avons donc bien des considérations à faire intervenir, même dans l'hypothèse de l'organisation politique de la paix. Et voilà pourquoi nous ne disons pas : libre-échange pur et simple. Nous voulons examiner chaque cas, discuter les répercussions, mesurer les contrecoups sur l'évolution de tel ou tel peuple, savoir, par exemple, si nous n'aboutirions pas, en laissant périr, dans certains pays, certaines industries, à poser des problèmes d'émigration et d'immigration qui, à leur tour, seraient des problèmes redoutables, portant des germes de nouveaux conflits internationaux.

Peut-être même faudra-t-il envisager certains tarifs de transport des matières premières qui favoriseraient leurs importations dans les pays qui en sont dénués pour leur permettre de garder leur population et de ne pas surcharger le marché du travail d'autres pays par une exportation excessive de main-d'œuvre.

Tous ces problèmes sont connexes et tous sont liés dans une sauvegarde systématique de la paix.

Mais il faut qu'ils soient discutés les uns et les autres dans un organisme assez vaste pour internationaliser les questions et leur enlever l'aspect étroit qu'elles prennent lorsque chacun veut les traiter à son point de vue particulier.

C'est là une politique nouvelle et c'est là qu'est précisément la politique de la Coopération, de la Coopération comme force internationale qui ignore les conflits entre coopératives, parce que les intérêts des coopératives sont des intérêts concordants et solidaires de la Coopération, instrument national et international de conciliation de tous les intérêts particuliers.

C'est cette conception coopérative de la vie économique internationale que nous nous efforçons de faire triompher.

Il va de soi que lorsque nous aurons ainsi empêché les conflits économiques entre les peuples, lorsque nous aurons fourni les éléments de conciliation, lorsque nous aurons donné aux uns des débouchés ou des matières premières; à d'autres, certaines possibilités d'exportation d'une population surabondante; à tous, l'ordre et la régularité dans l'exercice de leur activité économique, la sécurité du lendemain et aussi, sous la loi de la sauvegarde de tous les intérêts légitimes dont je parlais tout à l'heure, la possibilité d'expansion par delà les frontières — car mes réserves ne doivent pas faire perdre de vue l'idée fondamentale, qui est une grande division internationale du labeur entre les peuples et la mise à profit de toutes les ressources pour tous les intérêts communs de l'humanité tout entière — lorsque nous aurons ainsi abaissé les frontières économiques, lorsque, dans bien des cas, nous les aurons supprimées parce que leur suppression n'entraînera pas d'inconvénient grave, mais aura des avantages décisifs, nous nous apercevrons que les frontières économiques ne seront plus au même degré des occasions d'antagonisme.

Je ne veux pas entrer dans des précisions qui poseraient des problèmes irritants. Mais songez à certains contours difficiles de territoires de pays anciens ou nouveaux, au cœur de l'Europe ; songez à toute l'âpreté des passions déchaînées par ce fait que les contours politiques sont aussi des contours économiques et que les groupements nouveaux de populations, selon des principes politiques et moraux ont eu parfois pour conséquence d'arracher à certains peuples des moyens de travail dont ils avaient besoin ; songez à toutes les passions déchaînées par ces dépendances économiques nouvelles, et représentez-vous quelle serait la condition de l'Europe si ces barrières politiques n'étaient pas des barrières économiques, si les échanges entre pays qui se sont séparés étaient aussi aisés qu'à l'intérieur d'un même pays; songez à l'apaisement de passions et d'antagonismes qui résulterait de cette condition nouvelle !

Déjà plusieurs conférences internationales ont émis le vœu qu'entre les pays de l'ancienne Autriche-Hongrie se constitue une Union douanière qui assurerait à tous les bénéfices des matières premières et des marchés que l'on possédait en commun autrefois.

Que de rancunes, que de conflits latents prendraient fin, si une communauté économique nouvelle ou plutôt une communauté économique persistante ou renaissante pouvait se juxtaposer à ces diversités politiques qui ont été la conséquence de l'application du droit des peuples à disposer d'eux-mêmes, et du triomphe des principes nouveaux dans l'ordre moral !

L'Europe tout entière ne gagnerait-elle pas à devenir, dans la plus large mesure, une grande entité économique, à l'intérieur de laquelle il pourrait y avoir lieu, sans doute, de prévoir certaines mesures de protection ici ou là, et des primes et des encouragements, mais une grande entité économique à l'intérieur de laquelle les échanges seraient faciles et qui pourrait, par suite, prendre une extension économique dont elle est privée inéluctablement par le morcellement douanier de ses territoires ?

Si j'insiste sur ce point, c'est qu'il y a là un problème que nous devons envisager avec audace, pour n'être pas réduits un jour à méditer sur les conséquences fatales d'une politique d'aveuglement.

Les Etats-Unis d'Amérique forment une unité douanière qui, à elle seule, englobe autant de richesses que tous les pays d'Europe réunis et, à bien des égards, plus de richesses.

Mais cette unité douanière permet, dans le cadre du pays, le développement de la production sur une grande échelle.

Si les quarante-huit Etats des Etats-Unis étaient hérissés de frontières douanières, jamais les Etats-Unis d'Amérique ne seraient devenus le premier pays industriel du monde.

En Europe, la Grande-Bretagne échappe à cette loi de pulvérisation, de balcanisation économique, par son Empire, car l'Empire, ce sont les Etats-Unis Britanniques, c'est une immense force

Les Etats-Unis d'Amérique forment une unité douanière, qui, à lui seul, peut être considéré comme faisant contre-poids aux débouchés intérieurs des Etats-Unis d'Amérique.

Et les droits différentiels et préférentiels au profit des Dominions, et la très intelligente politique qui consiste à maintenir une quasi-unité douanière de l'Empire pour assurer les larges débouchés réciproques, et, par là même, la production en grand et le développement industriel traduisant le souci prédominant du maintien et de la cohésion de cet extraordinaire marché.

Eh bien ! La Grande-Bretagne peut-être le point d'intersection des relations économiques de l'Europe et des Dominions et, par là, de l'Europe et de la moitié du Monde.

Mais ce point d'intersection ne rend pas superflu le rapprochement économique de l'ensemble des Etats du reste de l'Europe. Mieux que cela : elle le présuppose.

Si nous continuons à vivre dix ans, vingt ans ou un demi-siècle recroquevillés sur nous-mêmes, dans ces *petits* pays d'Europe — ne l'oublions pas, ces petits pays — à petite production, à production artisane, comparée à ce qu'est la grande industrie des Etats-Unis et, pour une part, de l'Angleterre, si nous continuons à nous enfermer dans ces petits antagonismes douaniers, dans ces petits antagonismes économiques mesquins, l'heure viendra où, de notre productivité moyennageuse à la grande productivité des pays anglo-saxons, il y aura si loin qu'une véritable Muraille de Chine de l'Europe sera devenue une nécessité perpétuelle, pour nous permettre de conserver encore une pauvre possibilité d'existence.

Il faut, pour le salut économique de l'Europe entière, que l'Europe s'approche rapidement de cette condition d'économie commune et de barrières communes qui s'abaisseront graduellement pour disparaître sans doute plus tard. Il le faut, si nous voulons échapper à la suppression définitive des communications entre notre civilisation économique et de la civilisation économique du reste du monde.

La guerre nous a déjà appauvris, la guerre nous a presque ruinés, et si nous continuons les luttes économiques mesquines de petits Etats économiques à petits Etats économiques, je le répète, l'heure viendra où il sera définitivement impossible de nous relever.

Eh bien, il est possible, dans le Conseil Economique International dont je parlais tout à l'heure, à la création duquel tend la résolution que je soumets à vos suffrages, de faire place à ces accords entre pays qui seraient, au point de vue économique, l'équivalent de ces accords politiques régionaux prévus par le Pacte de la Société des Nations.

Je le répète, la Grande-Bretagne, par sa position particulière en un point bien défini de l'Europe, pourrait être ainsi, par ses contacts avec l'Europe dont elle est, et avec l'Empire dont elle est également la force d'entraînement de la civilisation économique européenne vers cette civilisation économique universelle à laquelle nous tendons.

Des formules pourraient aisément être créées pour agencer toutes ces nécessités et permettre ainsi la floraison des forces économiques de notre continent et son rétablissement en vue d'un équilibre futur avec le reste du monde.

Voilà, dans ses grandes lignes, le programme que je vous soumets. Et si, sous réserve de toutes les considérations d'espèces sur lesquelles j'ai insisté, ce rapprochement européen était réalisé, si les frontières économiques s'abaissaient en Europe, si de pays à pays, non pas universellement et d'un seul coup, mais en général et, s'il le faut, petit à petit, les relations économiques devenaient plus étroites, voyez combien s'abaisseraient moralement les frontières politiques qui demeurent au cœur de certains peuples comme une blessure perpétuelle, qui entretient une volonté sourde de conflit et de guerre.

Abaisser les barrières douanières, abaisser les barrières économiques, c'est enlever à certaines des frontières politiques leur point vif et sensible et permettre ainsi la pacification générale.

Ainsi, l'organisation économique de la paix est véritablement un acheminement à l'organisation politique de la paix, de même que l'organisation politique de la paix rend possible son organisation économique.

L'une et l'autre sont solidaires, l'une et l'autre représentent deux nécessités intégrées l'une à l'autre, et nous devons simultanément faire effort pour l'une et pour l'autre.

Ainsi sécurité politique, sécurité économique, et dans la sécurité économique, sécurité non seulement pour les nations, mais sécurité pour les individus, stabilité dans le travail, développement des richesses, accroissement des salaires réels, développement du bien-être pour tous !

Je reviens une dernière fois à cette plante prolétarienne déracinée. Elle plongera maintenant ses racines dans le terrain riche d'une Europe fortifiée ; les assurances sociales ne seront plus un rêve ou une apparence, mais une réalité ; par l'accroissement des richesses, chaque progrès de la division coopérative et de l'organisation du travail dans l'Europe et dans le monde permettra l'élévation graduelle et continue des couches les plus modestes de nos populations.

Ainsi, sécurité politique, sécurité économique, sécurité sociale ; assurances pour tous, bien-être pour tous.

Et lorsque, dans des relations économiques ainsi nouées entre tous les pays, étroitement rattachés les uns aux autres, chaque peuple puiserait les ressources nécessaires à une vie de plus en plus sûre et large; lorsque cette organisation économique du monde serait pour chaque nation et pour chaque foyer un principe de bien-être; lorsque chacun verrait dans l'accroissement des richesses de tous les pays la base du développement des richesses de son pays et de son propre bien-être individuel et familial; lorsque ainsi seraient solidarisés, de façon éclatante, dans l'ascension des salaires réels, dans l'accroissement des prestations des assurances sociales, dans le relèvement économique continu du niveau de vie des larges masses, les intérêts économiques des Nations et que chacun saurait que c'est dans la communauté économique international, toujours mieux organisée, toujours plus puissante, que se trouve la source de son propre bonheur et du bonheur des siens, et lorsque, dans cette atmosphère nouvelle, les relations politiques elles-mêmes se seraient transformés, alors c'en serait fini de ce régime de rivalités et d'oppression de pays à pays; alors, nous ne verrions plus ce monstre de l'industrialisme capitaliste déchaîné pour le seul profit, dont parlait hier si éloquemment notre camarade Brot, qui happe les existences ouvrières et qui les broie, mais nous verrions, suivant son rêve, le monstre dompté et mis au service de l'intérêt général; alors, auraient cessé de cheminer et de serpenter jusqu'à nous ces rumeurs perpétuelles de guerre, ce mécontentement, ces colères jaillies de l'insécurité générale, du sentiment que la vie de chaque homme comme la vie de chaque pays est à la merci d'un danger ; alors, c'en serait fini avec les impérialismes, avec l'esprit de revanche, avec la rébellion perpétuelle; alors, le droit des peuples pourrait fleurir partout; alors les frontières politiques, à la suite des frontières économiques, s'abaisseraient; alors, ce serait vraiment la paix, la paix des peuples, la paix sur la terre pour tous les hommes, réconciliés dans une commune bonne volonté.

Le Président. — Les applaudissements chaleureux de l'Assemblée prouvent combien les délégués se sont intéressés aux explications de notre ami Edgard Milhaud.

Sur la question traitée par Milhaud, j'ai reçu une demande de parole de Huybrechts et de Henriet. Je donne la parole à Huybrechts.

Intervention de HUYBRECHTS

Huybrechts. — Le Conseil Central a mis à l'ordre du jour du Congrès la question des accords économiques internationaux et l'attention avec laquelle a été écouté M. Edgard Milhaud montre l'intérêt que l'Assemblée prête à cette question. Si je devais répondre à M. Milhaud, il me faudrait reprendre son discours article par article, ce qui demanderait beaucoup de temps.

Un délégué. — Et ce ne serait pas si bien.

Huybrechts. — Cela ne fait pas de doute ! Seulement, il y a des affirmations qui sont contenues dans le rapport et qu'il ne faudrait pas laisser passer.

Nous sommes d'accord avec M. Milhaud lorsque, à la page 64, il dit — et c'est la seule citation que je ferai :

Mais la politique des armements se transportera aussi dans le domaine économique. La production, le commerce seront conditionnés par les objets nationaux. On s'équipera industriellement pour l'éventualité d'une guerre, on aménagera sa production de manière à pouvoir, en cas d'hostilités, se trouver dans les conditions d'approvisionnement les plus favorables; on règlera son commerce extérieur sur les nécessités d'une telle production; on se barricadera s'il y a lieu, derrière des droits de douane prohibitifs; on fera inévitablement la politique commerciale du nationalisme, qui est, dans la majorité des cas, le protectionnisme, tempéré seulement par des accords économiques avec les peuples alliés, c'est-à-dire par des accords économiques de combat.

Je demanderai aux délégués de faire la lecture de cette page 64 du Rapport, parce que M. Milhaud y fait un exposé de la situation qui est encore de toute actualité et qui ne sera pas changée de longtemps, à moins que des conditions politiques nouvelles n'interviennent.

Nous trouvons, à la page 65, l'article 11 du Protocole de la Société des Nations :

Conformément à l'alinéa 3, article 16, du Pacte, les Etats signataires prennent l'engagement individuel et collectif de venir à l'aide de l'Etat attaqué ou menacé et de se prêter un mutuel appui, grâce à des facilités et à des échanges réciproques, en ce qui concerne le ravitaillement en matières premières et denrées de toute nature, les ouvertures de crédits, les transports et le transit et, à cet effet, de prendre toutes les mesures en leur pouvoir pour maintenir la sécurité des communications terrestres et maritimes de l'Etat attaqué ou menacé.

C'est très joli cela, et on l'a dit bien souvent depuis 1914. Mais qui est-ce qui pourra dire quel sera l'Etat attaqué ; et comment répondre à celui qui dira : Je suis attaqué, j'appelle à l'aide les autres nations pour me défendre.

Vous ne sentez pas toute l'erreur de cette politique qui nous a conduits, en 1914, à la grande boucherie ?

A l'heure actuelle, nous n'avons pas encore pu dégager les responsabilités de la guerre, et tout cela parce qu'il y avait à la base une politique secrète que nous condamnons, que M. Milhaud condamne aussi, mais sans indiquer comment nous pourrions nous passer de cette politique secrète.

D'autant plus que nous disons, nous, et c'est une affirmation que nous devons faire ici, que nous n'acceptons pas, en régime capitaliste, la défense nationale. C'est une affirmation qui, pour nous, à sa valeur, parce que la défense nationale, en régime capitaliste, ne fait que consolider ce régime qui ne pourra jamais apporter aux masses du prolétariat la sécurité et la paix dont M. Milhaud a fait état.

Dans un autre extrait du rapport — et ils sont nombreux, car si la Fédération a accordé 50 pages à M. Milhaud pour insérer son rapport, il en faudrait au moins autant pour lui répondre — dans un autre extrait du rapport, il dit :

Il n'est que trop aisé de comprendre que, dans la mesure où l'usage fait par un pays de ses frontières politiques lèse ses frontières économiques et notamment les intérêts économiques essentiels d'un autre ou de plusieurs autres, des antagonismes économiques suscités prennent une orientation politique, tendent à mettre aux prises les Etats, et finalement à mobiliser contre les résistances et les oppositions toutes les forces disponibles, au nombre desquelles peuvent se faire jour, à leur heure, les forces de guerre. La transition peut être insensible et imperceptible du conflit économique initial au conflit armé. Ce sont les armées qui déplacent les frontières politiques.

Il est de toute évidence que ce sont les armées qui agissent, mais les causes de leur action sont d'ordre économique, et nous assistons en ce moment à un conflit qui est à l'état latent, celui du « couloir polonais » qui sépare la vieille Prusse du reste de l'Allemagne et celui des mines de Silésie.

Voilà des questions économiques et, en face des revendications de l'Allemagne, nous trouvons la volonté des Etats capitalistes qui entendent créer des Etats tampons, non point pour assurer une répartition économique équitable suivant le principe des nationalités à disposer d'eux-mêmes, mais qui constituent le fameux cordon sanitaire destiné à isoler la Russie des Soviets du reste de l'Europe.

Les frontières sont tracées par les armées. Nous en avons l'exemple en ce moment au Maroc. Le Maroc, malgré les propositions faites par Abd-el-Krim, est en guerre — car c'est bien une guerre que nous faisons au Maroc et nous retrouvons les communiqués journaliers comme ceux que nous avons connu autrefois — le Maroc est en guerre parce que l'Europe veut s'assurer des matières premières et des débouchés économiques.

Cela encore, c'est de la politique secrète, et je ne crois pas que ce soit les propositions que nous a fait M. Edgard Milhaud qui seront suffisantes, même ratifiées par la Société des Nations, pour empêcher les requins de la Banque et de l'Industrie de faire la guerre coloniale que nous faisons en ce moment au Maroc et celle que nous préparons en Chine.

A propos du problème des débouchés, M. Milhaud s'exprime de la façon suivante :

C'est donc, pour une part, la question des débouchés qui fait la gravité de la question des matières premières. Aussi bien la question des débouchés a-t-elle une importance primordiale. C'est la lutte pour les débouchés qui, bien souvent, crée entre nations de violents antagonismes... c'est elle qui a été l'instigatrice de l'impérialisme colonial, source de redoutables conflits entre nations.

Mais sommes-nous, en face du problème des débouchés, absolument désarmés et impuissants, ou du moins ne doit-on en attendre la fin que d'un régime social absolument nouveau ?

M. Milhaud a aperçu que toutes ses propositions ne pouvaient réellement aboutir et qu'au fond c'était véritablement un régime nouveau qui supprimerait tous les brigandages coloniaux ainsi que toutes les guerres de nation à nation.

Avant de présenter la motion que la minorité a rédigée en opposition à celle qui est proposée par le Conseil Central, je vous signale le danger qu'il y aurait pour notre neutralité coopérative à accepter celle-ci.

Après une étude assez superficielle, en effet, vous pourriez prendre des décisions en faveur de la Société des Nations, qui iraient contre le but qu'en tant que coopérateurs nous nous proposons.

En tout cas, je vous signale que la résolution qui nous est proposée est non seulement une résolution d'ordre économique, mais aussi une résolution d'ordre politique.

Si vous votez une résolution à caractère politique, que devient alors la neutralité dont vous vous prévalez ?

Nous disons, nous, qu'une motion politique vous pouvez et vous devez la voter, parce que nous ne faisons pas de distinction entre la politique et l'économique, nous disons qu'elles sont liées et ne ne sauraient être séparées. Mais c'est contraire à ce que vous dites être vos principes.

Pour ma part, je serais heureux de vous voir voter une motion de caractère politique, parce que cela nous permettrait de dire que votre neutralité n'est qu'une neutralité de surface.

Je ne veux pas vous entretenir plus longtemps ; mais je dirai que, quoique long, ce rapport de M. Milhaud est incomplet.

Il est incomplet parce que, après avoir constaté la liaison étroite des questions économiques et politiques, il laisse prudemment dans l'ombre les questions politiques, sous prétexte de neutralité coopérative. Il est incomplet aussi parce qu'il passe sous silence, et pour cause, les répercussions des résolutions qu'il propose sur la classe ouvrière.

Cela nous démontre que ce rapport est conçu dans un sens nettement favorable à la consolidation du capitalisme.

Le patronage de la Société des Nations, organe avéré du capitalisme mondial, destiné à réaliser sa stabilisation définitive, et dont le porte-parole, Paul Boncour, trahissant la pensée de Jaurès dont il se réclame.

Un délégué. — Tu es en dehors de la question.

Huybrechts. — Ceux dont je parle sont précisément les autorités dont M. Milhaud se réclame pour les questions économiques et les questions politiques qu'il vous a soumises, et par conséquent j'ai le droit de donner une autre opinion sur ces personnalités.

Si nous ne pouvons pas en parler, il ne fallait pas les citer.

Et nous disons, Jouhaux, mauvais berger d'une partie encore aveugle de la classe ouvrière.

Un délégué. — C'est vous, les mauvais bergers ! C'est vous qui trahissez la classe ouvrière !

Huybrechts. — Et Briand, le renégat.

Un délégué. — Et Cachin ?

Le Président. — Pas d'attaques personnelles, je vous prie, pour éviter du bruit dans la salle.

Huybrechts. — Nous disons aussi que l'attitude du Comité des

Forges indique le désir où l'on est d'entraîner la coopération en faveur de la classe capitaliste.

UN DÉLÉGUÉ. — Il n'y a que vous qui êtes socialistes : on le sait !

HUYBRECHTS. — Ce que cache la proposition de M. Milhaud, sous couleur de questions économiques et coopératives, c'est la reconnaissance des conceptions politiques et économiques du cartel des gauches, en faveur de la Société des Nations et de son agrément par le mouvement coopératif.

LE PRÉSIDENT. — Je vous en prie, écoutez l'orateur, et s'il se permettait des attaques personnelles, je consulterais mes deux assesseurs, pour savoir si on doit lui maintenir la parole.
Je vous prie donc de l'écouter, et j'invite l'orateur à éviter les attaques personnelles.

HUYBRECHTS. — En tous cas, ce rapport qui échafaude un projet de stabilisation définitive du régime capitaliste démontre les vices du régime qu'il s'efforce de consolider.
A ce titre, il nous est une aide précieuse par ses constatations et s'il échafaude un projet de stabilisation définitive du capital il démontre aussi avec une grande netteté les vices d'un régime qu'il s'efforce d'étayer, de consolider.

LE PRÉSIDENT. — Je vous prie d'écouter l'orateur. C'est le seul moyen d'aller rapidement

HUYBRECHTS. — Nous opposons à ce rapport la résolution dont je vais vous donner lecture

L'expérience de ces dernières années, celle d'après-guerre surtout, démontre clairement l'impuissance du capitalisme à réaliser dans le domaine politique l'accord permanent entre les peuples. Dans les problèmes économiques étroitement liés aux politiques, les antagonismes d'intérêt rendent impossible tout accord général donnant aux peuples cette sécurité, cette paix, qui sont indispensables à la base même du bien-être des hommes, de tous les hommes.
Le chaos financier, la stabilité de surface obtenue par des moyens empiriques, la désorganisation de la production, aboutissants logiques des méthodes capitalistes et dont l'horrible guerre, celle du droit et de la civilisation a été le couronnement; la politique secrète qui mène à des accords particuliers des groupes de nations dressés les uns contre les autres, nous permettent de constater avec évidence que tout pacte de garantie élaboré sous ces auspices, ne peut donner aucun gage réel de paix.
Il n'est pas dans les possibilités du capitalisme vicié à l'origine par la diversité des appétits et des intérêts, de résoudre le grand problème de l'harmonie de la production, suivant les besoins de la consommation.
La guerre a multiplié et développé les contradictions internes du régime économique. Dans les pays à change déprécié, la dévalorisation de la devise monétaire, accélérée par l'inflation — en prolétarisant les classes moyennes — précipite le rythme de la concentration capitaliste. Les trusts se renforcent et voient s'ouvrir devant eux des facilités d'exportation contre lesquelles les trusts des pays à devise saine, sont obligés de se défendre. En effet le chômage élevé de ces pays, dépassant la norme utile

au maintien des bas salaires, mettrait en danger la dictature politique directe, ou masquée de démocratie, sur laquelle repose leur hégémonie économique. Les rivalités entre les divers groupements internationaux s'en trouvent d'autant plus exacerbées. Les conséquences financières, physiologiques et aussi dans une certaine mesure, psychologiques de la dernière guerre, rendent momentanément plus difficile le recours à un nouvel appel aux armes. Elles acculent les capitalistes à maintenir dans une servitude plus étroite les peuples coloniaux; à des luttes âpres et sanguinaires pour les quelques territoires non occupés et à la main-mise sur tous les peuples incapables de se défendre (la Chine en est un exemple frappant). Dans ces conjectures, tous les pactes de garanties, entre nations, ne peuvent constituer qu'une utopie dangereuse; moyen politique adroit pour endormir la classe ouvrière dans une sécurité menteuse, seule profitable aux fauteurs de guerre.

Un désarmement partiel, hypocritement consenti, masque la volonté des forbans de l'industrie lourde de ne pas se priver des bénéfices réalisés sur les armements terrestres et maritimes. Il ne constitue en fait qu'un masque grossier destiné à leurrer le grand besoin de paix des peuples épuisés par la « Grande boucherie ».

En capitalisme « normal » la production des pays capitalistes s'accroît beaucoup plus rapidement que la population, partant, un meilleur équilibre, une stabilisation relative ne peuvent être envisagés sur le plan national, que comme éminemment provisoire. Les périodes d'alternance des crises économiques d'avant-guerre, tendent à faire place à la crise persistante et permanente sans cesse en aggravation.

Il en est de même sur le plan international : malgré les accords dont le capitalisme sent confusément la nécessité entre tous les grands trusts internationaux, leurs intérêts divergeants pour tout ce qui concerne les débouchés et les matières premières ne peuvent leur permettre que la réalisation d'accords particuliers de nation à nation. Cela constitue le régime d'insécurité et la politique de combat qui rend impossible le respect d'accords internationaux politiques consentis, au surplus, par ceux-là même, politiciens de tous les pays, doublés d'hommes de banque et d'industrie, que leur intérêt éventuel mettra dans l'obligation de les violer.

Mais en admettant que l'on puisse oublier cette certitude, définie aussi magistralement par Jaurès : « *Le capitalisme porte en lui la guerre comme la nue porte l'orage* » et si l'on admet que, verticalement et horizontalement, le capitalisme arrive à sa plus haute forme de concentration par les accords des gros trusts nationaux et internationaux, il n'en sera pas moins vrai que tout le travail, effectué par la Société des Nations, le sera en faveur de ce même capitalisme dont la domination maintiendra en servitude le monde innombrable des véritables producteurs, techniciens et ouvriers. A ceux-ci seront consentis des salaires de famine, l'indispensable pour vivre et procréer, juste ce qui leur est nécessaire pour pouvoir remplir le rôle de manœuvre spécialisé que réclame de plus en plus la grosse industrie. La collaboration de classes, préconisée par la Bourgeoisie sous toutes ses formes, y compris le réformisme, aboutirait en fait à l'abdication totale, sans réserve, des producteurs véritables devant l'oligarchie des banques et des trusts, devant le capitalisme.

Cela ne sera pas. Le producteur prend de plus en plus conscience de sa force, de sa capacité de gestion. L'exemple lumineux de la Russie, seul pays où le parasitisme des intermédiaires est en voie de disparition en est la preuve évidente. Les producteurs ouvriers et techniciens peuvent, à eux seuls, organiser la production et rejeter le capitalisme. Depuis longtemps, dans le domaine de la répartition des produits les consommateurs eux-mêmes ont pu faire la preuve qu'ils étaient dans la possibilité de réaliser pleinement leur mission sociale.

Dans ces conditions, que devient le capitalisme ?

Et que doit-il être, pour nous, coopérateurs, sinon l'ennemi déclaré, l'intermédiaire néfaste qui, après avoir rançonné le producteur, se glisse encore, entre celui-ci et nous-mêmes, pour accroître démesurément les profits illicites que les lois faites par lui, dans son intérêt, lui permettent de prélever ?

Et que peut-on espérer des lois ?

Il est absurde de supposer que nos ennemis nous donneront leurs armes pour en faire usage contre eux-mêmes. Le capitalisme ne peut consentir à sa destruction, pas plus que les trusts ne consentiront à être dépossédés en faveur d'unions nationales et internationales des coopératives de consommation et de production.

Que devient alors la politique coopérative honteuse de la main tendue envers les politiciens de parlement ? A la faveur des revirements politiques, de toutes les Sociétés faussement démocratiques, ballottées de gauche à droite et de droite à gauche, ils nous est repris aujourd'hui ce qui nous a été donné la veille. Le commerce, pas plus que l'industrie capitaliste, ne disparaîtra légalement.

. Dans ces conditions la politique économique de collaboration n'est au fond, pour nous, qu'une politique de dupes et de renoncement et de la part du capitalisme une politique de tolérance envers les organisations coopératives, qu'il flatte même parce qu'il ne les craint pas. Elle doit donc être condamnée.

Si l'on se rappelle que la coopération fut créée à la suite d'une grève par des ouvriers et pour des ouvriers, notre devoir, notre action sont tracés. C'est à visage découvert, par la lutte prolétarienne de classe, qu'il convient d'abattre le capitalisme. L'intérêt général ne peut nous retenir, car il ne prendra sa valeur que dans une société de forme nouvelle, communiste, dont les oisifs et les parasites seront exclus et où l'exploitation des hommes par d'autres hommes ne saurait plus être tolérée.

C'est alors seulement qu'il sera possible de réaliser l'organisation méthodique de la production en harmonie avec les besoins de la consommation.

C'est alors seulement que toute éventualité de guerre aura disparu pour faire place à la paix, à la grande paix universelle, à la grande harmonie du travail.

En raison de ce qui précède :

Le Congrès de la Fédération Nationale des Coopératives de consommation, réuni à Nancy,

Considérant que le bien-être et le progrès de tous les peuples, ainsi que le développement mondial de la coopération, ne peuvent s'effectuer que dans un régime de paix et de coopération de tous les peuples libérés du capitalisme:

Considérant que les décisions prises ou à prendre par la Société des Nations sur l'arbitrage, la sécurité et le désarmement, ne sont que des décisions de façades, prises pour tromper les peuples et sembler satisfaire leur besoin de paix;

Considérant que la Société des Nations est impuissante à supprimer la diplomatie secrète qui, malgré des promesses formelles et les fameuses déclarations du président Wilson fait loi dans toutes les chancelleries;

Considérant que la Société des Nations est un organisme international de défense capitaliste, propre, uniquement à masquer leurs désaccords actuels et à favoriser les accords internationaux dont le prolétariat paiera les frais;

Refuse toute confiance à cet organisme et refuse de s'associer à toute propagande ayant pour but d'augmenter son autorité morale sur les masses.

Considérant que seul le prolétariat, la grande masse des exploités, sera à même de résoudre le grand problème de la paix mondiale, le congrès renonce à la vaine formule de la neutralité coopérative.

Décide :

Sur le plan national, d'établir les liens les plus étroits entre les trois formes d'activité de la classe ouvrière, l'action politique, l'action syndicale, l'action coopérative, pour organiser la défaite du capitalisme par l'union de toutes les forces révolutionnaires.

Sur le plan international, décide de mener par l'Alliance coopérative internationale ou à son défaut en collaboration avec la coopération russe, la lutte effective contre la guerre. Engage les coopérateurs associés à poursuivre la réalisation de la République mondiale des travailleurs par la lutte internationale contre le capitalisme, en liaison avec toutes les organisations internationales révolutionnaires du prolétariat.

Le Président. — Je donne la parole à Henriet.

Intervention de HENRIET

Henriet. — J'ai écouté avec la plus grande attention l'exposé savant de notre camarade Milhaud. J'avais lu précédemment ses études économiques qui m'avaient toujours plu par la très grande connaissance des questions dont elles étaient empreintes.

Pour ma part, je n'ai pas étudié dans les Lycées et les Universités les doctrines économiques ; j'ai été obligé de les étudier au fur et à mesure de l'évolution de ma pensée et j'ai pris un peu partout ce que j'ai trouvé de bon.

Aujourd'hui, après avoir examiné très attentivement le rapport, je dois dire qu'il me laisse un peu perplexe. Et d'ailleurs, il n'est pas essentiellement coopératif, puisqu'il examine le rôle de la Société des Nations et précise l'effet du protocole présenté a la France à l'assemblée de Genève en 1924.

Et tout en laissant voir que le protocole de Genève ne lui donne pas une satisfaction complète, Milhaud indique d'une façon générale qu'il aurait voulu le faire précéder — ce qui était la proposition de Jouhaux, d'accords économiques, afin de détruire les antagonismes capitalistes et d'organiser la paix entre les nations.

Nous pensons que la puissance du capitalisme dépasse aujourd'hui la bonne volonté de ceux qui dirigent les nations, lorsque ceux-ci ne veulent pas obéir aux ordres du capitalisme.

Et, en effet, indiquer comme moyen d'obtenir la destruction des antagonismes capitalistes par la mise en exécution des théories coopératives est certainement une idée exacte. Mais entre la puissance de la coopération à l'heure actuelle et celle du capitalisme, il y a une telle distance que l'on se rend parfaitement compte que nos décisions d'aujourd'hui, quelles qu'elles soient, ne sauraient apporter un grand changement dans l'ordre des choses.

En effet, l'impérialisme capitaliste est plus grand aujourd'hui que jamais. Il est absolument certain qu'avant la guerre de 1914 la situation du capitalisme et de l'impérialisme n'était pas aussi forte qu'aujourd'hui.

Milhaud a expliqué qu'actuellement il y avait deux groupements de nations, tous deux de race anglo-saxonne; les Anglais et les

Américains, qui pouvaient, à la rigueur, se passer des autres nations, parce qu'ils possédaient et les matières premières et les débouchés nécessaires.

Eh bien, ce n'est pas exact. Car on voit en ce moment ces mêmes nations être en opposition dans le monde entier.

Est-ce que j'ai besoin de rappeler la guerre du pétrole, est-ce que j'ai besoin de rappeler que la Standard Oil et la Royal Deutsch sont opposées sur tous les points du monde ? Est-ce que j'ai besoin d'exposer l'opposition qui se manifeste entre les Etats-Unis et l'Angleterre, en ce qui concerne la possession des matières premières en Chine, et du débouché chinois, et de la main-d'œuvre chinoise ? Est-ce que tout le monde ne sait pas que les colonies ont été une des causes de la guerre de 1914 et qu'aujourd'hui encore cette question coloniale est à l'ordre du jour partout, pour avoir les matières premières nécessaires à l'industrie ? Est-ce que nous ne voyons pas même les armées de ces deux puissances, pour ne parler que d'elles, se développer continuellement ?

Je sais bien qu'il y a eu à Washington un congrès du désarmement où l'on a limité la construction des dreadnoughts; mais on n'a pas limité précisément la construction des vaisseaux légers qui constituent aujourd'hui la défense maritime des nations. Et par conséquent les armements se poursuivent sans cesse, et pour celui qui examine la politique extérieure, il est absolument certain que nous nous trouvons dans une situation — ce n'est pas moi seulement qui le dit, je crois que c'est dans l'esprit de chacun — nous sommes dans une situation qui est certainement, comme menace de guerre, plus dangereuse que celle de 1914.

Milhaud vous expliquait encore un autre cas de guerre : la balkanisation de l'Europe centrale. Mais il oubliait une autre cause de guerre qu'on est en train de préparer aujourd'hui, c'est la guerre contre la République des Soviets, qui échappe à l'emprise du capitalisme.

On vient nous présenter la Société des Nations comme pouvant résoudre ces problèmes, mais il n'y a personne qui ne sache que la Société des Nations a été créée surtout entre toutes les puissances coalisées contre l'Allemagne et qu'elle a eu pour but, à l'origine, dans l'esprit des cinq grandes puissances, surtout le maintien du traité de Versailles, que l'Allemagne et la Russie en ont été tenues éloignées, et que le pacte n'a pas eu non plus le concours de l'Amérique.

Par conséquent, qu'est-ce que c'est que cette Société des Nations, quelle puissance a-t-elle, politiquement et économiquement ?

Pouvait-elle faire quelque chose ? Elle a prouvé que non, car du jour où l'on a proposé devant elle une réalisation qui, d'ailleurs, n'était pas au point, il s'en fallait, celle du protocole proposé par Herriot, immédiatement on a vu l'opposition capitaliste se séparer d'une façon absolue et les quelques signataires du protocole sont précisément les nations les moins puissantes, celles par conséquent dont l'influence est la moins importante dans les questions de guerre ou de paix.

L'Angleterre a refusé nettement de s'y associer; l'Amérique et la Russie n'en font pas partie; l'Allemagne est encore à la porte, et on a déclaré récemment qu'il fallait qu'elle acceptat les conditions du Traité de Versailles pour pouvoir être admise.

Et quand on voit les autres grandes puissances, l'Italie, le Japon, qui n'ont pas signé le protocole, on peut dire que celui-ci n'a pour ainsi dire que l'adhésion de la France, et encore on voit qu'au moment précis où l'on vote le protocole, l'impérialisme est toujours aussi vivace et aussi agressif, puisque nous nous trouvons en présence — quoique disent les journaux qui trouvent toujours des explications à donner — nous nous trouvons en présence d'une agression contre la République du Riff, agression préparée de longue date et de longue main, même par ceux qui proposaient le protocole.

Je dis cela parce que c'est aujourd'hui prouvé, et c'est ce qui démontre l'inanité et l'impuissance, l'hypocrisie même de la Société des Nations.

Car aujourd'hui, on sait qu'Abd-el-Krim est venu en France, qu'il a eu des pourparlers avec les chefs du Gouvernement, qu'il a pu acheter des armes en France et qu'il a pu s'organiser militairement contre les Espagnols, à l'époque précisément où l'on proposait le protocole.

On peut dire également que l'année dernière, au moment même où Herriot faisait ces discours devant lesquels on s'est pâmé d'aise, il y avait à Paris une conférence où l'Ambassadeur d'Espagne, M. Steeg et le représentant du gouvernement, M. Herriot, et le maréchal Lyautey, conférence dans laquelle on s'entendait pour s'emparer de la partie Nord de l'Ouergha, partie fertile qui avoisine et ravitaille le Riff, pour pouvoir réduire la République riffaine à la famine et l'obliger, comme on l'a fait dans tous les pays coloniaux, à accepter le joug de la France ou d'un autre pays, probablement l'Espagne, si on avait pu y arriver.

C'est à la suite de cette conférence que les plaines de l'Ouergha ont été envahies par les troupes françaises qui ne les occupaient pas jusque là et qui ont établi des blokhaus de tous côtés, de façon à empêcher les Riffains de se ravitailler.

On comprend donc que les Riffains, mécontents d'avoir été ainsi traités, tentent de reprendre ce qu'il leur appartient, et le même gouvernement — puisque M. Painlevé prétend être en tout le successeur de M. Herriot — le même gouvernement considère ceux qui veulent vivre, ceux qui veulent reprendre le terrain dont on les a dépossédés, comme des rebelles.

Voilà la situation. Peut-on trouver exemple d'hypocrisie plus caractérisée que celle-là ?

Croire que la Coopération, fût-elle développée plus encore qu'elle ne l'est, même internationalement, arrivera à changer quoi que ce soit dans le monde où la concentration capitaliste et l'égoïsme individuel ont atteint le suprême degré, croire cela est se créer de dangereuses illusions, et vous savez tous ce qui s'est passé, vous savez tous que la puissance capitaliste est telle que M. Herriot a été proprement étranglé par les capitalistes français lorsqu'il a voulu leur faire verser les impôts dont ils étaient débiteurs.

Ce sont ces faits connus de tout le monde dont on ne veut pas tirer les conclusions naturelles, et on essaye d'en dégager des conséquences qui sont tout à fait en dehors de la réalité des faits.

Est-ce que nous n'avons pas autre chose qui nous démontre la puissance du capitalisme et sa nocivité en ce qui concerne la paix des peuples ? Est-ce que nous n'avons pas aujourd'hui un exemple de cela dans le plan Dawes appliqué à l'Allemagne ? Je sais bien qu'on va dire que c'est pour les réparations, en application du Traité de Versailles. Mais quel est le système adopté ? C'est la mise en servage d'une nation, en particulier des travailleurs de cette nation, car tous les impôts, toutes les recettes de l'Etat sortent du travail et ce ne sont pas les oisifs, quelle que soit leur situation, qui, en réalité, payent : c'est nécessairement le travail qui paye.

Par conséquent, lorsque les Américains apportent leur or pour reconstituer l'Allemagne d'après le plan Dawes et l'Autriche d'après le plan de la Société des Nations, ils imposent aux peuples dont ils rétablissent l'économie une dîme capitaliste au profit des capitalistes étrangers.

Où donc est, dans ces conditions, la liberté des peuples ?

En ce moment même, à l'instant où nous sommes en train d'opérer dans le Riff, est-ce que nous ne voyons pas les créanciers de la France nous apporter leur petite note et demander quand on les payera ? Est-ce que nous ne savons pas que la stabilité du franc n'est qu'un moyen de pression dans les mains de l'Angleterre ? Est-ce que nous ne savons pas que, quand M. Poincaré et son gouvernement a fait envahir la Ruhr et qu'il n'a pas voulu accepter le plan Dawes et l'expertise avant le plan Dawes, est-ce que nous ne savons pas que le franc a brusquement dégringolé, par le fait que les créanciers anglais et américains ont jeté sur le marché leurs créances en francs, ce qui a fait tomber la pièce de 20 sous à 23 centimes ?

Et vous croyez que nous sommes un peuple indépendant, et vous croyez que, par l'évolution, nous arriverons à créer de cette société chaotique une société où l'harmonie règnera entre la production et la consommation, c'est-à-dire la répartition juste et équitable des produits ?

Camarades, il y a là quelque chose qui est tout à fait particulier chez nous. Il me semble que vous êtes comme nos grands-pères, les catholiques d'autrefois qui attendent le paradis depuis 1.800 ans et qui n'ont pas compris que le paradis, ils devaient le gagner sur la terre, qu'il ne fallait pas attendre d'être mort pour le rechercher.

Vous êtes remplis de ces illusions et vous attendez le paradis ou du moins l'égalité sociale, la justice sociale d'un milieu qui ne peut pas se rénover, qui, au contraire, donne de plus en plus de puissance au capitalisme et qui met votre coopération dans une situation presque impossible qui fait que vous n'avez aucune force, que vous n'avez aucune puissance, que votre seule puissance réside actuellement dans l'organisation politique des partis de gauche, mais que vous n'avez pas vraiment par vous-mêmes le moyen de faire quoi que ce soit.

Vous êtes ici simplement tolérés, car le jour où la coopération deviendrait forte, dans une régime capitaliste, il est absolument certain qu'on vous tordrait le cou, comme on a essayé de tordre le cou aux coopératives puissantes qui existaient il y a 25 ans, quand on a voulu leur imposer la patente et leur appliquer les lois fiscales exceptionnelles.

Il me paraît très drôle de voir des socialistes venir préconiser ce que j'entendais dire aujourd'hui là-dessus.

Quand on pense que, depuis Karl Marx, on a expliqué les causes des crises économiques par le déséquilibre de la production individualiste qui fait qu'il n'y a pas harmonie entre la production et la consommation, on se demande comment on peut, sans savoir si l'on consommera, organiser une production qui s'élève fatalement à un maximum donné alors que la consommation est fatalement aussi incapable d'absorber les produits.

Vous pensez que les crises économiques vont pouvoir être résolues par les moyens que vous préconisez ? Jamais de la vie ! Il suffit simplement de regarder ce que nous donne Edgard Milhaud comme solution de la crise économique.

Il dit ceci : il faut prévoir la crise économique — il parle de crise économique générale — et il dit : « Quand il y a lieu de prévoir une crise économique, on peut tout au moins en partie modifier la situation, soit en mettant en jeu les grands travaux publics qui sont absolument nécessaires, soit soutenir les entreprises par des crédits bancaires, soit, au contraire, les amener à se restreindre dans leur production en diminuant les crédits ».

Ne sentez-vous pas combien toutes ces indications ne sont que des cautères sur une jambe de bois ? Ne comprenez-vous pas que cela ne saurait solutionner en aucune façon les difficultés que nous voyons ?

Il arrive alors à ceci. On nous dit : Les trusts sont peut-être un moyen d'organiser la production méthodique.

Nous en arrivons à l'organisation du capitalisme absolu; c'est par ce procédé qu'on prétend organiser l'harmonie entre la production et la consommation.

Il est vrai, en effet, qu'en régime capitaliste, il n'y a moyen de conjurer les crises que par l'action des trusts. Et, contrairement peut-être à ce que pensent bien des camarades qui sont ici, je suis d'avis que les trusts, en régime capitaliste, ne sont pas toujours une cause de cherté de vie. Je crois qu'il y a là, comme dans nos coopératives une solution à trouver, et que recherchent d'ailleurs les trusts : avoir un prix de vente assez bas, permettant de diminuer les frais généraux et de réaliser le maximum de bénéfices. C'est une solution à trouver et qui est relativement harmonique en régime capitaliste.

Mais il n'en est pas moins vrai que si les trusts arrivaient à cette organisation dans le monde entier, ce serait pour vous le servage définitif car il y aurait des gens qui vivant du travail des autres en arriveraient à organiser leur propre défense contre les esclaves qu'ils auraient définitivement asservis.

Car la justice dans la répartition des produits n'est pas du tout ce que cherchent les trusts. Qui dit trust, dit suprématie du régime capitaliste sur les travailleurs, et notre tendance à nous est précisément de renverser ces termes.

Ce que nous voulons, c'est que les trusts, du jour où ils prennent une fraction de la production publique nous voulons que les trusts entre dans l'organisme collectif car autrement ils deviennent un danger infiniment grave pour le prolétariat et même pour la classe moyenne.

Il est certain, en effet, que l'opposition ouvrière grandit au fur et à mesure de la concentration capitaliste et qu'en conséquence les gouvernements, même démocrates, sont impuissants et sont obligés par les trusts qui organisent leur défense, d'accepter le régime fasciste institué par le grand capitalisme.

C'est ce que nous voyons partout à l'époque où nous vivons. Est-ce que nous ne voyons pas le capitalisme s'organiser en Italie, sous la protection des fascistes ? Est-ce que nous ne voyons pas, en Allemagne, dans la crise allemande d'inflation qui a ruiné presque totalement la classe moyenne et la classe des travailleurs, est-ce que nous n'avons pas vu cela : le fascisme organisé par quelques capitalistes allemands ? Est-ce que nous ne voyons pas, chez les trusts américains, cette même autodéfense ? Alors que l'Amérique n'avait pas d'armée ou avait une armée insignifiante, les capitalistes organisaient, sous un nom que je ne rappelle plus, des forces armées qui gardaient leurs usines dans les périodes de grève ou de mouvement populaire. Ces hommes étaient armés, payés par les capitalistes et cela existe encore aujourd'hui un peu partout.

Est-ce que vous ne sentez pas que ce qu'Edgard Milhaud indique comme une forme d'organisation de la production est le plus grand danger qui puisse exister ?

Nous avons donc raison de serrer la question de plus près et de dire : En régime capitaliste, il ne peut y avoir de justice : ni justice dans la répartition des richesses, ni justice dans l'obligation au travail, ni justice dans la répartition des produits.

Il ne peut y avoir de justice que le jour où toute la production est collectivement organisée par la collectivité et pour la collectivité. Il ne peut y avoir justice distributrice que le jour où c'est la collectivité elle-même qui répartit les produits et n'admet pas à la répartition les oisifs, comme cela se fait aujourd'hui.

Et alors, dans cette situation même, nous voyons qu'à l'heure actuelle toutes les attaques du capitalisme sont dirigées contre un pays où précisément la coopération est à l'ordre du jour. Je veux parler de la Russie.

Je sais qu'il suffit de parler de la Russie pour provoquer des rires. Je lisais ces jours derniers un livre qui s'appelle « Le 18 Brumaire ». J'examinais les arguments donnés à cette époque qui avaient permis la prise de pouvoir de Napoléon Bonaparte et, dans ce livre, était dépeinte la situation de notre Révolution de 1789 à 1799 qui était exactement celle de la Russie à l'heure actuelle, à part qu'il y a en Russie une organisation politique ouvrière alors qu'en 1789 cette organisation politique n'existait pas, puisque les bourgeois de 1789 avaient interdit, par la loi Le Chapelier, le possibilité de coalition des ouvriers. Mais, comme situation générale, c'était exactement la même chose.

Eh bien, si la Révolution française a mis non seulement dix ans, mais plus de vingt-cinq ans pour convaincre par la puissance des armes de Napoléon les pays européens que le système bourgeois était le meilleur, ou tout au moins qu'il était meilleur que le régime féodal, vous pouvez bien prêter quelques années au Gouvernement des Soviets au lieu de l'attaquer aussi brutalement et aussi colomnieusement que vous le faites.

Ce qui déplait quelque peu à certains ouvriers habitués à la démocratie, c'est que les Bolcheviks n'ont pas eu peur de dire qu'il fallait, pour qu'une révolution produise ces résultats, une dictature de fer, c'est-à-dire qu'il fallait imposer aux ennemis du prolétariat, aux ennemis du nouvel ordre de choses, une force suffisante pour empêcher une réaction comme celle qui s'est développée après 1789.

Prêtez donc quelques années au régime des Soviets pour voir ce qu'une révolution prolétarienne peut faire.

Mais aujourd'hui, puisque nous sommes entre coopérateurs, il n'y a probablement aucun d'entre nous qui ne sache que c'est en Russie que la coopération a pris le plus grand développement, que c'est en Russie que l'on fait jouer à la coopération le rôle que vous désirez lui voir remplir dans la vie sociale, que c'est en Russie que l'on voit la coopération subventionnée pour 43 % de son capital par l'Etat. Et cela se fait au bénéfice de la masse prolétarienne, au bénéfice des ouvriers et non au bénéfice des capitalistes.

Car précisément dans ce pays, où l'économie était tout à fait primitive, où il n'existait par conséquent pas de concentration capitaliste, nos camarades bolcheviks ont été assez intelligents pour comprendre que la coopération était une force. Et alors que le milieu ne leur permettait pas de mettre en pratique la totalité de leurs conceptions, ils ont donné à la coopération le rôle de combattre les abus du capitalisme, et ils n'ont pas fait comme nos gouvernants, même les plus démocrates, ils n'ont pas laissé la coopération à la porte, au contraire, ils l'ont organisée de telle façon qu'elle puisse établir partout des maisons de commerce ou magasins de vente. C'est elle qui achète le plus, c'est elle qui achète tout et qui distribue les produits dans toute la Russie. Aujourd'hui, le capitalisme de répartition est en pleine décadence, il recule au fur et à mesure que l'économie russe se rétablit, que l'augmentation des transactions s'effectue, et c'est dans la coopération qu'on voit les plus grands progrès.

Croyez-vous que cela serait arrivé sans la révolution ? Est-ce que vous ne savez pas que, dans ce pays, l'esprit d'association est inné chez les hommes ? Eh bien, on empêchait l'union, on empêchait l'organisation; on envoyait en Sibérie ceux qui créaient des coopératives, les administrateurs qui se mettaient à la disposition des travailleurs pour organiser la distribution.

Aujourd'hui, tout est changé. Par le fait qu'ils ont pris le pouvoir politique — brutalement, c'est vrai, mais c'était une nécessité — par le fait aussi de leur tenacité et de leur patience, les dirigeants russes ont su défendre leur liberté, et c'est surtout cela que vous leur reprochez, vous leur reprochez d'avoir une armée pour défendre la république des travailleurs.

Nous disons que, sans la révolution, la Russie serait encore dans la même situation, et que si vous lui prêtez seulement quelques années, si vous pouvez empêcher un des plus grands dangers de guerre qui existe en ce moment, cet encerclement de la Russie des Soviets, nous verrons certainement la république coopérative, que certains préconisent quand ils écrivent des livres, alors qu'ils ne font rien pour la faire aboutir dans la réalité.

Ce sont les bolcheviks qui l'ont fait aboutir en Russie, et qui la feront aboutir ailleurs.

Nous disons que le régime capitaliste est trop fort pour pouvoir être renversé par la seule progression de nos Sociétés. Nous savons parfaitement que nous n'arriverons pas à renverser le capitalisme sans la révolution. Nous n'avons pas la prétention de dire que nous allons descendre demain dans la rue avec un fusil; nous savons bien qu'une révolution ne se fait par la volonté de quelques-uns; nous le savons très bien. Vos applaudissements m'empliraient de joie si je ne savais que vous voulez souligner simplement que vous attendez le jour de la révolution tout en n'y pensant jamais. Oh! je connais ça !...

Mais je continue mon exposé. Je dis qu'il faut préparer la classe ouvrière à prendre possession du pouvoir, et que ce n'est pas par des moyens comme ceux qu'on a préconisé dans certains groupements politiques ou économiques qu'on y parviendra : ce n'est certainement pas par l'évolution.

Ce n'est pas non plus par la réforme parlementaire, il s'en faut, quelque réforme que vous fassiez, que vous écartiez le capitalisme. Le capitalisme organisé ferait des parlementaires qui sont avec vous ce qu'on a fait d'Herriot; il les étranglerait purement et simplement et il se trouverait encore un Mussolini pour préparer l'exécution.

C'est donc une illusion profonde que de laisser croire à la classe ouvrière et aux militants de la classe ouvrière que c'est en se laissant vivre, en ne faisant rien, en ne se préparant pas à l'organisation et à la direction qu'on pourra parvenir à un résultat. Je sais que beaucoup d'entre vous dédaignent aujourd'hui ces vérités; je sais qu'on a haussé quelque peu le niveau de la discussion et des problèmes, de façon à ce que les travailleurs ne puissent plus y participer. Nous voyons aujourd'hui dans la coopération, à part les ouvriers de la première heure, nous voyons surtout des intellectuels, et nous nous rendons compte de l'ostracisme qui pèse sur les travailleurs manuels; nous voyons bien ce qu'il y a dans les rangs des dirigeants de la coopération; ils sont presque tous pris dans la classe bourgeoise, dans la classe moyenne.

Un délégué. — Ce n'est pas vrai.

Henriet. — Si ce n'est pas vrai pour toi, — je n'en sais rien — c'est vrai pour beaucoup d'autres. En tout cas, comme il est tard et que je veux conclure, je dois déclarer ceci :

En accord complet avec la motion que notre camarade Huybrecht vous a lue, nous pensons que la marche de la coopération, à l'heure actuelle, s'éloigne du but que nous devrions poursuivre, nous, classe ouvrière. Nous pensons qu'elle devrait s'organiser en accord avec les autres groupements ouvriers, mais avec ceux qui pensent que la révolution seule les débarrassera de l'esprit capitaliste.

Je pense donc que c'est la première question à se poser pour un militant : celle de savoir s'il croit vraiment à la conquête du pouvoir, ou du moins à la mise en exécution de son idéal par l'évolution normale des choses. Et si, après un examen sérieux, fait en toute conscience, il voit que la puissance du capitalisme est telle qu'il sera impossible de réaliser cet idéal, il doit, par un retour de la politique coopérative vers les masses ouvrières dont elle s'est éloignée, tâcher de rentrer en communion d'idées et en communion d'action avec le prolétariat.

Il faut abandonner les buts exclusivement individualistes, exclusivement égoïstes qui sont ceux de quelques-uns parmi nous, car aujourd'hui, pour conserver les coopératives, il faut abandonner l'ancienne conception des grosses ristournes. La plupart de nos sociétés sont obligées, de jour en jour, de les abandonner. Pour vivre, elles sont obligées de diminuer les frais généraux dans de grandes proportions, car le problème est pour elle le même que pour les trusts : elles ne peuvent vivre et progresser qu'à la condition d'être d'accord avec toute la classe ouvrière, avec tous ceux qui travaillent sans en excepter aucun de ceux qui voudront lui apporter leur concours.

Qu'il n'y ait plus l'ostracisme que je vois se manifester depuis quelques années pour tous ceux qui ne pensent pas comme les dirigeants actuels. Je crois qu'ils devraient faire un retour sur eux-mêmes et se rappeler le temps où ils sont entrés dans la coopération. Ceux qui dirigent aujourd'hui la coopération étaient alors les militants du mouvement syndical et prolétarien; ils défendaient les théories marxistes et certains d'entre eux trouvaient que je n'était pas assez socialiste. Aujourd'hui, ce sont eux qui proposent la collaboration avec la bourgeoisie, avec ce régime capitaliste qui ne peut porter que la misère de la classe ouvrière. Il faut revenir à une méthode d'organisation où le prolétariat uni, quelles que soient ses tendances, quelles que soient ses confessions religieuses, continue la lutte de classe contre le capitalisme, pour la révolution sociale.

Le Président. — Comme il n'y a plus d'orateurs inscrits, je considère la discussion comme close. Je donne simplement la parole pour quelques instants à Edgard Milhaud, qui va répondre quelques mots.

Edgard Milhaud. — Je serai très bref. Entrer dans les détails serait une impossibilité. Il y a la méthode du tout ou rien, ce n'est pas celle que j'ai défendue dans ma résolution. Le péril que nous combattons, c'est l'éventualité d'une prochaine guerre. Pour prévenir une prochaine guerre, il faut recourir à toutes les possibilités d'entente entre les peuples; l'entente doit être politique, elle doit être économique. Elle ne peut pas être économique exclusivement avec les forces prolétariennes ; il faut y faire entrer tous les éléments de la société, toutes les forces possibles d'organisation. Lorsque nous avons affaire à des forces qui ne sont pas coopératives, nous demandons un contrôle : c'est ce que les deux précédents orateurs ont paru oublier. Nous faisons appel aux ententes industrielles, sans doute, mais aux ententes industrielles contrôlées, contrôlées par leurs ouvriers, contrôlées par les consommateurs, contrôlées par tous ceux qui, à un titre quelconque, peuvent représenter, vis-à-vis des intérêts capitalistes, les intérêts généraux de la société; c'est donc un effort méthodique pour utiliser toutes les ressources dont nous disposons aujourd'hui afin de consolider la paix précaire. Eh bien! On nous disait, dans un texte que je vous ai lu : « La route est longue jusqu'à l'étape et, d'ici là, peut-être des bouleversements seront-ils nécessaires et inévitables ».

Ce que nous vous demandons pour notre résolution, c'est de hâter le pas, pour que nous parvenions à cette étape avant qu'il ne soit trop tard.

Le Président. — Je mets aux voix la résolution proposée par Edgard Milhaud.

Elle est adoptée.

LE RAPPORT DE LA COMMISSION DES RÉSOLUTIONS

Le Président. — Je donne la parole au camarade Prache, rapporteur de la Commission des résolutions.

Gaston Prache. — La Commission des résolutions s'est réunie ce matin sous la présidence de notre camarade Cuminal. Elle a été saisie des vœux émanant des diverses fédérations; elle les a étudiés tous avec beaucoup de soins et beaucoup d'attention; certains d'entre eux ont été amalgamés, et il est résulté de ce travail des textes dont il va vous être donné lecture.

Vœu relatif à l'attribution des prêts du Ministère du Travail aux Sociétés coopératives de consommation.

Le Congrès, considérant que les formalités préliminaires imposées pour l'obtention ou plutôt pour la mise à la disposition des sociétés des prêts du Ministère du Travail sont trop longues; que d'autre part, la durée des prêts — inférieure à 3 ans — ne permet aucune utilisation vraiment efficace pour le développement de la coopération,

Émet le vœu :

1º que les prêts accordés aux sociétés coopératives par la Commission d'attribution soient versés dans un délai plus rapide que celui qui est généralement pratiqué.

2° que les délais de remboursement soient prolongés et portés à cinq année au minimum et qu'ils ne commencent à compter qu'à partir de la date du versement.

3° que le fonds de dotation soit augmenté, d'une part par le versement du fonds de dotation d'Alsace-Lorraine dès la disparition des services spéciaux à cette région et, d'autre part, par tous les moyens que le Conseil Central et l'Office Technique de la Fédération, seront susceptibles de suggérer.

En conséquence, le Congrès charge les délégués de la F. N. C. C. à la Commission d'attribution des prêts, de soutenir et de faire aboutir ces vœux.

Le Président. — La résolution est adoptée.

Gaston Prache. — Vœu relatif à la création d'un Service de Propagande et de Publicité coopérative, avec spécialisation d'un Secrétaire Général dans ce service.

La Commission des résolutions vous demande le renvoi de ce vœu au Conseil Central pour examen et établissement d'un rapport qui sera soumis au prochain Congrès national.

Un délégué. — Voudriez-vous donner quand même lecture du texte ?

Gaston Prache. — Volontiers. Voici le texte :

Le Conseil d'Administration de l'U. C. L. :

Constatant que d'une part : dans le domaine matériel, l'écart des prix pratiqués par les coopératives et le commerce se resserrant de jour en jour et la ristourne diminuant parallèlement, le consommateur est moins attiré vers les coopératives par l'appât de meilleurs prix et d'une bonne ristourne.

Que d'autre part, dans le domaine normal, la Coopération s'étant neutralisée et universalisée, il n'y a pour ainsi dire plus de coopératives socialistes ou chrétiennes ou autres, et il y a de moins en moins de coopératives professionnelles, et, par conséquent, on va de moins en moins à la coopération par principe politique, religieux, social ou par particularisme corporatif.

Et que, pour remédier à cette situation de fait, il est de nécessité impérieuse et urgente de propager et de faire comprendre les résultats, les buts et l'idéal coopératif.

Estimant qu'il appartient à la F. N. C. C. de prendre la tête de ce mouvement et de faciliter aux sociétés les moyens de le suivre :

Emet le vœu :

qu'un service de propagande et de publicité nationale soit créé à la F. N. C. C. et qu'un secrétaire général de la F. N. C. C. soit spécialisé dans ce service d'importance considérable pour le développement et l'extension du mouvement coopératif français.

Le Président. — Pas d'opposition au renvoi ? Le renvoi est prononcé.

Gaston Prache. — Vœu concernant les conflits coopératifs.

Il a été déposé par la Fédération des Coopératives du Nord et du Pas-de-Calais, et remanié comme suit par la Commission des résolutions :

Le XII° Congrès de la Fédération Nationale des Coopératives de Consommation, réuni à Nancy, constate qu'à une demande d'arbitrage faite à l'occasion d'un procès engagé contre l'Union des Coopérateurs de Paris, ceux qui poursuivent et ceux qui s'associent à cette poursuite ont refusé d'accepter cette proposition et qu'ils maintiennent devant le Tribunal de Commerce leur requête en demandant la nomination d'un administrateur judiciaire.

Le Congrès constate encore qu'il en est de même dans plusieurs autres Fédérations régionales où des recours à la justice de droit commun ont été exercés à l'occasion de conflits coopératifs. A cette occasion, et tenant compte du fait qu'il peut s'agir d'actes inspirés de considérations extérieures à la Coopération, le Congrès regrette et blâme les agissements accomplis dans la Région Parisienne par la Fédération Nationale des Cercles de Coopérateurs Révolutionnaires.

Il dénonce et réprouve aussi les agissements d'où qu'ils viennent de tous les individus ou groupements qui, dans les Fédérations, ont opéré ou opéreront dans des conditions identiques. Si de tels faits se généralisaient, ils seraient de nature à mettre en péril les organisations les plus importantes du mouvement coopératif.

Le Congrès demande que tous les litiges coopératifs en cours ou à venir soient soumis à l'arbitrage coopératif et que tous les coopérateurs qui n'accepteraient pas cette règle ne puissent être investis d'aucun mandat ni fonction dans le mouvement coopératif.

Le Président. — Quelqu'un demande-t-il la parole ?

Jaudin. — Je voudrais redresser une erreur de fait. On parle de coopérateurs qui ont engagé l'action judiciaire contre l'U.D.C., et on dit qu'ils ont refusé l'arbitrage. Je dis que les dirigeants de l'U.D.C. ont procédé de telle façon qu'une minorité importante n'a pas de représentants officiels ici; je dis que si vous déclarez que ceux-là ont refusé l'arbitrage, vous aurez commis une fois de plus une calomnie.

Buguet. — Je voudrais protester contre les paroles du citoyen Jaudin, en ce qui concerne la représentation de la minorité. Cette minorité, dans nos Comités, ne s'est pas fait jour et n'a, par conséquent pas à être représentée ici.

C'est toujours la même question qu'on soulève, question de procédure administrative ou judiciaire, et c'est toujours le même argument qui sert.

Jaudin. — Je n'ajoute qu'un mot : c'est que je suis certain que mes camarades de la Région Parisienne comme moi-même ne sont animés que de ce qu'ils croient être l'intérêt supérieur de la coopération.

Tout le monde sait que les postes, dans les commissions de propagande, ne sont pas des postes de profit, mais des postes de travail. J'ai le droit de dire, ayant lutté pour la coopération, que j'ai la conviction profonde et qu'il n'est pas possible qu'un camarade de bonne foi ne partage pas cette conviction, que si les dirigeants de l'U.D.C. sont vraiment partisans d'un accord, je suis convaincu qu'il ne tient qu'à eux de le réaliser.

Marrane. — Je demande la parole.

Le Président. — **La parole est à Marrane.**

Marrane. — Je fais toutes réserves sur la résolution qui est proposée ici et qui sera certainement adoptée, car je dis qu'elle est tout à fait contraire à la réalité.

J'ai déclaré hier, à la tribune, que nous étions tous d'accord, les coopérateurs révolutionnaires, pour obtenir la reconnaissance de nos droits en dehors de toute action en justice et j'ai déclaré que nous avons depuis longtemps essayé, plusieurs camarades et moi-même, de trouver une solution de conciliation. Le fait que vous insérez dans cette motion que nous avons refusé l'arbitrage, est contraire à la vérité.

J'ai également déclaré que si les camarades qui sont à la direction de l'U.D.C. et qui ont fait hier à la tribune des déclarations qui ne sont pas des déclarations de conciliation, si ces camarades veulent nous donner des garanties pour nous permettre de nous exprimer librement et d'avoir notre juste représentation, nous sommes prêts, dès notre retour à Paris, à examiner les moyens de nous entendre.

Poisson. — Je demande au Congrès de voter la résolution ; mais je demande qu'elle ne soit publiée que dans quelques jours. On verra si, d'ici là, les promesses qu'on nous a fait seront suivies d'exécution.

Edouard Marty. — Je demande si la motion vise l'incident de Bordeaux.

Le Président. — Oui, elle vise tous ceux qui font appel à la justice.

Intervention de Edouard MARTY

Edouard Marty. — Un incident s'est produit tout à l'heure à la Commission des Résolutions au sujet de ma candidature.

Je tiens à signaler que les incidents de justice qui se déroulent à Bordeaux n'ont aucun rapport au point de vue coopératif avec ce que nous avons entendu discuter hier.

Nous avons employé tous les moyens pour arriver à un résultat, mais sans succès, et si vous le voulez bien, en quelques mots, je vais préciser les faits.

Nous avons eu connaissance qu'un malhonnête homme était à la tête d'un service du M.D.G., et ce malhonnête homme était en même temps un des trois dirigeants de l'Union du Sud-Ouest. Nous avons demandé un jury d'honneur; l'administrateur régional du M.D.G. a refusé.

Une des sections de l'U.C.S.O. s'est réunie, au moment d'une assemblée générale, a fait voter par cette assemblée la demande d'un jury d'honneur. Mais on a répondu qu'un jury d'honneur n'était pas utile, et que si nous avions quelque chose à exposer, il fallait le faire devant l'assemblée générale. Or, notre avocat, qui est un ami et un coopérateur, nous avait mis en garde : il n'est pas possible qu'à l'assemblée générale vous exposiez les faits d'une façon précise, car vous pourriez être attaqué en diffamation; restez donc sur le terrain du jury d'honneur.

C'est ce que nous avons fait, et nous avons insisté devant l'assem_
blée générale, devant le Comité général et partout, sur cette même
formule du jury d'honneur, sans pouvoir l'obtenir.

Mais les évènements se continuent, et les trois dirgeants de
l'U.C.S.O., pour se maintenir dans leurs fonctions, n'ont rien trouvé
de mieux que de faire un faux bilan, représentant en chiffres ronds
des inexactitudes s'élevant à un demi-million.

A ce moment-là, nous avons invité ces hommes à quitter le mouvement coopératif, pour ce motif de faux bilan, et en précisant les
faits. Ils n'ont pas voulu partir.

Nous nous sommes alors adressés à un de leurs amis, qui est
dans le mouvement politique, le citoyen Marquet, sociétaire de
l'U.C.S.O., député, et aujourd'hui maire de Bordeaux.

Le camarade Marquet a fait une certaine pression sur les indivi-
dualités dont je parle, pour tâcher de les amener à se démettre;
mais Marquet n'a pas réussi et, au moment où les élections municipales se présentaient, alors que deux de ces hommes devaient
figurer sur sa liste, le camarade Marquet les a rejetés. La liste a
été élue, mais les deux dirigeants du Sud-Ouest dont je parle n'ont
pas été sur la liste.

Un ancien administrateur du M.D.G. et ancien secrétaire de la
Fédération Garonne et Pyrénées, le camarade Rebeyrol, nous
demanda alors, à mes amis et à moi, si nous acceptions qu'il fasse
une démarche vis-à-vis d'un d'eux pour arriver à lui démontrer la
nécessité pour lui de quitter le mouvement coopératif. Rebeyrol
a échoué.

Que fallait-il faire ? Deux solutions étaient possibles : l'une d'elles
était de laisser les trois dirigeants en question continuer, par le
mensonge et par de faux bilans, leur action malhonnête et laisser
croire que notre pression avait été un chantage. Nous ne pouvions
l'admettre. Il ne restait donc pour une affaire pénale que la
deuxième solution : l'honneur de la coopération était en jeu; nous
avons saisis le Tribunal Correctionnel.

Le Président. — Je donne la parole à Gibaud.

Intervention de GIBAUD

Gibaud. — Je veux indiquer tout de suite que la question ne se pose
pas comme l'a indiqué Marty.

Marty dit à la fois des choses exactes et des choses qui ne le sont
pas. Je vais remettre tout cela au point.

Mais avant d'entrer dans cet examen, je veux liquider un à-côté
de cette affaire.

Cet à-côté consiste à dire que, dans une réunion générale de
l'Union Coopérative, par la crainte d'être poursuivies en diffamation, Marty ne précisa pas ses accusations, alors qu'ici, dans
une asemblée nationale, il accuse nettement nos camarades d'avoir
fait des bilans frauduleux, il désigne ces camarades et il dit qu'il
a porté contre eux une plainte pour les amener devant le Tribunal
correctionnel. Pour un homme qui n'a pas le souci de diffamer,
c'est bien !

Un autre à-côté, c'est de jeter dans le débat ce qu'a pu faire le
citoyen Marquet, député, maire de Bordeaux. J'étais à ses côtés au
moment où nous avons tenté de résoudre cette affaire au mieux des
intérêts de la coopération, et j'affirme de la façon la plus formelle

que la religion de Marquet, pas plus que la mienne n'est faite, ainsi que le prétend Marty, sur le point de savoir s'il y a eu un bilan sincère et exact ou s'il y a eu, au contraire, comme le prétend Marty, un bilan frauduleux.

Ce que nous avons dit, nous, c'est qu'il était regrettable qu'on en arrivât à ce point de menace d'une intervention de la juridiction de droit commun contre nos camarades de l'U.C.S.O. et c'est sur notre intervention qu'une offre d'arbitrage a été faite à Marty, et Marty l'a repoussée.

Il propose un jury d'honneur. Entendez bien, camarades, qu'on veut mêler deux choses qui ne peuvent pas être mêlées. Quel est le procédé de Marty ? Il a u ? griefs plus ou moins justifiés envers une personne, mais ces griefs, il ne les a pas formulés; l'Assemblée générale de la Coopérative les a ignorés, l'Assemblée d'aujourd'hui ignore aussi ces griefs, parce que Marty ne les a pas davantage formulés.

Vous dites vous-même, Marty : « l'homme que je poursuis est un malhonnête homme. Avez-vous relevé contre lui, du point de vue coopératif, des manquements à l'honnêteté ? Non. Ce que vous lui reprochez, ce sont des faits antérieurs à son entrée dans la coopération.

Edouard MARTY. — Et depuis.

GIBAUD. — En tout cas, il vous a dit qu'il accepterait un jury d'honneur...

Edouard MARTY. — Jamais !

GIBAUD. — ... lorsque vous auriez précisé vous-même vos accusations, ce que vous n'avez jamais fait. Car voilà la vérité : vous demandez un jury d'honneur pour une accusation que vous n'avez jamais précisée.

En second lieu, vous portez une accusation, précise cette fois, contre trois dirigeants de l'Union Coopérative du Sud-Ouest. Aucun lien ici entre votre accusation et votre demande de constitution de jury d'honneur. Vous êtes précis dans votre deuxième accusation, vous dites : bilan faux.

Et que faites-vous ? Vous écrivez une lettre à Terrien et une lettre au citoyen Marquet, toutes deux conçues dans les mêmes termes. Vous dites, en résumé, dans ces lettres : Je vous invite, vous, Terrien et vos amis, si vous voulez éviter un scandale, à démissionner d'ici telle date, sinon je porterai une plainte au Procureur de la République.

DAUDÉ-BANCEL. — Après refus de constituer un jury d'honneur.

GIBAUD. — Voilà que Daudé-Bancel essaye lui aussi — et c'est une manœuvre dans laquelle personne ne peut tomber, de lier deux faits entres lesquels il n'y a, je le répète, aucune espèce de liaison.

C'est tellement vrai que, dans la lettre ultimatum que vous avez envoyée, vous ne parlez plus de jury d'honneur. Si votre menace avait été faite sous condition, si vraiment vous aviez dit, comme on voudrait le faire croire, que vous déposeriez votre plainte en cas de refus de jury d'honneur, vous l'auriez répété dans votre lettre,

Mais ce n'est pas ce que vous dites. Vous dites : il faut qu'à telle date vous ayez démissionné, sinon je porte une plainte.

Et vous ajoutez, dans votre lettre à Marquet : Je vous demande de vous interposer, car il pourrait y avoir des répercussions d'ordre politique qui pourraient influencer votre action.

Edouard Marty. — Ce n'est pas cela ; il faut lire la lettre.

Gibaud. — Je produits un document et j'ose dire que ce document prouve que vous avez eu tort, que vous avez méconnu l'intérêt de la coopération dans cette affaire et que vous vous êtes laissé égarer, je le répète, par vos inimitiés et vos haines personnelles.

Après cette lettre, que s'est-il passé ? Il y a eu l'entretien dont vous avez parlé et auquel vous donnez une signification qu'il n'a pas. Vous n'y étiez pas, vous. Nous avons essayé, non point de dire à nos amis de s'en aller, mais nous avons essayé de leur suggérer de résoudre cette question par un arbitrage, et c'est à la suite de cet entretien — car il faut bien dire la vérité — vous n'étiez pas seul à ce moment, il y avait une partie du personnel — liquidée depuis dans les conditions que vous savez — qui marchait avec vous, sinon par suite d'un accord explicite, tout au moins d'un accord tacite.

Marty. — Non, non !

Gibaud. — Peut-être allez-vous nier l'accord tacite : en tout cas, il y avait concordance absolue entre vos deux actions, puisqu'aussi bien l'employé dont je parle — employé renvoyé — se trouve d'accord avec vous pour porter la même plainte que vous, avec d'autres précisions que vous.

J'en reviens donc au point où nous étions arrivés. Qu'a répondu Terrien, à votre ultimatum ? Je vais lire la lettre au Congrès. Vous lui disiez : Il faut qu'à telle date vous ayez démissionné, sinon le Procureur est saisi. Et que répond Terrien ? Non, point qu'il reconnaît, dans une mesure si petite soit-elle, le bien fondé de vos accusations, mais qu'il les repousse. Voici, du reste, la lettre :

Messieurs,

Il emploie le pluriel parce que Marty agit d'accord avec un de ses amis, M. Claustre.

Un délégué. — Dites : le camarade Claustre.

Gibaud. — S'il est votre camarade, je comprends votre interruption.

Messieurs,

Je vous accuse réception de votre lettre du 28 novembre. Elle m'a été remise lundi dernier, vers 11 heures et demie, en présence de M. Papaud. J'ai appris que M. Marquet, député, était en possession du double depuis samedi. Vous me permettrez de m'étonner de cet appel à un homme politique dont l'intervention pourrait apparaître comme une violation de la neutralité

Vous dites dans votre lettre que vous déposerez aujourd'hui une plainte contre les hommes qui ont établi le bilan de l'Union pour l'année 1923, si leur démission collective ne vous est pas remise.

Avez-vous songé à l'impossibilité matérielle qu'il y aurait à le faire ?

S'il ne s'agissait que de nos personnes, cette lettre-ci n'aurait pas été écrite et vous auriez accompli votre volonté : quand on a le calice sur les lèvres, on le vide jusqu'à la lie. Mais la coopération est en jeu, et je pense que malgré nos rivalités et nos haines, nous lui sommes les uns et les autres également attachés.

Je souhaiterais donc, afin d'éviter toute répercussion fâcheuse pour notre mouvement, de pouvoir soumettre à une commission d'expertise et d'arbitrage le bilan de 1923.

Si vos accusations sont fondées, la Commission le constatera et les mesures qui s'imposeront alors seront prises en ce qui nous concerne. Si elles ne sont pas fondées, vous tirerez la conclusion pour ce qui vous concerne.

Agréez... etc.

Voilà la lettre par laquelle on dit, sans parler de cette espèce de jury d'honneur qui n'est plus en cause au moment où nous sommes : Faisons une expertise et un arbitrage.

Que répondez-vous à cette lettre? Rien. Vous portez votre plainte au Procureur de la République.

Le Procureur prend votre plainte et la remet à un juge d'instruction. Que fait le juge d'instruction ? Est-ce qu'il poursuit ? Si la plainte que vous avez portée était apparue comme indiscutable, appuyée sur des présomptions graves, il aurait poursuivi d'office. Mais non, il s'est tourné vers vous et vous a dit : Je poursuivrai si vous vous portez partie civile, c'est-à-dire si vous consignez la somme nécessaire aux poursuites.

Et puis, quel a été le premier acte du magistrat que vous avez pris pour arbitre entre vous et les camarades que vous accusez ? Le premier acte a été de nommer un expert comptable pour vérifier si le bilan que vous prétendez faux a été établi régulièrement et exactement.

A quoi donc aboutissez-vous en prenant cette décision ? Vous avez signifié en quelque sorte aux experts comptables qui auraient pu être désignés par la Fédération Nationale ou par toute autre Fédération que vous n'aviez en eux aucune espèce de confiance. Car voilà ce que signifie votre attitude. Et cependant le magistrat commence par où vous auriez pu et dû commencer. La procédure de droit commun va être exactement celle qu'aurait suivi l'arbitrage. En vérité, il faut que vous soyez quelque peu égaré par votre ressentiment et votre haine pour aboutir à cette chose-là.

Vous avez porté la question à la tribune du Congrès. Nous n'en aurions pas parlé nous-mêmes, puisque l'instruction suit son cours. Vous paraissez avoir ici une très grande assurance ; si je vous disais que nos camarades ont la même assurance que vous ?

C'est l'expert qui va déterminer si vraiment les faits que vous reprochez se sont produits ainsi que vous le prétendez. Par conséquent, la question, au fond, reste entière. Il n'y a personne, dans une assemblée délibérante coopérative, qui puisse, en l'état actuel des choses, se prononcer sur le fond. Mais vous, vous voudriez — et comment ! — qu'on se prononce sur le fond, même d'une manière oblique, indirecte et détournée. Laissez-moi vous le dire, camarade Marty, vous aviez le choix. Cette lettre vous donnait le choix entre la justice de droit commun et la justice coopérative. Vous avez choisi. C'était votre droit, et vous avez choisi le droit commun.

Mais vous ne pouvez pas, à la fois, engager vos poursuites devant la juridiction de droit commun et la juridiction coopérative. Vous ne pouvez pas faire ici l'action que vous faites devant les tribunaux. Ce que nous discutons ici, c'est une question de procédure.

Vous demandiez si le cas de Bordeaux était visé dans la résolution qui est soumise aux délibérations du Congrès : il est visé, j'imagine, au même titre que les autres ! Qu'est-ce que dit la résolution ? Elle dit que, dans quelques situation que ce soit, lorsque à la base du conflit est une question d'ordre coopératif.

Un délégué. — Ce n'était pas cela !

Gibaud. — Pardon ! Je fais appel au témoignage de la Commission !

Plusieurs délégués. — Si, si, c'était cela.

Gibaud. — Elle dit, cette résolution, et je demande pardon au rapporteur de l'interpréter ici quelque peu, elle dit : Toutes les fois qu'à la base d'un conflit entre coopérateurs il s'agira d'une question d'ordre coopératif.

Marty. — Ce n'est pas d'ordre coopératif : c'est un bilan faux.

Gibaud. — Il s'agit de faux bilan, dites-vous, mais faux bilan de quoi ? Faux bilan dans une coopérative. Et vous m'arrêtez pour dire qu'il ne s'agit pas d'intérêt coopératif ? De quoi s'agit-il donc, et qu'est-ce que nous faisons alors ici et pourquoi en avez-vous parlé ici, s'il ne s'agit pas d'intérêt coopératif ?

Je dis donc que c'est une question de procédure, et votre cas est compris dans la résolution, comme le cas de tous ceux qui, ayant à résoudre un litige d'ordre coopératif, recourent à la justice de droit commun.

On a dit ici, avec assez de force, avec l'approbation même de ceux qui, là-bas, avaient fait appel à la juridiction de droit commun, que, lorsqu'il y avait un litige coopératif, le devoir du coopérateur était de faire appel à la justice coopérative. Voilà ce que dit la résolution.

Nous voulons établir entre nous une sorte de légalité coopérative, en attendant l'unité de légalité que nous réclamons dans les codes. Cette légalité coopérative, nous pouvons l'instituer entre nous, en prenant des décisions de l'ordre de celles qui ont été prises ce matin et en édictant une sanction contre ceux qui l'enfreindraient.

Nous aurons des sanctions, entre nous. Nous demandons au Congrès, et c'est cela qu'on a voulu dire ce matin, nous demandons que le Congrès, adoptant cette résolution, adopte aussi les sanctions qui feront que, désormais, il y aura une légalité coopérative capable de trancher les conflits qui pourraient s'élever entre coopérateurs.

Jouhannet. — Je ne viens pas ici défendre la thèse d'un parti contre l'autre parti. Nous avons écouté hier avec bienveillance un fait porté à la tribune par l'*Union des Coopérateurs*, de Paris, de même que la thèse adverse, sur une affaire qui intéresse uniquement l'*Union des Coopérateurs*, de Paris.

Ce que nous avons écouté hier a motivé l'ordre du jour qu'on vient de déposer pour inviter le Congrès à prendre position dans une querelle qui intéresse exclusivement une société adhérente à la Fédération des Sociétés Coopératives de Consommation. Et il s'ensuit que ce projet de résolution touche à d'autres incidents qui ont surgi dans d'autres sociétés coopératives.

Eh bien, nous avons été convoqués à ce Congrès pour discuter l'ordre du jour arrêté par le Conseil Central de la Fédération

Nationale et, depuis hier, nous avons surtout entendu des discours sur des incidents qui sont de l'ordre intérieur des sociétés.

J'estime pour ma part, et c'est l'avis de ma fédération, que ces dissions sont déplacées. Nous considérons que les querelles d'une société coopérative ne doivent pas avoir leur écho ici, à cette tribune qui doit s'occuper de questions nationales et non pas de la coopération au point de vue local. Nous estimons que nous sommes au-dessus de ces querelles et qu'un Congrès national ne saurait prendre position, alors que l'ordre du jour de ce Congrès n'a pas prévu.

Est-ce que nous allons aujourd'hui négliger les affaires d'intérêt général, pour ne parler que d'affaires locales ? Moi je dis, avec ma Fédération : Non, et j'invite le Conseil Central à ne pas porter à l'ordre du jour des questions qui n'ont qu'un intérêt local.

Il est facile à deux tendances, que ce soit à Paris, à Bordeaux ou ailleurs, d'apporter des arguments opposés les uns aux autres. Est-ce que nous, délégués de nos sociétés coopératives, nous sommes placés pour prendre parti et porter une sanction à ces divergences de vue ?

Nombreux délégués. — Oui, oui !

Jouhannet. — La majorité des camarades qui sont ici peuvent se croire qualifiés pour porter un jugement sur ces questions ; mais moi, je dis que je ne suis pas placé pour juger ces affaires-là, parce que je n'ai pas entre les mains les documents nécessaires pour juger. Et si vous en décidez autrement, c'est que vous êtes de parti-pris. Est-ce que vous savez, vous, camarades des quatre coins de la France, ce qui s'est passé à l'U. D. C. de Paris et à Bordeaux ?

Nombreux délégués. — Oui, oui, oui !

Jouhannet. — Vous avez de la chance ! Vous jugerez ces affaires avec vos responsabilités ; quant à nous, nous déclarons à cette tribune que nous ne pouvons pas les juger, et l'avenir nous donnera raison.

Le Président. — La parole est à Poisson.

Daudé-Bancel. — J'avais demandé la parole.

Le Président. — Vous l'aurez après.

Poisson. — Il est clair qu'il vaut mieux que les questions locales ne soient pas portées devant le Congrès national. Mais il y a des questions locales qui sont d'un caractère général.

Certains prennent l'habitude de recourir aux tribunaux de droit commun, alors qu'il existe une justice coopérative.

Un délégué. — Elle est longue !

Poisson. — Elle n'est pas longue, quand on la saisit. Et j'ajoute que notre camarade Jouhannet a du moins un mérite, c'est que lorsqu'il y a chez lui des difficultés, il fait appel à l'arbitrage de la Fédération Nationale, et je crois que nous devons lui adresser à cet égard nos félicitations.

Quoi qu'il en soit, l'ordre du jour qui est proposé au Congrès, tout en visant le cas de l'U. D. C. de Paris, contient aussi des passages qui sont d'ordre général.

Et alors, je repose la question. Je demande à Marty s'il accepte un arbitrage, et s'il l'accepte, la question en ce qui le concerne sera résolue. L'autre jour, il n'a répondu ni oui ni non ; je lui demande de répondre.

Marty. — J'ai fait le nécessaire depuis deux ans et demi ; le jury d'honneur n'a pas fonctionné. Je veux que la justice démontre que les bilans sont faux. Il n'y a pas d'autre solution, parce qu'on me dirait que je fais du chantage. Il faut que l'on puisse démontrer la réalité des faits et ces hommes disparaîtront du mouvement coopératif.

Poisson. — Donc, Marty, vous acceptez la juridiction de droit commun, vous lui faites confiance, et vous refusez la nôtre ?

Marty. — C'est elle qui a refusé.

Poisson. — Pardon ! Vous n'avez jamais saisi la Fédération. Encore une fois, je vous le demande : Acceptez-vous, oui ou non, la justice coopérative ?

Marty. — Il y a une enquête. La justice est saisie, elle restera saisie.

Poisson. — Dans ces conditions, je regrette infiniment qu'on n'accepte pas la justice coopérative ; mais je me permets de dire à notre camarade Jouhannet que ce serait un abandon singulier de notre dignité, alors que demain peuvent surgir dans toutes les sociétés des difficultés du genre de celles-ci, n'importe qui pouvant engager un procès pour n'importe quoi, ce serait, dis-je, un singulier abandon de notre dignité que de reconnaître, même tacitement, que notre justice n'est pas capable de fonctionner avec le maximum de loyauté et d'impartialité pour nous tous.

La question que j'ai posée à Marty, je la pose également à nos camarades de la Région Parisienne, et je leur demande s'ils acceptent la juridiction coopérative.

Pour ma part, je suis prêt à retirer cet ordre du jour, s'ils me répondent affirmativement. Et s'ils me disent qu'ils ne peuvent pas prendre d'engagement dès ce soir, ce qui est possible, et qu'ils veulent en délibérer, je demanderai au Congrès de voter la résolution, mais avec cette réserve qu'elle ne sera publiée que dans quelques jours.

Si donc vous demandez le temps de la réflexion sur cette question, il vous est accordé. Mais si vous repoussez l'arbitrage, j'estime qu'il est indispensable de dire au monde coopératif qu'il y a ici une justice égale pour tous, à laquelle on doit d'abord faire appel.

Le Président. — Il y a encore, comme orateur inscrit, Daudé-Bancel.

Nombreux délégués. — La clôture !

Le Président. — On demande la clôture. Je la mets aux voix.

Le Congrès a prononcé la clôture.

Je donne la parole à Daudé-Bancel, dernier orateur inscrit.

DAUDÉ-BANCEL. — Ce matin j'étais là pour aller à la Commission des résolutions et je ne savais pas à quelle heure et à quel endroit devait siéger cette Commission ; je l'ai appris accidentellement. Cela n'a pas une grande importance, mais vous allez voir que ce n'est pas sans intérêt.

A la Commission des résolutions, je me suis trouvé à peu près le seul à connaître Marty et son passé. J'ai demandé qu'on veuille bien ne pas condamner Marty à la Commission des résolutions sans l'entendre. Il m'a été répondu que Marty avait un journal à sa disposition et que, dans ce journal, il pouvait faire connaître ses idées et ses griefs, si bien qu'il était inutile de l'entendre.

Je prétends qu'il fallait l'entendre. Je connais Marty et je proclame hautement, publiquement, que je suis son ami et que je le considère comme un parfait honnête homme. Mais je m'étais attaché à ne rien connaître du conflit bordelais ; parce que, par tournure d'esprit, il ne me plaît pas de me mêler des conflits locaux, même lorsque dans un de ces conflits se trouve intéressé un de mes amis personnels.

Si on avait adopté la procédure que je préconisais avec quelques camarades, cet incident ne se serait pas produit ici, au Congrès, et on n'aurait pas pu confondre la personnalité de Marty avec celle d'autres coopérateurs qui emploient certains procédés critiquables, et il n'en serait pas résulté une appréciation fâcheuse sur le rôle de Marty.

Le camarade Gibaud a parlé de moi comme d'un tacticien ; je ne sais pas s'il y a ici beaucoup de camarades qui me prennent pour un tacticien...

Je ne fais jamais de petites combinaisons, et ordinairement, quand je les vois, il est trop tard. J'ai appris quelques détails essentiels du conflit de Bordeaux aujourd'hui même, pendant que Gibaud parlait, car lorsque nous sommes arrivés ici, quand j'ai parlé avec Marty de ce conflit, je ne connaissais que la lettre que Gibaud a lue ; mais je ne connaissais pas la proposition du jury d'honneur que Marty avait faite et que ses adversaires ont refusée ; je ne connaissais pas davantage la tentative d'arbitrage que Marty avait faite vis-à-vis d'un homme politique, ami non pas de Marty, mais de ses adversaires. Par conséquent, Marty ne répugnait pas à l'arbitrage.

POISSON. — J'ai posé la question.

DAUDÉ-BANCEL. — Je suis heureux que vous l'ayez posée ; je crois qu'il eût été préférable de régler la question ce matin, à la Commission des Résolutions, plutôt qu'ici.

UN DÉLÉGUÉ. — Elle l'a été.

DAUDÉ-BANCEL. — Le fait de ne pas entendre Marty ce matin a d'ailleurs été du beau travail. C'est de la bonne tactique, et comme toujours je n'ai vu la tactique que lorsqu'elle avait produit ses effets. On s'est dit : Si on pouvait faire persévérer Marty, à la faveur de son entêtement, dans la voie où il s'est engagé, sa candidature au Conseil Central serait liquidée. Il est évident que la majorité du Congrès va maintenant déclarer que Marty s'oppose à l'arbitrage...

UN DÉLÉGUÉ. — Il s'y oppose, en effet.

DAUDÉ-BANCEL. — Eh bien, moi, je supplie Marty, après Poisson, de

vouloir bien accepter cet arbitrage. Et vous savez, Marty, combien
·j'ai de sympathie pour votre personne.

Marty. — Il n'y a pas d'autre solution que de faire partir les trois
hommes auxquels j'ai fait allusion.

Daudé-Bancel. — Mais cela n'empêche pas d'accepter l'arbitrage.

Marty. — La question est très simple. Elle se pose dans les mêmes
conditions qu'elle se posait il y a quatre mois. Examinez les faits, et
quand vous les aurez examinés, vous direz qu'ils sont exacts. Et si
les faits sont exacts, vous direz aux camarades en question : partez,
et je retire ma plainte.
Si après avoir fait votre police et vos constatations, vous dites à
ces hommes de s'en aller, j'aurai satisfaction et la plainte sera
retirée.

Daudé-Bancel. — Je regrette une fois de plus que mon ami Marty
n'accepte pas l'arbitrage, car si j'ai de l'amitié pour Marty, j'ai aussi
de l'amitié pour la vérité et la justice. Je demande une fois de plus
à Marty d'accepter l'arbitrage, car de deux choses l'une, ou l'arbitrage dira que ses adversaires sont de malhonnêtes gens, et ils
seront obligés de s'en aller ; ou bien l'arbitrage donnera tort à
Marty, et c'est lui qui devra être blâmé.
Seulement, je constate que parce qu'on n'a pas essayé la tentative
de conciliation que je demandais ce matin devant la Commission des
résolutions, par la force des choses, des camarades qui auraient voté
pour Marty et qui avaient pour mission de voter pour lui, ont été
impressionnés fâcheusement contre lui et lui ont retiré leur voix. Et
Marty ne sera pas membre du Conseil Central, où il pourrait rendre
de grands services.
Il y a 23 ans, j'ai découvert Marty, et je me flatte hautement d'avoir
trouvé Marty qui avait été éliminé de l'ancienne Union Coopérative,
parce qu'il était socialiste. Je l'ai réintégré dans le mouvement coopératif, où il a rendu des services à l'ancienne Union Coopérative de la
rue Christine, et même, vous le savez, au Magasin de Gros. Marty a
quitté le Magasin de Gros à la suite de machinations...

Le Président. — La question n'est pas là.

Daudé-Bancel. — Parfaitement. En tout cas, je dis que Marty, éliminé aujourd'hui du Conseil Central, pourrait rendre des services
appréciables au Magasin de Gros.

Le Président. — Je mets aux voix le texte de la Commission des
Résolutions.

Un délégué. — Je demande à dire deux mots.

Le Président. — La clôture est prononcée.
Je mets aux voix la résolution.
Elle est adoptée.

Un délégué. — Avec la réserve indiquée.

Le Président. — Parfaitement.

Le Président. — Je donne la parole à Gaston Prache.

LE RENOUVELLEMENT DU CONSEIL CENTRAL
ET DE LA COMMISSION DE CONTROLE

Prache, *rapporteur*. — La série des vœux et des résolutions est terminée.

Vous avez à procéder au renouvellement du tiers du Conseil Central. Ont été désignés par les Fédérations régionales les camarades dont les noms suivent :

1° *Fédérations Régionales :* Daudé-Bancel (Afrique du Nord) ; Gaillard, Fauconnet (Fédération des Coopératives de la Région Parisienne); Berland (Fédération des Coopératives du Centre-Océan) ; Chiousse (Fédération des Alpes et Savoies) ; Lepouriel (désigné en remplacement de Svob, démissionnaire par la Fédération des Coopératives de l'Ouest) ; Cayol (Fédération des Coopératives du Midi) ; Terrien (Fédération des Coopératives du Sud-Ouest) ; Fouladoux (désigné par la Fédération des Coopératives du Nord-Ouest, en remplacement de Lucas).

2° *Par le Congrès :* Cleuet, Lebon et Henri Sellier (désigné par 7.864 voix pour, 739 voix contre, 394 abstentions).

En outre, les Fédérations du Nord et de la Lorraine ayant atteint un chiffre d'affaires qui leur donne droit à chacune à un délégué supplémentaire, la Fédération Régionale de Lorraine désigne Marcel Brot, et la Fédération du Nord et du Pas-de-Calais E. Bricout.

Ces désignations nouvelles entraîne le Congrès à désigner directement un membre au Conseil Central, et la Commission des résolutions a désigné Lucas.

Le Président. — La parole est à Richard.

Richard. — Je m'excuse de vous retenir cinq minutes de plus ; mais tout de même il y a des renseignements qui doivent vous être fournis.

La Fédération du Forez et du Bourbonnais avait présenté Marty. Cette candidature nous avait été soumise, nous l'avions adoptée à l'unanimité, mais nous avions décidé que, ne connaissant pas les camarades sortants, nous n'adoptions cette candidature qu'à titre provisoire, parce que si les sortants avaient rempli leur mandat, il n'était pas utile de les remplacer.

Recevant le rapport moral de la Fédération, nous nous sommes aperçu que Sellier s'était absenté douze fois sur treize séances. Nous nous trouvions donc en présence d'un camarade qui n'avait pas rempli son mandat et la candidature de Marty a été maintenue au Congrès de Roanne.

Le camarade Poisson, délégué par la Fédération, assistait aux débats de Roanne. Et Poisson a tenu le langage suivant : Tout de même, je ne peux pas, étant présent à votre Congrès, partir sans vous dire quelque chose. Nous avons prié Poisson, sans parti pris, de nous dire ce qu'il savait. Poisson nous déclara alors : Marty ne peut pas être candidat; il a touché 24.000 francs du Conseil Central; s'il veut être candidat, il faudra qu'il les rembourse.

Cet argument méritait une explication. Pressé de fournir cette explication, Poisson a déclaré qu'il parlerait au Congrès.

Poisson. — Comment, pressé ? Je n'ai pas été pressé !

Richard. — Je suis ici mandaté par ma société.

Poisson. — Pas pour dire des mensonges, tout de même.

Richard. — Ces renseignements que nous vous avons demandés n'ont pas été donnés.

Ce matin, j'ai assisté à un autre singulier spectacle. Des camarades étaient venus ici avec l'intention de voter pour Marty, mais à condition que, si on pouvait montrer quelque chose, nous étions libres de notre vote.

Lorsqu'on a vu que la discussion pouvait être engagée, le camarade Gaston Lévy est venu dire, chose extraordinaire, que si Marty était élu, il donnait sa démission de Directeur.

Nous ne pouvons pas admettre cette façon de faire : qu'on donne des arguments, soit; mais il est inadmissible qu'on prenne un telle attitude. Personne, pas même Lévy, n'est indispensable.

Ce qu'il faut, c'est la lumière, et j'estime que des pressions semblables ne doivent pas s'exercer dans les coopératives. Nous sommes tous sans parti-pris, et je voudrais, en rentrant chez moi, ne pas être obligé de dire aux camarades que la discussion a été étouffée.

Vous n'avez pas laissé se poursuivre la discussion et vous n'avez pas protesté contre cette décision.

Un délégué. — Marty s'est lui-même expliqué, voyons !

Richard. — Je conclus qu'il faut qu'à l'avenir, sans arrière-pensée, s'il y a des camarades qui aient le mandat de voter pour un candidat, on ne discrédite pas ce mandat sans apporter des preuves.

Gaston Lévy. — Je n'avais pas l'intention de répéter devant le Congrès ce que j'ai dit une première fois au Conseil Centrale et une seconde fois, ce matin, à la Commission des résolutions.

L'intervention de Richard m'oblige à le dire.

Lorsque vous nommez, ici, des membres du Conseil Central, vous nommez en même temps des membres du Conseil du Magasin de Gros et de la Banque des Coopératives.

C'est parce que je suis administrateur-délégué de la Banque que j'ai déclaré ce matin et que je déclare ce soir que si Marty était nommé membre du Conseil d'administration de la Banque, je me retirerai de mon poste d'administrateur-délégué et de mon poste d'administrateur de la Banque.

Je n'ai pas voulu faire de pression en disant cela. J'ai voulu prévenir mes camarades, et je les préviens en leur disant pourquoi ce que je n'avais pas l'intention de faire, mais que vous m'obligez à faire.

La Banque des Coopératives a des engagements financiers importants avec l'Union Coopérative du Sud-Ouest. La Banque des Coopératives a recueilli actuellement 114 millions de dépôts des cooopérateurs. Je ne prendrai pas plus longtemps la responsabilité vis-à-vis des épargnants coopérateurs si, à côté de moi, dans le Conseil, est un homme qui, pour des raisons d'inimitié personnelle, peut faire appel à la justice pour briser le mouvement coopératif.

Le Président. — La discussion est close.

Je mets aux voix la résolution.

Elle est adoptée.

— 164 —

Gaston Prache. — Le Congrès est maintenant appelé à nommer la Commission de contrôle.

La Commission de contrôle comprend cinq membres; quatre seulement sont sortants par suite du décès de notre ami Isidore Lévy. Les membres sortants sont nos camarades David, Droneau, Ducrocq et Tutin. Par suite du décès de Isidore Lévy, il y a lieu de pourvoir à son remplacement.

La Commission des résolutions a été saisie ce matin par la Fédération régionale du Nord de la candidature d'un camarade de province, le camarade Prache, présent à cette tribune. La Commission des résolutions a accepté cette candidature, sauf nos camarades de la Région Parisienne qui, à la suite du décès d'Isidore Lévy, avaient choisi dans leur congrès régional une autre candidature.

Le Président. — Je mets aux voix la proposition de la Commission.

Elle est adoptée.

L'ordre du jour avait encore prévue deux conférences sur les Boulangeries Coopératives et sur les Capitaux Coopératifs. En raison de l'heure tardive, nous sommes obligés de les reporter; pensez-vous qu'il soit possible de les entendre ce soir ?

Un délégué. — Demain, après le Magasin de Gros.

Le Président. — Un camarade propose de faire ces conférences demain, après l'Assemblée générale du Magasin de Gros. Pas d'opposition ? Adopté.

Je donne la parole pour un mot seulement au camarade Brot.

Marcel Brot. — Je veux seulement vous rappeler que le banquet a lieu immédiatement, dans la salle voisine de celle-ci.

Le Président. — L'ordre du jour du Congrès est épuisé — sauf les deux conférences qui auront lieu demain, je tiens à remercier en votre nom tous nos camarades de la Fédération Régionale de Lorraine et des Ardennes et de l'Union Lorraine des Coopérateurs de la façon dont ils ont organisé ce Congrès. Nous leur adressons toutes nos félicitations.

La séance est levée et le Congrès clos à 8 h. 10.

ANNEXES

RAPPORTS ET DOCUMENTS

PREMIÈRE PARTIE

— x —

RAPPORT du CONSEIL CENTRAL
Au Congrès de Nancy

Le Congrès Central de la Fédération Nationale des Coopératives de Consommation adresse aux Sociétés adhérentes son Rapport annuel sur le fonctionnement de celle-ci et sur celui de ses différents services. Comme de coutume — et afin de permettre aux Sociétés l'examen des faits — ce rapport est un exposé de l'ensemble de l'action faite au cours de l'année 1924 ainsi qu'une analyse de la vie de la F. N. C. C.

Ce rapport général contient en même temps les textes des rapports concernant les questions figurant à l'ordre du jour du Congrès. De plus, en annexe, figurent deux rapports sur les questions qui feront l'objet de conférences spéciales. Les délégués sont priés de tenir compte du fait que la Conférence sur « Les Capitaux coopératifs » aura lieu dans des conditions qui permettront la présence de tous, cela en raison de l'importance de la question.

Bureau permanent de la F. N. C. C.

Au cours de la séance du 30 mai 1924, tenue au Tréport, à l'issue du Congrès National, le Conseil Central a renouvelé le mandat des secrétaires généraux de la F. N. C.C. à E. Poisson, A. Daudé-Bancel et Maurice Camin.

Le Bureau permanent chargé d'assurer les services de la Fédération Nationale a été maintenu : il est composé de M. Charles Gide et des secrétaires généraux.

Le mandat de la Commission des finances, composée de Jean Gaumont, Lebon et Peckstadt a été renouvelé.

La Commission mixte chargée d'examiner les questions qui intéressent les trois organisations centrales : F. N. C. C., M. D. G. et B. C. F., a été également renouvelée et comprend les secrétaires généraux de la Fédération Nationale, les administrateurs délégués du Magasin de Gros et l'administrateur délégué de la Banque des Coopératives.

Les réunions du Conseil Central

Au cours de l'année 1924, le Conseil Central a tenu treize réunions — deux au Tréport, dont l'une avant et l'autre après le Congrès National. Ces réunions ont eu lieu les 27 janvier, 24 février, 30 mars, 27 avril, 28 mai (Le Tréport), 30 mai (Le Tréport), 29 juin, 27 juillet, 31 août (Gand, en raison du Congrès de l'Alliance Coopérative Internationale), 28 septembre, 26 octobre, 23 novembre et 28 décembre.

Conformément à une décision du Congrès National de 1917, le Conseil Central indique ci-après les absences de ses membres aux réunions mensuelles de janvier à décembre 1924 :

Berland, 6; Bugnon, 2; Cayol, 10; Chiousse, 5; Cuminal, 7; Daudé-Bancel, 1; Fauconnet, 2; Foucaut, 1; Ch. Gide, 3; Jean Gaumont, 1; Lebon, 1; G. Lévy, 1; Lucas, 4; Passebosc, 4; Ponard, 3; Peckstadt, 2; Poisson, 1; Poulette, 5; Riehl, 6; Sellier, 12; Svob, 7; Thiriet, 1; Terrien, 10.

Renouvellement du tiers du Conseil Central

Conformément à l'article 9 des statuts de la F. N. C. C., le Conseil Central est renouvelable par tiers chaque année. Les membres sortants en 1925 sont les suivants :

1° Membres désignés par les Fédérations régionales : A. Daudé-Bancel (Fédération de l'Afrique du Nord); Gaillard (Fédération de la Région Parisienne); Fauconnet (Fédération de la Région Parisienne); Berland (Fédération du Centre-Océan); Chiousse (Fédération des Alpes et Savoie); Svob (Fédération de l'Ouest); Cayol (Fédération du Midi); Terrien (Fédération du Sud-Ouest).

2° Membres désignés par le Congrès : A.-J. Cleuet, Lebon, Henri Sellier.

Le Conseil Central rappelle qu'en vertu de 'larticle 9 des statuts, il est ainsi composé :

1° Des délégués présentés par chacune des Fédérations régionales à raison de un délégué pour les Fédérations dont le chiffre d'affaires est inférieur à 50 millions. Au-dessus de ce chiffre, un délégué supplémentaire par tranches complètes de 50 millions. Le montant de la tranche complète pourra être augmenté par décision du Congrès National.

2° D'un nombre de membres égal à la moitié de ceux de la première catégorie et désignés par le Congrès dans les conditions indiquées aux articles 12 et 17 des statuts.

Commission de Contrôle

Le Congrès est appelé à nommer la Commission de contrôle, qui est rééligible.

Les membres sortants désignés en 1924 sont : David, Droneau, Ducrocq et Tutin. Le Congrès aura à pourvoir au remplacement de notre camarade Isidore Lévy, qui est décédé et à qui la F. N. C. C. a tenu à rendre hommage.

La Propagande

La F. N. C. C. s'est efforcée de répondre aux demandes de réunions qui lui ont été adressées par les Sociétés et elle a participé à un nombre important de conférences.

Les visites des Conseils d'administration se sont poursuivies comme l'année précédente, et il apparaît utile que ce moyen de liaison entre les Sociétés et la F. N. C. C. soit maintenu de façon permanente.

Les Sociétés doivent considérer que la F. N. C. C. s'efforce toujours de donner satisfaction à leurs demandes et elles ne doivent pas négliger de faire — quand besoin est --- appel à son concours.

La « Semaine d'Adhésions »

Le Conseil Central avait fixé la « Semaine d'adhésions » du 30 novembre au 7 décembre et il avait pensé pouvoir répondre au désir général des sociétés qui avaient l'habitude de participer à cette action de propagande en organisant — comme précédemment — un Concours National. Une loi nouvelle a empêché la réalisation de ce projet et il s'en est suivi que l'activité des Sociétés a été atténuée, car il a été impossible de le remplacer.

La F. N. C. C. avait mis à la disposition des Sociétés Coopératives des Dépliants et des affiches en six couleurs ainsi qu'un numéro spécial de *l'Action Coopérative*.

Voici, à titre de renseignements, le nombre de Sociétés participantes et le tirage des différents imprimés depuis 1921.

Années	Nombre de sociétés	Affiches	Brochures	Tracts	Dépliants	Journaux
1921	395	32.000	100.000	1.271.000	»	267.000
1922	305	24.800	119.320	1.006.000	»	297.000
1923	210	26.355	72.145	576.750	»	308.000
1924	108	9.200	»	»	56.000	280.000

Il faudra, pour cette année, chercher un autre moyen de propagande auquel la Fédération Nationale pourrait s'associer. Le Conseil Central s'efforcera de donner satisfaction aux Sociétés à ce point de vue.

Elections législatives

Ainsi que le Conseil Central l'avait annoncé dans son dernier rapport, il a édité, à l'occasion des élections législatives, une affiche et un numéro spécial de *l'Action Coopérative* dans lesquels il a développé les justes revendications des consommateurs et des Sociétés Coopératives, cela, naturellement, en dehors de toute considération politique. Il a mis à la disposition des secrétaires régionaux des questionnaires devant être adressés aux candidats.

Cette action n'est pas inutile, car elle oblige un certain nombre de candidats à prendre position sur des questions essentielles pour notre mouvement.

Publicité

La Fédération Nationale a édité des affiches et des calendriers-pochettes pour un certain nombre de Sociétés et les tirages ont été assez importants.

Il semble que si un effort de centralisation de la publicité était fait, la F. N. C. C. pourrait obtenir des moyens d'action utiles à des prix que les Sociétés agissant isolément ne peuvent espérer. En dehors du calendrier-pochette et des affiches qui — le cas échéant — peuvent être réédités, la F. N. C. C. envisage la publication d'un *Agenda* du type de ceux mis à la disposition du public par les grands magasins, mais en lui donnant un caractère coopératif et en lui laissant la possibilité d'être utile au ménage.

Les Sociétés seront — en temps voulu — sollicitées de participer à l'ensemble ou à une partie de ces moyens de publicité.

Histoire Générale de la Coopération en France

L'Histoire Générale de la Coopération en France, due à notre camarade Jean Gaumont et préfacée par Albert Thomas est parue et elle est en vente à la F. N. C. C. depuis deux mois.

Le Conseil Central pense qu'il est important que les Sociétés s'intéressent à cette publication, qui comprend deux volumes in-8° raisin avec, respectivement 630 et 735 pages; les deux volumes sont reliés. Cette *Histoire Générale de la Coopération en France* est le résultat d'un travail extrêmement important de la part de son auteur et elle constitue un document que chaque Société se doit de posséder. Jean Gaumont s'est montré historien — il a porté des jugements sur des faits et sur des hommes — mais il a rendu service à la Coopération en permettant à tous ceux qui s'intéressent à l'organisation coopérative de connaître et son origine et sa vie, suivie jour après jour.

Albert Thomas a su rendre un bel hommage à l'auteur sans se priver de quelques critiques qui ne manquent pas d'être vives, mais il a écrit : « L'œuvre de Gaumont garde à toutes ses pages une valeur scientifique qui ne peut être contestée. Que la doctrine dont elle s'inspire soit rejetée ou élargie, elle subsistera ».

Le Conseil Central demande aux Sociétés de ne pas négliger de faire l'acquisition de *l'Histoire Générale de la Coopération en France*. Les demandes doivent être adressées à la F. N. C. C., qui a assuré l'édition cédée aux Sociétés et aux Coopérateurs au prix de 82 francs franco.

L'Exposition de Gand

L'Exposition Coopérative Internationale a eu lieu à Gand du 15 juin au 15 septembre 1924. Elle a obtenu un succès très important et très légitime. Le Conseil Central tient à rendre hommage à nos amis belges pour l'admirable effort d'organisation qu'ils ont fait.

Il faut aussi dire que l'Exposition a marqué la force du mouvement coopératif international qui a su, par la variation des participations, donner un vif attrait à l'ensemble des stands.

Le mouvement français a pris sa place au milieu des autres organisations. Il a pu, par ses propres forces, marquer son effort, et l'ensemble des sociétés qui ont participé à Gand doivent être satisfaites puisqu'elles ont aidé à la Coopération française à prendre la place qui lui revenait.

Il y a lieu de noter que le Parlement a voté une somme de 100.000 francs pour cette Exposition et que 48.410 francs ont été attribués aux Sociétés de Consommation.

Le Conseil Central indique aussi que le Ministre du Travail, M. Justin Godard, a bien voulu accepter de visiter l'Exposition Coopérative Internationale; le secrétariat de la F. N. C. C. l'a accompagné.

Secours exceptionnels aux Orphelins

Dans son dernier rapport, le Conseil Central a indiqué que la F. N. C. C. avait demandé l'attribution de 116 « secours exceptionnels» au Comité Central de secours aux Orphelines ». Il a le plaisir de faire connaître que 114 demandes ont reçu satisfaction et qu'une somme de 18.240 francs a été remise aux Sociétés ci-après pour être répartie aux bénéficiaires admis par le « Comité Central de Secours aux Orphelins » :

La Ruche Cavaillonnaise	8	1.280 »
Société Coopérative, Thaon-les-Vosges.............	5	800 »
Union des Coopératives de l'Adour, Bayonne.......	7	1.120 »
Union d'Amiens	5	800 »
Union Syndicale, à Saint-Junien	1	160 »
La Laborieuse, à Annonay	6	960 »
Union des Coopératives du Cambrésis	7	1.120 »
Union des Travailleurs, Saint-Etienne	10	1.600 »
Union des Coopérateurs, La Rochelle	4	640 »
L'Universelle, à Valence	1	160 »
La Ménagère, à Valence	2	320 »
La Solidarité Sottevillaise	10	1.600 »
La Laborieuse, à Troyes	4	640 »
L'Union, à Lille	4	640 »
Société Coopérative Landaise	28	4.480 »
Union des Coopérateurs de Lorraine	11	1.760 »
L'Avenir Chaumontais	1	160 »

Crédits du Ministère du Travail

Depuis le dernier Congrès, les avances ci-dessous ont été consenties aux Sociétés sur le fonds de dotation prévu par la loi du 7 mai 1917 :

Coopérative Roubaisienne, Roubaix	100.000 »
Union des Coopératives des Ardennes, Charleville....	100.000 »
La Prolétarienne, Tarbes	35.000 »
Union des Coopérateurs de Denain et de l'arrondissement de Valenciennes, Denain	110.000 »
Association Coopérative de Consommation, Poitiers....	40.000 »
Union des Coopérateurs, Manou	12.500 »
Les Presses Universitaires, Paris	150.000 »
Coopérative Régionale des Charentes et des Deux-Sèvres, Saintes	300.000 »
Union des Coopérateurs de l'Aube, Troyes.............	110.000 »
Union des Coopérateurs de Lorraine, Nancy (2° versement	300.000 »
Union des Travailleurs, Saint-Etienne	1.200.000 »
La Solidarité, Angoulême..................	50.000 »
Coopérative du Beauvaisis, Beauvais	300.000 »
La Ménagère, Morlaix	50.000 »
Union des Coopérateurs, La Rochelle	40.000 »
Alliance des Travailleurs, Brest	12.000 »
La Ruche Auberivoise, Auberive	25.000 »
L'Avenir Chaumontais, Chaumont	100.000 »
La Fraternelle, Saint-Quentin	15.000 »
Alliance des Travailleurs, Saint-Chamond	70.000 »
Union des Travailleurs Syndicalistes Mineurs de la Loire, Saint-Etienne	30.000 »
L'Union, Lille	100.000 »
Union Coopérative du Laonnois, Laon	150.000 »
Coopérative Régionale de Basse-Normandie, Alençon...	500.000 »
Union Maubeugeoise, Maubeuge	200.000 »
L'Agricole, Neufchâteau	100.000 »
Union des Travailleurs, Estissac	30.000 »
Union des Cheminots, Bordeaux	40.000 »
Boucherie-Charcuterie Coopérative, Montceau-les-Mines.	30.000 »

Les Travailleurs, Saint-Vallier .... 15.000 »
Coopérative des Fonctionnaires et Cheminots, Baisieux. 30.000 »
Union des Coopérateurs du Cambrésis, Caudry (verse-
    ment nouvelle tranche) .... 250.000 » .
Coopérative générale d'Arras et de l'Artois, Arras (ver-
    sement nouvelle tranche) .... 250.000 »
Union des Coopérateurs de Lorraine, Nancy (versement
    nouvelle tranche) .... 300.000 »
L'Union, à Amiens (versement nouvelle tranche) ...... 500.000 »

Des délais de remboursement ont été exceptionnellement accordés à *l'Union des Coopérateurs du Pas-de-Calais* (6 mois) et à la *Coopérative des P. T. T.*, Paris.

Il y a lieu de noter qu'au cours de l'année, la Commission des Crédits a été renouvelée, les représentants de la F. N. C. C. ont été maintenus.

Crédits aux Sociétés Coopératives d'Alsace et de Lorraine

*Société Coopérative de Consommation de Mulhouse et
    des environs* .... 500.000 »
*Société Coopérative de consommation de Illkirch-Graffes-
    laden et environs* .... 100.000 »
Union de Colmar .... 200.000 »
*Société Coopérative de Consommation de Colmar et des
    environs* .... 300.000 »

Conseil Supérieur de la Coopération

Le Conseil supérieur de la Coopération a été soumis à la réélection en septembre 1924. Les Sociétés coopératives de Consommation ont désigné : Maurice Camin, Chiousse, Daudé-Bancel, Garbado, Gaumont, G. Lévy, Alfred Nast, Poisson, Ponard, Ramadier, Riehl, Svob.

Le Conseil supérieur de la Coopération n'a pas été appelé à siéger depuis le dernier rapport du Conseil Central.

Groupe de la Coopération à la Chambre des Députés

Un groupe de la Coopération a été constitué à la Chambre des députés. Son bureau est le suivant : Président, M. Frédéric Brunet; Vice-Présidents, MM. C. Chabrun, Héliès, Laroche-Joubert, Poittevin, Ponard; secrétaires : MM. Antonelli et Tilloy.

Le groupe s'est préoccupé à plusieurs reprises de questions touchant la Coopération et des questions fiscales.

De plus, il a pris l'initiative d'organiser une *Semaine parlementaire de la Coopération* qui a lieu du 31 mars au 5 avril. Les conditions d'organisation de cette *Semaine* ont été données dans *l'Action Coopérative*, et les Sociétés sont ainsi informées de l'intérêt qu'elle offre.

Chaire au Collège de France

Comme les années précédentes, les cours de notre ami M. Charles Gide ont repris au Collège de France en décembre. Ces cours qui, jusqu'ici, ont été publiés en brochures, vont dorénavant être publiés en livre. Il a paru qu'il était plus facile de faire cette édition sous cette forme et que — de plus — elle sera pour les Sociétés et Coopérateurs plus facile à conserver.

On trouvera d'autre part le compte de l'Association pour l'Enseignement de la Coopération qui — comme on le sait — a été constituée en vue d'assurer les ressources indispensables à la Chaire.

Office technique

L'Office technique continue de rendre service à la F. N. C. C. Il a présentement à l'étude la question de la loi organique sur la Coopération qui fait l'objet d'un rapport au Congrès de Nancy. Il a déjà consacré plusieurs séances à cette question, qui retiendra sans doute son attention quelque temps encore.

Conseil Supérieur Consultatif du Commerce et de l'Industrie

Un Conseil supérieur consultatif du Commerce et de l'Industrie a été constitué au Ministère du Commerce. Le conseil Central a obtenu que les consommateurs, qui n'avaient au début qu'un délégué, soient plus largement représentés et il a obtenu la désignation ci-après : MM. Charles Gide, Arthur Fontaine, Président du Conseil d'Administration du Bureau International du Travail; Simiand, professeur au Conservatoire des Arts et Métiers; Edgard Milhaud, professeur à l'Université de Genève; A.-J. Cleuet, Gaston Lévy, C. Chiousse, Paul Waseige, Maurice Camin, E. Poisson, membres du Conseil Central de la F. N. C. C., MM. Roger Picard, professeur à l'Université de Lille; C. Bouglé, professeur à la Sorbonne; Maurette, chef de la Division Scientifique au B. I. T.; Vimeux, secrétaire général de la Fédération Nationale de la Mutualité et de la Coopération agricoles.

Les délégués qui appartiennent aux sections qui ont eu à examiner des questions intéressant notre mouvement se sont efforcés de défendre notre point de vue. Gaston Lévy a été chargé par une Commission de rapporter sur la *Question des Devises* et E. Poisson fait partie de la Commission permanente du Conseil.

Le Conseil Central a pensé qu'il était utile que la représentation de la F. N. C. C. soit assurée au sein de cet organisme malgré son titre.

Comité des Céréales panifiables

Un Comité des Céréales panifiables a été constitué au Ministère de l'Agriculture. E. Poisson a été désigné par le Ministre pour représenter les consommateurs au sein de cet organisme.

Le Conseil Central a approuvé et fait sien un projet de monopole d'importation des blés exotiques que son représentant a déposé et défendu devant le Comité. Ce projet sera soumis aux membres du Groupe de la Coopération à la Chambre des Députés pour examen et pour être soumis aux délibérations du Parlement.

La F. N. C. C. et la vie chère

La Fédération Nationale s'est préoccupée des questions touchant le coût de la vie et elle a fait connaître au Gouvernement et au public ce qu'elle pensait devoir préconiser pour aboutir à une stabilisation des prix et — par la suite — à une diminution des prix des principales denrées d'alimentation. Des notes précisant le point de vue de la Fédération Nationale ont été remise au Président du Conseil et au

Ministre de l'Intérieur et elles ont été publiées respectivement les 20 septembre et 27 décembre 1924.

Deux des projets qui sont au premier plan dans les *notes* sont à l'étude et feront l'objet de délibérations prochaines du Conseil Central.

Dans tous les cas la F. N. C. C. s'est préoccupée du problème de la vie chère et elle n'a jamais manqué de défendre l'intérêt des consommateurs.

Service Juridique

Les Sociétés continuent à utiliser le Service juridique de la Fédération Nationale et l'année qui s'est écoulée a été marquée par le fait de nombreuses demandes de consultations relativement à l'application de la taxe sur le chiffre d'affaires. Un grand nombre de Sociétés ont eu recours au Service juridique pour établir leur défense alors qu'elles étaient mises en demeure d'acquitter un impôt dont elles pouvaient, à juste titre, se croire exonérées. Cette question est d'ailleurs examinée d'autre part.

Le Conseil Central peut dire que le Service juridique de la F. N. C. C. est particulièrement utile aux Sociétés. Il rappelle que les demandes de renseignements doivent être adressées au Secrétariat, 85, rue Charlot, Paris, 3ᵉ qui se charge d'obtenir et de transmettre les réponses.

L'Action Coopérative

Le Conseil Central a déjà eu l'occasion d'appeler l'attention des Sociétés sur l'intérêt qu'il y a à augmenter le nombre des lecteurs du journal officiel de la F. N. C. C., *L'Action Coopérative*. Or, depuis l'an dernier le nombre des abonnements n'a pas augmenté ; les Sociétés n'ont pas répondu aux appels qui leur ont été adressés.

Il y a lieu de noter qu'au cours de l'année 1924 les prix du papier et les prix d'impression ont augmenté dans des proportions fort importantes et il s'en est suivi que le bénéfice net qui avait atteint plus de 18.000 francs en 1923 est seulement de 1.324 francs pour 1924.

Ce n'est qu'au 1ᵉʳ janvier que *l'Action Coopérative* a augmenté ses prix d'abonnements qui ne pouvaient être — sous peine de déficit important en 1925 — maintenus aux prix précédents.

Il faut souhaiter que les Sociétés Coopératives penseront que le journal de la F. N. C. C. est un organe indispensable et qu'elles aideront à la diffusion nécessaire.

L'impôt sur le chiffre d'affaires

A l'époque du dernier Congrès, le Conseil d'Etat, rejetant toutes nos thèses et renversant même la doctrine admise en 1920 par l'Administration, venait de décider que toutes les Coopératives de consommation étaient soumises à l'impôt sur le chiffre d'affaires. Deux questions se posaient. Le fisc allait-il exiger le payement de l'impôt depuis le 1ᵉʳ juillet 1920 ou du moins depuis trois ans, lorsqu'il avait laissé prescrire ses droits ? Le régime de la soumission absolue à l'impôt resterait-il un régime permanent et définitif ?

La question de l'arriéré était particulièrement angoissante. Si l'Administration avait exercé ses droits la coopération française eût traversé la crise la plus grave qu'elle a jamais subie. L'Administration en eût porté la responsabilité : car c'était sur son avis, publié au

Journal Officiel, que les Coopératives exemptes de l'impôt sur les bénéfices commerciaux s'étaient crues exemptes de l'impôt sur le chiffre d'affaires. En pareil cas, la pratique habituelle de l'Administration est de n'appliquer la jurisprudence nouvelle que pour l'avenir et de ne pas insister pour le payement des droits antérieurs. Il eut été naturel de prendre dès le mois de janvier et de février 1924 une décision de ce genre.

Cependant le Ministre des Finances a longuement hésité, jusqu'au début de juin 1924. Nous avons même craint que l'Administration exige l'arriéré. C'est seulement le 23 juin 1924 que M. Clémentel a notifié une instruction générale dispensant de recouvrer les droits dus pour la période antérieure au 1er janvier 1924 par les sociétés exemptes de l'impôt sur les bénéfices commerciaux,

Cette décision ne pouvait nous suffire que si elle était expliquée et précisée. De nombreuses Coopératives étaient en effet en discussion avec l'Administration au sujet de leur soumission à l'impôt cédulaire. Beaucoup de ces conflits avaient été d'ailleurs soulevés au sujet de l'impôt sur le chiffre d'affaires. La décision abandonnant l'arriéré laissait subsister tous ces litiges, bien que leur solution fût indéfiniment reculée. Car le Conseil d'Etat se refuse désormais à examiner la question de l'impôt cédulaire à propos de l'impôt sur le chiffre d'affaires et il faut attendre que l'Administration des Contributions directes ait soulevé le problème par une imposition du rôle et que la procédure, très longue en cette matière, ait abouti à un résultat. C'était maintenir en suspens pendant des années de nombreux et irritants procès ; c'était aussi laisser subsister sur la tête des Coopératives les menaces les plus graves. La Fédération soumit ces réflexions au Ministre des Finances et aux Directeurs généraux des Administrations intéressées. Ils décidèrent, par une circulaire adressée aux services le 19 juillet 1924, que l'abandon de l'arriéré s'étendrait à toutes les Coopératives ne vendant qu'à leurs membres, même si des discussions s'étaient élevées au sujet de leur assujettissement à l'impôt sur les bénéfices commerciaux.

Ainsi se traduit définitivement réglée la question de l'arriéré : les Coopératives vendant au public doivent payer depuis l'origine de l'impôt ; les Coopératives ne vendant qu'à leurs membres doivent payer depuis le 1er janvier 1924.

La seconde question maintenant se posait. Ce régime allait-il rester définitif ? Le Ministre des Finances saisi du problème pensa avec nous qu'on ne pouvait assimiler complètement les opérations des Coopératives avec leurs membres à des opérations purement commerciales. Juridiquement ce sont sans doute des ventes ; mais des ventes où le vendeur et l'acheteur sont une seule et même personne. Il consentit à reprendre l'examen du problème et par mesure provisoire décida de suspendre la perception de l'impôt sur les Coopératives exemptes de l'impôt sur les bénéfices commerciaux. Cette mesure fit l'objet d'une circulaire du 2 septembre 1924, que la Fédération a portée à la connaissance des sociétés. Il est d'ailleurs précisé que cette suspension du recouvrement n'a qu'un caractère précaire et que les droits du Trésor restent entiers. Le régime définitif et le sort des impôts restés en suspens seront déterminés simultanément par le Parlement.

Le Ministre a proposé un texte réglant cette situation dans le projet du budget de 1925. Ce texte impose les Coopératives exemptes de l'impôt sur les bénéfices commerciaux, sur les mêmes bases que

les courtiers, c'est-à-dire sur le montant des bonis bruts non ris-
tournés :

« ART. 102. — L'article 62 de la loi du 25 juin 1920 est rectifié
comme il suit :

« Sont considérés comme intermédiaires, dont le chiffre d'affaires
est constitué par le montant des bonis affectés soit au payement des
frais généraux, soit à la réserve légale :

« 1° les syndicats agricoles et les Sociétés Coopératives de Consommation qui sont affranchis de l'impôt sur les bénéfices industriels et
commerciaux, dans les conditions prévues par l'article 15 de la loi
du 31 juillet 1917.

« 2° les groupements d'achats en commun, sans stock ou avec
stock, constitués exclusivement entre professionnels (personnes ou
sociétés) en vue de l'achat et de l'attribution à leurs seuls membres
des marchandises ou objets nécessaires à l'exercice de leurs professions.

« 3° les sociétés coopératives de production agricole constituées
exclusivement entre agriculteurs et qui se bornent à recevoir, à transformer et à vendre des produits provenant uniquement des exploitations agricoles de leurs sociétaires.

« Lorsqu'une personne effectue des opérations rentrant les unes
dans la première catégorie et les autres dans la seconde catégorie,
son chiffre d'affaires est déterminé en appliquant à chacune des
opérations les définitions ci-dessus. »
Ce texte ne pouvait nous donner satisfaction. Il ne disait pas tout
d'abord que ses dispositions avaient effet rétroactif. Le sort des
droits restés en suspens depuis septembre 1924 n'était donc pas réglé.
D'autre part, il n'existe aucune raison de soumettre à un régime
fiscal différent les ventes aux sociétaires suivant qu'elles sont faites
par des sociétés vendant ou non au public, exemptes ou non de l'impôt cédulaire. La nature des opérations traitées entre les coopérateurs et les coopératives ne dépend en aucune manière de la nature
des opérations traitées à côté d'elles. Ce sont donc toutes les ventes
aux sociétaires qui doivent bénéficier du régime des intermédiaires.
Nous avons demandé à notre ami Locquin de présenter les amendements suivants devant la Commission des Finances.

« ART. 143. — Seront considérées comme des opérations de mandat
et taxées sur le montant des bonis bruts prélevés sur ces opérations
soit pour le paiement des frais généraux, soit pour la constitution
de réserves :

« 1° Les affaires traitées avec leurs membres par les Syndicats
agricoles, les Sociétés coopératives de consommation ou les Unions
de ces Syndicats ou de ces Sociétés.

« 2° Les affaires traitées avec leurs membres par les Groupements
d'achats en commun, sans stock ou avec stocks, constitués exclusivement entre professionnels (personnes ou sociétés) en vue de l'achat
et de la vente à leurs seuls membres des marchandises ou objets
nécessaires à l'exercice de leurs professions.

« ART. 143 *bis*. — Les dispositions de l'article 119 de la présente
loi ayant un caractère interprétatif, auront un effet rétroactif, à dater
du 1er janvier 1924. »

La Commission n'a pas accepté ces suggestions. Elle a repris le texte du projet ministériel, en le modifiant et, dit-on, en le rendant pire. Elle exigerait notamment que les Coopératives soient administrées gratuitement et qu'elles ristournent à leurs sociétaires tous leurs bonis. A la date où ces lignes sont écrites, il n'est pas possible d'avoir de certitude.

Mais s'il en était ainsi, autant vaudrait sans doute qu'aucun texte ne figurât dans la loi. Les interprétations restrictives, que l'Administration ferait sans aucun doute prévaloir, le rendraient inopérant : aucune Coopérative ne pourrait en bénéficier. Ce serait d'autant plus choquant que la Commission aurait, d'après les journaux, exempté de l'impôt certains détaillants et fabricants. On verrait donc les Coopératives soumises à la taxe, au moment même où le petit commerce y échapperait. Il n'est pas possible que cette opinion prévaille.

Le Secrétariat fournira, sur cette question, les renseignements complémentaires utiles.

L'impôt sur les bénéfices commerciaux

L'impôt sur les bénéfices commerciaux n'a pas été l'objet des mêmes discussions. Nous devons cependant signaler un arrêt du Conseil d'Etat, rendu le 21 juin 1924 et qui donne des solutions de principe particulièrement importantes.

Il confirme tout d'abord que l'exemption de l'impôt établi par l'art. 15 ne peut s'appliquer aux sociétés vendant au public, même si elles affectent tous leurs bonis à des réserves indivisibles. Mais il ajoute en même temps que, pour imposer les Sociétés soumises à l'impôt cédulaire, on ne doit pas tenir compte des ristournes réparties entre les sociétaires au prorata de leurs achats, pourvu toutefois que ces ristournes soient exclusivement prélevées des bonis provenant de la vente aux sociétaires. L'Administration avait déjà admis cette règle par une circulaire du 10 janvier 1922. Mais l'autorité de ce texte était fréquemment discutée ou méconnue. Le Conseil d'Etat vient de le consacrer et de le placer au-dessus de toute atteinte.

École Coopérative

L'Ecole Coopérative qui, jusqu'ici, avait donné des résultats, n'a pas, cette année, continué ses cours. Cela tient au fait que les élèves ont été trop peu nombreux et malgré l'effort fait par notre ami Jean Gaumont pour mettre debout un programme fort intéressant, le résultat espéré n'a pas été obtenu.

Il y a lieu d'envisager, pour l'exercice prochain, s'il ne conviendrait pas de demander le concours des sociétés et des consommateurs.

Le Conseil Central persiste à penser qu'une solution favorable est possible.

Commission Nationale de l'Enseignement de la Coopération

I. ENSEIGNEMENT GÉNÉRAL DE LA COOPÉRATION. — Le Congrès du Tréport ayant approuvé la méthode suivie en 1923 pour introduire l'Enseignement de la Coopération dans les Universités, lycées, écoles primaires et écoles techniques, la Commission a poursuivi sa tâche dans le même esprit.

Elle a reçu l'approbation du Ministère de l'Instruction publique dont les quatre directions ont bien voulu accréditer son Président auprès des Recteurs, des Inspecteurs d'Académie et des Préfets.

Grâce à la lettre ministérielle qui lui a été ainsi accordée, M. Bugnon a pu plus facilement intéresser le personnel des divers ordres d'enseignement aux questions coopératives.

Presque partout, c'est sous la présidence du Recteur ou du Préfet ou de l'Inspecteur d'Académie qu'il a exposé aux maîtres des différentes Ecoles et à leurs élèves des classes supérieures l'intérêt que présente l'Enseignement de la Coopération. Partout les autorités administratives et universitaires recherchent aujourd'hui avec lui les moyens de donner immédiatement cet Enseignement dans tous les établissements scolaires.

II. ENSEIGNEMENT SUPÉRIEUR. — Des cours ont été professés : à *Aix*, par M. Raynaud ; à *Grenoble*, par M. Porte ; à *Lille*, par M. Bernard Lavergne ; aux « Conférences de Sociologie des Directeurs d'Ecoles Normales », à Paris, par M. Roger Picard ; à *Lyon*, par M. Antonelli ; à *Nancy*, par M. Gignoux.

Un cours nouveau est décidé à Bordeaux. Il sera professé par M. Pirou. Des cours auront lieu également, en 1925, à la Faculté de Droit de Limoges.

Des conférences seront proposées aux Ecoles Normales Supérieures de la rue d'Ulm, de Sèvres, de St-Cloud, de Fontenay-aux-Roses et de l'Enseignement technique.

Quelques innovations seront apportées à certains de ces cours. Le professeur Bourcart ne pouvant donner que deux leçons cette année à Nancy, la Faculté de Droit a bien voulu agréer, pour compléter à six leçons l'Enseignement de la Coopération, MM. Poisson, Lévy et Bugnon.

Dans quelques autres Académies, les Professeurs de l'Université donneront simplement 4 ou 6 leçons à la Faculté et les autres dans les Lycées, les Ecoles Normales, les Ecoles Supérieures de Commerce du ressort de l'Académie.

III. ENSEIGNEMENT SECONDAIRE. — Le Bureau de l'Amicale des Professeurs de Philosophie des Lycées a bien voulu insérer un appel en faveur de l'Enseignement de la Coopération. Il a été reproduit dans l'*Action Coopérative*.

Partout où ils ont été sollicités, les Proviseurs ont témoigné leur intérêt pour l'organisation de cet Enseignement, soit dans le cours, soit à l'extérieur, par réunion au besoin de leurs élèves avec ceux des Ecoles Normales ou des Ecoles Primaires Supérieures. Plusieurs professeurs de Lycées ont accepté de se charger de quelques leçons, à la fois pour leurs élèves et pour ceux des autres établissements scolaires de la ville.

IV. ENSEIGNEMENT PRIMAIRE. — 1º *Ecoles Normales :* L'Enseignement est régulièrement donné par les Directeurs et Directrices. En plusieurs départements, ces chefs d'établissement ont accepté que des cours soient faits à leurs élèves par des professeurs extérieurs ou à donner eux-mêmes, dans d'autres Ecoles secondaires ou professionnelles, des leçons sur la Coopération. — 2º *Ecoles Primaires Supérieures :* Les élèves des classes supérieures des Sections générales, professionnelles et commerciales recevront, soit par les soins de leurs professeurs, soit par les soins d'un professeur extérieur, une initiation aux questions coopératives. — 3° *Ecoles Primaires :* En un très grand nombre de circonscriptions, les Inspecteurs Primaires s'intéressent à l'Enseignement de la Coopération élémentaire qui revêt diverses formes. Celles des « Coopératives scolaires » de M. Profit à St-Jean-d'Angely et du « Coopérateur Scolaire » de M. Cattier à Remiremont en sont des types intéressants.

V. ENSEIGNEMENT TECHNIQUE. — L'enseignement de la Coopération doit y être une forme d'initiation économique.

Dans les Ecoles de Commerce, nous désignons l'Enseignement demandé sous le titre : « *Etudes économiques et coopératives élémentaires* ».

VI. DOCUMENTATION. — Un tract sera rédigé sous forme de cours-type et envoyé aux maîtres des divers enseignements susceptibles de s'y intéresser. Il comprendra le plan de trois leçons que nous considérons comme suffisantes à faire connaître la Coopération :

1° Les Principes et leurs applications pratiques;

2° L'Histoire du Mouvement Coopératif national et international;

3° La Coopération dans l'Enseignement général et l'Enseignement technique.

Y sera joint le manifeste des Universitaires, publié en 1921.

La liste des ouvrages essentiels sera indiquée aux chefs d'établissements et aux professeurs; là où les écoles ne pourront pas se les procurer, les Fédérations Régionales ou les Sociétés locales seront invitées à en faire le don gratuit. Il serait utile que les Sociétés inscrivent les Etablissements d'enseignement de leur région pour un abonnement gratuit à l'*Action Coopérative* et à la *Revue des Etudes Coopératives*.

100 fiches sur les ouvrages traitant de la Coopération ont ont été rédigées. La Commission a décidé la publication de seize fiches.

Ces fiches seront adressées aux Sociétés qui en feront la demande, aux Cercles d'Etudes coopératives, aux Professeurs de Philosophie des Lycées, aux Ecoles Normales, aux Ecoles de Commerce, aux Ecoles Normales supérieures (Enseignement technique, primaire et secondaire) et aux Facultés de Droit.

La pratique de l'Académie de Nancy (reproduire le cours du professeur de l'Université au duplicateur et l'envoyer à toutes les écoles) pourrait être utilement employée partout.

VII. VISITES AUX SOCIÉTÉS. — M. Gay, Directeur de l'Ecole Normale de la Seine, a demandé à la Commission que les élèves-maîtres puissent visiter nos organisations coopératives. Il serait évidemment utile que les visites de Sociétés soient organisées pour les élèves ayant reçu un enseignement coopératif.

La Commission en fera la suggestion aux chefs d'établissements scolaires.

VIII. — BOURSIERS. — 32 Bourses ont été accordées : 6 à la Région du Nord, 6 en Lorraine, 6 à la région de Grenoble, 3 à celle de Lyon, 2 à celle de Marseille, 4 à Paris et 5 spécialement aux Ecoles de Commerce. 28 boursiers, sous la direction de M. Bugnon, ont visité l'Exposition internationale de Gand, les organisations coopératives belges et lorraines.

4· ont voyagé individuellement avec un programme indiqué par M. Chioussé (Boursiers de la Fédération des Coopératives du P.L.M.).

Tous ont fourni des rapports intéressants dont il sera publié des extraits dans la presse coopérative et pédagogique.

IX. PUBLICATIONS DANS LA PRESSE. — Le *Journal des Instituteurs,*, l'*Ecole et la Vie* et le *Manuel Général* ont publié des articles de MM. Gide, Profit et Duthil.

Les articles déjà donnés et ceux qui paraîtront ultérieurement pourraient prendre place éventuellement dans des brochures de propagande.

La Commission cherchera également à publier des articles dans certains grands journaux et revues.

X. OFFICES CINÉMATOGRAPHIQUES RÉGIONAUX. — 1° Une Commission interministérielle du Cinéma suit les mêmes directives que celles adoptées par la Commission de l'Enseignement. Sont membres de cette Commission : MM. Bugnon et P. Marcel.

Des indications pourront être données aux Sociétés qui voudraient éditer des films.

2° La circulation des films par échange sera étudiée de Société à Société.

3°La création d'*Offices Cinématographiques Régionaux* facilitera la préparation des films, ainsi que leur circulation. Des organisations sont déjà existantes à : Strasbourg, Grenoble, Nancy, Lyon et Marseille; en projet à : Beauvais, Bordeaux, Laon, Lille, Limoges, Albi, La Rochelle, Amiens, Arras.

XI. — ENSEIGNEMENT COOPÉRATIF INTERNATIONAL. — Au Congrès International de Gand, M. Bugnon a fait à la Conférence spéciale une communication rédigée par M. Gaumont sur l'Enseignement de la Coopération en France.

La Commission a décidé qu'une correspondance serait engagée avec les organisations coopératives étrangères.

XII. SITUATION FINANCIÈRE EN 1924. — Au 31 décembre 1924, les sommes versées au compte de la Commission Nationale de l'Enseignement de la Coopération s'élevaient à 28.601 80

se décomposant comme suit :

Reliquat de l'année 1923	4.283	20

Subventions de 1924 :

— Fédération Nationale des Coopératives de Consommation	12.500	»
— Fédération de Lorraine et des Ardennes..	1.000	»
— Fédération des Coopératives du Nord et du Pas-de-Calais	3.000	»
— *La Laborieuse,* à Annonay	50	»
— *La Fraternelle,* à Villefranche-sur-Saône...	20	»
— *Coopérative P.L.M. et Etat,* à Bellegarde...	50	»
— *Egalité,* à Tarare	50	»
— *Coopérative d'Alimentation,* à Oyonnax	50	»
— *Avenir,* à Nantua	100	»
— *Coopérative des Ouvriers et Employés,* à Gardanne	50	»

—	*Coopérative des Employés du P.-L.-M.* la « *Fraternelle* », à Lyon.................	50 »
—	*Union des Coopérateurs* de l'arrondissement de Douai, à Sin-le-Noble.........	500 »
—	*Union des Coopérateurs* de l'arrondissement de Lille, à Fretin	100 »
—	*Union des Coopérateurs du Cambrésis*, à Caudry	200 »
—	*Coopérative générale d'Arras et de l'Artois*, à Arras	500 »
—	*Union des Coopérateurs de Lorraine*, à Bar-le-Duc	5.500 »
—	Municipalité de Givors	48 95
—	— de Villeurbanne	99 90
—	— de Douai	200 »
—	— de Roubaix	199 75
—	— de Gardanne	50 »
	Total................................	28.601 80

Au 31 décembre 1924, nos dépenses se sont élevées à : 30.075 35 comprenant :

1° Appointements du Secrétariat....................	6.600 »
2° Achat de livres, abonnements, frais de Secrétariat.	818 50
3° Déplacement des membres de la Commission......	2.069 65
4° Subventions aux Universités	6.000 90
5° Bourses de voyage d'études coopératives·.........	14.586 30
Total.............................	30.075 35

RÉCAPITULATION :

Recettes	28.601 80
Dépenses	30.075 35
Excédent des dépenses..........	1.473 55

Dans ces chiffres ne sont pas compris :

La subvention de la Cie du P.-L.-M. (pour 2 bourses)...	1.000 »
Celle de la Fédération des Coopératives du P.-L.-M. pour une bourse	500 »

qui ont été versées directement par M. Chiousse à trois boursiers de Grenoble.

La subvention remise à un boursier de Lyon par la Municipalité, subvention de	475 »
La subvention pour les cours professés à Nancy, et que l'Union des Coopérateurs de Lorraine a pris à sa charge	1.500 »

Ce qui porte, ajoutés aux 28.601 fr. 80, le total des sommes consacrées jusqu'à présent, au cours de 1924, à l'Enseignement de la Coopération à :................ 32.076 80

XIII. Projet de Budget pour 1925 :

Dépenses			Recettes		
Reliquat pour 1924....	1.473	55	Subvention F. N. C. C.	14.000	»
Cours et Bourses	20.000	»	— des Fédérations régionales	8.000	»
Publications	1.000	»	— des Sociétés coopératives	10.000	»
Secrétariat	6.600	»	— des villes, départemets et divers	2.500	»
Voyages	3.000	»			
Divers	1.500	»			
Total........	33.573	55	Total........	34.500	»

Le mouvement des Sociétés

Le nombre des Sociétés adhérentes à la F. N. C. C. au 29 février 1924 était de 1.819; il est, au 5 février 1925, de 1.716, soit une différence en moins de 103, qui provient de 94 dissolutions et de 26 fusions.

Il y a lieu de tenir compte qu'à côté de cette diminution du nombre de sociétés, il y a un accroissement important du nombre des Magasins coopératifs ouverts par des sociétés de développement.

Le mouvement des Sociétés se répartit ainsi par Fédération Régionale :

	Nombre de Sociétés au 5-3-25	Sociétés fusionnées	Sociétés dissoutes ou disparues
Albi	112	»	3
Algérie	10	»	2
Amiens	14	»	»
Bordeaux	128	6	1
Bourges	102	»	7
Cameroun	1	»	»
Chine	1	»	»
Constantine	9	»	1
Corse	8	»	3
Dijon-Besançon	120	»	16
Grèce	1	»	»
Grenoble	104	1	2
Lille	124	1	3
Limoges	119	1	2
Lyon	111	1	2
Madagascar	1	»	»
Maroc	4	»	»
Marseille	125	6	9
Martinique	1	»	»
Nancy	158	1	1
Nantes	65	3	12
Nouvelle-Calédonie	1	»	»
Oranie	9	»	»
Paris	97	2	9
Roanne	140	2	11
Rouen	40	2	9
Strasbourg	24	»	»
Tonkin	1	»	»
Troyes	82	»	1
Tunisie	3	»	»

Statistique

La statistique des Sociétés Coopératives de consommation adhérentes à la Fédération Nationale, ainsi que celle des Sociétés non adhérentes pour l'année 1922, a été terminée et l'Annuaire a paru dans le premier semestre. Les difficultés pour réunir les renseignements concernant les Sociétés non adhérentes ne permettent pas, malheureusement, de publier les renseignements statistiques plus rapidement.

Librairie

La Fédération Nationale a édité les brochures et les livres suivants :

L'*Annuaire* de 1924, tiré à 1.500 exemplaires.

Le Congrès du Tréport, tiré à 1.200 exemplaires.

L'*Histoire Générale de la Coopération en France*, en deux volumes, par Jean GAUMONT, tiré à 1.000 exemplaires.

Des *Agendas de poche*; 37 sociétés nous ont passé commande d'un nombre total de 119.600 exemplaires.

Le service de librairie a, comme les années précédentes, assuré l'édition et la vente des *Cours au Collège de France*, de M. Charles Gide.

Sociétés de développement

Comme chaque année, nous donnons ci-après un tableau des Sociétés de développement avec : 1º Le nombre des magasins de vente; 2º le nombre de sociétaires; 3º le montant du capital souscrit; 4º le montant du capital versé. Ce tableau est fait pour comparer la situation de 1923 et celle de 1924.

DÉPARTEMENTS, LOCALITÉS, SOCIÉTÉS	1923 (année entière)					1924 (1er semestre)			1924 (2e ms.)	1924 (année entière)				
	Maga-sins	Socié-taires	Capital souscrit	Capital versé	Chiffres d'affaires	Maga-sins	Socié-taires	Chiffres d'affaires	Chiffres d'affaires	Maga-sins	Socié-taires	Capital souscrit	Capital versé	Chiffres d'affaires
AISNE														
Union des Coopérateurs du Sud de l'Aisne, Château-Thierry	68	10.805	1.320.910	1 280 624	16.006.597	70	11.160	10.113.203	10.889.791	76	11.660	1.501.000	1.191.516	21.002.004
Union des Coopérateurs du Laonnais, Laon	13	2.013	261.550	219.284	3.315.151	17	3.020	1.839.556	2.009.080	17	3.126	313.350	295.438	3.848.645
La Fraternelle, St-Quentin	9	2.732	510.900	324.910	5.083.833	14	3.484	3.661.924	3.814.308	15	3.815	448.200	379.757	7.176.232
ARDÈCHE														
Coopérative Régionale du Bas-Vivarais, Aubenas	11	3.000	152.000	152 000	1.438.000	15	3.344	849.127	963.435	15	3.318	230.724	230.721	1.812.562
ARDENNES														
Union des Coopératives des Ardennes, Charleville	45	3.077	307.700	276.093	3.960.231	46	3.089	2.215.589	2.337.232	46	3.077	307.700	280.710	4.552.821
AUBE														
Union des Coopérateurs de l'Aube, Troyes	17	2.035	263.500	207.813	2.612.148	16	2.636	1.353.224	1.641.082	18	2 787	278.700	217.224	2.901.307
BOUCHES-du-RHONE														
La Butineuse, Marseille	23	5.003	500.900	306 238	5.267.354	28	5.618	3.495.706	3.222.031	27	6.691	669.100	322 030	6.718.937
CHARENTE - INFÉRIEURE														
Union des Coopérateurs, La Rochelle	17	2.803	280.300	152.463	2.870.598	17	2.815	1.505.606	1.671.554	16	2 942	204.200	164.831	3.267.160
Coopérative Régionale des Charentes et Deux-Sèvres, Saintes	40	12.121	1.343.000	859.835	8.674.862	54	12.800	7.031.785	7.108.236	58	15.018	1.705.300	1.125 011	15.783.098
CREUSE														
Union des Coopérateurs de la Creuse, Guéret	43	6.948	1.118.800	1.097.343	5.026.031	46	7.179	2.905.811	3.227.646	49	7.530	1.201.100	1.183.188	6.223.457
DROME														
L'Universelle, Valence	20	10.038	708 325	40.00.8600	2.722.845	19	9.935	1.226.087						
GIRONDE														
Union Coopérative du Sud-Ouest, Bordeaux	69	9.869	986.900	649.092	9.185.046	164	22.642	11.572.755	13.779.390	166	28.829	3.086.200	2.150.314	25.352.145

DÉPARTEMENTS, LOCALITÉS SOCIÉTÉS	1923 (année entière)					1924 (1er semestre)			1924 (2e sem.)	1924 (année entière)				
	Maga- sins	Socié- taires	CAPITAL souscrit	CAPITAL versé	CHIFFRES d'affaires	Maga- sins	Socié- taires	CHIFFRES d'affaires	CHIFFRES d'affaires	Maga- sins	Socié- taires	CAPITAL souscrit	CAPITAL versé	CHIFFRES d'affaires
ILLE-&-VILAINE														
L'Alliance d. Travailleurs Fougerais, Fougères ...	8	1.800	180.000	155.174	2.178.004	9	1.768	1.204.102						
ISÈRE														
La Ménagère, Grenoble...	5	4.320	234.050		2.556.399	2	5.100	716.653	451.144	1	3.400	226.850	153.700	1.107.797
LANDES														
Coopérative Landaise, Mont-de-Marsan (1) . ..	67	12.157	1.251.700	885.742	11.487.021									
LOIRE														
La Solidarité, Roanne....	37	7.002	053.302	847.250	8.373.295	30	7.204	5.009.244	5.187.608	39	7.112	1.009.342	898.618	10.196.042
LOIRE-INFÉRIEURE														
Union des Coopérateurs de la Loire-Inf^re, Nantes...	71	7.606	930.300	739.631	7.769.473	72	7 500	4.183.286	4.197.374	74	7.500	941.300	763.432	8.380.060
MAINE-&-LOIRE														
Union des Coopérateurs de l'Anjou, Angers........	14	2.437	95.300	55.392	1.896.668	15	2.600	585.561	559.800	15	2 172	158.100	88.575	1.145.370
MARNE														
Union des Coopérateurs de la Marne, Ay..........	58	8 234	1.339.700	1.154.965	6.334 194	50	10.090	3.005.422	3.330.287	46	10.060	1.315.200	1.132 173	6.935.709
MEUSE														
Union des Coopérateurs de Lorraine, Bar-le-Duc.	416	59.722	8.159.100	7.127.135	82.201.326	418	61.296	45.655.115	48.232.413	415	64.521	8.864.800	7.999.805	93.887.523
MORBIHAN														
Union Coopérative Lorientaise, Lorient......	51	9.468	946.800	645.117	6.874.580	54	8.994	3.850.839	4.133.741	55	9.050	905.000	663.309	7.984 580
NORD														
Union des Coopérateurs du Cambrésis, Caudry...	44	16.439	1.796.200	1.434.007	20.681.311	56	18.443	12.000.023	14.676.346	61	19.915	2.213.000	1.758.534	26.776.269
Union des Coopérateurs des Arrondissements de Denain et Valenciennes, Denain	22	3.801	380.100	207.854	5.416.007	23	4.033	3.075.340	3.792.884	24	4.305	430.500	344.932	7.408.230
Union des Coopérateurs de l'Arrondissement de Douai, Sin-le-Noble,....	57	15.321	1.531.300	1.222.189	15.500.000	60	15.373	9.500.000	10.725.590	63	17.842	1.784.200	1.360.831	20.225 590

(1) Fusionnée avec *L'Union Coopérative du Sud-Ouest*, à Bordeaux.

DÉPARTEMENTS, LOCALITÉS SOCIÉTÉS	1923 (année entière)				
	Maga-sins	Socié-taires	CAPITAL souscrit	CAPITAL versé	CHIFFRES d'affaires
NORD (Suite)					
Union des Coopérateurs de la Selle et de la Sambre, Solesmes	25	4.600	1.938.900	1.842.049	6.777.230
Union des Coopérateurs des Flandres, Coudekerque-Branche	18	2.873	330.000	272.902	2.998.896
OISE					
Coopérative du Beauvaisis, Beauvais	29	8.510	702.550	630.311	5.722.620
ORNE					
Coopérative Régionale de Basse - Normandie, Alençon	45	13.571	1.850.400	1.658.943	11.084.161
PAS-DE-CALAIS					
Union des Coopérateurs, Béthune	44	11.000	1.100.000	916.476	6.543.417
Coopérat. région. d'Arras et de l'Artois, à Arras	32	5.470	631.600	506.930	7.112.993
PYRÉNÉES (Basses)					
Union des Coopérateurs de l'Adour, Bayonne	23	7.941	223.673	223.073	5.071.236
RHIN (Bas)					
Société Coopérative de Consommation, Illkirch-Graffenstaden	11	2.113	147.980	138.053	3.493.980
Société Coopérative de Strasbourg et environs, Strasbourg	63	33.123	1.056.150	864.699	25.857.366
RHIN (Haut)					
Société Coopérative de Colmar et environs, Colmar	15	3.300	198.000	103.000	2.935.340
Société Coopérative de Mulhouse et environs, Mulhouse	51	20.618	2.061.800	590.193	15.291.090
RHONE					
L'Avenir Régional, Lyon	126	18.671	1.867.100	1.420.184	19.360.089

DÉPARTEMENTS, LOCALITÉS SOCIÉTÉS	1924 (1er semestre)			1924 (2e sem.)	1924 (année entière)				
	Magasins	Socié-taires	CHIFFRES d'affaires	CHIFFRES d'affaires	Magasins	Socié-taires	CAPITAL souscrit	CAPITAL versé	CHIFFRES d'affaires
Union des Coopérateurs de la Selle et de la Sambre, Solesmes	25	5.150	4 194.608	4.241.137	26	5.534	1.800.000	1.730.278	8.435.745
Union des Coopérateurs des Flandres, Coudekerque-Branche				2.649 848	24	3.393	401.500	320 142	4.906.778
Coopérative du Beauvaisis, Beauvais	28	9.132	3 015.419	3 211.947	30	9.367	756.050	688.153	6.227.366
Coopérative Régionale de Basse - Normandie, Alençon	47	13 641	7.282.703	7.591.169	51	14 576	2.002 500	1.881.213	14 873.872
Union des Coopérateurs, Béthune	33	8.100	1.649.079	1.580.089					3.238.108
Coopérat. région. d'Arras et de l'Artois, à Arras	35	5.817	4.204.688	4.133.822	40	5.000	661.600	607.430	8 338.510
Union des Coopérateurs de l'Adour, Bayonne	27	9.075	3.130.193	3.387 795	27	8.178	249.242	249 242	6.517.988
Société Coopérative de Consommation, Illkirch-Graffenstaden	11	2.054	2.014.200	2.479.450	13	2.109	147.630	138 191	4.293 050
Société Coopérative de Strasbourg et environs, Strasbourg	63	34.850	15.195.100	16.303.700	65	35.000	1.250.000	949.513	31.498.800
Société Coopérative de Colmar et environs, Colmar	15	3.300	1.274.700	1.517.158	17	3.440	344.000	110.000	2.791.864
Société Coopérative de Mulhouse et environs, Mulhouse	48	20.586	8.019 935	7.708.722	40	21.278	2.127.800	715.895	15.728.657
L'Avenir Régional, Lyon	138	18 603	9.660.749	10.478.783	135	18.567	1.856.700	1.483.989	20.148 532

DÉPARTEMENTS, LOCALITÉS SOCIÉTÉS	1923 (année entière)				
	Magasins	Sociétaires	CAPITAL souscrit	CAPITAL versé	CHIFFRES d'affaires
SAONE-&-LOIRE					
Union des Consommateurs, Montceau-les-Mines	7	533	33.250	33.250	406.493
SAVOIE					
La Fraternelle, Chambéry.	28	4.233	423.300	415.430	2.083.248
SEINE					
Union des Coopérateurs, Paris	347	81.358	9.262.700	5.099.409	81.027.555
Union des Coopérateurs de la Banlieue Nord, St-Denis.	63	10.708	1.070.800	675.703	12.459.920
SEINE-INFÉRIEURE					
Union des Coopérateurs du Havre et de la Région, Le Havre	18	3.706	557.500	406.557	3.280.480
La Solidarité Sottevillaise, Sotteville-l.-Rouen.	47	21.300	661.250	661.250	8.743.617
SOMME					
L'Union, Amiens	107	41.200	2.060.000	1.812.427	40.561.324
TARN					
L'Aurore Sociale, Albi	13	3.785	456.900	391.322	3.750.000
VAR					
Union des Coopérateurs du Var à Le Cannet-du-Luc.	15	2.307	230.700	160.445	1.517.666
VAUCLUSE					
La Ruche Cavaillonnaise, Cavaillon	7	2.700	140.100	108.813	2.045.983
VIENNE					
Association Coopérative, Poitiers	12	4.930	500.181	129.860	3.380.680
HAUTE-VIENNE					
L'Avenir du Centre-Ouest, Limoges	68	7.835	961.300	964.300	4.005.455
L'Union Syndicale Ouvrière, St-Junien	15	2.190	219.000	198.061	3.778.527

SOCIÉTÉS	1924 (1er semestre)			1924 (2e sem.)	1924 (année entière)				
	Magasins	Sociétaires	CHIFFRES d'affaires	CHIFFRES d'affaires	Magasins	Sociétaires	CAPITAL souscrit	CAPITAL versé	CHIFFRES d'affaires
Union des Consommateurs, Montceau-les-Mines	7	531	209 952	156.446	6	554	31.050	33.684	306.308
La Fraternelle, Chambéry.	29	4.451	852.178	1 058.752	28	4.711	511.000	487.316	1.910.030
Union des Coopérateurs, Paris	329	82.106	41.913 500	42 452.729	335	83.849	9.524.000	5.336.709	84.350.289
Union des Coopérateurs de la Banlieue Nord, St-Denis.	52	8.945	5.506.000	5.309.018	53	8.932	908.600	606.039	10.875.018
Union des Coopérateurs du Havre et de la Région, Le Havre	18	3.800	1.967.754	1.086.221	17	3.800	582.800	416.330	3.053 075
La Solidarité Sottevillaise, Sotteville-l.-Rouen.	46	21.474	4 385.863	4.735 885	46	21.474	701.700	701.700	9.121.748
L'Union, Amiens	116	41.600	23.450.182	23.198.911	111	42 000	2.100.000	1.969.802	40.640 093
L'Aurore Sociale, Albi	13	3.717	2.245.648	2.413.273	14	3.700	457.400	414.686	4.658.921
Union des Coopérateurs du Var à Le Cannet-du-Luc.	17	2.578	1.194.502	1.696.230	21	3.251	393.800	274.440	2.890.732
La Ruche Cavaillonnaise, Cavaillon	8	2.781	1.092.271	1.298.711	8	2.845	145.450	122.784	2.390.982
Association Coopérative, Poitiers									
L'Avenir du Centre-Ouest, Limoges	62	7.800	2.145.304	2.378.397	61	7.800	953.038	953.038	4.523.701
L'Union Syndicale Ouvrière, St-Junien	14	2 247	2.104.564	2.385.593	15	2.302	230.200	210.538	4.490.157

L'Alliance Coopérative Internationale

L'Alliance Coopérative Internationale a tenu son XI° Congrès du 1er au 4 septembre 1924, à Gand. Le Conseil Central a participé aux délibérations de ce Congrès avec une représentation supplémentaire conforme aux prescriptions des statuts.

En son temps, *l'Action Coopérative* a donné un compte-rendu assez complet des débats et a publié les résolutions votées. Cependant, le Conseil Central pense utile de publier à nouveau dans ce rapport les textes qui ont fait l'objet des votes de l'A. C. I.

Sur la proposition de Victor *Serwy*, la résolution ci-après fut votée:

Ce Congrès voit avec satisfaction l'enthousiasme remarquable dont ont fait preuve tous les membres de l'Alliance, à l'occasion de la création de la Journée Internationale Coopérative.

Il affirme que cette fête annuelle est destinée à devenir un instrument des plus puissants ainsi que des plus utiles de la Propagande Internationale Coopérative et de la Paix fraternelle et universelle.

En conséquence, il invite les pays et tous les membres de l'Alliance Coopérative Internationale, à déployer tous leurs efforts afin que la journée devienne pour le monde une manifestation frappante du pouvoir et de la solidarité de la Coopération.

Puis, à propos de l'Exposition de Gand, M. Suter fit adopter l'ordre du jour suivant :

Ce Congrès félicite cordialement les coopérateurs belges pour le succès remarquable de l'Exposition Internationale Coopérative qu'ils ont si savamment organisée en s'animant d'un enthousiasmes et d'un esprit de sacrifice qui font honneur à notre Mouvement mondial.

En tant que manifestation du pouvoir, de la variété et de l'étendue des activités économiques et sociales de la Coopération; l'Exposition se pose comme un exemple unique et aussi comme un témoignage évident de la possibilité de la République Coopérative.

Son mérite artistique ainsi que sa valeur éducatrice très grands, inspirent l'espoir que de telles manifestations du pouvoir et du caractère de notre mouvement puissent devenir un trait permanent des Congrès futurs de l'A. C. I.

Poisson, au nom du Comité Central, défendit et fit voter, à propos des relations de l'A.C.I., avec les organisations syndicales, la résolution qui suit :

Ce Congrès approuve l'activité du Comité Central et de l'Exécutif en vue d'établir, conformément à la résolution du Congrès de Bâle, des relations avec la Fédération Internationale des Syndicats pour faciliter l'unité d'action sur les questions strictement économiques d'intérêt commun.

Toutefois, en vue d'éviter des complications qui pourraient résulter actuellement de la structure des organismes en présence et afin de conserver à l'A. C. I. sa neutralité, le Congrès décide d'ajourner la proposition de constitution des relations, formulée dans le rapport du Comité Central.

Le Congrès approuve néanmoins la continuation d'une action commune avec les Fédérations internationales des Syndicats pour de telles questions spécifiées et définies, à condition que chaque question ait été préalablement soumise au Comité Central de l'A. C. I. et approuvée par celui-ci.

A propos des relations entre les différentes formes de la Coopération, Albert Thomas fit voter le texte suivant par le Congrès :

1° Il est désirable que des rapports directs et organiques s'établissent entre les Coopératives de consommation et les Coopératives agricoles en vue d'unir, dans des cadres locaux et nationaux, les consommateurs-producteurs des villes et des campagnes, et, sur le plan international, les pays industriels et les pays agricoles, sur la base du respect mutuel de leurs conditions de travail et de vie;

2° Il est recomandé aux organisations coopératives d'examiner s'il n'est pas désirable que, dans leurs rapports avec le personnel qu'elles emploient, les Coopératives de toute nature confient à des groupes coopératifs de travailleurs manuels et intellectuels la gestion libre, mais responsable, des parties de leurs entreprises qui sont techniquement isolables de leur direction commerciale et financière et donnent ainsi l'exemple aux entreprises privées elles-mêmes d'une organisation du travail conforme aux aspirations profondes des travailleurs.

Au nom de l'Union Britannique, M. Rae a proposé et fait adopter la résolution ci-après concernant la neutralité de l'A. C. I. :

Le Congrès estime nécessaire de rappeler que, tout en respectant l'autonomie de ses organisations adhérentes, l'Alliance ne peut accepter pour elle-même qu'il soit porté atteinte à sa neutralité politique et religieuse, point fondamental de sa constitution, et que ceux qui composent l'Alliance ont librement accepté.

Le Congrès donne mandat au Comité Central et au Comité Exécutif de réclamer et d'exiger au besoin d'engagement des organisations adhérentes, de respecter la neutralité de l'Alliance et ne point porter atteinte au droit que les mouvements coopératifs nationaux ont de se conduire librement sans ingérence étrangère.

En cas de nécessité, le Comité Exécutif devrait en référer au Comité Central et lui proposer toutes mesures utiles.

Puis, au nom du Comité Bancaire, Gaston Lévy demanda aux organisations nationales d'aider le Comité Bancaire International à travailler en faveur d'une concentration des apports financiers.

Préalablement, une discussion s'est produite sur le rôle des femmes dans la Coopération. Mme Freundlich avait présenté un rapport et un texte du Comité Central fut adopté.

Le Comité Central de l'A. C. I. a été renouvelé. La France y est représentée par quatre délégués : Charles Gide, E. Poisson, Albert Thomas, A.-J. Cleuet, Poisson est également membre du Comité exécutif et vice-président de l'Alliance Coopérative Internationale.

RAPPORT DE LA COMMISSION DE CONTROLE

Conformément au mandat que nous a confié le Congrès tenu en mai dernier, notre Commission a procédé au contrôle de la comptabilité de la Fédération Nationale des Coopératives de Consommation.

Une vérification minutieuse des comptes d'exploitation, *Action Coopérative*, Librairie, ainsi que l'examen des postes détaillés au bilan, valeurs disponibles, réalisables, comptes débiteurs, créditeurs, nous permet de nous porter garants de la gestion financière qui vous est soumise.

Au lieu de 44.027 fr. 66 en 1923, l'excédent de recettes pour 1924 est de 75.504 fr. 21, somme que le Conseil Central vous demandera d'affecter aux Réserves.

Nous vous demandons d'approuver cette proposition et de sanctionner par votre vote la sincérité du bilan établi.

Un vide s'est produit au sein de la Commission pendant le cours de l'exercice : notre camarade Isidore Lévy a été enlevé en quelques jours à l'affection des siens et à l'estime de ses collaborateurs et amis.

A sa veuve, à ses enfants, à sa famille, nous adressons l'hommage de notre profond regret et de toute notre sympathie.

<table>
<tr><td>La Commission :</td><td>Le Rapporteur :</td></tr>
<tr><td>David, Droneau, Ducrocq, Tutin.</td><td>E Droneau.</td></tr>
</table>

7

BILAN DE LA F. N. C. C.
au 31 décembre 1924

PASSIF				ACTIF
		Valeurs immobilisées		
	13.703,66	Matériel et agencement...	13.703,66	
		Matériel et agencement, leur amortissement		
13.788,66	85. »	Actions de sociét. ouvrières		
		Actions de sociét. ouvrières leur amortissement....	85	13.788,66
		Valeurs disponibles		
	18.212,85	Caisse: Espèces en caisse..		
	8.167,80	Chèques postaux: en dépôt.		
364.630,56	338.249,91	Banque des coopératives Cte ct et Cte spécial....		
		Valeurs réalisables (STOCKS)		
	643,10	Librairie		
	36.442. »	Action Coopérative.......		
78.175,10	41.090. »	Histoire générale de la coopération		
		Débiteurs divers		
	20. »	Bulletin A. C. I.........		
	138.113,40	Débiteurs divers........		
181.133,40	43.000. »	Prêt à l'Association pour l'enseignement de la Coopération		
		Valeurs exigibles		
		Comité des régions libérées	3.631,34	
		Créditeurs divers........	7.328,80	
		Frais et factures à payer..	9.559,20	
		Orphelins	95.038,15	
		Russie................	179,80	
		Société Nationale de Colonies de vacances....	3.625. »	119.362,29
		Réserves		
		Excédent des exercices précédents	431.072,56	
		Excédent de l'exercice....	75.504,21	504.576,77
637.727,72				637.772,72

ACTION COOPÉRATIVE

Compte d'exploitation Exercice 1924

RECETTES

Abonnements.	300.881 10	
Vente de bouillons.	1.025 »	
Publicité M. D. G.	5.000 »	
		306.906 10
Stock au 31 décembre 1924.		36.442 »
		343.348 10

DÉPENSES

Papier.	74.929 15	
Impression et clichés.	117.378 35	
Bandes.	33.602 10	
Frais d'emballage et expédition.	56.957 45	
Affranchissements.	32.625 78	
Salaires, indemnités.	15.987 50	
Impôt sur chiffre d'affaires.	131 90	
Frais généraux communs.	3.000 »	
	334.612 23	

PERTES ET PROFITS

Débiteurs irrécouvrables et rabais.	1.448 45	
	336.060 68	
Reprise du stock au 1er janvier 1924.	5.962 90	
		342.023 58
Résultat de l'exercice : bénéfice net.		1.324 52

Librairie

Stock au 1er janvier 1924.		10.026 73
Montant des achats de l'exercice.		48.588 40
Ensemble.		58.615 13
à déduire : Stock au 31 décembre 1924.		643 10
Prix de revient des marchandises vendues.		57.972 03
Ventes de l'exercice.	64.632 95	
Subvention de la Fédération.	3.000 »	
		67.632 95
Bénéfice brut.		9.660 92

Frais généraux

Salaires, pourcentages.	5.424	40
Frais d'expédition et emballage.	2.251	60
Déplacements, pourboires, frais divers.	296	55
Comptabilité.	172	»
	8.144	55

Pertes et profits

Solde de compte de divers clients.	9	20	
			8.153 75

Résultat : bénéfice net de l'exercice. 1.507 17

Débiteurs divers

Avance à Service postal (Action Coopérative).	4.000	»
Dû par Société.	88	80
Action Coopérative (abonnements dûs).	85.049	60
Librairie.	27.367	45
Semaine d'adhésions	912	55
Affiches et calendriers.	20.695	»
Solde débiteur au 31 décembre 1924.	138.113	40

Cotisations

Sociétés de consommation	304.313	94
Sociétés de production.	1.495	10
Cotisations des Cercles.	79	30
Cotisations du M. D. G.	75.000	»
	380.888	34

Créditeurs divers

Souscription pour A. C. I.	200	»
Société fédérale de la Marne.	125	»
Action Coopérative (abonnements pr 1925 réglés en 1924).	443	50
Solde créditeur au 31 décembre 1924.	7.328	80
Librairie (dû à Association pour Enseignement de la Coopération).	6.560	30

Stocks

Stock Librairie au 31 décembre 1924.	643	10
— Action Coopérative.	36.442	»
— Histoire générale de la Coopération	41.090	»
	78.175	10

Russie

Solde au 1er janvier 1924 (sans changement).	179	80

Comité des Régions libérées

Solde créditeur au 1er janvier 1924......................		15.303 18
Virement du compte groupement P. R. 250 (U. D. C. du Cambrésis à Avesnes).		680 76
		15.983 94
Abonnements U. D. C. du Pas-de-Calais....	10.947 20	
Virement à Fédération de Lille, affaire U. D. C. du Pas-de-Calais.	1.405 40	12.352 60
Solde créditeur au 31 décembre 1924.......:		3.631 34

Dépenses 1924

Frais généraux. — Chapitre I

Art.	1. — Loyer et frais accessoires.	20.293 75	
—	2. — Assurances et contributions.	2.763 05	
—	3. — Entretien, matériel et agencement	857 35	
—	3 *bis*. — Salaire, personnel Standard.	1.140 »	
		25.054 15	
	A déduire part de sous-location et frais divers à payer par la Fédération Parisienne, Ecole Coopérative, Caisse fédérale, Action coopérative.	6.666 »	18.388 15

Frais généraux. — Chapitre II

Art.	4. — Appointements des trois Secrétaires généraux.	55.200 »	
—	- — Appointements délégué F.N.C.C.	15.600 »	
—	- — Appointements du personnel, , ..	37.797 50	
—	- — Comptabilité du M. D. G.	705 »	
—	- — Assurances accidents.	911 20	
—	- — Frais de réunion des membres du Conseil Central.	16.015 30	126.229 »

Frais généraux. — Chapitre III

Art.	5. — Imprimés, circulaires, papeterie, registres, etc.	6.938 55	
—	6. — Frais de poste et télégraphes......	11.364 45	18.303 »

Propagande. — Chapitre IV

Art.	8. — Frais de délgation du Secrétariat et Membres du Conseil Central. — Tournées, conférences	47.627 55	
—	9. — Congrès	7.552 25	
—	10. — Subvention à la Librairie.........	3.000 »	
—	11. — Subvention à l'Ecole Coopérative...	2.500 »	

— 11 bis. — Subevention à la Commission de l'Enseignement 16.584 60

— 12. — Service de renseignements administratifs et commerciaux (abonnements) 1.363 60

— 13. — Service de renseignements juridiques .... 12.000 »

— 14. — Service gratuit de *l'Action Coopérative* aux Sociétés adhérentes. 8.256 85

— 15. — Cotisation A. C. I.................. 16.500 »

— 16. — Frais de traduction .... 408 »

115.792 85

Statistiques. — Chapitre V

Art. 17. — Appointements 1 Secrétaire....... 11.400 »

11.400 »

Semaine d'adhésions. — Chapitre VI

Art. 18. — Semaine d'adhésions .... 5.925 »

Dépenses extraordinaires. — Chapitre VII

Art. 19. — Achat de matériel, Agencement pour installations nouvelles.... 1.474 »

Art. 19 bis. — Exposition de Gand 27.551 75

29.025 75

Réserve pour imprévu. — Chapitre VIII

Art. 20. — Réserve pour imprévu 649 70

325.713 45

Résultats

Librairie 1.507 17
Action Coopérative 1.324 52
Cotisations 385.888 34
Frais généraux : Chapitre I.................. 18.388 15
Frais adminisitratifs : Chapitre II.......... 126.229 »
Frais de Bureau : Chapitre III.............. 18.303 »
Propagande : Chapitre IV 115.792 85
Statistiques : Chapitre V................... 11.400 »
Semaine d'adhésions 1923 : Chapitre VI....... 2.282 10
Semaine d'adhésions 1924 : Chapitre VI...... 5.925 »
Dépenses extraordinaires : Chapitre VII..... 29.025 75
Réserve pour imprévu : Chapitre VIII....... 649 70
Pertes et profits (Intérêts B. C. F. Cte et et divers 7.758 98
Affiches et journaux 456 55

325.713 45   399.217 66
73.504 21

Résultat de l'exercice ....

399.217 66   399.217 66

Fonds de réserve

Solde au 1er janvier 1924 .... 431.072 56
Résultat de l'exercice 1924 .... 73.504 21

Solde créditeur au 31 décembre 1924........ 504.576 77

ASSOCIATION POUR L'ENSEIGNEMENT DE LA COOPÉRATION

Bilan au 31 Décembre 1924

ACTIF				PASSIF

VALEURS DISPONIBLES

	376 »	Caisse : Espèces en caisse.	
54.514 63	54.138 63	Banque des Coopérat., Cte courant.	

DÉBITEURS DIVERS

6.560 30	Dû par divers (brochures)

VALEURS RÉALISABLES

1.048 75	Stock, brochures au 31 décembre 1924.

VALEURS EXIGIBLES

à long terme
Fédération Nationale des Coopé : son prêt.......... 43.000 »

RÉSULTATS

Résultats antérieurs (excédent 11.649 47
Résultat de l'exercice (Excédent) 7.474 21 19.123 68

62.123 68				62.123 68

Comptes brochures

Stock au 1er janvier 1924	2.632 30
Achats de l'exercice	14.344 »
Ensemble	16.976 30
A déduire : Stocks au 31 décembre 1924	1.048 75
Prix de revient des brochures vendues	15.927 55
Total des ventes de l'exercice	11.996 20
Déficit	3.931 35

Pertes et Profits

Intérêts s/ compte courant Banque des Coopératives, impôt déduit		985 85
Déficit sur vente de brochures	3.931 35	
Souscription des Sociétés		18.410 »
Don Ch. Gide		8.000 »
Frais généraux.	15.990 29	
Résultat : excédent de l'exercice............	7.474 21	
	27.395 85	27.395 85

DEUXIÈME PARTIE

LA SITUATION ÉCONOMIQUE ET LES COOPÉRATIVES

Rapporteur : E. POISSON

Le problème de la cherté de la vie s'est aggravé au cours de ces derniers temps, suivant l'opinion de tous les consommateurs, à quelque classe sociale qu'ils appartiennent.

Trop souvent, on ne se rend pas suffisamment compte en quoi consiste le problème de la cherté de la vie. Il réside essentiellement dans ce fait que les marchandises et les prix des produits — non seulement de l'alimentation mais encore de l'habillement, du logement et de tous les besoins de la vie — croissent plus rapidement que les ressources dont chaque consommateur dispose pour y faire face, qu'il vive du revenu de son travail, ouvrier, paysan, ou de son traitement, fonctionnaire; ou même du revenu d'une richesse déjà acquise.

Nul doute que si les revenus de chacun progressaient proportionnellement aux prix, il n'y aurait pas de problème de la cherté de vie et ceci prouve que si la hausse des produits accompagne le problème angoissant de la vie chère, elle ne réside pas que dans le fait économique de la hausse.

Du reste, au cours des temps, la hausse qui n'avait évidemment pas le caractère rapide et général qu'elle a eu à maintes reprises et successivement depuis dix ans, n'a pas toujours été un facteur de misère économique ou sociale en soi; lorsque par exemple elle a été lente, elle a pu être un stimulant à la richesse acquise. Ne libère-t-elle pas, en définitive, partiellement le débiteur par rapport au créancier?

La véritable cause de la cherté de la vie est dans le déséquilibre économique qui existe dans le monde et dans le manque de rapports normaux entre la consommation et la production. Depuis la guerre et après, on peut considérer qu'il y a eu pour l'ensemble du pays — et en ne s'arrêtant pas aux phénomènes individuels ou partiels, soit corporatifs ou locaux — une diminution générale de la production non seulement en France, mais dans le monde. Les pertes en hommes, l'affaiblissement de la force productive d'un grand nombre d'autres, les modifications dans les positions sociales, ont entraîné forcément une déperdition considérable des forces de production du pays et surtout de la partie de cette force qui était arrivée au stade de la production maximum.

La vie économique a même été désarticulée du fait que des industries faites pour la guerre n'ont pu s'adapter à la paix ou que leur production devienne pléthorique par rapport aux besoins; soit encore que leur outillage n'a pu être modifié pour l'œuvre productrice du temps de paix.

Ainsi donc, il y a d'un côté diminution dans la production en même temps que, d'autre part, il y a augmentation des besoins. Les migrations des populations à l'intérieur du pays pendant la guerre ont modifié les mœurs et même les habitudes d'alimentation ou de logement des classes sociales tout entières et le désir légitime de civilisation plus grande a pris une importance accrue soit d'habillement ou de distractions; en un certain sens, le désir de civilisation plus haute, faisant suite à une excitation économique générale, voilà les facteurs qui ont multiplié les besoins des consommateurs, les ont modifiés ou transformés, mais en tout cas, ont conduits à un déséquilibre économique.

En vérité, chacun se croit plus riche parce qu'il manie plus de monnaie en papier ; peu à peu, le déséquilibre continuel des prix a fait perdre la notion de la valeur réelle des choses. Quel est celui qui, aujourd'hui, connaît exactement le prix de l'habit qu'il porte ou de celui qu'il devrait acheter pour le remplacer ? Chacun désire mieux vivre et souvent ses besoins se sont multipliés sans qu'il s'en rende compte.

Ainsi donc, l'humanité et les consommateurs de notre pays en particulier ont plus de besoins et moins de ressources. Telles sont les causes originales et profondes de la cherté de la vie.

Le remède est-il donc dans une hausse générale des prix ou dans une baisse générale des prix ?

Incontestablement non.

Il n'est pas difficile de le démontrer en ce qui concerne la hausse. L'opinion générale est portée, au contraire, par un jugement simpliste, à voir la cherté de la vie seulement dans la hausse des prix.

La hausse des prix, c'est l'instabilité des cours, c'est un excitant possible mais artificiel au progrès de la vie économique : c'est un stimulant mais en même temps un poison ; c'est également la possibilité de tous les agissements illicites et de toutes les exactions ; c'est la certitude du champignon vénéneux du mercantilisme développé dans le désordre économique.

En un sens différent la baisse des prix aboutit au même résultat. Ce n'est que d'apparence que le consommateur et, d'une façon toute empirique et provisoire, pourrait croire y trouver son compte car une baisse brusque des choses et générale aboutirait à un arrêt des affaires, puis à un arrêt de la production ; elle aboutirait inévitablement à un chômage important, à une crise économique aiguë; toutes sortes d'entreprises de toutes espèces risqueraient de sombrer, laissant la place non pas aux plus capables, mais aux plus puissants financiers. Une baisse brusque et importante des prix serait inévitablement, comme en 1920, la destruction de tout l'appareil économique du pays, et provoquerait le chômage pour les uns, les bas salaires pour les autres qui décroîtraient beaucoup plus rapidement que les prix des produits eux-mêmes.

En se plaçant aussi bien du point de vue du consommateur que du point de vue de l'intérêt général économique qui sont inévitablement liés, la baisse générale des prix entraînerait les pires conséquences, sans compter que le consommateur, pris comme contribuable, se verrait à nouveau chargé d'impôts formidables car, avec la baisse des prix, c'est l'équilibre du budget faussé, ce sont les traitements des fonctionnaires menacés et c'est pour l'État particulièrement l'impossibilité de payer ses dettes à l'étranger.

Autant une stabilité des changes peut servir la vie économique, autant son action serait illusoire si elle était accompagnée d'une baisse rapide et générale des prix.

Il faudrait donc avoir le courage de remonter le courant populaire qui peut faire espérer à la baisse générale et qui, en tout état de cause, pense qu'elle est désirable, parce qu'elle porte en elle-même la solution du problème qu'on peut appeler la cherté de la vie.

Les vrais remèdes sont à la fois dans une augmentation de la production, dans une répartition mieux organisée et dans une sécurité économique générale de toutes les classes. C'est de cette sécurité dont tout le monde a avant tout besoin ; la sécurité c'est, par rapport à la stabilisation des prix, sa conséquence inévitable mais infiniment plus importante ; la persistance de ces mêmes prix entraîne la continuité de la vie économique.

Quelle est la situation économique actuelle du travailleur qui ne sait quelle sera le lendemain la valeur de son travail ? Quelle est la situation de l'épargnant qui ne sait si demain ses économies lui serviront à quelque chose et si elles n'auront pas été un sacrifice inutile. Quelle est la situation, — même en se plaçant au point de vue de la société dans laquelle où nous vivons, — de toute entreprise économique ou de toute invention destinée à multiplier la richesse, si le lendemain n'est pas assuré à l'effort humain.

La solution du problème de la cherté de la vie est dans l'organisation de la vie économique et non seulement cette organisation n'est pas impossible, mais elle s'impose inévitablement à notre pays comme à tous les pays. Evidemment, la stabilité et la persistance des prix est liée pour une part au problème des changes et le problème des changes en lui-même ne peut être solutionné que par une étude générale de la vie économique internationale.

Les peuples, économiquement, ne peuvent se suffire à eux-mêmes et ont intérêt à multiplier leurs échanges ; produits agricoles, produits manufacturés ou matières premières doivent être répartis équitablement entre les peuples comme dans chaque pays, une répartition équitable des forces de production, des matières premières doit être faite. Cette politique ne peut pas être le résultat du laisser-faire qui est aujourd'hui une des soi-disant loi naturelle de la vie économique ; la société doit être techniquement organisée, scientifiquement mise en valeur pour obtenir un maximum de richesses.

C'est donc l'idée d'organisation qui doit constituer la politique économique générale utile aux consommateurs et c'est parce que la coopération est, par excellence, non pas le seul mais un des moyens les plus efficaces d'organisation économique pour le moment et qu'elle contient en elle-même l'espoir d'avenir et d'une solution définitive qu'elle se doit, conformément à sa raison d'être, — de propager et de défendre l'idée de la stabilisation et de l'équilibre économique dont elle est un exemple et un modèle.

C'est dans l'association des consommateurs organisés que se trouve, expérimentalement, l'exemple vivant de ce qui peut inspirer des solutions au pays tout entier, en attendant même le développement ultérieur du mouvement coopératif.

N'est-ce pas le cas, par exemple, pour cette question si importante du blé, de la farine et du pain, pour ce scandale des paysans qui après avoir vendu leur récolte à un prix normal voient celui-ci, quelques mois après, s'élever sans raison valable à un prix particulièrement excessif marquant ainsi une course des prix du blé indigène vers le prix supérieur au blé exotique et dont la différence devient le profit exagéré et ruineux pour tous. Sous le prétexte du jeu de la loi de l'offre et de la demande on couvre ainsi les prix internationaux avec tous les agissements des spéculateurs et de tous les transformateurs du blé en pain.

La solution n'est-elle pas dans l'organisation, c'est-à-dire dans la création d'un Office d'importation des céréales panifiables, stabilisant le prix du blé indigène, réglementant la vie, arrêtant les spéculations et permettant à la fois au producteur d'être encouragé dans sa culture, sûr de sa rémunération juste, pendant que le consommateur a la certitude de payer le produit au prix même où il doit le payer même si, à l'occasion, il devait le payer plus cher alors qu'il saurait qu'il n'est pas victime des parasites de la vie économique.

La coopération se doit de préconiser la stabilisation et la persistance des prix, non seulement en vertu de l'esprit propre qui l'anime et de sa nature car ce n'est pas seulement par sa vie qu'elle donne un exemple et une solution plus générale qu'il faut étendre à toutes choses, c'est pour elle-même qu'elle a besoin de cette politique. Chacun sait que les sociétés coopératives pendant les périodes de hausse, peuvent difficilement faire face aux besoins de leurs consommateurs, elles ne peuvent mettre de côté des bénéfices anormaux puisqu'elles freinent les prix et en revanche, pendant les périodes de baisse, elles n'ont rien pour faire face à des déficits rapides même quand elles ont été sages dans leur politique d'achat ou de stocks.

La grande crise de 1920 est encore dans tous les esprits. La coopération a besoin d'un équilibre continu et permanent pour grandir et se développer naturellement, c'est peut-être un tort d'avoir conduit des masses de consommateurs vers elle en n'expliquant pas suffisamment qu'elle n'était pas par essence, la vie à bon marché, mais la vie à juste prix. Il faut de toute évidence, si la coopération a la prétention d'être un modèle de réglementation des prix, qu'elle ne donne pas elle-même l'impression de faux prix au consommateur, de prix qui ne correspondent pas à la réalité ni à la normale des choses, il ne faut pas se faire une psychologie semblable à celle des rayons de vie à bon marché des intermédiaires ; il faut donc marquer que la coopération doit vendre au juste prix et le dire hautement sans vouloir invoquer, même dans la pratique, des arguments de bas prix, mais il convient de faire valoir qu'en tout état de cause elle se développera parce qu'elle est un système économique nouveau, parce qu'elle est un élément de transformation sociale, donnant au consommateur la totalité de ce qu'il doit toucher, sous la forme soit directe de ristourne ou sous la forme d'œuvres de solidarité, soit par un sacrifice des coopérateurs eux-mêmes pour les réserves et le développement de la société et des avantages ultérieurs matériels, moraux et sociaux.

En conséquence, je propose au Congrès la résolution suivante :

Le Congrès National de la F. N. C. C. déclare hautement que la solution au problème de la cherté de la vie n'est ni dans les oscillations rapides de hausse ni même de baisse de prix, mais dans le rétablissement d'un équilibre entre les besoins et les ressources du pays et que cet équilibre doit être la conséquence d'une augmentation de la production et d'une organisation meilleure de la répartition envisagée non seulement sur le plan national mais sur le plan international.

La coopération n'a qu'à gagner à la persistance et à la continuité des prix, comme les consommateurs eux-mêmes et les coopérateurs ; l'insécurité de la vie économique peut lui être désastreuse et ce n'est que dans des solutions d'organisation de la vie économique que lui apparaît la solution du problème de la cherté de la vie.

La Coopération n'entend pas préconiser la vie à bon marché mais la vie à juste prix. Elle n'entend pas du reste donner seulement aux consommateurs quelques avantages immédiats ou précaires, mais leur remettre dès maintenant la totalité des prélèvements des intermédiaires en mettant debout un système économique et social nouveau, organisme des consommateurs associés.

Elle n'entend pas, dans sa propagande comme dans son action à propos des prix, essayer de tromper le consommateur par des prix illusoires qui ne seraient que des réclames de publicité, elle veut au contraire faire l'éducation du consommateur en lui indiquant les prix normaux des choses qui devraient être ceux d'un commerce régulier et elle pense que c'est en remplissant ce double rôle d'éducation et d'organisation normale de la vie économique qu'elle rend présentement les meilleurs et les plus grands services aux consommateurs et cela sans négliger de s'orienter vers son idéal économique.

~~~~~~~~~~~~~~~~~~~~~

De la Réforme de la Législation
coopérative

Rapporteur : Paul RAMADIER.

Les lois qui régissent la coopération en France forment une liste assez longue et reposent sur des principes disparates. Notre ami Alfred Nast a, depuis de longues années, demandé qu'on les unifie. Il s'est efforcé, au cours de remarquables travaux, de dégager les principes autour desquels pourrait se réaliser cette unification ; il a représenté les avantages qui pourraient en résulter. L'an dernier, au Congrès des Coopératives agricoles, il a, une fois encore, posé le problème et le Congrès, suivant ses suggestions, a voté une résolution demandant au Gouvernement d'étudier et au Parlement de voter une loi qui donnerait à toutes les sociétés coopératives un statut juridique adapté à leur but et à leurs principes et cependant assez souple pour ne gêner aucune tentative nouvelle.

Ainsi la question de la loi coopérative s'est trouvée de nouveau posée devant nos organisations. Le Comité de défense de la Coopération, saisi par la Fédération de la Mutualité et de la Coopération agricoles, a demandé aux différentes organisations adhérentes de l'étudier et de présenter des projets correspondant à leurs vues. L'Office technique de la Fédération Nationale a été chargé par le Conseil Central de procéder à cette étude et, au cours de plusieurs séances, il a élaboré un avant-projet qui peut servir de base à un examen plus approfondi. Mais, avant de procéder à cet examen de détail et de poursuivre plus avant les travaux techniques, il importe que les sociétés se prononcent sur les principes mêmes et tout d'abord sur l'utilité d'une législation unifiée.
~~~~~~~~~~~~~~~~~~~~~

C'est cette décision de principe que le Congrès de Nancy devra prendre.

Ce rapport est destiné à présenter ce problème au Congrès. Nous examinerons tout d'abord comment dans le passé, en France, le problème s'est posé et comment il a été résolu. Nous rechercherons ensuite si une réforme de la législation française parait nécessaire.

I

Ce problème est presque aussi vieux que la coopération elle-même. Sinon dès les origines, du moins dès son premier développement, on s'est demandé sous quel régime juridique la coopération pourrait se placer. En 1832, Buchez proposa aux sociétés de production la forme de l'association en participation. En 1835, Derrion résolut le problème en se présentant comme seul maître de l'entreprise du commerce véridique et social. Mais, dès 1848, ces solutions parurent critiquables et insuffisantes : la plupart des sociétés de consommation, des associations ouvrières se placèrent sous le régime des sociétés en commandite. La formule parut satisfaisante en fait à la plupart des coopérateurs, mais cela tenait surtout à ce qu'ils se souciaient assez peu d'appliquer strictement les règles propres à ce genre de sociétés. En réalité, malgré les pouvoirs considérables reconnus aux gérants, les associés intervenaient fréquemment dans la gestion et devenaient ainsi responsables solidairement des engagements sociaux par leurs actes d'immixtion. Le dépôt et la publication légale nécessaires aux entrées et aux sorties des sociétaires n'étaient pas toujours régulièrement faits. Un examen attentif du fonctionnement légal des coopératives montrait qu'elles n'auraient pu trouver dans la législation en vigueur un régime corrspondant à leurs besoins. Cependant toute l'année 1848 passa sans qu'on parut se soucier du problème. En 1849 seulement, dix-huit représentants de la gauche proposèrent de réduire les frais de publication des sociétés coopératives et de les soustraire à quelques règles du droit commun gênantes pour leur activité. Mais le mouvement était déjà en plein recul et l'on criait à l'échec. La commission nommée pour étudier le projet concluait, le 14 septembre 1849, au rejet et l'Assemblée adoptait ces conclusions le 22 janvier 1850.

Le problème se posa de nouveau quinze ans plus tard; quand l'Empire, devenu libéral, entreprit sous l'influence des économistes de remanier la législation sur les sociétés, on songea à poser pour les coopératives des règles particulières. Une brochure publiée en 1863 sur « Les Coopérations et leur Constitution légale » et signée notamment d'Odilon Barrot, Batbie, Casimir Périer, Léon Say, Jules Simon attirait l'attention sur le problème. Les études se multiplièrent. M. de Paixhans, maître des requêtes au Conseil d'Etat ; Rozy, professeur à la Faculté de Droit de Toulouse ; F. Ducuing; Léon Walras consacrèrent des ouvrages à cette question et s'efforcèrent d'en préparer la solution (1).

---

(1) Les renseignements qui vont suivre sont puisés pour la plupart à cette source inépuisable de renseignements qu'est l' « Histoire Générale » de Jean Gaumont (t. I, p. 501 et ss.), soit dans les travaux préparatoires de la loi de 1867 recueillis et publiés par Triplet sous le titre « Commentaire de la loi du 24 juillet 1867 sur les sociétés », Paris, 1867, 2 vol.

Deux avocats, qui étaient en relations avec les coopérateurs, MM. Jay et Vavasseur, proposèrent en 1865, de leur laisser le champ libre, sans enfermer leur activité dans un cadre législatif. Ils voulaient que l'on créât à leur intention un type spécial, celui des « sociétés mixtes » auxquelles on permettait soit de se livrer à des opérations spéculatives ordinaires, soit de traiter des opérations coopératives au sens propre du mot. C'était éluder le problème, plutôt que de le résoudre. Mais, en vérité, la coopération n'était pas alors suffisamment définie; ses principes restaient trop vagues pour que l'on put sans danger risquer une réglementation plus précise. Le mieux était, si on voulait en favoriser le développement, de faire confiance aux coopérateurs, et de les libérer des barrières que le législateur opposait, la plupart du temps d'ailleurs sans le vouloir et sans le savoir, à leur prospérité.

Ce libéralisme répondait aux aspirations des coopérateurs du temps et à celles des économistes dont le gouvernement voulait suivre les indications. Mais des préoccupation politique l'empêchèrent de céder complètement à ces tendances. Les coopérateurs et surtout les membres des associations ouvrières se recrutaient principalement, alors comme aujourd'hui, dans les rangs du prolétariat et Napoléon III, tout en cherchant à adoucir sa politique, ne pouvait oublier que ces organisations groupaient surtout des adversaires du régime. Il voulait bien leur accorder leur liberté, mais cependant à titre provisoire et en les maintenant sous une certaine surveillance. Le Conseil d'Etat en élaborant le projet qui fut déposé au Corps législatif, le 18 mars 1865, essaya, tout en établissant une régime mieux approprié aux besoins des sociétés coopératives, de prendre certaines garanties et de maintenir leur activité dans certaines limites.

Ce projet contenait un titre IV relatif aux « sociétés de coopération ». Il définissait tout d'abord les coopératives de consommation qui ont pour but « d'acheter, pour les vendre aux associés, des choses nécessaires aux besoins de la vie ou aux travaux de leur industrie »; les coopératives de crédit qui se proposent « d'ouvrir aux associés des crédits et de leur faire des prêts » ;les coopératives de production qui veulent « établir pour les associés des ateliers de travail en commun et d'en vendre les produits soit collectivement, soit individuellement ».

Ces coopératives devaient revêtir l'une des formes de société civile ou commerciale prévues par le droit commun. Elles devaient être régies par les dispositions générales du droit des sociétés, modifiées seulement en deux points importants. Le capital pouvait être augmenté par des apports successifs faits par les associés ou par l'admission d'associés nouveaux ; il pouvait être diminué par la reprise totale ou partielle des apports effectués. D'autre part, les sociétés coopératives étaient obligatoirement soumises à la publicité prévue par le Code de Commerce, qu'elles fussent civiles ou commerciales ; mais les augmentations et les diminutions du capital social étaient dispensées de ces formalités.

Ce projet souleva de vives critiques chez les coopérateurs. Les définitions qui en formaient le principe et en délimitaient le champ d'application parurent trop étroites. On reprocha vivement au Conseil d'Etat d'avoir exclu les opérations avec les tiers, d'avoir laissé hors du cadre du projet les sociétés d'habitation et d'avoir négligé celles des associations ouvrières qui exécutaient des travaux sans avoir établi d'atelier. Dès le 19 juin 1865, quarante-huit représentants d'associations parisiennes lancèrent une protestation contre le projet dont ils trouvaient suspect le libéralisme apparent. Ils préféraient, disaient-ils, qu'aucune faveur ne leur fût accordée : le droit commun leur suffisait.

Cette opinion fut recueillie par la Commission chargée, le 20 avril 1865, par le Corps législatif d'examiner le projet. Elle voulut entendre les gérants et les organisateurs de coopératives ; leurs critiques réussirent à convaincre certains membres de la Commission, notamment son secrétaire Damiron, qui prétend avoir suggéré au gouvernement de procéder à une enquête approfondie et de remettre sur le chantier cette partie de la loi. Soit sous l'influence de cette suggestion, soit spontanément, ainsi que le disent l'exposé des motifs du second projet et le rapporteur Mathieu, le Ministère de l'Intérieur (1) chargea une commission d'entendre les personnes compétentes et les représentants des intéressés. Cette enquête recueillit des dépositions fort intéressantes, si l'on en juge par celles qui ont été publiées (2). Elles traduisaient, en général, l'hostilité des coopérateurs contre le projet du Conseil d'Etat et leur vif désir de trouver dans le droit commun plus de sécurité et plus de liberté. Les plus modérés cependant, comme Flotard, reconnaissaient l'utilité des dispositions qui permettaient d'augmenter et de réduire sans aucune formalité le capital des coopératives et se montraient favorables à leur maintien.

Le Conseil d'Etat prépara un second projet qui fut présenté au Corps législatif le 18 avril 1866. On admettait que le premier projet avait été inspiré par une méfiance excessive et que « le cercle dans lequel le principe coopératif doit se mouvoir pouvait être élargi ». Le nouveau texte donne, en effet, des coopératives une définition beaucoup plus extensive : il y comprend « les sociétés qui ont pour objet l'une ou plusieurs des opérations suivantes : acheter, pour les vendre aux associés seuls, ou aux associés et aux tiers, des choses nécessaires aux besoins de la vie ou aux travaux de leur industrie ; construire des maisons pour les associés ; ouvrir aux associés des crédits ou leur faire des avances ; vendre le produit des travaux exécutés par les associés isolément ou en commun; enfin faire en commun des travaux en exécution de traités ou marchés ». Beaucoup de sociétés qui n'avaient aucun caractère coopératif pouvaient rentrer dans ces termes. Le Conseil d'Etat était vraiment allé au dernier degré du libéralisme, dans la voie où il s'était tout d'abord engagé. D'ailleurs, en dehors de cette définition, le projet n'était pas très sensiblement modifié. Il accordait aux coopératives par actions le droit d'émettre des actions d'une valeur inférieure à cent francs ; il simplifiait aussi légèrement les formalités de publication en supprimant la nécessité d'une affiche apposée au Tribunal de commerce.

Les coopérateurs cependant ne se déclarèrent pas satisfaits. Les gérants des associations parisiennes publièrent le 20 mai 1866 dans

(1) Hubert VALLEROUX : « Des Associations ouvrières », p. 270.

(1) Voyez celle de Cernuschi (hostiles à la coopération), publiés en brochure sous le titre : « Illusions des sociétés coopératives »; et celle de Flotard en appendice à son volume sur le « Mouvement coopératif à Lyon et dans le midi de la France »

l'**Association** une nouvelle protestation où ils renouvelaient leur procès de tendance. La Commission du Corps législatif recommença une seconde enquête, entendit toutes les personnes qui demandaient à être entendues et aboutit à un texte très différent, du moins dans son principe, des projets du Conseil d'Etat. Les coopérateurs l'emportaient enfin d'une manière complète : il n'était plus question de définir les sociétés coopératives, d'enfermer leur activité dans les cadres d'une formule légale. M. Mathieu, rapporteur de la loi, constate que les coopérateurs ne demandent que la liberté et il reconnaît qu'ils y ont droit. Il n'est donc pas nécessaire de créer pour eux un régime spécial, mais seulement d'abaisser les obstacles qui peuvent gêner leurs mouvements. Or, le principal de ces obstacles réside dans la fixité du capital social : on propose donc d'autoriser non seulement les coopératives, mais toutes les sociétés à recevoir de nouveaux associés et à rembourser les apports de ceux qui veulent se retirer. Mais pour que cette autorisation ne permette pas des abus, pour qu'elle ne soit pas accordée sans limite aux spéculateurs, on interdit aux sociétés à capital variable de se constituer avec un capital initial supérieur à deux cent mille francs ou de l'accroître en un an d'une somme plus élevée.

Ce projet fut voté sans modifications et devint le titre III de la loi du 24 juillet 1867. Il s'inspirait sans aucun doute des réclamations des coopérateurs, puisqu'il soumettait leurs sociétés à un régime ouvert à toutes les sociétés, quel que fut leur objet. Cependant les bonnes intentions des législateurs ne désarmèrent pas la méfiance de ceux qu'ils voulaient gratifier. Leur cadeau parut suspect et l'on eut beau jeu de montrer les imprécisions de la loi, la complication les formalités constitutives, les pénalités qui menaçaient les fondateurs ignorants, les nullités fulminées à chaque article comme des excommunications. Cette protestation amena les coopérateurs à chercher à se passer de la loi; on trouve la trace de cette préoccupation dans les écrits des juristes qui étaient en relations avec eux. M. Hubert Valleroux, dans son ouvrage sur les Associations ouvrières, M. Vavasseur, dans son Traité des Sociétés, s'efforcent de démontrer qu'une coopérative peut se constituer et fonctionner sans recourir au Titre III. de la loi de 1867. Le droit commun leur paraissait, en dehors des règles spécialement faites pour les coopératives, le plus sûr abri contre les coups de force du pouvoir.

La méfiance contre la loi nouvelle disparut avec l'Empire. L'opinion cependant se maintint dans les milieux de gauche parvenus au pouvoir après le 16 mai, que notre législation coopérative était précaire et insuffisante. Waldeck-Rousseau, en même temps qu'il fit voter la loi sur les syndicats, voulut donner aux associations ouvrières un statut libéral. Pour réunir les éléments nécessaires, il provoqua une grande enquête sur la coopération, qui fut exécutée de 1883 à 1888. On retrouve dans les dépositions qui furent recueillies, un écho des protestations qui ont suivi la promulgation de la loi de 1867. Elle aboutit, en 1888, au dépôt d'un projet de loi réglant le statut juridique des associations ouvrières. La Chambre consultative des Sociétés de consommation demanda par l'organe de son président, M. Clavel, à la Commission de la Chambre de réserver un titre du projet aux groupements de consommateurs. Cette fois les positions étaient renversées : les coopérateurs, loin de se méfier d'une réglementation légale, la réclamaient au contraire. Leur désir reçut satisfaction : le Titre III du projet de la Commission leur fut consacré.

Mais aussitôt se posa la question de la vente au public. Le projet donnait pour but aux sociétés de consommation « l'achat en gros ou la fabrication et la distribution en détail *entre leurs membres* des denrées alimentaires et d'autres objets nécessaires à la vie ». Le texte était, il est vrai, assez libéral et admettait la répartition à des adhérents non sociétaires pourvu qu'ils payassent un droit d'entrée égal ou supérieur à 2 francs et qu'ils prissent part aux distributions de ristourne. Il n'interdisait d'ailleurs pas la vente au public, mais refusait aux sociétés qui la pratiquaient le bénéfice des avantages fiscaux assez importants octroyés aux sociétés fermées. Voté par la Chambre, ce texte fut remanié par le Sénat : mais, malgré une vive attaque dirigée par M. Félix Martin les 2 et 3 juin 1892 contre la vente au public, on décida de la tolérer. Le nouvel examen auquel procéda la Chambre en 1893 fut inspiré d'un tout autre esprit. Le rapporteur, M. Doumer, n'hésita pas à déclarer : « Toute société qui vendrait des marchandises à des tiers, qui se livrerait par conséquent à des opérations commerciales, n'a pas droit au nom de « société coopérative », ni aux avantages et immunités attachés à ce titre et accordés par le projet de loi ». Ce ne fut d'ailleurs qu'au prix de mille difficultés que le texte ainsi limité et réduit fut voté par la Chambre une seconde fois. Les coopérateurs désormais s'en désintéressèrent et l'on sait avec quelle violence il fut attaqué par les défenseurs du petit commerce. Après de longues discussions ils réussirent, au cours d'un nouveau débat au Sénat, à enlever aux coopératives de consommation les derniers avantages qui leur étaient laissés. Le rapporteur, M. Lourties, comptait qu'après ces dernières mutilations, la loi, si elle était votée, porterait aux coopératives plus de gênes que de bienfaits. Il donna sa démission et le projet fut définitivement abandonné.

Le titre III de la loi de 1867 restait, après tant d'efforts, le seul texte régissant les sociétés coopératives. Elles s'en étaient peu à peu accommodées. L'expérience leur avait prouvé que ses dispositions étaient en somme assez libérales et ne permettaient pas au gouvernement d'exercer sur elles un contrôle pesant. Leurs obscurités, leur formalisme auraient pu sans doute être assez gênants si les coopérateurs n'y avaient suppléé par leur grand désir de conciliation et leur haine des procès. L'Union Coopérative avait bien voté à son Congrès de Grenoble de 1893, sur la proposition de son secrétaire, M. Soria, un vœu demandant aux pouvoirs publics « le vote immédiat de la loi qui doit consacrer les justes revendications de la Coopération française ». Mais l'échec du projet, après les longues discussions auxquelles il avait donné lieu, n'avait provoqué aucune protestation et des années passèrent sans que l'on songeât à reprendre l'idée d'une législation coopérative.

C'est Alfred Nast qui reprit la question au Congrès de l'Union tenu à Puteaux en 1910. Il y fut amené en examinant les usurpations auxquelles donnait lieu le titre de coopérative. Dans un excellent rapport, il examina les sanctions auxquelles s'exposaient les commerçants qui donnaient sans aucune raison valable le nom de coopératives à leurs établissements. Après une revue de la jurisprudence il conclut que le nom coopératif est insuffisamment protégé et il demande qu'une loi définisse « sommairement et impérativement une ou deux règles constituant le criterium nécessaire » de la coopération. Le Congrès adopta la résolution qu'il proposait et le chargea de présenter au Congrès suivant un rapport sur la « définition de là vraie coopérative de consommation ». La conclusion de ce rapport, qui fut approuvé en 1912 par le Congrès de Roanne, fut résumée par de Velna et Daudé-Bancel dans le vœu suivant :

« Les délégués des Coopératives françaises de consommation..... constatant que malgré l'importance croissante prise depuis un demi siècle par le mouvement coopératif en France, aucun texte législatif n'est venu consacrer légalement l'existence des sociétés de consommation et leur permettre d'échapper aux multiples inconvénients que cette situation leur crée, invitent instamment le gouvernement et les législateurs à terminer l'élaboration et la discussion du projet de loi en souffrance depuis seize ans ».

A vrai dire, le sentiment exprimé par ce vœu n'était pas aussi unanime que le vote du Congrès de Roanne pourrait le laisser penser. Les coopérateurs socialistes étaient en général beaucoup plus méfiants. S'ils acceptaient tant bien que mal la législation en vigueur, ils redoutaient l'établissement d'une législation nouvelle que les attaques du petit commerce auraient pu rendre détestable. L'histoire de l'exemption de la patente donnait à leur méfiance un certain fondement. M. Georges Berry avait pu, en 1905, faire voter par une Chambre de gauche un texte abolissant une jurisprudence du Conseil d'Etat vieille de quarante ans et qui exonérait les coopératives ne vendant qu'à leurs membres. N'allait-on pas, en poussant le législateur à édicter de nouvelles dispositions, l'inciter, sous prétexte de lutte contre les fausses coopératives, à interdire la vente au public, les œuvres sociales, les fonds de propagande? N'armerait-on pas plus les petits commerçants contre les coopératives que les vraies coopératives contre les fausses? On retrouvait en somme, à la veille de 1914, chez les coopérateurs socialistes, les mêmes craintes et les mêmes suspicions qu'à la veille de 1870 chez les coopérateurs républicains. C'est sans doute cette méfiance plus ou moins avouée qui a empêché la Fédération Nationale d'aborder le problème que Nast avait posé en termes si nets aux Congrès de Puteaux et de Roanne.

Les circonstances nouvelles créées par la guerre allaient cependant permettre bientôt d'y apporter une solution partielle. Cette occasion avait été insensiblement préparée par les lois spéciales au crédit agricole, au crédit maritime et aux habitations à bon marché. Soucieux d'encourager les efforts des petits cultivateurs et des pêcheurs, le Parlement a voté de 1893 à 1914 toute une série de lois permettant à l'Etat de leur faire des avances.

Comme on ne pouvait songer à prêter directement aux individus, on organisa tout d'abord des caisses de crédit agricole et maritime, véritables coopératives de crédit. Mais on ne tarda pas à accorder des avantages analogues aux sociétés formées par les agriculteurs ou les marins dans le but de s'approvisionner en matières premières ou d'écouler en commun les produits de leur travail. Tel fut l'objet des lois des 29 décembre 1906 pour les coopératives agricoles et du 4 décembre 19193 pour les coopératives mariitmes. Les coopératives d'habitation purent également trouver dans la loi du 12 avril 1906 des dispositions qui leur réservaient certains avantages; ces avantages s'appliquaient aussi, il est vrai, aux sociétés philanthropiques ou semi-philanthropiques, qui se proposaient de construire des habitations à bon marché. Ces diverses lois et les textes réglementaires qui les ont complétées n'avaient pas spécialement pour but de régler le régime juridique des coopératives auxquelles elles s'appliquaient.

Elles déterminaient seulement les conditions qu'elles devaient remplir pour bénéficier des prêts de l'Etat. Les coopérateurs restaient libres de s'affranchir de leurs règles et de vivre sous l'empire du droit commun. Néanmoins ces règles, inspirées des principes coopératifs, dessinaient le plan de la coopération idéale vers laquelle le législateur voulait orienter les cultivateurs et les ouvriers. Par une sorte de propagande de l'exemple, on essayait d'obtenir le résultat auquel la contrainte n'aurait pas pu parvenir sans maltraiter injustement des tentatives faites avec la plus grande bonne volonté.

Le 18 décembre 1915, les sociétés coopératives de production obtinrent une loi analogue. Depuis longtemps déjà elles bénéficiaient de subventions et d'avances faites par le Ministère du Travail sur des crédits budgétaires. On ajouta à ces fonds 2 millions prélevés sur les redevances de la Banque de France et l'on organisa législativement ce qui n'avait été jusque là réglementé que par des textes administratifs assez imprécis. Mais la loi allait plus loin. M. Métin, ministre du Travail, avait indiqué au Sénat que l'on ne se préoccupait pas seulement de déterminer les conditions auxquelles les avances pourraient être données. On voulait fixer, par des dispositions législatives, la définition de la coopérative ouvrière de production ou de crédit et rejeter ainsi hors de la coopération toutes les associations qui ne répondaient pas à cette définition. Cependant on n'avait pas osé aller jusqu'au bout de cette pensée et sanctionner par des nullités ou des peines les infractions à la loi. Le système restait le même : établir un modèle, proclamer que les coopérateurs devaient s'y conformer, mais éviter de punir ceux qui, par ignorance, ne le feraient pas.

La Fédération Nationale ne pouvait pas hésiter à se rallier à cette méthode. Elle permettait de fixer le régime juridique des véritables coopératives et par là même de l'autoriser, même s'il heurtait certaines prescriptions de droit commun. Mais chacun restait libre de ne pas se conformer à cet idéal : erreur fondamentale ou vérité de demain, les formules dissidentes n'étaient pas recommandées mais restaient tolérées.

C'est sur ces bases qu'à la fin de 1915 et au début de 1916, l'Office technique prépara une proposition de loi. Elle consacrait quelques principes essentiels : constitution des sociétés de consommation par des consommateurs ; interdiction de répartir des dividendes au prorata du capital ; unité de vote, quelle que soit l'importance du capital apporté par chaque coopérateur ; souveraineté de l'assemblée générale, seule maîtresse de nommer et de révoquer les administrateurs. En même temps elle proclamait la légitimité de certaines pratiques courantes : vente au public, intérêt à l'action, fédération des coopératives ou unions pour l'achat ou la fabrication en commun. Approuvée par une assemblée de la Fédération, la proposition fut déposée sur le bureau du Sénat par M. Perchot et votée au Sénat à la suite d'un rapport de M. Chéron, et à la Chambre, sur un rapport de M. Frédéric Brunet. Le rapport de M. Chéron soulignait que le but poursuivi n'était pas seulement de fixer des conditions auxquelles pourront être attribuées des avances à l'aide d'un fonds de dotation pourvu de deux millions prélevés sur des avances de la Banque de France et de crédits budgétaires ; mais on avait voulu aussi finir les lignes d'un régime juridique que les coopératives pourraient adopter, tout en restant libres de recourir au droit commun si elles le préféraient.

Cette proposition devint la loi du 7 mai 1917. Elle fut dans la

:suite amendée par la loi du 14 juin 1920, qui, notamment, affran-chit les sociétés de consommation de l'art. 49 de la loi du 24 juillet 1867 et leur permet soit de se constituer avec un capital supérieur à 200.000 francs, soit d'augmenter ce capital chaque année d'une somme supérieure. D'autres projets élaborés par le Conseil Supérieur de la coopération sur la protection du titre coopératif, sur la tenue des assemblées générales, sur l'adaptation des statuts aux prescriptions légales nouvelles, sur la prescription des actions en nullité sont pendantes devant le Parlement. A l'ombre de cette loi facultative, c'est donc petit à petit tout un régime nouveau qui s'élabore, indépendant du droit commun des sociétés et mieux adopté aux conditions d'existence et de fonctionnement des coopératives.

Un mouvement analogue s'est dessiné au profit des coopératives agricoles. Les textes assez sommaires qui les régissaient ont été modifiés et refondus par la loi du 5 août 1920, complétée par le règlement d'administration publique du 9 février 1921. De nouvelles dispositions ont été ajoutées par les lois du 7 décembre 1922, du 30 décembre 1922 et du 12 juillet 1923. A mesure que se développaient ces législations, elles se rapprochaient insensiblement et l'on peut ainsi apercevoir la formation lente d'une sorte de droit commun coopératif, de modèle général, recommandé pour toutes les catégories de coopératives. Cependant l'on entrevoit seulement les lignes générales de ce modèle : dans le détail, trop de divergences subsistent pour que l'on puisse dès maintenant proclamer que coopératives de consommation, associations ouvrières et groupement agricoles sont régis par les mêmes principes.

Il suffit que la tendance s'affirme pour qu'il devienne tentant de s'engager plus avant dans la direction où elle paraît pousser les divers mouvements coopératifs. Une comparaison des diverses lois parut dès l'an dernier nécessaire. Le comité de défense de la Coopération, constitué par la Fédération de la coopération et de la mutualité agricoles, par la Chambre consultative des Associations de Production, par la Fédération des sociétés coopératives d'habitations à bon marché et par notre Fédération nationale jugea le moment venu de procéder à cet inventaire comparatif. Il en chargea une commission de juristes, qui ne put, au cours de quelques rares séances, que jeter un rapide coup d'œil et constater l'intérêt de cette unification juridique.

Alfred Nast, qui depuis 1910 n'a cessé de proclamer la nécessité d'une grande loi coopérative, saisit sur ces entrefaites l'occasion favorable et posa le problème devant le Congrès des coopératives agricoles. Son vœu fut approuvé d'enthousiasme et les diverses organisations coopératives nationales en furent saisies.

Ainsi ce sont des coopérateurs qui après soixante ans reprennent, plus riches d'expérience, la pensée du Conseil d'Etat. L'importance des grands organes coopératifs modernes les a éclairés sur la nécessité d'un régime juridique plus stable et mieux adapté à leurs besoins. La force de notre mouvement et les succès qu'il a remportés, l'appui des agriculteurs qui exercent une influence considérable sur le Parlement, sans doute aussi les circonstances politiques favorables permettent de poser la question dans les meilleures conditions possibles. La Fédération Nationale doit dire si elle entend profiter du mouvement opportun.

II

Y avons-nous intérêt ? Tel est exactement le problème que le Congrès devra résoudre. Il y a des raisons sérieuses de répondre affirmativement à cette interrogation : la législation actuelle ne tranche pas d'une manière assez nette et ne règle pas d'une manière satisfaisante un problème essentiel qui est celui de la nature juridique des coopératives. Le titre III de la loi de 1867 autorise l'augmentation du capital; mais ses dispositions restent imprécises et l'interprétation qui en est généralement donnée n'est pas incontestable. Les coopératives restent, en dehors des règles spéciales qui leur sont applicables, soumises au droit commun des sociétés dont le caractère formaliste et l'esprit pointilleux constituent une gêne et un danger pour elles. Enfin aucune disposition n'interdit sous des sanctions efficaces la formation d'entreprises capitalistes prenant abusivement le titre de coopératives. Tels sont les arguments qui militent en faveur d'une législation coopérative unique.

Mais il y a aussi des raisons d'hésiter. La première réside dans les difficultés même du problème posé à trouver en une formule assez souple et cependant assez précise pour comprendre toutes les coopératives et ne comprendre qu'elles ? Si même on découvre une définition satisfaisante, étant donné l'état actuel du mouvement coopératif, cela ne suffira pas. Cet état est provisoire; la coopération n'est pas arrivée à des formes définitives. Vivante et mobile, elle s'inspirera demain d'exemples nouveaux, elle dégagera des principes actuellement insoupçonnés. La loi faite pour aider les coopérateurs d'aujourd'hui ne sera-t-elle pas une gêne pour les coopératives de demain ? D'autre part, on ne peut guère douter de la bienveillance des pouvoirs publics et du Parlement ; mais les adversaires de la coopération exercent aussi leur influence. Leur malveillance ne nuira-t-elle pas au libéralisme de la loi ? Entre le désir d'améliorer notre droit et la crainte de créer involontairement de nouveaux obstacles, il faut choisir. Le but de ce rapport doit être d'éclairer le congrès sur la valeur des arguments qui peuvent être jetés dans le débat.

*
* *

INSUFFISANCE DES LOIS ACTUELLES

1º **Nature juridique des coopératives.** — Le vice essentiel du régime actuel est sans aucun doute de laisser régner l'incertitude sur cette question abstraite, mais essentielle.

Notre droit connait deux grandes formes de groupements présentant un caractère juridique. Ce sont les sociétés et les associations. La société est définie par l'art. 1832 C. Civ. « Un contrat par lequel deux ou plusieurs personnes conviennent de mettre quelque chose en commun, dans la vue de partager le bénéfice qui pourra en résulter. » L'association est, d'après l'art. premier de la loi du 1er juillet 1901, « la convention par laquelle deux ou plusieurs personnes mettent en commun d'une façon permanente leurs connaissances ou leur activité dans un but autre que de partager des bénéfices. » Le caractère lucratif de l'une s'oppose

au caractère désintéressé et l'on peut dire — en négligeant, il est
vrai, quelques considérations accessoires — que tout groupement
rentre soit dans l'une, soit dans l'autre des catégories.

Mais les régimes juridiques accordés par la loi à ces deux catégories de contrats sont très différents. Autant le Code civil et les lois
qui l'ont suivi se sont montrés libéraux à l'égard des sociétés, auxquelles on reconnaît les plus larges capacités, autant la loi de 1901
venue après un siècle d'interdiction absolue, s'est montrée parcimo-
nieuse et restrictive à l'égard des associations. On limite leur capacité à quelqus actes énumérés par la loi ; on réduit leurs ressources
à un petit nombre de biens : on leur interdit en fait toute activité
économique de quelque envergure.

Il est donc essentiel de savoir si les coopératives constituent des
associations ou des sociétés. Le régime de la loi de 1901 serait
intolérable pour elles puisqu'elles ne pourraient en l'adoptant se
livrer à aucune opération présentant un caractère commercial :
on ne leur permettrait même pas de tirer ou d'accepter des traites.
Or, pour pouvoir se placer sous le régime des sociétés, pour avoir
le droit d'invoquer les dispositions de la loi de 1867, les coopératives doivent être des sociétés. Elles doivent avoir pour objet de
réaliser des bénéfices à l'aide d'un fonds commun constitué par
des apports sociaux et de partager ces bénéfices entre les associés
qui auront fait ces apports.

On a admis sans difficulté que les associations ouvrières de
production constituent des sociétés : elles répartissent leurs
bonis au prorata du travail fourni par leurs associés. Les sommes
qu'ils perçoivent ainsi ajoutent à leur patrimoine, les enrichissent.
On peut considérer dès lors qu'elles constituent des bénéfices dis-
tribués et reconnaître que les groupements où elles ont été gagnées
répondent à la définition de la société. Pour les coopératives agricoles de production ou de vente en commun, pour toutes celles qui
groupent, en un mot, des fournisseurs de marchandises, des matières premières ou de travail et se proposent d'utiliser ces marchandises, ces matières premières ou ce travail, le même raisonnement
peut être tenu et il a fait reconnaître qu'elles invoquaient à bon
droit la qualité de sociétés. Il est possible d'ailleurs que cette analyse soit peut-être trop rapide et cette conclusion trop absolue.
Je me borne à constater qu'elle est généralement approuvée.

Toute autre est la situation des coopératives de consommation
ou des coopératives de crédit. Elles répartissent leurs bonis au
prorata des prix d'achat ou des intérêts payés par les coopérateurs.
La ristourne distribuée provient donc des sommes qu'a données
à la coopération celui même qui la perçoit. On n'ajoute rien à son
patrimoine : on ne l'enrichit pas. L'argent qu'on lui donne, on
le lui restitue : s'il retire un avantage du fonctionnement de la
société, cet avantage n'est pas un bénéfice, un accroissement de ses
biens ; c'est une économie, une dépense plus faible, un amoindris-
sement plus petit de son patrimoine.

La jurisprudence ne s'est pas posée tout d'abord le problème sous
une forme aussi précise. Il a cependant fini par lui être soumis et
la Cour de Cassation a répondu par un arrêt de la Chambre civile
du 4 août 1909 et par un arrêt des Chambres réunies du 11 mars
1914, rendus à propos de la caisse rurale de Manigod. Les termes
de l'arrêt des Chambres réunies, dont l'autorité doctrinale fixe définitivement la jurisprudence, sont d'une précision telle qu'ils ne
laissent plus de place à aucun doute. Il n'est pas sans intérêt de
les résumer. Il rappelle tout d'abord les définitions données de la

Société par l'art. 1832 C. Civ. et de l'association par la loi du 1er juillet 1901 et conclut : « L'expression bénéfices a le même sens dans les deux textes et s'entend d'un gain pécuniaire qui ajouterait à la fortune des associés; dès lors, la différence qui distingue la société de l'Association consiste en ce que la première comporte essentiellement comme condition de son existence la répartition entre associés des bénéfices faits en commun, tandis que la seconde l'exclut nécessairement. » Ce principe posé, la Cour recherche si la Caisse rurale de Manigord distribue des bénéfices à ses associés et constate que pendant le cours de son existence elle ne doit d'après ses statuts procéder à aucune répartition sous quelque forme que ce soit. « Le seul avantage, assuré aux associés de la Caisse, consiste dans la faculté de lui emprunter des capitaux moyennant un taux d'intérêt aussi réduit que possible ». Mais elle remarque qu'il n'en est plus ainsi en cas de dissolution; d'après l'art. 21 des statuts, « la réserve, qui compose le seul capital social et qui est constituée par l'accumulation de tous les bénéfices réalisés par la caisse sur ses opérations, est employée à rembourser aux associés les intérêts payés par chacun d'eux, en commençant par les plus récents, et en remontant jusqu'à épuisement complet de la réserve ». Cette distribution de bonis accumulés dans un fonds de réserve était une véritable distribution de ristournes, sinon au prorata des intérêts payés par les coopérateurs, du moins dans un certain rapport avec ces intérêts. Y avait-il là un bénéfice réparti ? « Cette distribution éventuelle des réserves qui pourrraient exister au jour de la liquidation ne présenterait pas les caractères légaux d'un partage de bénéfices au sens de l'art. 183 2 C. Civ. puisque, d'une part, elle ne serait pas nécessairement faite au profit de tous les adhérents et pourrait se trouver limitée à quelques uns, et que, d'autre part, elle aurait pour base non la seule qualité des associés, mais la quotité et la date des prêts faits à chacun d'eux; elle constituerait, en réalité, le remboursement, suivant un mode particulier défini par les statuts, d'une partie des sommes qui auraient été perçues exclusivement en vue d'assurer le fonctionnement de l'association et qui, en fait, auraient été supérieures à ses besoins. » Et la Cour décide que « la Caisse rurale de Manigod, société coopérative de crédit à capital variable, constitue non une société, mais une association. »

Ainsi la ristourne n'est pas un bénéfice distribué, mais un trop perçu restitué et les sociétés coopératives de crédit ou de consommation qui ne distribuent que des ristournes à leurs coopérateurs sont des associations et non des sociétés. Les conséquences de cette doctrine pourraient être désastreuses pour le mouvement coopératif. Allait-on proclamer, ainsi qu'avait essayé de le faire quelques années auparavant un professeur de droit M. Hayem, que les coopératives avaient trouvé dans la loi de 1901 le statut juridique nécessaire à leur constitution et suffisant à leur développement ? Malgré le luxe d'arguments développés par M. Hayem, malgré l'opinion un instant favorable à cette thèse de M. Thaller, la loi de 1901 était manifestement insuffisante. Les coopératives dont l'activité est purement économique ont besoin de traiter commercialement avec leurs fournisseurs; il faut qu'elles puissent accomplir avec eux toutes les opérations auxquelles consentent leurs concurrents commerçants. Les restrictions apportées à la capacité juridique des associations les paralyseraient et les immobiliseraient. Accepter ce régime eut été revenir en arrière, au delà de la loi de 1867.

C'est bien ce qu'avait compris, dès 1895, M. le professeur Lyon-Caen qui pressentait déjà le problème et la solution que lui donnerait la Cour de Cassation. Il acceptait le principe et admettait que certaines coopératives pouvaient ne pas répondre aux consitions posées par l'art. 1832. Notamment, disait-il, les Sociétés coopératives de consommation « ne sont, en réalité, que des associations, quand elles ne vendent qu'aux associés. » Cependant il proclamait que, même en ce cas, elles pouvaient revêtir la forme des Sociétés à capital variable. Car le titre III de la loi de 1867 a été écrit pour elles : « l'historique de la loi et les besoins auxquels elle devait satisfaire obligent d'admettre qu'une société à capital variable peut avoir l'un des quatre objets mentionnés dans le projet primitif (sociétés de consommation, de crédit mutuel, de production ou de consommation), bien qu'ils n'impliquent pas tous la réalisation des bénéfices à partager. » Ainsi les sociétés de consommation et de crédit, qui d'après leur nature propre constituent des associations et devraient être soumises à la loi de 1901, peuvent cependant prendre la forme de sociétés à capital variable et deviennent alors sociétés non à raison de leur objet, mais par la vertu de la forme qu'elles ont adoptées. Ce système a reçu l'approbation de la Cour de Cassation (Ch. Civ., 3 août 1909) et a été admis par M. Sarrut, procureur général de la Cour, qui a conclu en cette qualité devant les Chambres Réunies lors des débats de l'affaire de la Caisse rurale de Manigod.

Sans doute ce système n'est qu'un expédient. Il permet de parer, tant bien que mal et plutôt mal que bien, à une lacune dont le législateur de 1867 ne s'était pas aperçu. Il a surtout, au point de vue juridique, l'inconvénient de tirer des travaux préparatoires de la loi de 1867 une conséquence que le texte même n'autorise pas : car rien n'indique dans le titre III que ses dispositions s'appliquent aux coopératives, même quand elles ne constituent pas des sociétés. L'ingéniosité du système, malgré l'autorité de celui qui l'a proposé et celle que lui a donné la Chambre Civile, l'entache malgré tout de précarité. Les raisons pratiques qui ont recommandé son adoption présentent certes une grande force : mais on peut craindre que la Cour Suprême n'y soit pas toujours sensible au même degré : on a pu colmater, grâce à lui, la fissure qui s'est révélée dans l'édifice législatif de 1867; on n'est pas sûr que des scrupules d'interprétation stricte ne l'ouvrent pas de nouveau.

C'est pour parer à cet inconvénient éventuel que la loi du 7 mai 1917 a dans son article premier imposé aux sociétés de consommation la forme de société à capital variable tout en leur interdisant de distribuer leurs bonis, sinon sous la forme de ristournes. Le législateur a ainsi donné une confirmation partielle et indirecte, mais assez nette du système consacré par l'arrêt du 3 août 1909.

On peut cependant redouter encore un revirement d'opinion, surtout pour ce qui concerne les coopératives de crédit qui ne sauraient invoquer la loi du 7 mai 1917 et qui ne trouveraient dans la législation qui leur est propre que des arguments moins probants. De grandes institutions ont besoin de solutions plus nettes et plus sûres. Nous devons être reconnaissants à ceux qui ont bâti cet abri provisoire; mais nous devons rechercher un toit plus solide où nos groupements n'auront pas à redouter les courants contraires de l'opinion juridique.

2° Imprécision de la loi de 1867 concernant les augmentations du capital social. — Le titre III de la loi de 1867 a été spécialement écrit pour permettre de stipuler « dans les statuts de toute société

·que le capital social sera susceptible d'augmentation par les versements successifs faits par les associés ou l'admission d'asso·ciés nouveaux et de diminution par la reprise totale ou partielle des apports effectués ». Cela ne peut pas être contesté et ne l'a jamais été dans son principe. Mais les conditions d'application du principe ont été fort mal déterminées par la loi du moins en ce qui concerne l'augmentation du capital social ; car, pour les diminutions, des règles plus claires ont été posées par les art. 51 et 52.

La difficulté n'existe à vrai dire que pour les sociétés en comman·dite par actions et pour les sociétés anonymes. Mais le désir de limiter la responsabilité des associés au montant de leurs souscriptions tend à répandre la forme anonyme et l'on peut considérer que ce type est devenu aujourd'hui normal pour la plupart ·des coopératives de consommation ou de production. Même chez les agriculteurs — la loi du 12 juillet 1923 en est la preuve — il ·devient fréquent. Or, pour ces sociétés, deux difficultés consi·dérables d'application se présentent.

La première naît du rapprochement des deux alinéas de l'art 48. Le premier alinéa autorise l'augmentation du capital soit par les versements successifs faits par les associés, soit par l'admission de nouveaux associés. L'art. 62 dispose que les augmentations du ·capital opérées en outre de ce texte seront dispensées des formalités de dépôt et de publication, qui sont imposées à toutes les délibérations modifiant les statuts. D'autres formalités sont-elles exigées? Le texte n'en dit rien, laissant à l'interprète le soin de décider.

Evidemment si l'on veut donner à l'art. 48 une véritable portée pratique, il faut admettre que l'augmentation du capital, qui constitue une importante modification de ce texte dans les sociétés ordinaires, n'est plus qu'une application des statuts dans les sociétés à capital variable. Il ne sera donc pas nécessaire de faire accepter les versements successifs, ou l'admission de nouveaux associés par une ·assemblée générale réunissant les conditions de quorum et de majorité prévues par la loi du 22 novembre 1913. Elle descend au rang d'un simple acte d'administration que les administrateurs accompliront comme les autres actes de gestion courante. Et c'est bien en ce sens que se prononcent tous les auteurs qui ont étudié la question. Mais il faut convenir que la loi ne le dit pas et l'on doit déduire cette conséquence essentielle de conjectures raisonnables sur l'intention du législateur.

Mais l'augmentation du capital n'est pas dans les sociétés anonymes subordonnée seulement à la modification des statuts. Il faut que les administrateurs déclarent à un notaire les noms des souscripteurs et celui de leurs versements; il faut que l'assemblée générale vérifie l'exactitude de cette déclaration. Eixgera-t-on cela d'une société à capital variable ? A chaque adhésion ira-t-on devant un notaire ? Convoquera-t-on une assemblée générale ? Le texte ne contient aucune disposition qui tranche formellement cette difficulté. Bien mieux le même alinéa de l'art. 48 dit : « Les sociétés dont les statuts contiendront la stipulation ci-dessus seront soumises, indépendemment des règles générales qui leur sont propres suivant leur forme spéciale, aux dispositions des articles suivants ». Devra-t-on admettre qu'à défaut de décision expresse de la loi, on suivra les règles propres aux sociétés anonymes ? Ce serait absurde. Car alors il n'y aurait pour les sociétés anonymes à capital variable, aucun avantage sérieux, aucune différence véritable avec les sociétés à capital fixe. On a remarqué que la loi fait résulter l'augmentation·

du capital du versement ou de l'admission et l'on en tire cette conséquence que toute autre formalité est superflue. Mais là encore, on
est obligé de suppléer au silence ou aux contradictions du texte par
un raisonnement ingénieux, dont l'exactitude est généralement
admise, mais en définitive est pressentie plus que démontrée.

Notons d'ailleurs que, sur ces deux points essentiels, il n'existe
aucune jurisprudence. La pratique coopérative est depuis longtemps
fixée; les auteurs acceptent les interprétations rappelées, mais non
parfois sans quelques réserves. Que décideraient les tribunaux s'ils
étaient saisis de la question ? J'aime à penser qu'ils suivraient l'opinion générale. Cependant qui peut en répondre? Il n'est pas sans
exemple que la jurisprudence se soit prononcée après des années
contre des doctrines universellement suivies et soutenues de raisons
pratiques aussi solides.

Ces solutions du moins ne sont pas contestées. Mais sur l'interprétation de l'art. 49, on discute et aucun arrêt n'a tranché. On sait
que cette disposition interdit de porter le capital social par les
statuts constitutifs de la société au-dessus de la somme de 200.000 fr.
Le second alinéa ajoute : « Il pourra être augmenté par des délibérations de l'assemblée générale prises d'année en année ; chacune
des augmentations ne pourra être supérieure à 200.000 francs. » La
question s'est posée de savoir comment devait fonctionner cet article.
On a tout d'abord admis d'une manière générale que la limite initiale
de 200.000 fr. s'appliquait non seulement au capital souscrit avant
la constitution, mais aussi au capital dont l'émission est autorisée
par les statuts. Cela paraît bien résulter du texte, bien qu'il ne soit
pas d'une limpidité absolue. Mais quand on aura atteint par des
versements successifs ou par l'admission de nouveaux associés la
limite fixée par les statuts primitifs, on ira devant l'assemblée, qui
autorisera une nouvelle émission. Mais de quelle assemblée veut
parler la loi? Sera-ce l'assemblée ordinaire? Certains auteurs le pensent et je crois pour ma part qu'ils ont raison. Il ne s'agit pas de
modifier les statuts : la loi de 1913, écrite pour les modifications des
statuts, ne saurait être appliquée à d'autres cas. D'ailleurs la loi
parle de délibérations prises d'année en année ; n'évoque-t-elle pas
ainsi l'idée de l'assemblée annuelle, réunie pour statuer sur les
comptes et sur les actes les plus importants de la gestion ? Cependant d'autres auteurs prouvent que l'assemblée extraordinaire seule
est compétente et qu'il s'agit de porter au pacte social une véritable
modification. Ainsi l'une des questions les plus pratiques de la gestion coopérative se trouve contestée.

Il est vrai que depuis quelques années, ne pouvant dénouer ce
second gardien, on l'a tranché; on a décidé que l'art. 49 ne serait
nœud gordien, on l'a tranché, on a décidé que l'art. 49 ne serait
ni aux coopératives agricoles (l. 30 décembre 1922). Un texte analogue
a été proposé pour les associations ouvrières et la loi du 27 avril
1925 a rendu l'art 49 à peu près inopérant pour les coopératives
d'habitation à bon marché en portant la limite de 200.000 francs à
1.500.000 francs. Mais pour les sociétés qui ne rentrent pas strictement dans les termes des définitions consacrées par les lois récentes
de ces diverses sortes de coopératives, la question concerne un intérêt considérable et l'incertitude n'est aisément supportée par elles
que parce que les coopératives se préoccupent de loyauté et de
bonne foi plus que de questions juridiques.

3° **Formalisme du droit des sociétés.** — Le droit coopératif, quand
il est certain, n'est guère plus facile à respecter que quand on dis-

cute sur son interprétation. Rattaché par l'art. 48 al. 2, au droit commun des sociétés, il se confond en général avec lui et cette confusion n'est certes pas à l'avantage des coopératives. Déjà en 1866 les coopérateurs avaient attiré l'attention des législateurs sur l'effroyable et inutile complexité des prescriptions légales, surtout lorsqu'il s'agit de sociétés anonymes.

Il faut pour constituer une société anonyme accomplir une quinzaine de formalités diverses dont la validité est subordonnée à des conditions minutieuses et dont chacune entraîne des frais. La tenue des assemblées générales est aussi compliquée et soulève presque autant de difficultés. Notez d'ailleurs que l'omission du plus petit détail entraîne la nullité de l'ensemble. Il suffira d'omettre la date du dépôt du greffe dans la publication d'un procès-verbal d'assemblée générale pour que la société puisse être réduite à néant. Notre droit des sociétés est devenu aussi formaliste, aussi rituel que la procédure romaine de la plus ancienne époque. L'erreur sur un mot, sur une lettre permet d'anéantir les efforts les plus méritoires et, sans cela, les plus efficaces.

La jurisprudence n'a fait qu'aggraver le formalisme de la loi. Elle a consacré des usages, nés en marge de la loi et qui en renforcent le caractère strict. Elle a imposé un système de preuves qui nécessite pour chaque acte de la vie sociale la tenue d'actes rédigés par de véritables professionnels. Elle a multiplié les nullités et, tout en réduisant leurs conséquences, en a étendu le nombre à plaisir.

Ce droit complexe, qui n'est connu dans ses détails que par des spécialistes, est-il vraiment celui qui convient aux sociétés coopératives ? Il a été imposé, avec son formalisme rigide et ses sanctions rigoureuses, par les abus des spéculateurs. Si l'on exige que les fondateurs d'une société anonyme déclarent devant un notaire les noms des souscripteurs du capital initial, c'est pour que des aigrefins ne puissent, à l'abri de sociétés fictives, se livrer à de véritables escroqueries. S'ils omettent ces formalités, la société sera nulle et l'émission de titres irréguliers qu'ils auront faite constituera un délit puni d'une amende de 500 à 10.000 francs. La même sanction s'appliquera aux ouvriers fondateurs d'une coopérative anonyme qui auront mis tout bonnement leur société en marche sans faire aucune déclaration notariée. Qu'y a-t-il cependant de commun entre les agissements frauduleux des uns et l'ignorance des autres ?

J'entends bien que la pratique adoucit et atténue ce qu'il y a de trop rigide dans la loi. Mais la porte reste ouverte à toutes les manœuvres de chantage, qui peuvent créer un atmosphère de scandale autour des erreurs les plus innocentes. Elles sont restées rares et c'est l'honneur des coopérateurs qui, malgré leurs discussions parfois vives, il y ait eu entre eux si peu de procès et un usage si modéré des sanctions excessives de la loi. On avouera cependant que le législateur a le devoir d'assouplir le droit au point de réduire au minimum la possibilité des contestations, au lieu de multiplier les occasions de conflit. Pour y arriver, il n'y a pas d'autre méthode que de séparer définitivement et complètement le droit coopératif du droit des sociétés.

4° **Répression des abus du titre coopératif.** — Cette séparation aurait en outre l'avantage de permettre la répression des abus du titre coopératif. Alfred Nast les a, depuis longtemps, signalés à l'attention de nos congrès. C'est, en 1910, l'étude des fausses coopératives qui l'a amené à proposer l'établissement d'une loi organique de la coopération. Les arguments qu'il faisait valoir alors n'ont pas cessé de prendre de l'importance.

On peut classer les fausses coopératives en deux catégories. Les unes sont des entreprises commerciales qui font, sous le couvert du titre coopératif, une réclame audacieuse. La jurisprudence nous en offre quelques exemples : une pharmacie décore son officine de l'enseigne : « Pharmacie Coopérative » ; un marchand de vins en gros intitule son chai « Cave Coopérative ». Mais la pratique nous offre des cas de plus en plus nombreux. Des sociétés à succursales multiples ont introduit le mot coopératif dans leur dénomination commerciale et se sont ingéniées à créer une confusion par les procédés mêmes dont elles se servaient : elles admettent leurs clients à souscrire des obligations qu'ils prennent pour des actions, mais qui ne leur confèrent aucun droit dans la gestion sociale ; elles leur distribuent des primes proportionnelles à leurs achats, qui imitent la ristourne. Ne trouve-t-on pas des clients de ces sociétés qui croient vraiment adhérer à une coopérative ?

L'autre catégorie est celle des sociétés patronales, qui se sont multipliées depuis que les économats sont interdits. Tantôt le patron se réserve statutairement une influence prépondérante en souscrivant une partie considérable du capital social et en se réservant un droit de vote proportionnel à l'importance de ses apports. Tantôt — c'est le cas le plus fréquent et celui où l'abus est le plus difficile à démontrer — la coopérative n'est qu'un masque, une apparence fictive, sous laquelle le patron se dissimule. Les associés sont peu nombreux, choisis avec soin; on évite d'admettre de nouveaux membres. Mais tout fonctionne comme si la société était une coopérative véritable. Il faut évidemment renoncer à découvrir, sans un hasard particulier, l'économat déguisé avec tant de soin. Il est bien rare cependant que les coopératives patronales ainsi masquées soient de tous points conformes aux règles coopératives : la plupart se placent plus ou moins volontairement en dehors de la loi du 7 mai 1917, dont elles redoutent certaines règles démocratiques notamment celle qui interdit de refuser l'admission comme sociétaires de ceux que l'on admet comme clients.

Contre ces fausses copératives, les véritables sont aujourd'hui à peu près désarmées. C'était la conclusion de Nast en 1910, c'est celle à laquelle on aboutit encore aujourd'hui.

Sans doute dans quelques cas extrêmes, on pourra relever le délit d'escroquerie à l'encontre du commerçant qui aura abusé avec trop d'audace du texte coopératif. Il aura revêtu une fausse qualité, accompli une manœuvre frauduleuse. Mais pour que le délit soit formé, il faudra en outre qu'il ait, sous le couvert de cette fausse qualité, obtenu qu'on lui remette de l'argent ou d'autres biens. Il n'y aura pas délit s'il y a eu simplement réclame audacieuse destinée à attirer les clients et à leur faire conclure des achats normaux. Ce n'est que dans des cas particulièrement graves que l'on pourra trouver matière à répression. Tel sera peut-être le cas d'une société à succursales, en mauvaise situation financière, qui se prévaudrait faussement d'une dénomination à caractère coopératif pour placer des obligations chez ses clients. Je ne connais d'ailleurs aucun jugement qui ait eu à appliquer les peines de l'escroquerie. Ce serait, en tous cas, tout à fait exceptionnel.

Exceptionnel aussi le recours à la législation des fraudes. Le

commerçant qui avait donné à son entreprise le titre de Société
vignicole de Gaillac, coopérative de production, a été condamné
pour tromperie sur l'origine du vin vendu, en vertu de la loi du 1er
août 1905. Nast qui cite cette décision souligne avec raison que des
poursuites n'ont été possibles que grâce à des circonstances toutes
spéciales, étrangères à l'abus qui avait été fait du titre coopératif,
— et aussi grâce à une interprétation de la loi qui n'était peut-être
pas incontestable

Il ne reste en définitive d'autre sanction que l'action en concurrence déloyale. L'emploi du titre coopératif par un commerçant qui
n'y a aucun droit d'après les usages et d'après les lois qui détermi-
nent la portée de ce titre constitue un procédé déloyal, un délit
civil au sens de l'art. 1382 du Code Civil. Tous ceux qui auront subi
un préjudice de ce fait pourront en demander réparation. Ce préjudice sera tantôt matériel, s'il s'est traduit par un détournement de
clientèle, — tantôt simplement moral, s'il a simplement consisté dans
une atteinte aux intérêts d'une profession. Le nombre des actions en
concurrence déloyale exercées contre des fausses coopératives n'est
pas très considérable. Les quelques décisions qui ont été rendues
constituent cependant une jurisprudence intéressante. La Cour de
Paris a interdit à un pharmacien de donner à une officine le titre de
Société Coopérative (1er février 1908, Gaz. Trib., 6 sept. 1908) ; le
Tribunal de commerce de Marseille a interdit à un industriel l'usage
du titre « Huilerie et Savonnerie des Coopératives de France » ;
le Tribunal de Commerce de Limoges a en février 1923 condamné la
Coopérative militaire de cette ville à payer des dommages et intérêts
au syndicat du commerce des vins, parce qu'elle vendait à tout
venant à l'encontre de ses statuts et des instructions ministé-
rielles dont elle se réclamait. Dans d'autres cas l'action en concurrence déloyale a été repoussée parce que le tribunal estimait se
trouver en présence d'une coopérative véritable (Trib. Com. Versailles, 8 oct. 1919, Rec. Soc., 1920, p. 97). Le principe est en tous cas
certain : tout abus du titre coopératif peut donner ouverture à une
action. Si même les coopératives de consommation formaient un
syndicat professionnel, ce syndicat serait recevable à agir pour
défendre l'intérêt de la profession, à l'instar du Syndicat des Pharmaciens de la Seine contre la Pharmacie coopérative ou du Syndicat
du commerce des vins de Limoges contre la Coopérative Militaire.

Cette sanction est-elle suffisante ? Peut-être, surtout si un syndicat coopératif spécialement constitué dans ce but l'employait
avec persévérance. Mais à l'inverse on peut redouter les abus. A
défaut de règles précises déterminant la qualité coopérative, des
tribunaux peuvent être entraînés à déclarer fausses des coopératives parfaitement loyales. C'est un peu à cette tendance qu'a cédé
le tribunal de commerce de Limoges dans l'affaire de la Coopérative militaire. C'est ainsi qu'il trouve une infraction aux règles
coopératives « telles que les définit la loi » dans le fait de publier
dans des journaux et des affiches des réclames s'adressant aux
anciens militaires et au public sans distinction. Sans doute l'art.
2 de la loi du 7 mai 1917 qui autorise la vente à des clients non
sociétaires aurait dû empêcher le tribunal de commettre cette
erreur qu'a su éviter le tribunal de commerce de Versailles dans
le jugement rappelé plus haut. Mais tant que la législation coopérative conservera son caractère facultatif, de pareilles erreurs
seront pour ainsi dire inévitables.

L'Office technique de la Fédération Nationale sur un rapport de notre ami Pégéon, et le Conseil Supérieur de la Coopération ont cherché à doubler l'action civile en concurrence déloyale d'une action pénale contre ceux qui prendraient le titre de Société Coopérative de consommation sans remplir les conditions fixées par la loi de 1917. Le projet établi par les soins de Pégéon a été soumis au Sénat. Son efficacité serait sans doute très grande contre les fausses coopératives. Le Parquet exercerait une action de police, qui serait sans doute secondée par les véritables coopératives victimes de confusions frauduleuses, et aussi par les syndicats commerciaux, intéressés à faire disparaître tous les concurrents déloyaux du commerce honnête. Peut-être pourrait-on redouter le zèle intéressé de ces syndicats, qui réserveraient certains de leurs coups à des coopératives véritables, quand elles commettraient quelque minime imprudence.

Le vote d'un loi organique des coopératives pourrait permettre une distinction plus facile entre les vraies et les fausses coopératives. Le titre coopératif serait réservé aux sociétés qui se placeraient sous le régime de cette loi. Les commerçants ne pourraient prendre le titre sans accepter tous les principes coopératifs. Mais les tribunaux n'auraient pas pour l'interprétation des usages loyaux ce pouvoir pour ainsi dire souverain d'appréciation, qui a amené le tribunal de Limoges à des affirmations excessives.

Telles sont les raisons de souhaiter qu'une loi organique vienne séparer nettement le droit coopératif du droit des sociétés. Malgré certaines apparences semblables, coopératives et sociétés capitalistes sont trop éloignées les unes des autres pour vivre sous les mêmes règles. Il est préférable de les distinguer et de créer entre les sociétés et les associations une catégorie juridique intermédiaire où le capital ne sera pas le maître et où cependant le groupement exercera une activité économique et jouira d une capacité suffisante.

**

RAISONS D'HESITER

Il y a aussi des raisons d'hésiter et, quoiqu'elles ne soient pas à mon sens décisives, je pense qu'elles sont sérieuses et doivent retenir notre attention.

La première et la plus forte est tirée de la difficulté même de la matière. La loi que l'on fera s'appliquera à toutes les sociétés coopératives. Les sociétés agricoles, les associations ouvrières, les coopératives de crédit, les groupements d'achat en commun, les ghildes ouvrières devront être régis par ce texte aussi bien que les sociétés de consommation. Qu'ont-ils cependant de commun ? Charles Gide, au début de son livre sur les sociétés de consommation, déclare qu'il n'a pas de réponse à donner à une telle question et qu'on pourrait au contraire plus facilement dire en quoi ces groupements s'opposent. Voyez les sociétés de consommation elles rendent le boni aux consommateurs, tandis que les associations ouvrières l'attribuent aux travailleurs. Cette opposition fondamentale, provient d'opinions contraires sur l'origine même de la plus-value obtenue par le fonctionnement de la coopération. Les uns y voient le produit du travail; les autres le résultat de la concurrence des consommateurs. Tous veulent réaliser la justice, mais l'étalon qui sert à mesurer cette justice n'est pas le même.

Admettons cependant qu'on ne s'arrête pas à cette difficulté, que l'on cherche et que l'on trouve une définition. Que de risques d'erreur! Si l'on est trop prudent, on dégagera de l'analyse des faits une formule générale et vague, dont l'interprétation jurisprudentielle sera singulièrement dangereuse. N'ouvrira-t-on pas la porte toute grande à ces fausses coopératives que l'on a voulu pousser hors de la maison et qui, sorties sans droit, rentreront armées d'un texte de loi? Si l'on est trop strict, on chassera du temple non seulement les marchands qui le déshonorent, mais bien des serviteurs loyaux. Où sera la mesure ?

Et dût-on la trouver après une étude minutieuse des faits présents, — qui donc aurait l'audace de fixer la loi coopérative sur des tables d'airain ? Elle est d'une matière trop mobile, d'une pâte trop malléable, d'une substance trop vivante pour que l'on puisse arrêter sa forme définitive et lui dire : « Tu ne changeras plus ! » Nos prédécesseurs de 1866 auraient condamné certaines de nos pratiques et nous avons des exigences qu'ils ne soupçonnaient pas. Sait-on vers quelles destinées peut s'orienter notre mouvement ? Or la loi pour être efficace ne doit pas se borner à satisfaire aux besoins du jour; elle doit prévoir les nécessités de demain. Sinon, c'est une loi de répression et de tyrannie. Que diraient les coopérateurs d'aujourd'hui si l'Union Coopérative avait fait voter vers 1890 un texte interdisant la vente au public? Il ne suffit donc pas d'un libéralisme assez large pour admettre toutes les combinaisons actuellement proposées ou pratiquées ; il faut encore que tout ce qui est possible sans être malhonnête soit autorisé.

S'il en était autrement, quelle arme terrible on mettrait entre les mains des ennemis de la coopération! Malgré la difficulté je ne crois pas impossible d'éviter cet écueil. Il faudra que les rédacteurs du texte soient animés d'un esprit profondément libéral, qu'ils ne cherchent pas à faire prévaloir leur système particulier sur d'autres systèmes qu'ils jugent erronnés. Coopératives rochdaliennes, coopératives communistes, coopératives catholiques doivent être permises. Distribuer des ristournes sera licite, et aussi ne pas en donner. On pourra affecter les bonis à la propagande d'un parti politique ou au prosélytisme religieux, aussi bien qu'à des œuvres mutuelles ou d'intérêt général. Tout sera permis, pourvu que le désir du lucre soit exclu. A la rigueur même, il vaut mieux quelques fausses coopératives baptisées par erreur que de vrais coopérateurs condamnés sans raison.

Arrivera-t-on cependant à faire accepter des solutions aussi larges ? Je suis convaincu de la bonne volonté des autorités publiques. La méfiance que manifestaient — non sans quelque raison — les coopérateurs de 1866 contre le Second Empire serait aujourd'hui tout à fait déplacée. Le mouvement coopératif a gagné l'opinion : en se répandant il est devenu populaire. On en connaît mieux les principes, les efforts loyaux, les succès parfois brillants. La coopération est devenue l'ultime recours des victimes des grandes crises économiques. Les agriculteurs l'utilisent contre le capitalisme des intermédiaires; les consommateurs contre la cherté de la vie; les petits commerçants eux-mêmes contre la concurrence des sociétés à succursales multiples. On peut espérer qu'une grande coalition s'établira entre tous ceux qui y ont eu recours et créera une atmosphère favorable au projet et à son orientation libérale. La nécessité d'enrôler sous la bannière multicolore de la coopération des recrues venues de tous les points de l'horizon politique et social pour faciliter les votes du Parlement n'est pas le moindre argument qui milite en faveur d'une loi générale, applicable à toutes les formes de la coopération. On peut espérer que cette grande armée un peu disparate suffira pour vaincre les préjugés et les résistances.

Je ne méconnais pas cependant que des difficultés peuvent naître. Les adversaires traditionnels de la coopération, épiciers détaillants et surtout grossistes ou demi-grossistes, emploient leurs armes traditionnelles, perfides et redoutables. Ils reprendront en refrain les éloges que l'on prononcera des coopératives; mais ils ajouteront un couplet contre les fausses coopératives. Le danger que nous avons signalé, ils le dénonceront avec indignation et ils opposeront les principes les plus purs aux déformations qu'on leur fait subir. Puis ils chercheront à raffiner sur ces principes; ils se livreront à je ne sais quelle surenchère puriste. Ce fut la tactique suivie par M. Georges Berry contre l'exemption de la patente, et par M. Billiet contre l'exonération du chiffre d'affaires. Elle est dangereuse; car elle présente notre libéralisme sous la forme d'une tolérance coupable d'abus lucratifs. Elle cache sous le respect idéal des principes une pointe empoisonnée de calomnie contre ceux qui prétendent les appliquer et dont on insinue qu'ils les corrompent.

Parmi les raisons d'hésiter, il n'en est pas de plus grave. Le libéralisme des dispositions légales permettra d'accepter l'insuffisance des solutions qu'il pourra donner à des problèmes difficiles. Mais comment résister au purisme malveillant ? Ce ne sera qu'à force de clarté, de précision que l'on pourra déjouer ces manœuvres. Mieux vaudrait en tous cas abandonner le projet, que de le laisser étriquer et déformer par les ennemis de la coopération déguisés en zélateurs intolérants de ces principes.

La tâche est difficile. La lutte peut être dure. Mais l'œuvre, si elle est menée à bonne fin, sera utile. Les coopérateurs diront s'ils ont suffisamment de confiance en eux-mêmes pour oser l'entreprendre.

Résolution

Le Congrès constate les lacunes graves de la loi de 1867 sur les sociétés à capital variable, qui opposent au développement des coopératives des obstacles inattendus, que personne n'a voulu dresser, et qui restent difficiles à abattre. La législation récente et notamment la loi du 7 mai 1917 a pu détruire certains d'entre eux ; mais les dispositions ne sont pas sanctionnées et sont à cause de cela inefficaces contre certains dangers.

Notamment les fausses coopératives peuvent sous le régime actuel se créer et se développer sans être sérieusement gênées. Les armes qu'offre contre elles la législation sont d'un emploi difficile et d'un effet contestable.

Il est nécessaire de reviser le régime juridique des coopératives et de leur donner, sans distinguer leurs objets différents, une forme légale, mieux adaptée à leurs besoins et qui permettra de les distinguer plus sûrement des entreprises capitalistes. Le Congrès adhère donc à la proposition adoptée par la Fédération de la mutualité et de la coopération agricole ; il charge son Conseil Central de saisir les Pouvoirs publics du problème de la législation coopérative et de faire accepter par le Gouvernement et le Parlement un projet de loi qui donnera aux coopératives un régime juridique, distinct de celui des sociétés capitalistes, mais assez souple et assez libéral pour suffire aux besoins présents ou à venir de toutes les écoles coopératives.

La Paix, la Coopération
et les Accords économiques entre États

Rapporteur : Edgard **MILHAUD**

Des faits récents nous paraissent poser avec une actualité particulière le problème des relations économiques entre Etats, dont les
congrès coopératifs ont eu l'occasion de s'occuper à diverses reprises au cours des dernières années. L'heure est venue, semble-t-il,
de faire un pas de plus dans le passage des principes théoriques aux
applications et de définir certaines directives d'ordre pratique.

*
* *

C'est au cours de la dernière session de la Société des Nations, à
propos de la discussion du point principal de l'ordre du jour de
l'Assemblée, à savoir l'organisation d'un régime international fondé
sur l'arbitrage et la sécurité, et aboutissant au désarmement, que
l'un des délégués de la France, M. Jouhaux, dans l'une des deux
grandes commissions chargées de l'étude du problème, posa la
question des conditions économiques de la paix, dont jusque là, ni
au cours de la présente session, ni au cours des sessions antérieures
de l'Assemblée, personne n'avait parlé. Il s'attacha à établir que
des garanties juridiques si fortes soient-elles, que des promesses de
concours économique et militaire de la part des Etats membres de
la Société des Nations, que même le désarmement ne sauraient
donner définitivement aux peuples la garantie de la paix, si l'on
n'avait pas réussi à extirper les causes économiques de la guerre.

Nous demandons la permission d'extraire de son discours et de
rappeler ici les déclarations suivantes :

*Pouvons-nous oublier, dans ce domaine, le rôle des facteurs écono-
miques ? Comment pourrions-nous penser que nous avons véritablement organisé la paix entre les peuples si nous avons laissé s'établir
et se développer entre eux des antagonismes d'intérêts qui, à certaines minutes, pourront les jeter les uns contre les autres ?*

. . . .

*Des relations politiques de paix appellent et même en ce sens pré-
supposent des conditions économiques de paix. Pas de paix véritable
dans l'ordre des relations politiques si l'on pratique des méthodes de
combat et portent en eux des germes de conflit militaire.*
*tions économiques si les rapports politiques sont des rapports de
combat dans les rapports économiques, et pas de paix dans les rela-*
*Seule la sécurité dans les rapports politiques rend possible une
politique économique de concorde et de coopération, et seule une
politique économique de concorde et de coopération rend possible
la sécurité dans les relations politiques.*

Après avoir rappelé les dispositions du traité de paix qui
frayaient normalement la voie à des initiatives positives dans cette

direction et après avoir développé les considérations qui lui paraissaient commander de telles initiatives, M. Jouhaux indiquait qu'il conviendrait sans doute, dans un avenir prochain, de constituer une « Commission de collaboration économique » analogue à la « Commission de collaboration intellectuelle » déjà existante, et qu'il voyait l'embryon d'une telle commission dans le Comité économique actuel de la Société des Nations, et que, dans sa pensée cette Commission d'études serait le point de départ d'un « Conseil Economique International », « qui apparaîtra sans doute, dit-il, comme nécessaire à l'organisation définitive des relations économiques de paix entre les peuples, et se créera un jour par le développement de la compétence du Bureau International du Travail en relation avec la Société des Nations ».

Les observations et la suggestion de M. Jouhaux produisirent dans la Commission une impression profonde et elles eurent leur écho dans les séances publiques de l'Assemblée. C'est ainsi qu'un autre délégué de la France, M. Paul Boncour, fut amené à les rappeler dans la conclusion même du grand discours dont on sait quel fut le retentissement. Ici encore, il nous sera permis de nous reporter aux textes. M. Paul Boncour s'est exprimé comme suit :

Vous avez construit un édifice solide, mais c'est la politique des gouvernements, c'est notre effort respectif dans nos divers pays qui doivent faire que la maison puisse être habitée et que l'humanité ait vraiment le sentiment qu'elle y trouve une sécurité suffisante pour déposer ses armes individuelles.

Je ne dirai pas que notre tâche ne fait que commencer, car elle a commencé avec le Pacte, au lendemain des heures tragiques de la guerre ; mais elle continue par étapes successives et, quand nous aurons franchi celle-ci, il restera à extirper les causes mêmes de la guerre.

J'ai été heureux d'entendre, au sein de la troisième Commission, et avec l'autorité que lui donne le fait que, pour la première fois, la classe ouvrière se trouve ainsi représentée dans ces assises, M Jouhaux, Secrétaire général de la Confédération du Travail, venir nous dire : la tâche prochaine, la tâche définitive, ce sera, non plus de bâtir le mécanisme de la paix, mais d'extirper les causes mêmes de la guerre, notamment ses causes économiques de toutes-sortes dont, à certaines heures de difficultés, comme un avertissement pour nous et comme une leçon de sagesse pour les peuples, le spectre lointain a déjà passé devant nous.

Oui, dans le moment même où nous donnons des espérances, notre loyauté, à nous délégués, c'est d'en fixer les limites, c'est de dire que la guerre vraiment ne pourra disparaître, que les risques de guerre ne pourront disparaître que le jour où la Société des Nations, continuant sa tâche, se sera emparée en même temps des phénomènes économiques et qu'elle aura porté, dans leur analyse et dans leur remède, l'esprit international qui l'anime.

Contingentement des matières premières, débouchés, questions d'immigration et d'émigration, les organismes financiers, économiques de la Société des Nations, ses Assemblées auront un jour, — quand nous pourrons nous reposer sur l'édifice de sécurité — à délibérer de ces graves problèmes sans la solution desquels — ne nous faisons pas d'illusions — l'œuvre que nous bâtissons serait ruinée par des bouleversements intérieurs.

C'est ce jour-là, ce jour-là vraiment que le monde pourra remplacer l'espérance qu'il tourne vers nous par un immense cri d'allégresse...

Enfin, le premier délégué de la France, M. Aristide Briand, dans le discours par lequel il apporta l'adhésion solennelle de notre pays au protocole d'arbitrage et de sécurité, fit à son tour allusion, en ces termes, au discours de M. Jouhaux :

Un délégué de la France, M. Léon Jouhaux, qui vit dans les milieux ouvriers, est venu vous dire : « Il reste des causes de guerre, elles sont d'ordre économique ; les intérêts matériels des peuples sont très puissants; ils agissent sur eux comme les intérêts des individus agissent sur leurs sentiments; même quand ces sentiments sont nobles et généreux, ils sont quelquefois obnubilés par le désir de servir des intérêts particuliers ».

Demain, les questions économiques se poseront devant vous. Après avoir réglé le côté politique des choses, vous aurez à entreprendre le règlement de ces problèmes complexes ; là encore, c'est une œuvre de pacification que vous entreprendrez.

Sur ce terrain, comme sur le terrain politique, vous trouverez la France présente à vos côtés, prête à collaborer avec vous.

Mais à chaque jour suffit sa tâche. Aujourd'hui, vous avez accompli une œuvre immense et si, comme j'en ai la conviction, le Protocole qui vous est soumis est accepté à l'unanimité et recueille l'approbation des gouvernements, s'il est ratifié par les parlements, nous aurons le droit de dire que nous avons installé la paix dans le monde.

Pour moi, c'est ma conviction profonde et c'est pour cela que, parlant au nom de la France pour vous donner son adhésion, je ressens l'émotion qui m'étreint à cette heure.

Mesdames, Messieurs, nous ne ferons aucune réserve au Protocole nous le signerons tel qu'il est. Nous savons que ceux qui y adhéreront le feront en toute conscience et en toute honnêteté.

Le Protocole engage l'honneur des États qui le signeront. Dans l'ordre de la sécurité, lorsque, demain, nous aurons dit à un pays : « Réduis les armements au strict nécessaire; pour le surplus, tu fais partie d'un vaste pacte d'assistance mutuelle qui est la garantie » — quand nous lui aurons dit cela, ce sera un devoir sacré, si ce pays est menacé, à plus forte raison s'il est attaqué, de lui donner la sécurité à laquelle il a droit.

Le premier délégué de la France indiquait ensuite comment le Protocole, en établissant la sécurité, préparait les voies au désarmement; il ajoutait que, le Protocole une fois adopté, ce pays n'hésiterait pas à « se placer à l'avant-garde de ceux qui s'attaqueront à la solution de ce grand problème du désarmement » et il terminait son discours par ces mots :

C'est pour la France un honneur que d'adhérer au Protocole et, j'y insiste, c'est pour moi la minute la plus précieuse de ma vie politique que d'avoir pu venir à cette tribune, au nom de mon pays, vous apporter son adhésion et sa signature.

**

* *

Certes, nous n'ignorons pas qu'au moment où nous écrivons ces lignes les chances de ratification unanime du Protocole par les Etats membres de la Société des Nations ne sont pas les mêmes qu'à l'époque où, dans une atmosphère d'enthousiasme, l'Assemblée terminait par un vote unanime les travaux qui avaient été inaugurés par les discours du chef du gouvernement britannique et du chef du gouvernement français, M. Mac Donald et M. Herriot. Mais le grand fait de ce vote unanime de l'Assemblée subsiste, et, à cette heure, en dernier ressort, ce sont les peuples qui ont à se prononcer sur un pacte qui est un pacte d'organisation judirique intégrale de la paix. Raison de plus pour que nous nous efforcions de mettre en pleine lumière les liens qui rattachent l'une à l'autre, de la façon la plus étroite, l'organisation juridique et l'organisation économique du monde. Raison de plus pour que nous montrions à la fois quelles sont les perspectives de développement économique universel qu'ouvrirait l'établissement d'un régime de sécurité, et quelles sont, d'autre part, les conditions économiques de sa consolidation définitive.

Au moment même où, dans certains pays, des fractions importantes de l'opinion, sur lesquelles s'appuient les gouvernements, paraissent reculer devant les obligations juridiques, politiques, morales qu'implique l'adhésion au pacte de sécurité, il est essentiel de ne laisser subsister aucun doute sur les conséquences économiques de l'avortement du régime des garanties internationales. Le besoin de sécurité, pour les peuples, est, par définition, un besoin vital, un besoin primant tous les autres — surtout pour ceux d'entre eux qui se sentent le plus exposés et qui ont derrière eux les plus cruelles expériences. Dans la mesure où rétrograderont les garanties internationales, les garanties nationales tendront de nouveau à prendre le dessus, comme remonte inévitablement l'un des plateaux d'une balance quand l'autre descend. La politique de désarmement sera donc tenue en échec, supplantée — soit au grand jour, soit dans l'ombre — par la politique des armements, et du surarmement. Mais les armements appellent les armements; le surarmement des uns appelle le surarmement des autres. Et voilà le monde revenu à cette folle surenchère des armements qui caractérisait l'époque d'avant-guerre, mais avec l'aggravation des progrès techniques réalisés et des expériences faites. L'action d'un tel état de choses sur le niveau de vie des populations n'a pas besoin d'être soulignée.

Mais la politique des armements se transportera aussi dans le domaine économique. La production, le commerce seront conditionnés par les objectifs nationaux. On s'équipera industriellement pour l'éventualité d'une guerre, on aménagera sa production de manière à pouvoir, en cas d'hostilités, se trouver dans les conditions d'approvisionnement les plus favorables; on réglera son commerce extérieur sur les nécessités d'une telle production; on se barricadera, s'il y a lieu, derrière des droits de douane prohibitifs; on fera, inévitablement, la politique commerciale du nationalisme, qui est, dans la majorité des cas, le protectionnisme, tempéré seulement par des accords économiques avec les peuples alliés, c'est-à-dire par des accords économiques de combat.

Il importe, à l'heure où vont être prises des décisions qui commanderont, pour des décades peut-être, l'avenir du monde, d'évoquer ainsi la série des conséquences économiques qui sont dans la logique d'un régime d'insécurité. La dernière d'entre elles, non la pire, est l'appauvrissement universel.

Mais il faut évoquer aussi les perspectives offertes à notre regard par l'autre éventualité, par l'adhésion unanime de tous les Etats membres de la Société des Nations au Protocole, c'est-à-dire par l'établissement d'un régime qui assure le règlement de tous les conflits par les voies du droit et qui, en cas d'agression, assure au peuple attaqué le concours organisé et décisif de la Société des

Nations. Il est un point du Protocole sur lequel, à cet égard, il est essentiel d'appeler l'attention, c'est l'article 11, qui traite de l'assistance à l'État attaqué, et qui contient entre autres la disposition suivante :

Conformément à l'alinéa 3, article 16 du Pacte, les États signataires prennent l'engagement individuel et collectif de venir à l'aide de l'État attaqué ou menacé et de se prêter un mutuel appui, grâce à des facilités et à des échanges réciproques, en ce qui concerne le ravitaillement en matières premières et denrées de toute nature, les ouvertures de crédits, les transports et le transit et, à cet effet, de prendre toutes les mesures en leur pouvoir pour maintenir la sécurité des communications terrestres et maritimes de l'État attaqué ou menacé.

Mis au bénéfice d'une garantie internationale d'une telle portée, les peuples, on le voit, se trouvent arrachés à la hantise du risque d'une agression et délivrés de la nécessité d'aménager toute leur vie économique en vue d'une telle éventualité. Ils peuvent, en toute liberté d'esprit, régler leur existence économique indépendamment de toute considération militaire et politique, et par la même mettre en valeur de la façon la plus complète les ressources de leur sol, les dons de leur population, les avantages de toute nature de leur condition propre, contribuant ainsi tous ensemble au rendement maximum des hommes et des choses et au summum de bien-être pour l'humanité tout entière. Nous pouvons ainsi concevoir, dans le développement toujours plus complet et toujours plus harmonieux de la division du travail entre les peuples, la réalisation de l'idéal d'économie mondiale rationnelle et solidaire qui est, par essence, celui de la coopération, comme il demeure celui que se sont toujours plu à évoquer les partisans du libre échange.

Aussi lorsque, à cette heure, dans certains milieux où le libre-échange trouve d'ardents adeptes, nous observons des réserves et des hésitations vis-à-vis des obligations internationales qu'édicte le pacte de sécurité, nous estimons avoir le devoir d'appeler leur attention sur l'illogisme de leur attitude. La série des considérations qui précèdent nous paraissent décisives. Nous les appuierons toutefois par deux témoignages, dont l'autorité ne sera pas contestée. C'est, en France, Paul Leroy-Beaulieu, qui, après avoir signalé la nécessité de la protection de certaines industries étroitement liées à la défense nationale, ajoute — en soulignant lui-même ces mots : « Il est clair que **le libre-échange absolu suppose un état de paix et de concorde entre les différentes nations du monde, en même temps qu'il travaille à le produire; mais tant que l'hostilité reste flagrante entre les grands pays, il ne peut être question de libre-échange absolu, et l'on ne peut que s'y acheminer par des étapes successives** » (1).

En Angleterre, nous citerons Adam Smith lui-même. Dans ses **Recherches sur la nature et les causes de la richesse des nations,** exposant dans les termes les plus pressants la thèse de l'absolue liberté des échanges, il réserve deux possibilités d'exception. L'une d'elles — c'est celle qu'il expose en second lieu — vise le cas où le produit de l'industrie nationale « est chargé lui-même de quelque

____

(1) Paul LEROY-BEAULIEU : « Traité théorique et pratique d'économie politique », 2ᵉ édition ('896), t. IV, pp. 101-102.

impôt dans l'intérieur ». L'autre a trait à la défense nationale. Voici ses propres paroles :

Il paraîtrait cependant qu'il y a deux cas dans lesquels il serait en général avantageux d'établir quelque charge sur l'industrie étrangère pour encourager l'industrie nationale.

Le premier, c'est quand une espèce particulière d'industrie est nécessaire à la défense du pays. Par exemple, la défense de la Grande-Bretagne dépend beaucoup du nombre de ses vaisseaux et de ses matelots. C'est donc avec raison que l'Acte de navigation cherche à donner aux vaisseaux et aux matelots de la Grande-Bretagne le monopole de la navigation de leur pays, par des prohibitions absolues en certains cas, et par de fortes charges, dans d'autres, sur la navigation étrangère.

. . . . .

Ainsi, en diminuant le nombre des vendeurs, nous diminuons nécessairement le nombre des acheteurs, et par là nous sommes d'autant plus exposés, non seulement à acheter plus cher les marchandises étrangères, mais encore à vendre les nôtres meilleur marché que s'il y avait une parfaite liberté de commerce. Néanmoins, comme la sûreté de l'Etat est d'une plus grande importance que sa richesse, l'Acte de navigation est peut-être le plus sage de tous les règlements de commerce de l'Angleterre.

Cette dernière déclaration, si extraordinairement caractéristique, montre bien à quel point, même sur les esprits les plus épris de liberté commerciale, la considération de la défense nationale, lorsqu'elle entre en jeu, exerce une action déterminante et incontestée, reléguant à l'arrière-plan toutes les considérations purement économiques.

Seule l'organisation juridique intégrale de la paix rend théoriquement concevable l'application générale du principe libre-échangiste. Voilà ce que, en un tel moment, les partisans du libre-échange dans le monde ne devraient pas oublier.

Nous ajouterons — plus généralement — que seule l'organisation juridique intégrale de la paix rend possible l'épanouissement complet de la division internationale du travail, et, par là même, le développement maximum des richesses du monde et l'accroissement correspondant du bien-être de l'humanité, c'est-à-dire la réalisation même, dans l'ordre matériel, de l'idéal poursuivi par la coopération.

*

Il était indispensable d'établir ce premier point et de mettre ainsi en pleine lumière le rôle déterminant des conditions juridiques, politiques et morales de l'aménagement et de la mise en valeur les plus efficaces des ressources et des forces économiques de l'ensemble des nations. Mais si la structure juridique, politique et morale du monde conditionne sa vie économique, son régime économique ne conditionne pas de façon moins impérieuse sa vie juridique, politique et morale. La paix ne saurait se maintenir à la longue entre les Etats, quelle que soit la perfection du système juridique établi, quelle que soit la rigueur des engagements réciproques édictés, quelque dense que soit la trame des obligations juridiques inscrites dans un protocole, si dans les profondeurs de leur existence économique se développent des antagonismes qui opposent les uns aux autres les intérêts essentiels de leur existence matérielle.

C'est là le second point qui a été mis en évidence avec éclat par les déclarations sensationnelles de M. Jouhaux à la 3e Commission de l'Assemblée et qui a été souligné avec tant de force par les déléguiés dont nous avons rappelé les paroles. Pour asseoir définitivement la paix — voilà qui est maintenant officiellement et solennellement proclamé — il ne suffit pas d'en établir les fondations politiques et juridiques; il faut encore en établir les fondations économiques. Il faut, dans une atmosphère de sécurité, dans le cadre d'un régime juridique international partant du postulat du règlement universel des conflits par les voies du droit, aménager les relations économiques entre peuples selon la directive suprême de la conciliation et de la solidarisation de leurs intérêts.

A vrai dire, la tâche serait difficile, insurmontable peut-être, si les intérêts majeurs bien compris des uns et des autres étaient en opposition essentielle, et s'il fallait, par des combinaisons dont l'ingéniosité ne ferait que souligner le caractère artificiel, créer l'équilibre toujours instable d'une existence économique du monde réglée sur le renoncement de tous les peuples, ou d'un certain nombre d'entre eux, à l'obtention de leur maximum de bien-être. Mais il ne s'agit pas d'inventer une solidarité économique inexistante des différents pays; cette solidarité existe; elle est non seulement une réalité, mais la réalité primordiale du monde de notre temps; c'est cette solidarité qui s'est affirmée pour le malheur de tous dans les ruines qu'a accumulées la guerre et qui ont répercuté leur détresse jusque dans les pays qui étaient demeurés intégralement étrangers au conflit et jusque dans les continents les plus éloignés de celui qui fut le théâtre des hostilités, ou, pour mieux dire, le foyer de l'incendie. La terrible crise de chômage qui a sévi de 1920 à 1923 ou 1924 dans nombre de pays — pays européens neutres ou pays extra-européens — et qui n'a, d'ailleurs, pas encore pris fin dans tous les pays, n'était, dans une très large mesure, sinon même dans son essence, qu'un contre-coup de la crise d'appauvrissement des pays les plus directement engagés dans la guerre, et qu'une manifestation du déséquilibre économique général, causé par cette dernière. La constatation faite aujourd'hui par tous les intéressés, que la guerre n'a pas moins ruiné les vainqueurs que les vaincus, n'est à son tour qu'une manifestation de cette solidarité essentielle des intérêts économiques majeurs de toutes les nations. Le problème n'est donc pas d'instaurer artificiellement cette solidarité, mais de lui permettre de s'affirmer et de se développer, naturellement, dans un cadre normal, pour le bien de tous. Si le bien-être d'un pays devait nécessairement plonger ses racines dans la ruine — nous pourrions dire, à la lettre, dans les ruines — d'un autre, la conception d'une politique économique également favorable à tous serait une utopie, mais la ruine d'un peuple n'est favorable à aucun autre : elle est nuisible à tous les autres. C'est le bien-être de chacun qui, à voir les choses dans leur réalité, est la condition même du bien-être de tous. Il se peut que des considérations extra-économiques mettent en balance avec cette communauté essentielle d'intérêts certains antagonismes d'un autre ordre : un peuple qui bénéficie économiquement de la prospérité d'un peuple voisin peut redouter cette prospérité pour des raisons politiques, militaires, en se plaçant dans l'hypothèse d'un conflit armé, mais précisément tout le régime d'organisation juridique de la paix et d'établissement définitif de la sécurité a pour objet de supprimer toute raison d'être de considérations extra-économiques de cet ordre et de permettre la prise en considération

exclusive des intérêts économiques. Dans cette hypothèse, la soli
darité des intérêts des deux peuples et plus généralement des intérêts de tous les peuples s'affirme sans contre-partie.

C'est bien ce qu'a mis en lumière, avec une netteté saisissante
d'expression, Adam Smith, lorsqu'il a écrit :

*...Si l'opulence d'une nation voisine est une chose dangereuse sous
le rapport de la guerre et de la politique, certainement, sous le rapport du commerce, c'est une chose avantageuse. Dans un temps
d'hostilité, elle peut mettre nos ennemis en état d'entretenir des
flottes et des armées supérieures aux nôtres; mais quand fleurissent
la paix et le commerce, cette opulence doit aussi les mettre en état
d'échanger avec nous pour une plus grande masse de valeurs, de
nous fournir un marché plus étendu, soit pour le produit immédiat
de notre propre industrie, soit pour tout ce que nous aurons acheté
avec le produit. Si, pour les gens qui vivent de leur industrie, un
voisin riche doit être une meilleure pratique qu'un voisin pauvre, il
en est de même d'une nation opulente (1).*

Dans sa partie positive, la même idée a été exprimée avec force
par J.-B. Say, dans le passage suivant :

*Une nation, par rapport à la nation voisine, est dans le même cas
qu'une province par rapport à une autre province, qu'une ville par
rapport aux campagnes; elle est intéressée à la voir prospérer, et
assurée de profiter de son opulence. C'est donc avec raison que les
Etats-Unis ont toujours cherché à donner de l'industrie aux tribus
sauvages dont ils sont entourés; ils ont voulu qu'elles eussent quelque
chose à donner en échange, car on ne gagne rien avec des peuples
qui n'ont rien à vous donner (2).*

Ainsi, si nous nous plaçons dans l'hypothèse d'une organisation
juridique de la paix et de l'établissement d'un régime qui donne la
sécurité à toutes les nations, elles profitent toutes, dans l'ensemble,
de l'accroissement de la richesse et du bien-être de chacune, et il
y a bien, entre elles, une solidarité essentielle d'intérêts. Le problème est donc uniquement de créer ou de rétablir les conditions
de vie économique qui permettent à cette solidarité de se traduire
dans les faits. Quelles règles conviendra-t-il d'adopter à cet égard?

*
* *

Au moment où, pendant le grand conflit qui a secoué et déchiré le
monde, le président Wilson se préoccupait de jeter les bases d'un
régime nouveau qui permettrait aux peuples de vivre en paix, il
n'avait garde de laisser dans l'ombre les conditions économiques
de l'aménagement de la paix. C'est ainsi que le 30 août 1917, répondant au pape qui avait interrogé les belligérants sur les objectifs
qu'ils poursuivaient, il indiquait comme une condition essentielle
de la réorganisation du monde en vue de laquelle les Etats-Unis
étaient entrés dans la guerre et comme l'une des bases essentielles
du régime de paix : « le droit égal pour tous les peuples, grands et
petits, à participer, sous de justes conditions, aux ressources économiques du globe ».

---

(1) « Recherches sur la nature et les causes de la richesse des nations », par
Adam SMITH, Livre IV, Chapitre III. Des entraves extraordinaires.

(1) « Traité d'Economie politique », édition Guillaumin, Paris, p. 145.

Quelques mois plus tard, le 8 janvier 1918, énonçant dans un message célèbre entre tous, les quatorze stipulations essentielles d'un programme de paix fondé sur le droit, il y inscrivait, en ce qui concerne les relations économiques des États, la stipulation suivante : « Suppression, autant que possible, de toutes les barrières économiques, et établissement d'une égalité de conditions commerciales entre toutes les nations consentantes à la paix et s'associant pour son maintien ».

La pensée commune dont s'inspirait, à la fois, le principe posé dans la réponse au Pape et la stipulation que l'on vient de lire — la troisième stipulation — du programme de la paix du droit, c'est que si l'on veut éliminer les éléments d'antagonisme économique que peuvent comporter les frontières politique des Etats, il faut que ces frontières politiques ne constituent que dans la mesure strictement nécessaire des entraves à la libre circulation économique, c'est-à-dire à la fois à la circulation des marchandises, à la circulation des capitaux et à la circulation des agents économiques, producteurs et consommateurs.

Il n'est que trop aisé de comprendre que dans la mesure où l'usage fait par un pays de ses frontières politiques lèse les intérêts économiques et notamment les intérêts économiques essentiels d'un autre ou de plusieurs autres, les antagonismes économiques suscités prennent une orientation politique, tendent à mettre aux prises les Etats, et finalement à mobiliser contre les résistances et les oppositions toutes les forces disponibles, au nombre desquelles peuvent se faire jour, à leur heure, les forces de guerre. La transition peut être insensible et imperceptible du conflit économique initial au conflit armé. Ce sont les armées qui déplacent les frontières politiques. Dans la mesure, au contraire, où les frontières politiques laissent passer le courant des échanges économiques et où, à travers les configurations territoriales les plus diverses, une large communauté de vie économique tend à s'établir, les facteurs économiques de rivalité et d'opposition fléchissent jusqu'à disparaître.

A vrai dire, le président Wilson, dans la règle qu'il formule, ne va pas jusqu'à demander la liberté pure et simple de la circulation économique de pays à pays. Il formule une réserve : « suppression, *autant que possible*, de toutes les barrières économiques, etc... » Peut-être aura-t-on l'impression que cette réserve enlève toute valeur pratique à la règle et nous plonge dans l'arbitraire; mais il importe de ne point perdre de vue le cadre dans lequel est appelé à jouer le principe : c'est l'organisation même de la Société des Nations, c'est-à-dire d'une communauté internationale dont la vie est régie par des méthodes de délibérations, de négociations, d'informations impartiales et d'arbitrage. Dans un tel milieu, la réserve contenue dans les mots « autant que possible » cesse d'être purement arbitraire et de comporter une élasticité inquiétante. En même temps qu'est posé le principe lui-même, se trouve établi le principe en quelque sorte connexe des limites de son application, les procédures normales du droit nouveau permettant d'entrevoir la conciliation positive, en pratique, de la directive générale et des atténuations momentanées ou particulières qu'il convient de lui faire subir. Abandonnée à l'interprétation arbitraire des intéressés, la réserve « autant que possible » ouvrirait la voie à tous les abus; au contraire, remise à l'appréciation d'une instance impartiale, elle marque seulement la nécessité de tenir compte, dans l'application du principe, des conditions particulières données et d'assurer avec d'autant plus de succès sa réalisation qu'elle prémunit contre les inconvénients que son application universelle et aveugle pourrait entraîner.

Il fallait remonter aux deux documents que nous venons de citer, dans lesquels le président Wilson exprimait avec force sa conception des conditions économiques essentielles d'un régime de paix, pour donner toute sa signification et toute sa portée à la disposition de l'article 23 du Traité de Paix en vertu de laquelle les Membres de la Société « prendront les dispositions nécessaires pour assurer la garantie et le maintien de la liberté des communications et du transit ainsi qu'un équitable traitement du commerce de tous les Membres de la Société ». Quelle que soit la généralité d'une telle formule et quelque regret que l'on puisse exprimer que certaines des précisions positives du principe posé par le président Wilson n'y aient pas trouvé leur expression, il faut considérer comme un fait essentiel qu'elle pose le principe de l' « équitable traitement » du commerce de tous les membres de la Société; ainsi, une base juridique est fournie pour une action méthodique dans le sens de l'organisation économique de la paix.

C'est conformément au principe ainsi posé que, sur la proposition du Comité économique, lors de sa dernière session, l'Assemblée de la Société des Nations vota à l'unanimité une résolution visant le rétablissement de relations commerciales normales et dont nous croyons devoir publier ci-dessous le texte intégral :

L'Assemblée :

1. *Enregistre avec une vive satisfaction le succès remporté par la Conférence internationale pour la simplification des formalités douanières et souhaite que la Convention, à laquelle la Conférence a abouti, soit ratifiée au plus tôt par le plus grand nombre possible d'Etats. Elle constate, d'autre part, que la Convention ne constitue qu'une première, bien que très importante étape dans la voie de l'amélioration des relations commerciales internationales, et elle souhaite que le Comité économique fasse tous ses efforts pour réaliser de nouveaux progrès dans cette direction;*

2. *Prend acte des propositions du Comité visant — au moyen d'amendements et d'additions à apporter à la convention pour la protection de la propriété industrielle — une protection plus efficace contre la concurrence déloyale et exprime le vœu que ces propositions puissent trouver l'appui des Etats membres, à l'occasion de la prochaine Conférence de révision de la Convention pour la protection de la propriété industrielle;*

3. *Prend acte des recherches et des conclusions auxquelles a abouti le Comité économique en ce qui concerne la protection de l'acheteur étranger contre les marchandises sans valeur. Elle insiste très vivement pour que tous les moyens prévus dans les pays exportateurs, en vue d'analyser, de vérifier et de certifier la qualité des marchandises, soient mis sans restrictions à la disposition de l'acheteur étranger, aussi bien qu'à celle du consommateur du pays même; pour que ces facilités soient développées et étendues et que leur existence soit portée au moyen d'une publicité appropriée, à la connaissance des acheteurs étrangers;*

4. *Constate les progrès réalisés par le Comité économique dans l'étude de la question du traitement à accorder aux ressortissants étrangers et aux entreprises étrangères dans l'étude des crises économiques en ce qui concerne l'unification des méthodes de statistiques;*

5. Appelle à nouveau l'attention des États membres sur le grand bénéfice qui résulterait pour le commerce international d'une prompte ratification par le plus grand nombre possible d'États du Protocole sur les clauses d'arbitrage;

6. Se référant à l'alinéa premier de l'article 3 de la Convention pour la simplification des formalités douanières, déjà signée par trente-et-un États et ratifiée par six;

Considérant que le système des prohibitions et restrictions à l'importation et à l'exportation constitue un obstacle sérieux au libre développement des échanges internationaux;

Considérant, d'autre part, que les circonstances générales pourraient être désormais favorables à une action dans ce domaine;

Exprime le désir que le Conseil invite le Comité à étudier la possibilité et l'opportunité d'une entente entre États membres et non membres de la Société, qui aurait pour objet l'abolition définitive des prohibitions et restrictions à l'importation et à l'exportation et, le cas échéant, à proposer les moyens les plus appropriés dans ce but. Réserve est faite pour les dispositions visant la protection des intérêts vitaux des États (1).

Il est permis de voir dans une telle résolution la manifestation d'une tendance heureuse dans le sens de l' « équitable traitement » aussi bien que dans celui de la liberté des échanges. Mais de telles mesures — limitées par surcroît par la clause visant les intérêts vitaux — ne sauraient être considérées que comme un point de départ. Il faut aller plus loin si l'on veut établir vraiment une politique de concorde et de paix économiques. Ce sont les desiderata qui nous paraissent s'imposer dans ce sens que nous voudrions préciser dans les pages qui suivent.

*
* *

Il semble bien que l'on puisse, à cette heure, ramener les questions économiques qui mettent aux prises les nations aux trois problèmes suivants : problème des matières premières, problème des débouchés, problème des mouvements de la main-d'œuvre (émigration et immigration). Entre eux, à vrai dire, d'étroites connexions existent. Pour un pays, la question des matières premières peut commander celle des débouchés en ce sens que la cherté des approvisionnements en matières premières, en pesant sur les prix de revient, restreint ou supprime les possibilités d'exportation et peut même créer pour l'industrie nationale des difficultés d'écoulement même sur le marché intérieur. Dans certains cas, résoudre la question des matières premières, ce serait donc en même temps résoudre la question des débouchés. Les difficultés relatives à l'acquisition des matières premières peuvent également n'être pas sans rapport avec la nécessité d'exportation de la main-d'œuvre. Si, par suite de la pénurie ou de la cherté de certaines matières premières, certaines productions essentielles sont interdites à un pays et s'il ne peut, pour des raisons diverses, y substituer d'autres industries équivalentes, il sera contraint d'exporter la portion de main-d'œuvre qu'il lui devient ainsi impossible d'utiliser sur place.

A la Conférence internationale du Travail de Washington, en 1919, le délégué ouvrier italien, M. Baldesi, a bien mis en lumière cette

______

(1) Texte voté par l'Assemblée dans sa séance du 25 septembre 1924.

connexité. Nous citons ses paroles : « D'une façon générale, dit-il, nous avons, d'une part, des pays possédant des quantités considérables de matières premières qui attendent que la main de l'homme les convertisse à un usage avantageux, et, d'autre part, nous avons des nations avec une abondante provision de main-d'œuvre qui cherchent anxieusement ces mêmes matières premières pour en faire usage à leur propre profit et aussi au profit d'autrui. Cette quantité abondante de main-d'œuvre va-t-elle être forcée d'émigrer dans les pays où l'on trouve les matières premières? Ne serait-il pas plus juste, ou plus humain, de mettre ces matières premières à la disposition des pays où la main-d'œuvre abonde? S'il est vrai que l'on doit donner à l'homme le moyen d'éviter le chagrin de l'exil, et qu'il fasse un meilleur citoyen dans son pays natal, où il a grandi, où il est devenu un homme, alors la réponse est indubitable. Si la majorité des délégués à cette Conférence approuve ce point de vue, on devra adopter la conclusion de la minorité de la sous-commission, qui est d'attirer l'attention de la Société des Nations sur la juste répartition des matières nécessaires à l'industrie comme un moyen d'empêcher le chômage ». On voit comment une politique économique internationale qui solutionnerait pour tous le problème des matières premières aurait sans doute pour conséquence d'atténuer considérablement la gravité du problème des migrations ouvrières.

Nous envisagerons essentiellement dans ce rapport les questions concernant les relations commerciales entre États, question des matières premières et question des débouchés; mais nous indiquerons en même temps dans quelle direction nous entrevoyons en connexion avec elles la solution des problèmes relatifs aux mouvements migratoires de la main-d'œuvre.

I. *Le problème des matières premières*

Le problème des matières premières s'est posé avec une acuité exceptionnelle pendant la guerre. C'est au cours de cette période que les peuples ont pris conscience de l'importance vitale des intérêts engagés dans cette question, intérêts dont la nature et l'étendue n'étaient connues auparavant que d'une élite. C'est aussi pendant cette période que, sous la pression de nécessités impérieuses, les États recoururent à de grandes mesures d'intervention collective afin d'assurer, dans toute la mesure répondant aux possibilités, la satisfaction des besoins de l'armée et de la population civile. Dans le groupe des nations alliées, maîtresses des mers, on en vint même à la création d'organismes internationaux de ravitaillement qui, disposant dans l'intérêt commun du tonnage mondial, assuraient l'alimentation en matières premières et en vivres de l'ensemble des pays alliés et des pays européens neutres. Chacun de ces organismes fonctionnait vis-à-vis des producteurs et vendeurs, pour chacun des produits achetés, comme un acheteur unique; cet acheteur unique achetait parfois pour le compte des trois quarts de la planète. Ainsi, en ce temps de raréfaction extrême de la production et de l'offre, on échappait au renchérissement illimité qu'eût provoqué l'universelle concurrence des acheteurs de tous pays. Et l'on s'habitua ainsi de différents côtés à considérer les questions de ravitaillement en matières premières comme des questions d'intérêt général, national et international, et comme des questions dans le règlement desquelles l'action publique, nationale et internationale devait intervenir. Telle est l'origine de la revendication d'une répartition internationale des matières premières qui se fit jour dans différents milieux après les hostilités, alors que dans bien des pays la question du ravitaillement en matières premières demeurait une question brûlante conditionnant tout l'effort de la reconstruction économique et le retour à une vie normale.

C'est alors que les Coopératives intéralliées et neutres, réunies en conférence à Paris, en juin 1919, formulaient le programme général suivant :

1° *Rétablissement des comités intéralliés comme comités internationaux de ravitaillement pour répartir suivant les ressources mondiales, les denrées alimentaires entre les nations et d'après les besoins de chacune;*

2° *Collaboration des pouvoirs publics avec les organisations coopératives de chaque pays pour assurer la répartition juste et à juste prix des denrées importées en commun et de toutes autres marchandises;*

3° *Création d'un Office économique international de statistique en matière d'alimentation comme organe de coordination et de direction des comités internationaux. Par sa connaissance des besoins, des ressources, des conditions de production et de consommation de chaque pays, cet Office préparerait la Coopération économique des peuples et la division du travail entre tous.*

C'est sous la même inspiration qu'un peu plus tard le Congrès international des mineurs, réuni à Genève du 2 au 6 août 1920, vota à l'unanimité la résolution suivante :

Considérant la répartition défectueuse des combustibles, minerais et autres matières premières, ainsi que l'agiotage et la spéculation qui se donnent libre cours dans ce domaine comme dans les autres;

Considérant la misère qui résulte pour tous les peuples d'un pareil état de choses;

Le Congrès international des mineurs, réuni à Genève le 2 août 1920 et jours suivants;

Émet le vœu que soit installé à bref délai un Bureau international de répartition des combustibles, minerais et autres matières indispensables à la reprise normale de la vie économique de tous les peuples : et demande que le Bureau international du Travail prenne en considération cette revendication urgente présentée par les délégués de la Fédération internationale des mineurs et lui confie le soin de la résoudre au plus tôt en commun accord avec le Comité exécutif de la dite Fédération et avec le concours des divers organismes de la Société des Nations.

A la suite du vote de cette résolution, le Conseil d'administration du Bureau international du Travail adoptait, le 6 octobre 1920, un projet de résolution qui donnait satisfaction à la partie des desiderata formulés par le Congrès international des Mineurs relative à l'information statistique. Ce texte était ainsi conçu :

Le Directeur est autorisé à poursuivre les négociations avec la Société des Nations :

1° *En vue de la création d'un Office international de statistique des prix et des quantités, dont la première section pourrait être celle du charbon et qui serait rattachée à la Section financière et économique de la Société des Nations ;*

*2° Cet Office serait conçu de telle manière que le Bureau interna-
tional du Travail y soit représenté et que, par l'intermédiaire de ses
fonctionnaires ou des membres de son Conseil, il puisse suivre attentivement, au jour le jour, les études faites, les résultats obtenus et
répondre ainsi pratiquement aux aspirations ou aux désirs qui auront
pu être formulés dans le vœu du congrès international des mineurs.*

Obéissant aux mêmes préoccupations, qui avaient trouvé leur
expression, il convient de le noter, dans bien d'autres manifestations,
le Conseil de la Société des Nations, réuni à Bruxelles le 25 octobre
1920, votait, à la suite d'un rapport très pressant de M. Tittoni, la
résolution suivante, tendant à l'institution d'une enquête sur la
question des matières premières :

*Le Conseil, se rendant compte des difficultés qu'éprouvent de
nombreux pays à s'assurer les importations de matières premières
nécessaires à leur bien-être et même à leur existence, a chargé la
Section économique de la Commission économique et financière
d'étudier :*

a) l'étendue et la nature de ces besoins ;
*b) les causes (autres que celles qui proviennent du manque de
crédit ou de fluctuations du change qui ont déjà été examinées par la
Conférence financière de Bruxelles) auxquelles ces difficultés sont
dues. Les conséquences des monopoles seront l'objet d'une attention toute spéciale.*
*Le Conseil invite la Commission à lui soumettre dans le plus bref
délai possible, un rapport sur les conclusions de son enquête, rapport
qui est indispensable pour les délibérations ultérieures de la prochaine Conférence internationale économique et financière.*

Le 8 décembre suivant, c'est l'Assemblée de la Société des Nations
qui, saisie de la résolution du Conseil et ayant à son tour engagé un
débat sur le problème, votait la résolution suivante :

*L'Assemblée, ayant pris connaissance de la résolution prise par le
Conseil au cours de sa session, tenue à Bruxelles le 25 octobre dernier, juge indispensable que le Comité économique et financier pour-
suive ses travaux sans retard dans le sens indiqué par le Conseil.*

Ce sont les deux derniers textes que l'on vient de lire qui sont à
l'origine de l'enquête entreprise par le Secrétariat général de la
Société des Nations, et dont la direction fut confiée au professeur
Gini, sur la question des matières premières et des denrées alimentaires.
Lorsque, en août 1921, le rapport fut déposé, la situation économique du monde était sensiblement différente de celle qui avait suscité l'enquête. Depuis plus d'une année, les marchés étaient gravement affectés par une crise de baisse des prix et la pénurie des
matières premières n'était plus ressentie que dans quelques pays qui
se trouvaient en quelque sorte séparés du marché mondial par l'avi-
lissement de leur monnaie et la crise de leur change. En raison de
cette situation nouvelle, le problème des matières premières passa à
l'arrière-plan et aucune décision du Conseil ni de l'Assemblée n'intervint. Le rapport du professeur Gini fut publié par la Société des
Nations, mais sous la seule responsabilité de son auteur.
Le professeur Gini, dans ses conclusions, a préconisé diverses
mesures de caractère positif et d'application relativement aisée, sur

lesquelles il nous paraît important d'appeler l'attention. Ce sont les suivantes :

XI. *Une première initiative devrait chercher à provoquer, à favoriser et à entretenir la formation d'unions douanières entre groupes d'États. Quelques-unes d'entre elles commencent déjà à s'esquisser ; il serait utile, à divers points de vue, que la Société des Nations ne restât pas étrangère à leur constitution.*

XII. *Une seconde initiative consisterait à instituer la représentation des intérêts des tiers dans les traités ou conventions commerciales qui se concluent entre deux États. Il serait grandement désirable que la Société des Nations, entourée d'une réputation d'impartialité, puisse assumer une telle représentation.*

XIII. *En matière de droits à l'exportation et de prix différentiels, il convient de distinguer cas par cas. Dans le cas où l'on a l'impression que les dits droits représentent non pas une nécessité pour l'État, mais seulement un moyen d'exploiter avec plus de profit ses propres conditions particulièrement favorables, la Société des Nations pourrait utilement intervenir, sur la demande des États lésés, afin de provoquer de la part des États pour ainsi dire incriminés, les explications désirables et exiger la réduction ou la suppression des droits eux-mêmes, dans les cas où les justifications seraient insuffisantes.*

XIV. *Une initiative de la Société des Nations serait aussi opportune dans le cas des surtaxes sur les importations des pays à monnaie dépréciée. Si, en effet, de telles mesures peuvent momentanément alléger la crise des débouchés dans les États qui les appliquent, elles tendent, en définitive, à maintenir et à aggraver la crise même, au détriment de l'intérêt général aussi bien que des dits États.*

XV. *En matière de monopoles, l'œuvre de la Société des Nations ne devrait pas tendre à supprimer les syndicats de production et de vente à caractère monopolisateur, dont l'existence est peut-être inévitable et dont le contrôle constitue en tous cas un problème intérieur de l'État, mais à empêcher que certains syndicats se rapportant à des matières premières d'intérêt international assument un caractère national, en raison soit des privilèges qu'un État réserve à ses propres nationaux, soit de leur administration par l'État même...*

Ces différentes mesures fournissent bien les grandes lignes d'une politique internationale réglée sur le principe de l'« équitable traitement » et sur celui de la liberté maxima de la circulation économique, les limites de l'application de ce dernier principe se trouvant dans des nécessités reconnues par une instance impartiale.

Nous retrouvons donc bien, dans ces différents desiderata, la réalisation des grandes directives formulées par le Président Wilson.

Au moment où la Société des Nations sera saisie à nouveau du problème des matières premières par le problème plus général des conditions économiques d'un régime international de concorde et de paix, il conviendra de reprendre l'ensemble des suggestions qui précèdent, et plus particulièrement celles qui ont été formulées par le professeur Gini. Il conviendra aussi de reprendre le problème d'un Office international de statistique des besoins et des ressources en matières premières formulé par le Congrès des mineurs et, plus généralement, le projet d'un office international des besoins, des approvisionnements et de la production tel qu'il a été demandé par l'Alliance coopérative internationale, à son Congrès de Bâle, sur la proposition et à la suite d'un rapport de M. Albert Thomas. Nous nous abstenons d'insister davantage à cette place sur ce point, sur lequel nous aurons l'occasion de revenir, à propos de la question suivante.

II. *Le problème des débouchés*

Nous l'avons noté, la question des débouchés se trouve déjà au fond de la question des matières premières. Tous les désavantages qui pèsent sur un pays du fait des difficultés de son approvisionnement en matières premières pèsent sur ses conditions de production et de vente. C'est donc, pour une part, la question des débouchés qui fait la gravité de la question des matières premières. Aussi bien la question des débouchés a-t-elle une importance primordiale. C'est la lutte pour les débouchés qui, bien souvent, crée entre nations de violents antagonismes ; c'est elle qui dresse contre la libre circulation des produits des murailles douanières, c'est elle qui suscite pour la conquête des marchés étrangers la pratique des méthodes de dumping ; c'est elle qui a été l'instigatrice de l'impérialisme colonial, source de redoutables conflits entre nations, c'est elle encore que nous retrouvons bien souvent derrière les négociations diplomatiques rapprochant ou opposant les Etats, et dominant les combinaisons de l'échiquier politique international. C'est toute la vie économique des nations qui se trouve sous la dépendance du problème des débouchés. Un marché perdu, ce ne sont pas seulement des profits diminués ou supprimés, des entreprises condamnées à la faillite, ce sont des ouvriers réduits au chômage, c'est, pour ceux qui conservent leur emploi, la diminution du salaire. On l'a dit maintes fois, le grand problème de l'économie industrielle moderne, ce n'est pas le problème technique de la production, c'est le problème économique de l'écoulement des produits. C'est bien ce que montrent les engorgements de marchés qui se produisent périodiquement et qui atteignent dans leurs conditions de vie de larges couches de la population. Les grandes crises qui se répètent périodiquement et désolent la société sont des crises de débouchés.

Sommes-nous en face de ces crises, sommes-nous plus généralement en face du problème des débouchés, absolument désarmés et impuissants, ou, du moins, n'est-il permis d'en attendre la fin que de l'avènement d'un régime social entièrement nouveau, bâti sur les ruines de la société présente ? Nous est-il par suite impossible de définir à cette heure un programme d'action positive, frayant la voie en même temps qu'à la solution du problème international des débouchés, à l'élimination d'un facteur essentiel d'antagonisme et de guerre et, par là même, à l'organisation économique de la paix ?

Il est un premier point sur lequel, en vue de la solution de ce problème, on a maintes fois insisté, notamment dans les milieux coopératifs, nous voulons parler de la réunion et de la publication d'informations aussi complètes que possible sur les mouvements de la production et de la consommation dans les différents pays. Nous avons cité plus haut le passage de la résolution votée en juin 1919 par la Conférence coopérative interalliée et neutre dans lequel on formulait le desideratum suivant : « Création d'un Office économique international de statistique en matière d'alimentation comme organe de coordination et de direction des comités internationaux ». On présentait à son sujet l'observation suivante : « Par sa connaissance des besoins, des ressources, des conditions de production et de consommation de chaque pays, cet Office préparerait la Coopération économique des peuples et la division du travail entre tous ». Une proposition semblable était antérieurement soutenue par M. Albert Thomas au Conseil supérieur de la Coopération, en juin 1919, au nom de la Fédération Nationale des Coopératives de Consommation de France, lors de sa session de juin 1919. Nous extrayons de ce document les lignes qui suivent :

Indiquer aux producteurs, aux consommateurs, aux intermédiaires, quelle est l'importance locale ou régionale des matières ou produits qui les intéressent, indiquer quelle est l'activité des marchés, l'importance respective de la consommation sur place et les disponibilités qui en résultent, autant de tâches que l'Office de la consommation devra remplir.

Il aura à chiffrer le nombre et le volume de l'ensemble des transactions qui concernent les principaux produits ; il aura à les suivre depuis le moment où le producteur ou l'importateur les jette dans la circulation jusqu'à celui où, ayant subi toutes les transformations voulues et suivi la filière de tous les intermédiaires, ils viennent à être livrés au consommateur. Un organisme perfectionné devrait pouvoir suivre la balle de laine d'Australie depuis le jour où le bateau la débarque jusqu'à celui où le tailleur la livre à son client sous forme de vêtement.

Ainsi, l'Office d'observation des prix et des stocks devient un véritable Office statistique du commerce intérieur. Ainsi se trouve préparée, pour la défense du consommateur, toute une action utile pour la collectivité.

Voici, d'autre part, le texte de la proposition qui était formulée en ce sens et qui devait recueillir l'adhésion du Conseil :

Le Conseil supérieur de la Coopération émet les vœux suivants :

1° Que le gouvernement transforme le Service d'observation des prix en un Office de statistique du commerce intérieur, chargé tout à la fois de l'observation des prix, des stocks et des mouvements des denrées ; que cet Office travaille en contact permanent avec le Conseil supérieur de la Coopération, plus qualifié qu'aucun autre organisme pour la défense des consommateurs ;

2° Qu'à côté du Secrétariat général de la Société des Nations, soit institué un Office international de Statistique du Commerce chargé d'étudier les ressources et les besoins des différents pays, d'étudier comment s'accomplit la répartition pour la plus grande utilité commune.

Une proposition identique était comprise dans le texte général d'une résolution que M. Albert Thomas soutenait, présentait et faisait voter en août 1921 au X° Congrès coopératif international, tenu à Bâle. Le texte relatif à ce point était ainsi conçu : « Le Congrès émet le vœu qu'aussitôt que possible la Commission économique et financière de la Société des Nations organise un Office international de statistique qui serait chargé de recueillir et de publier tous renseignements utiles concernant la production, les approvisionnements et les besoins des divers pays ».

La même préoccupation inspirait l'une des dispositions de la résolution relative à l'étude des crises économiques et à l'action contre le chômage adoptée par la Conférence internationale du Travail dans

·sa session de 1922. Le second paragraphe de cette résolution était -ainsi conçu :

2. La Conférence décide que le Bureau international du Travail ·devra poursuivre activement ses travaux de. documentation et de ·coordination internationales relatifs au chômage, conformément aux décisions antérieures de la Conférence internationale du Travail ; que, notamment, l'enquête documentaire permanente poursuivie par .le Bureau devra porter sur les mouvements respectifs de la production et de la consommation des différentes catégories de marchandises.

A vrai dire la tâche ainsi assignée au Bureau international du Travail était d'une telle ampleur que, dans les. conditions présentes de la statistique des différents pays, elle dépassait les possibilités immédiates de réalisation. De grands progrès devraient être réalisés dans les relevés statistiques des différents pays pour permettre des comparaisons portant sur « les mouvements respectifs de la production et de la consommation *des différentes catégories de marchandises* ».

Peut-être n'est-il pas interdit d'espérer qu'en raison de l'intérêt grandissant porté à ces problèmes l'heure ne tardera pas à venir où une pareille tâche pourra être remplie. On peut citer à cet égard comme un·symptôme heureux et comme une promesse le projet qu'annonçait M. Raynaldy, ministre du Commerce et de l'Industrie, le 1ᵉʳ août 1924, dans le discours qu'il prononça à la séance d'inauguration du Comité Consultatif Supérieur du Commerce et de l'Industrie. C'est à propos du problème de la vie chère, indiquant comment, pour aboutir à une compression des prix, la France devrait améliorer ses méthodes commerciales, qu'il annonçait qu'il se proposait de créer, dans les cadres du Ministère du Commerce et de l'Industrie, un « Offifice du mouvement général de la production et de l'observation des prix ». Il s'exprimait sur ce point comme suit :

Le grand mal en effet dont souffre le commerce français, c'est l'insuffisance de sa documentation.

A une époque où les prix sont commandés, non pas par les cours pratiqués dans le pays même, mais par ceux pratiqués, soit dans le pays d'origine des marchandises, soit sur les places où sont établis les principaux marchés ou la meilleure organisation bancaire, le commerce ne peut prospérer ou se mettre à l'abri des aléas qui le déconcertant et souvent le ruinent que s'il est régulièrement et exactement renseigné.

De plus, cette insuffisance de la documentation permet toutes les spéculations et, bien souvent, le commerçant et le spéculateur, l'un et l'autre mieux avertis, pourraient mieux prévoir et surtout mieux juger et nous n'aurions pas à constater, pour seulement les déplorer, ces audacieux coups de bourse qui font la fortune de quelques-uns au détriment du plus grand nombre.

La documentation doit porter sur l'abondance des récoltes ou des approvisionnements des matières premières sur les prix pratiqués dans les pays d'origine, les quantités qui en sont exportées, les quantités importées, le cours des changes, les cours de la Bourse de Paris, ainsi que ceux des autres Bourses de commerce des autres grandes places commerciales. Pour servir de base à des prévisions utiles, ces données ne doivent pas être fournies à des intervalles

*loinlains, même s'ils sont réguliers ; c'est une documentation quoti-
dienne qui, autant que faire se peut, doit être établie.*

*Cette documentation existe certainement, mais elle est entre les
mains de quelques intéressés, par suite éparse et nullement concentrée ; la réunir et la tenir à jour me paraît être la charge du Ministère du Commerce.*

*Déjà l'Office national du Commerce extérieur est en mesure de
fournir certains de ces éléments ; mais il faut les compléter par les
renseignements qu'il n'est pas de son ressort de rechercher, les
grouper, les coordonner.*

*Ce sera l'œuvre de l'« Office du mouvement général de la pro-
duction et de l'observation des prix ».*

*Organisée au Ministère du Commerce par le Secrétariat général
du Comité consultatif supérieur du Commerce et de l'Industrie, la
documentation recueillie par l'Office sera mise à la disposition de
tous les intéressés, fera l'objet de publications aussi nombreuses et
fréquentes que possible et elle sera, enfin, pour le Comité consultatif, le guide le plus sûr pour les études qu'il lui sera demandées
d'entreprendre.*

*Ce résultat ne pourra être atteint que si, en cette matière, comme
dans toutes les autres, nous parvenons à grouper les producteurs,
les commerçants et les représentants de l'État, à resserrer les liens
entre le pouvoir et le monde des affaires, pour, dans une étroite
collaboration, poursuivre et réaliser l'œuvre de relèvement national...*

Nous insisterons d'une manière toute particulière sur la déclaration qui vise le caractère en quelque sorte « quotidien » de la
documentation dont il s'agit. C'est là un point essentiel. Ce n'est
que si les informations relatives aux mouvements de la production
aussi bien d'ailleurs qu'aux autres faits économiques visés, notamment aux prix, sont communiquées aux intéressés au fur et à
mesure des changements intervenus, qu'elles peuvent avoir pour
eux une valeur pratique. Pour des investigations scientifiques, des
informations rétrospectives présentent assurément un intérêt expli-
catif très grand mais si l'on veut, par la documentation statistique,
contribuer à orienter utilement le commerce et l'industrie, il faut
leur fournir des informations qui représentent exactement l'état
du moment et non des informations déjà dépassées par les vicis-
situdes souvent si rapides de la situation économique. Le jour où
vraiment de toutes parts, dans le monde, on aura compris l'importance et même la nécessité d'un tel effort, le jour où la Société des
Nations, entendra accomplir cette œuvre, l'Observatoire International de la production et des prix qu'il s'agira de créer devra
trouver une base d'information dans les observatoires nationaux
correspondants et ce seront des communications télégraphiques
émanant de tous les coins du globe qui, au jour le jour, concentrées
d'abord par les observatoires nationaux, ensuite par l'Observatoire
International, devront faire immédiatement — nous insistons sur
ce point « au jour le jour » — l'objet de communications télégraphiques à l'adresse de tous les pays. Ainsi, tenus au courant par
la presse générale ou par certains organes spéciaux, commerçants
et industriels, dans tous les pays, auront au fur et à mesure
connaissance des données visant tous les points essentiels qui
intéressent leur activité.

Mais, quelle qu'en soit l'importance primordiale, l'œuvre d'information, à elle seule, n'est point suffisante pour assurer dans le
monde un développement rationnel de la production et sa mise en

harmonie avec les besoins. Il faut aller plus loin. Il faut recourir résolument à des méthodes d'organisation et d'action à la mesure de la tâche à accomplir. A vrai dire, tout n'est point à créer dans cette direction. Il y a des précédents sur lesquels il est possible de s'appuyer et qui attestent que non seulement l'évolution qui conduit vers le but est déjà commencée, mais que les forces dont on peut attendre les transformations nécessaires sont déjà à l'œuvre ou du moins ont eu l'occasion de marquer leur efficacité.

Un premier fait peut être signalé, un fait de grande importance. A la demande de la Conférence internationale du Travail, le Bureau International du Travail et le Secrétariat général de la Société des Nations ont été associés pour une étude des crises périodiques orientées dans un but pratique : la détermination des mesures qui seraient susceptibles de prévenir leur renouvellement. C'est là, assurément, un signe des temps nouveaux. Il faut qu'aient été créés des organismes internationaux ayant dans leur rayon d'action les problèmes qui intéressent le monde pour qu'ait pu être formé, raisonnablement, le dessein de s'attaquer un jour, pratiquement, à ces grandes crises dans lesquelles on avait autrefois accoutumé de voir comme des catastrophes déchaînées par la puissance incoercible des éléments. Maintenant, on pensait tout au moins qu'il n'était pas impossible, qu'il n'était pas à priori absurde d'imaginer des mesures susceptibles de prévenir ou tout au moins d'atténuer les crises.

Nous nous bornerons, pour l'instant, à cette constatation, puisque aussi bien pour le moment les travaux de la Commission mixte sont simplement en cours. Mais celle seule constatation a déjà une haute signification.

Il convient d'ajouter que les mêmes circonstances qui ont posé le problème devant l'Organisation internationale du Travail et devant la Société des Nations — nous voulons parler de la terrible crise économique survenue en 1920 — ont suscité dans les milieux les plus divers des efforts d'investigation, des suggestions, des initiatives. Dans les milieux autorisés, deux grandes mesures ont été conçues et préconisées comme susceptibles d'apporter tout au moins un correctif efficace aux trop fortes ondulations de la vie économique et de prévenir aussi bien les mouvements de surexcitation fiévreuse des affaires que les déclanchements violents de crise.

L'une de ces mesures consiste dans l'établissement méthodique de programmes de travaux publics correspondant à une période d'un certain nombre d'années, l'exécution même des différents travaux, sous réserve de la prise en considération de nécessités d'ordre général, étant mise en connexion avec les tendances générales de la vie économique. C'est ainsi que pendant les périodes d'essor on réduirait au minimum les travaux publics pour ne pas mettre leurs exigences en concurrence avec celles de l'industrie privée et pour ne pas créer, par là même, une exagération de la demande de matières premières, de matériaux divers et de main-d'œuvre, et une hausse correspondante des prix. Inversement, lorsque se ferait jour dans l'économie privée un tendance au fléchissement des affaires, tendances immédiatement manifestée par le mouvement de baisse des prix et par l'augmentation du chômage, on aborderait aussitôt de larges tranches du programme des travaux publics provoquant par là même de nouvelles demandes de matières premières et de main d'œuvre, dmandes qui, par leur répercussion directe ou indirecte sur les différentes branches de la production ne pourraient manquer d'exercer une action en sens inverse de la tendance que l'on voulait combattre, c'est-à-dire une action stimulante, une action de relèvement économique, de redressement général de la production, de l'emploi et des prix.

Il va de soi que la pratique d'un tel système suppose l'assouplissement des méthodes budgétaires et leur adaptation aux nécessités d'une politique de compression ou d'expansion des dépenses publiques ; des réserves, des fonds spéciaux doivent être créés où se déversent les recettes régulières du budget et où l'on vient puiser au gré des besoins.

Aux Etats-Unis, en 1921, la Conférence nationale du chômage, réunie sur l'initiative du président Harding, se prononçait nettement pour cette méthode (1). La Conférence économique internationale de Gênes, en avril 1922, donnait également son adhésion à ce système, recommandant «...c) la répartition méthodique des commandes et des travaux publics, dans la mesure compatible avec l'intérêt général, selon les périodes de chômage et selon les professions et les régions affectées ». De même, le Comité directeur de l'Association Internationale pour la lutte contre le chômage, réuni à Prague le 30 septembre et le 1er octobre 1924, inscrivit au nombre des mesures à recommander pour prévenir les crises de chômage les dispositions suivantes : «... 5° Arrêter le plus longtemps possible à l'avance les programmes de travaux publics de manière à pouvoir intensifier leur exécution aux époques de dépression économique et assouplir les règles budgétaires relatives à ces travaux de façon à pouvoir réserver pour les années de dépression les crédits nécessaires. »

Signalons enfin qu'au Congrès International de politique sociale, tenu à Prague à la même époque, le directeur de l'Union Internationale des villes, M. Emile Vinck, intervint dans le débat relatif à l'action contre le chômage pour caractériser l'effort que l'on pourrait attendre en ce sens des administrations communales des différents pays. Son exposé, nourri de précisions saisissantes, évoquait l'ampleur de l'action que les communes guidées par leurs unions nationales et par l'union internationale, pourrait exercer ainsi dans le sens de la régularisation des fonctions économiques.

Mais, et c'est là le point sur lequel il convient d'insister, nous ne nous trouvons point seulement à cet égard en face des vœux d'assemblées et de desiderata de personnalités même hautement qualifiées, on est entré de différents côtés dans la voie des réalisations: des initiatives de cette nature ont été prises aux Etats-Unis, dans la Californie et au Wisconsin et même le Gouvernement central luimême s'est, à un moment donné, inspiré de cette méthode. Ainsi que nous le lisons dans l' « American Labor Legislation Review ».

En 1923, c'est le Gouvernement fédéral qui a pris les mesures permettant d'aboutir aux résultats pratiques les plus importants. À la suite d'une lettre adressée par M. Hoover, secrétaire du Commerce, au Président Harding, en vue de l'informer qu'une pénurie de maind'œuvre sévissait dans l'industrie du bâtiment, on différa tous les travaux fédéraux dont l'exécution n'était pas urgente. Cette décision permit au gouvernement d'éviter des travaux de construction coû-

---

(1) Voir sur ce point le texte des recommandations adoptées, dans la « Revue Internationale du Travail », mars 1922, pp. 307 et 308.

teux, ce dont chaque citoyen bénéficia, le gouvernement fédéral ne lui faisant plus concurrence sur le marché de la main-d'œuvre et des matériaux. Une quantité importante de travaux publics pourront être exécutés lorsque viendra une année de dépression industrielle (1).

La seconde mesure a trait au contrôle social du crédit. L'étude des faits relatifs aux crises a conduit un grand nombre d'auteurs dans tous les pays, et plus particulièrement aux Etats-Unis et en Angleterre, à cette pensée qu'il serait possible d'exercer une action sur les mouvements du cycle industriel, de freiner le développement excessif des affaires pendant certaines périodes et de prévenir la prostration consécutive par des interventions systématiques dans le domaine de l'octroi des crédits. Lorsque les indices caractéristiques de la marche des affaires dénoteraient une accélération pathologique, notamment lorsque les chiffres relatifs à l'emploi des travailleurs, rapprochés de ceux qui concernent le mouvement des prix, permettraient de se rendre compte que l'on ne se trouve plus en présence d'un développement organique normal de la production et des échanges, mais d'une activité fébrile de caractère spéculatif, un resserrement du crédit devrait intervenir, tant par la hausse du taux de l'intérêt que par d'autres mesures, pour arrêter, pour le moment, toute nouvelle extension des affaires et pour calmer les mouvements excessifs de la production et des prix.

Cette politique bancaire, dont, aux Etats-Unis, les dirigeants des banques de réserve fédérales avaient eu l'idée et conçu le dessein dès 1919, mais qu'ils ne purent pratiquer en temps opportun en face du boom de 1919-1920 pour des raisons d'ordre politique, a pu être pratiquée, au cours d'une période ultérieure, et il semble que ce soit avec succès. Nous empruntons sur ce point, au rapport présenté au Congrès international de politique sociale de Prague, par M. Ernest Mahaim, professeur d'Economie politique à l'Université de Liège, délégué du gouvernement belge au Conseil d'administration du Bureau international du Travail, les renseignements suivants :

Au début de 1923, les prix s'élevaient, un nouveau « boom » s'annonçait. C'est à ce moment, comme nous l'avons dit plus haut, que M. Hoover fit restreindre les entreprises de construction du Gouvernement fédéral ; mais une autre mesure plus importante encore prise au même moment, fut la restriction du crédit qui avait, au contraire, été élargie quelque temps auparavant, pour remédier à la dépression de 1921. D'une part, le taux de réescompte des banques de réserve fédérales fut porté, en février 1923, de 4 à 4 1/2 %, d'autre part, les banques de réserve procédèrent à la vente de valeurs industrielles détenues dans leurs portefeuilles. Après ces mesures l'inflation fut effectivement arrêtée. Mais, voici qu'en 1924, s'annonce une nouvelle dépression. Les prix baissant, l'indice, qui était à 151, en janvier, est de 145 en juin ; parallèlement, le chômage recommence à se faire sentir. L'indice de l'emploi, de 97 en février, tombe à moins de 90 en juin, et alors, de même que nous avons vu restreindre le crédit en 1923, à un moment où les affaires semblaient vouloir s'emballer, à la suite d'une hausse des prix, nous voyons maintenant la banque de réserve fédérale de New-York abaisser son taux de réescompte à 4 % le 29 avril, à 3 1/2 % le 12 juin, et même à 3 % le 8 août 1924. Les instruments de crédit, qui sont, comme la monnaie, des moyens

---

(1) « The American Legislation Review », juin 1924, p. 157.

*de paiement, devenant plus abondants puisque moins coûteux, la
baisse des prix doit se trouver enrayée et en même temps qu'elle,
l'inquiétude économique, génératrice de chômage* (1).

Au sujet de cette méthode d'un si haut intérêt, M. Ernest Mahaim
présente encore les observations suivantes :

*Ce qu'il y a de profondément nouveau dans cette politique finan-
cière de l'Amérique, c'est qu'autrefois les variations du taux de
l'escompte dépendaient essentiellement de l'état des réserves d'or
possédées par les banques d'émission et de la relation existant entre
ces réserves et la circulation fiduciaire. Les vannes du crédit s'ou-
vraient ou se fermaient suivant des circonstances d'ordre financier
et l'industrie en subissait des contre-coups désastreux. Aujourd'hui,
au contraire, aux États-Unis, le crédit est réglé par les banques centrales en tenant compte essentiellement, semble-t-il, du mouvement
des prix et de la situation générale de l'industrie. Dans l'ordre
économique et financier, c'est une vraie révolution. Il peut en résulter rien moins que la fin des crises économiques périodiques, c'est-
à-dire la disparition d'une des causes principales du chômage sous
sa forme la plus néfaste* (2).

On voit quels sont les espoirs qu'ont pu faire naître la conception
et l'emploi d'une telle méthode.

A vrai dire, pour obtenir toute son efficacité, il est clair, les crises
économiques étant le plus souvent internationales, qu'elle doit être
appliquée non pas seulement dans un seul pays mais dans tous ou
tout au moins dans tous ceux qui jouent un rôle déterminant dans
l'économie mondiale. Aussi bien, les partisans du système n'ont-ils
pas manqué d'appeler l'attention sur cette conséquence et M.
Mahaim, dans le rapport cité, fait une proposition positive dans ce
sens. Il demande d'ailleurs que l'entente n'intervienne pas uniquement entre les banques mais entre les États et que ceux-ci veillent à
son exécution (3).

Certes, une telle revendication atteste bien l'ampleur des mesures
que commande, à notre époque, la structure mondiale de l'économie,
mais cette exigence ne constitue point un obstacle, du moins un
obstacle insurmontable. On peut citer à cet égard un précédent d'un
haut intérêt ; c'est celui de la Conférence internationale de Gênes,
dans la question des monnaies. Il apparut que la reconstruction
économique de l'Europe nécessitait la restauration monétaire des
différents pays et l'on en vint à cette conclusion qu'une restauration
monétaire présupposait le retour à l'étalon or. La Conférence for-
mula donc une recommandation en ce sens. Mais on se représenta
les inconvénients qui pourraient résulter d'une compétition d'un
grand nombre d'États pour se procurer les stocks d'or destinés à
gager leur monnaie de papier. Cette compétition ne pourrait manquer d'entraîner une forte hausse du métal, autrement dit une forte
baisse des prix, aboutissant immédiatement à une crise économique
et par là même à une crise de chômage. Pour prévenir une telle
éventualité, on conçut l'idée d'une convention internationale des
banques, dont l'objet, ce sont les termes mêmes de la résolution :
« serait de centraliser et de coordonner les demandes d'or, et

---

(1) Loc. cit., p. 20.
(2) Loc. cit., p. 21.
(3) Loc. cit., p. 20.

d'éviter ainsi, dans le pouvoir d'achat de ce métal, les amples variations que, sans ces précautions, pourraient provoquer les efforts simultanés et concurrents qui seraient faits par plusieurs pays pour se procurer des réserves métalliques ». En vue de l'établissement d'une telle convention, on prévoyait la réunion d'une conférence internationale des banques centrales des différents pays, conférence à laquelle il serait essentiel que les Etats-Unis fussent représentés.

Mais la Conférence de Gênes allait plus loin encore et prévoyait la collaboration continue entre les banques centrales des différents pays. Il faut citer le texte même de la disposition relative à ce point :

Les mesures d'assainissement monétaire seront facilitées si l'on parvient à développer la pratique d'une coopération constante entre les banques centrales d'émission ou les banques chargées du contrôle de la politique suivie en matière de crédit dans les divers pays. Une telle coopération des banques centrales, qui ne serait pas nécessairement limitée à l'Europe, donnerait la possibilité de coordonner la politique suivie en matière de crédit sans entraver la liberté d'aucune banque. Il est suggéré qu'une réunion des représentants des banques centrales ait lieu à une date prochaine afin d'examiner les moyens les plus convenables pour donner effet à la présente recommandation.

En vertu de la résolution adoptée, la Conférence émettait « le vœu que la Banque d'Angleterre soit invitée à convoquer une réunion des dites banques, aussitôt que possible, afin qu'elles examinent les propositions adoptées par la Conférence et fassent des recommandations à leur gouvernement respectif en vue d'adopter une convention monétaire internationale ». Cette Conférence n'a point, jusqu'ici, été convoquée, pour des motifs en connexion sans doute avec certains événements de la politique internationale, mais le programme établi subsiste et il atteste l'étendue des mesures qu'il est permis d'attendre d'une collaboration internationale en une telle matière. Ajoutons qu'il est permis de voir un premier pas dans cette direction dans les négociations qui ont eu lieu récemment entre la Banque d'Angleterre et la Banque de réserve fédérale de New-York, négociations tendant, d'après les communications faites par les journaux, au maintien de la livre sterling au pair du dollar aussitôt que l'écart qui sépare actuellement les deux monnaies aurait été définitivement effacé et à l'adoption d'une politique commune des deux pays en matière de taux de l'escompte. Mais si toutes ces initiatives et toutes ces mesures ouvrent de larges horizons dans le sens d'une défense constante de la collectivité contre les perturbations résultant du déchaînement aveugle des forces économiques, nous ne saurions y voir ni la promesse de l'élimination des fluctuations cycliques dans le déroulement de la vie économique, ni celle d'une régularisation suffisamment profonde et organique du développement des économies nationales et de l'économie mondiale pour qu'il soit permis d'en attendre la disparition des causes d'antagonisme et de conflit. Nous devons saluer de telles méthodes qui sont novatrices et hardies et préparent les voies à un contrôle collectif et à une organisation de la vie économique des nations et du monde. Mais pour parvenir au but il est indispensable de s'engager plus avant dans les voies ouvertes, il est indispensable aussi de faire appel à d'autres éléments, à d'autres efforts, à d'autres principes d'organisation.

Si nous considérons en premier lieu l'action régularisatrice d'une politique de travaux publics conçue d'après le système exposé — que nous pourrions appeler un « système de bascule » — il est clair que l'on ne saurait y voir qu'un palliatif. On prend comme un fait donné et en quelque sorte comme un principe les fluctuations de la vie économique telles qu'elles résultent du déroulement spontané des forces de l'économie privée et l'on se borne à opposer, au fur et à mesure, aux évolutions ascendantes le contre-poids d'une raréfaction des travaux publics, et aux mouvements de dépression le stimulant de la mise en train de nouveaux travaux publics ou de l'extension des travaux publics existants ; aux ondulations d'une courbe, on oppose les ondulations en sens inverse d'une autre courbe. Or, tout en reconnaissant le haut intérêt d'une telle politique des travaux publics en face des mouvements en sens inverse dont offre le spectacle l'économie privée, on ne peut s'empêcher de se demander s'il ne serait pas possible de régulariser directement et préalablement l'économie privée et d'appuyer le mouvement continu et régulier d'expansion de cette économie par un mouvement également continu et régulier de développement des travaux publics. Dès le moment que l'on renonce à la politique du laisser faire et que l'on pratique l'intervention, il est naturel de rechercher si l'intervention ne pourrait pas être plus radicale, si elle ne pourrait pas davantage aller à la source du mal et, au lieu d'opposer toujours des correctifs à des mouvements désordonnés, faire en sorte de régler à priori le mouvement. Aussi bien, l'étude des crises périodiques, et plus généralement l'étude du cycle industriel, a-t-elle bien mis en lumière un facteur qui joue assurément dans ce domaine un rôle essentiel, nous voulons parler des fortes oscillations dans la production des moyens de production et tout particulièrement de l'outillage sous ses formes les plus diverses : construction de navires, matériel de chemins de fer, construction et agrandissement des réseaux, construction d'usines, d'engins mécaniques, etc., bref, l'ensemble de ces industries que Walther Bagehot a appelées les « industries instrumentales » (instrumental trades). Ce sont les fluctuations dans ce domaine qui, se répercutant de proche en proche dans les autres branches, aboutissent tantôt à une intensification générale du mouvement de la production et des affaires, tantôt, au contraire, à un ralentissement général, à la dépression à la crise.

Ne serait-il pas possible de concevoir un effort systématique pour introduire dans ce domaine des méthodes de développement régulier et constant. S'il en était ainsi, il ne serait plus nécessaire de faire intervenir les travaux publics des communes aussi bien que des Etats comme un élément de compensation mais, au contraire, nous l'avons dit, on pourrait demander qu'un effort systématique soit fait pour donner aux travaux publics et à toutes les activités qui relèvent directement ou indirectement des collectivités publiques une régularité et une continuité de développement qui réagirait de la façon la plus heureuse et dans le même sens sur l'allure de l'économie privée, que l'on s'efforcerait de régulariser par ailleurs en agissant directement sur elle-même.

On peut se représenter quelle serait l'action sur les industries productrices de matières premières : minerais de fer, fonte, fer, rails, et sur les industries mécaniques, d'une politique nationale d'extension des réseaux de chemins de fer et de tramways, d'entretien et de renouvellement des voies, d'entretien, de renouvellement et d'extension du matériel de transport qui, tenant compte des besoins qui se font jour au cours d'une période suffisamment longue, par exemple au cours d'une période d'une dizaine d'années aurait pour principe un développement organique d'après des pourcentages rigoureusement établis. On peut se représenter de même l'action qu'aurait le développement organique, conçu selon les mêmes méthodes, non seulement de l'ensemble des travaux proprement édilitaires des villes, mais encore des mouvements de la construction, les villes ne se bornant plus à établir des plans théoriques d'extension comme des virtualités abandonnées à la libre initiative de l'esprit d'entreprise ou de spéculation, mais doublant ces plans de programmes effectifs de construction et s'inspirant, dans leur octroi d'autorisations de bâtir, du principe que le mouvement global de la construction doit se poursuivre avec régularité au cours des années. Appliquée avec rigueur sur tout le champ des possibilités d'action des collectivités publiques, une telle méthode aurait pour effet de régulariser par contre-coup une fraction considérable de la demande des matières premières, des instruments réclamés par ces travaux et de la main-d'œuvre correspondante, régularisation qui, à son tour, exercerait une action bienfaisante de proche en proche à tous les degrés des processus de production correspondants.

Voilà donc l'action que l'on pourrait attendre d'une nouvelle politique des travaux publics, basée sur le principe de la continuité et de la régularité dans le développement, mais une telle politique ne saurait être considérée comme suffisante à elle seule pour prévenir au but quelle qu'efficace que doive être son action, elle ne pourrait être conçue que comme appuyant un effort correspondant s'adressant directement à l'économie privée elle-même et plus spécialement aux « industries instrumentales » de l'économie privée.

Assurément et nous ne perdons pas de vue cette considération essentielle, c'est ici qu'intervient la politique en matière de crédit dont nous avons parlé en second lieu. Les restrictions et extensions de crédit sont précisément conçues comme un moyen de prévenir les extensions excessives des entreprises aussi bien que d'empêcher une régression exagérée du mouvement de production. Mais nous croyons devoir faire observer que la méthode dont il s'agit apparaît comme insuffisante à un double point de vue. D'abord elle n'agit que sous la forme d'une succession de correctifs. Les mouvements de la production ne sont pas régularisés « à priori », conformément à un plan préalablement établi ; ils sont redressés au fur et à mesure des déviations constatées. Lorsqu'on constate une accélération excessive, on freine, lorsqu'il y a ralentissement, essoufflement, tendance à l'arrêt, on accroît la pression, on accélère. Sans doute l'application systématique de ces corrections successives constitue un immense progrès. Mais il est impossible de ne pas évoquer, en face de ce perpétuel travail de remise au point empirique, l'idée de l'établissement préalable d'un plan de production.

Mais ce système appelle une autre objection plus grave encore. La méthode suivie consiste, nous le rappelons, en des compressions et des extensions de crédit. Le volume des capitaux mis à la disposition de l'industrie diminue ou augmente, mais il s'agit là d'un fait en quelque sorte mécanique. C'est la production tout entière qui se trouve, tour à tour, affectée, en sens inverse, par l'afflux ou par l'évasion des crédits. Si la répartition des capitaux entre toutes les branches de la production s'effectuait normalement et nécessairement d'une façon véritablement proportionnelle **et** harmonieuse, l'action aveugle de la dilatation et de la contraction des crédits s'exercerait pour l'avantage général de l'économie. Mais en fait, non seulement la répartition des capitaux entre les différentes branches n'a pas ce caractère proportionné et harmonieux, mais encore, ainsi que le reconnaissent la plupart des théoriciens qui se sont consacrés à l'étude des crises économiques, c'est ce manque même de proportion et d'harmonie qui est à l'origine même des crises. Par suite du manque de correspondance dans le développement des différentes branches, certaines d'entre elles aboutissent à une production disproportionnée à celle des autres, production qui se trouve surabondante par le fait même du manque de proportion avec les autres, — et dont la surabondance entraîne la crise des prix qui, par la diminution du pouvoir d'achat des producteurs de ces branches, aboutit à la diminution de la capacité de vente des producteurs des autres, et ainsi de répercussion en répercussion, à la généralisation de la crise.

Il résulte de cet état et de cette connexion des faits que ce n'est pas un mouvement général et uniforme d'extension ou de restriction des crédits que réclame une action incisive et en quelque sorte spécifique contre les crises, mais un proportionnement méthodique et motivé des crédits aux besoins effectifs des différentes branches, et tout particulièrement de celles qui sont au cœur de l'économie, et dont l'action régulatrice est établie, les industries travaillant à la production des moyens de production, c'est-à-dire — nous répétons le mot, qui est expressif — des « industries instrumentales ».

Sans doute le problème ainsi entendu est autrement complexe. Il ne s'agit plus uniquement de faire varier le taux de l'escompte ou même, si cela ne suffit [pas], le volume des crédits, en fonction de l'index général des prix de [gr]os et de l'index de l'emploi des travailleurs. Le problème à rés[ou]dre n'est plus uniquement un problème d'arithmétique ou d'a[lg]èbre, c'est un grand, c'est un grave problème d'économie. Sa [so]lution suppose la connaissance du milieu économique donné [et l']adoption d'une politique bancaire de crédit basée sur les beso[in]s effectifs des différentes branches directement connus. Si bien [q]ue nous nous trouvons, de proche en proche, transportés en face [d]u grand problème du financement de la production, c'est-à-dire de la mise à la disposition des besoins généraux de la production des disponibilités de capitaux provenant de l'épargne (nous prenons ce mot en son sens le plus large, entendant par là, aussi bien les prélèvements effectués sur leurs revenus par de très grands capitalistes en vue de nouveaux placements que les plus modestes économies du paysan, de l'artisan ou de l'ouvrier).

Selon quels principes s'effectue aujourd'hui l'acheminement de l'épargne vers les placements productifs? On peut le dire d'une manière générale : d'après les intérêts propres des banques ellesmêmes, parfois d'après les intérêts de certaines entreprises ou de certaines industries dans lesquelles elles ont des participations, jamais d'après les intérêts économiques généraux de la nation et moins encore d'après les intérêts économiques généraux du monde. C'est donc assurément concevoir une grande innovation qui ne saurait être réalisée que par l'entrée en jeu de grandes forces, que de se représenter dans l'avenir une canalisation de l'épargne vers les besoins effectifs de la production dans les différents pays et dans le monde au gré et dans la mesure même de ces besoins.

Nous pouvons toutefois, à cet égard comme à d'autres, nous référer à certaines expériences coopératives d'une grande valeur. On connaît par exemple les banques coopératives agricoles du type Raiffeisen qui font servir les épargnes paysannes agglomérées à des acquisitions d'outillage utile au développement de la production des paysans. Mais nous pouvons citer aussi la Banque des Coopératives de France. Elle recueille les épargnes des sociétés adhérentes et des coopérateurs individuels; elle connaît, d'autre part, par son conseil d'administration, qui est le même que celui du Magasin de Gros, les besoins d'agrandissement ou d'installation des sociétés coopératives de consommation groupées derrière le Magasin de Gros. Elle est ainsi à même de savoir à la fois dans quelle mesure les épargnes réalisées permettent une extension de l'équipement coopératif et dans quelles directions, c'est-à-dire dans quelles entreprises, il y a un plus grand intérêt à réaliser ces extensions. Par ses contacts avec le monde des coopératives agricoles, elle connaît aussi les besoins qui se font jour dans ce domaine et elle est en mesure d'établir ainsi un plan rationnel d'utilisation des épargnes; après examen attentif de tous les éléments fournis elle accorde des crédits ou donne son adhésion à telles ou telles entreprises et ainsi le mouvement de la production coopérative se développe en harmonie à la fois avec les besoins de la consommation connus par le mouvement des affaires des sociétés et du Magasin de Gros, et avec le mouvement des épargnes connu par les dépôts faits à la Banque coopérative.

C'est là un exemple du plus haut intérêt et qui permet de se représenter comment, sur une échelle plus large, pourraient être méthodiquement établis des programmes d'extension productive sur la base des épargnes réalisées, en même temps que sur celle des besoins généraux. C'est sous ce jour que se pose dans toute son ampleur le problème de l'organisation de l'économie dans le cadre de la nation, et, au-delà, le problème de l'organisation de l'économie dans le monde; c'est sous ce jour qu'il est possible de concevoir, dans chaque pays et dans le monde, un développement régulier et continu de l'économie, soustrait aux interruptions périodiques des crises, et par là même un développement harmonieux, solidaire et pacifique économiques de tous les pays.

Aussi bien devons-nous insister en premier lieu sur l'exceptionnelle valeur des institutions coopératives comme instruments d'organisation de l'économie, de conciliation des intérêts à l'intérieur d'un même pays et de conciliation des intérêts des différents pays. Les expériences faites au cours des années récentes, en raison du développement des différentes formes de la coopération dans chaque pays, et en raison aussi des progrès généraux de la coopération dans les différents pays, présentent le plus haut intérêt. Les coopératives de consommation s'étaient dans les milieux ouvriers développés dans les villes ; d'autre part, dans les campagnes, les paysans avaient développé leurs coopératives agricoles, et voici que les organisations régionales et même les organisations nationales de ces deux catégories de coopératives entraient maintenant en contact et réalisaient l'acheminement régulier du produit issu du travail du paysan jusqu'au foyer du consommateur des villes. Pour assurer certaines opérations commerciales et certains travaux de transformation intéressant à la fois les producteurs paysans et les consommateurs urbains, coopérateurs les uns et les autres, on a conçu en France la création de sociétés coopératives mixtes réunissant les deux éléments, dont le statut légal fait à cette heure l'objet d'une proposition de loi déposée par M. Eugène Chanal, sénateur, et en faveur de laquelle la Commission de l'Agriculture du Sénat a déjà émis un avis favorable (1).

D'autre part, par l'intermédiaire des magasins de gros des différents pays, des contacts réguliers ont été établis entre producteurs et consommateurs des uns et des autres. Ici encore, dans certains cas, on a vu se constituer des sociétés mixtes, représentant les producteurs d'un pays et les consommateurs d'un autre, et assurant leurs relations directes au mieux de leurs intérêts respectifs. Citons particulièrement à cet égard la société mixte établie entre le Magasin de gros anglais et la Fédération coopérative de vente des fermiers de Nouvelle-Zélande.

Il est superflu d'insister sur la solidarité qui s'établit sur la base de tels échanges, aussi bien que sur la sécurité économique fournie aux producteurs par l'importance des débouchés qu'ils trouvent dans d'autres pays auprès des consommateurs associés parfois par millions fournissant les éléments d'une organisation de la demande faisant vis-à-vis à l'organisation coopérative de l'offre.

Si l'on faisait l'hypothèse d'un développement en quelque sorte illimité de la production et de la consommation coopératives et de la mise en contact directe, dans un même pays et dans les différents pays, des producteurs et des consommateurs associés, si l'on faisait intervenir par surcroît, pour assurer le développement continu de la production en vue des besoins préalablement connus de la consommation, l'utilisation méthodique de la totalité des épargnes selon la formule de répartition rationnelle signalée plus haut, on peut bien dire que l'on se trouverait en face d'un régime dans lequel les facteurs des antagonismes entre producteurs et consommateurs et les facteurs des antagonismes entre pays auraient été éliminés, pour faire place à la solidarité. Mais il y a loin entre le développement présent des forces coopératives, quelque considérables que soient les progrès déjà réalisés, et la possibilité de l'organisation générale d'un tel régime. Si donc l'évocation d'un tel idéal est bien de nature à stimuler toutes les énergies coopératives et à nous donner des raisons nouvelles d'intensifier au maximum notre effort de propagande et d'organisation, c'est en nous appuyant sur les réalités données de l'économie générale de notre époque que nous devrons chercher en quel sens il faudrait faire effort pour orienter systématiquement cette économie vers l'organisation et vers la paix.

Or, pour la tâche qui s'impose et qui consiste dans un développement harmonieux de la production des différentes branches et dans l'adaptation de cette production aux besoins, il est, dans l'économie présente, à côté de la coopération et aussi à côté des services économiques publics déjà constitués, une grande force sur laquelle il nous est possible de nous appuyer, en nous proposant à vrai dire

(1) Voir sur ce point le projet présenté au Congrès de la Fédération Nationale des Coopératives de Consommation, tenu à Strasbourg, du 24 au 26 septembre 1920 par le D' Fauquet (Compte rendu du Congrès, pages 183 et 184). Voir également un rapport sur les relations entre coopératives de production agricole et coopératives de consommation, présenté au XI° Congrès National de la Mutualité et de la Coopération agricoles, qui s'est tenu à Bourg, du 28 juin au 1" juillet 1923, par M. Chanal, sénateur de l'Ain, et le rapport fait au nom de la Commission d'agriculture chargée d'examiner la proposition de loi de M. Eugène Chanal, tendant à faciliter la création d'unions de coopératives agricoles et de coopératives de consommation, en vue de l'abaissement du coût de la vie, par M. Chauveau, sénateur.

d'agir sur elle pour l'orienter nettement vers les fins d'intérêt commun, national et international, qui sont les nôtres. Cette force, c'est l'organisation syndicale des industries, ce sont les ententes industrielles de toute nature, nationales et internationales.

On sait quelle était l'importance qu'avaient prises ces organisations dans les différents pays avant la guerre; en ce qui concerne le développement des ententes industrielles internationales en 1914, nous rappelons l'indication suivante, fournie par M. Max Hoschiller dans un article sur *Le Problème des accords économiques franco-allemands*, paru dans le *Temps* du 16 février 1924 : « Un immense réseau de cartels internationaux couvrait l'Europe et les mers. Nous en avons compté seize dans l'industrie des transports maritimes, dix-neuf dans l'industrie métallurgique et minière, treize dans l'industrie chimique, dix dans l'industrie textile et une quinzaine dans d'autres branches industrielles ».

Pour la solution du problème que nous avons posé, les ententes industrielles nationales ou internationales ne sont certes point un élément suffisant, mais elles constituent un élément indispensable sur lequel nous devons appeler l'attention en premier lieu. Nous citerons à propos d'un type d'organisation industrielle très répandu en France, les Comptoirs, les lignes suivantes de M. Robert Pinot :

Tout le monde connaît l'utilité de ces Comptoirs. Pour les usines, le Comptoir crée l'unification des types et contribue ainsi à faire baisser sensiblement les prix de revient, la même usine pouvant fabriquer le même produit en plus grande quantité.

Pour les clients, le Comptoir présente l'avantage inestimable de tendre à la stabilisation des prix, dans le sens de la baisse, par la suppression des frais inutiles, spécialement en réduisant les frais de transport, en faisant servir chaque client par l'usine la plus rapprochée.

Pour les ouvriers, les Comptoirs ont eu un effet inappréciable, par le rôle de régulateur qu'ils ont dans l'industrie; ils ont largement contribué à faire disparaître les crises de chômage, ces grandes crises qui, avant leur création, désolaient périodiquement nos industries (1).

Dans l'ouvrage que nous citons, M. Pinot, indique comment engagée dans les voies de l'organisation, la métallurgie française — aussi bien, d'ailleurs, que la métallurgie de différents autres pays, notamment l'Allemagne, — a été conduite à la création de services communs d'exportation et comment, d'autre part, ces nouveaux rouages ont été un acheminement à des accords internationaux. Nous citons ses propres paroles :

Certains se sont demandé pourquoi notre métallurgie avait ainsi créé des Comptoirs d'Exportation au lieu de réserver la totalité de sa production pour la consommation intérieure, et lui ont reproché d'avoir, dans certaines circonstances, vendu moins cher à l'extérieur qu'à l'intérieur du territoire.

Si la métallurgie française a créé des comptoirs d'exportation, elle l'a fait en vue de constituer des organismes régulateurs de la production. La consommation intérieure variait sensiblement d'une année à l'autre; si donc on voulait maintenir la production pendant

---

(1) Robert PINOT : « Le Comité des Forges de France au service de la nation », (août 1914-novembre 1918), p. 11.

une période où la consommation diminuait, il fallait forcément expédier au dehors l'excédent de production. Sans cette précaution, on aurait été obligé d'arrêter un certain nombre d'appareils et de licencier des ouvriers.

Avec la possibilité de vendre à l'étranger l'excédent de leur production, les usines pouvaient, au contraire, maintenir cette production à un niveau à peu près régulier, d'où, pour la main-d'œuvre, une garantie de sécurité.

Encore fallait-il, pour que cette exportation fût possible, qu'elle fût régulièrement organisée et que les produits français fussent offerts sur les marchés étrangers à des prix de concurrence mondiale. C'est pourquoi les usines qui n'exportaient que pour maintenir leur production à un taux sensiblement constant, acceptaient de faire un sacrifice au point de vue de leur prix de vente, et consentaient quelquefois à vendre à l'exportation à leur prix de revient.

En ce qui concerne les rails, cette préoccupation constante d'assurer un exutoire à notre production pour les années où la consommation française était faible, avait conduit les Comptoirs d'Exportation des Produits Métallurgiques à participer à l'Entente Internationale qui avait été créée en 1904 entre les Anglais, les Allemands et les Belges. Les membres de l'Entente avaient été amenés à se répartir les différents marchés d'exportation pour mettre fin à une concurrence déraisonnable qui était nuisible à tout le monde.

L'intérêt des Français à faire partie de ce Comptoir était évident; ils maintenaient leurs usines en activité et faisaient connaître les produits français à l'extérieur. C'était là le seul avantage, car les prix de vente des rails étaient extrêmement bas et quelques-uns ont entraîné des pertes certaines pour les usines productrices; les plus favorables ont été à peine rémunérateurs.

La participation française était initialement très faible (moins de 5 pour 100); grâce à nos efforts, elle avait été élevée à 9 pour 100) (1).

On peut se rendre compte, par les indications mêmes que fournit M. Robert Pinot, des germes d'antagonismes internationaux que peuvent recéler certaines méthodes des cartels, notamment la pratique du **dumping.** Aussi bien, ne voudrions-nous pas laisser dans l'ombre, le fait qu'abandonnées aux seules initiatives des intérêts qu'elles groupent, les ententes industrielles comportent des dangers de différentes natures; mais il n'est point impossible de concilier les avantages positifs que présentent ces groupements et l'élimination des inconvénients auxquels ils peuvent donner lieu. Il suffit pour cela d'assurer la sauvegarde des intérêts généraux par l'organisation d'un contrôle. L'Etat, les industries consommatrices des produits de l'industrie syndiquée, les ouvriers de ces industries, sont les éléments dont le concours peut permettre d'assurer, de l'intérieur même, l'organisation d'un tel contrôle.

En fait nous voyons se dessiner une tendance en ce sens. C'est ainsi qu'une information récente annonçait qu'un mouvement très fort se faisait jour en Angleterre, dans le Lancashire, dans le sens d'une organisation générale de l'industrie cotonnière. Or, on signalait, en même temps, que l'organisation projetée était conçue sous la forme paritaire, l'élément ouvrier et syndicaliste étant appelé à y participer. Nous croyons devoir reproduire ici le texte même de ce très important document :

---

(1) Loc. cit., pp. 16-18.

*En déposant, cette semaine, devant la Commission de l'Industrie
et du Commerce (Committee on Industry and Trade), la Commission
extraordinaire de l'Industrie du Coton (Cotton Emergency Committee) a insisté sur la nécessité de soumettre toute l'industrie du coton
au contrôle d'un Conseil paritaire d'employeurs et d'ouvriers syndi-
qués, ayant qualité pour imposer une réglementation générale. Cette
proposition, dont le principe promoteur est M. Charles Macara, a
pour objet de développer le Conseil de contrôle du coton qui existait déjà pendant la guerre. La Commission extraordinaire ne représente certainement pas l'opinion unanime de l'industrie du coton du
Lancashire, mais elle est l'interprète d'un groupement important
d'employeurs et un groupement d'une importance croissante. On
s'est rendu compte qu'en l'absence d'une organisation collective,
l'industrie était trop à la merci des producteurs américains de coton
brut, d'une part, et de la Bourse du Coton de Liverpool, d'autre
part.*

*Prévoyant il y a quelque temps que l'industrie du coton était à la
veille d'une période de suractivité, le groupement américain de la
filature a prolongé la durée du travail. A la suite de cette mesure,
les prix sont immédiatement montés, et à l'heure actuelle, cette
industrie se voit dans l'obligation de soumettre à tous ses membres
une proposition tendant à réduire l'horaire de travail à quatre jour-
nées par semaine environ. L'industrie du coton a une tradition très
fortement individualiste et éprouve une aversion profonde à l'égard
de toute intervention étrangère, mais le fait que ses fournisseurs de
matières premières se sont coalisés l'oblige à modifier progressive-
ment son attitude et à envisager de vastes plans d'organisation collective. Elle réglemente déjà la production sur une base collective en fixant l'importance du chômage partiel et les propositions
de la Commission extraordinaire tendant à une organisation collective complète effectuée par l'industrie elle-même ne sont que l'aboutissement logique de ce qui se fait déjà actuellement. Tôt ou tard le
Lancashire se verra dans l'obligation d'adopter quelque méthode
analogue, et pour autant qu'il nous est possible d'émettre des prévisions à cet égard, moins il tardera à le faire, plus sera certaine la
reprise de notre industrie d'exportation la plus importante* (1).

Pour la France, dans le discours qu'il prononça à la séance
d'inauguration du Comité consultatif supérieur du commerce et de
l'industrie, M. Raynaldy, Ministre du Commerce et de l'Industrie,
exposant le programme de travail de la « Section de l'organisation
économique », préconisa un système d'offices nationaux préposés
à l'étude et à la solution pratique des problèmes de ravitaillement
concernant les différentes industries, ces offices reposant sur le
principe de la collaboration de l'Etat et des syndicats industriels
intéressés. Il cita un certain nombre d'exemples, dont quelques-
uns, il convient de souligner ce point, ne traduisaient pas de simples projets de création, mais correspondaient à des institutions
déjà existantes. L'existence de tels organismes présente un tel
intérêt pour un plan d'ensemble d'organisation de l'économie, que
nous croyons devoir, en ce cas encore, placer sous les yeux de nos
lecteurs le texte du document lui-même. M. Raynaldy s'est exprimé
en ces termes :

(1) « The New Statesmann », n° du 31 janvier 1925.

...Bien entendu, il ne peut être question d'une méthode uniforme pour chaque industrie, mais on pourrait concevoir, pour chaque industrie, la création d'un office des matières premières de cette industrie, ayant une personnalité propre, fonctionnant avec le concours des syndicats intéressés.

Permettez-moi de fixer ma pensée par quelques exemples.

Ne pensez-vous pas que pourrait être créé, avec le concours des Ministères de l'Agriculture et des Colonies, un « Office national des Bois et de la Cellulose *» qui serait alimenté par les subventions des industries intéressées?*

Les problèmes à étudier pour l'organisation de la production des matières premières des « Cuirs `et Pelleteries *» ont été esquissés dans le programme tracé pour la «* Commission Consultative des Cuirs et Pelleteries *».*

La réalisation de ce programme pourrait être confiée, tout au moins en ce qui concerne les cuirs, à un « Office national du Cuir et des Industries qui s'y rattachent *», que je concevrais sur un type analogue à celui de l'«* Office national des Bois et de la Cellulose *».*
Le fonctionnement de l'Office et le recrutement de ses adhérents seraient grandement facilités si on pouvait lui allouer, comme fonds de roulement, les sommes à provenir de la liquidation de « l'Association nationale d'encouragement *» — qui avait été chargée de la fabrication de la «* Chaussure nationale *». Ces fonds représentent 1.500.000 francs au minimum.*

La production des oléagineux est, avant tout, affaire coloniale. Il ne s'agit donc nullement d'empiéter à ce sujet sur les attributions du Ministère des Colonies, mais de réserver au Comité supérieur du Commerce un droit de regard sur les tentatives poursuivies pour alimenter une de nos plus puissantes industries métropolitaines. En réalité, ce droit de regard est exercé actuellement par la « Commission de liquidation des Consortiums *», qui fonctionne au Ministère du Commerce sous la présidence de M. Prevet et qui a alloué, sur les fonds provenant de la liquidation des consortiums de l'Huilerie et de la Savonnerie :*

d'une part, une somme de six millions et demi à l'A.O.F. pour la création de stations expérimentales;

d'autre part une somme de 1.800.000 fr. à l'« Institut technique des matières grasses *», fondé par la Chambre de Commerce de Marseille; et une somme de 400.000 francs à l'«* Institut colonial de Marseille *».*

Il ne serait pas malaisé de trouver une formule qui, sans dessaisir la Commission de liquidation des consortimus de ses prérogatives, assurerait une liaison étroite entre elles et la Section de l'Organisation économique.

Une situation analogue se présente pour l'« Industrie cotonnière *».*
La liquidation du consortium cotonnier a laissé disponible une somme d'environ 24 millions, dont une bonne part est actuellement engagée dans des entreprises de culture cotonnière en Afrique occidentale, en Algérie, etc. De nouveaux efforts sont envisagés au Maroc et, éventuellement, en Syrie. Ici encore, la liaison s'impose entre la Commission de liquidation des consortimus et la Section de l'organisation économique.

Le « Comité central de la Laine *» possède une organisation puissante et groupe l'immense majorité des industries lainières, depuis les commissionnaires et les laveurs de laine jusqu'aux fabricants de*

*tapis et aux négociants. C'est le type de la « concentration verticale »
des industries.*

*On pourrait s'appuyer sur lui en vue d'une action concertée de
l'Etat et des industries, soit par la création d'un « Office national de
la laine », soit par tout autre moyen approprié.*

*Pour les soies, la situation se présente sous un aspect assez sem-
blable en ce qui concerne l'industrie de la soie, désormais concentrée
en un « Comité central », avec lequel il serait vraisemblablement aisé
de s'entendre.*

*Les lin, chanvre, jute, ces textiles si mal dénommés « secon-
daires », représentent une importation totale de près de 500 millions
de francs. Il est à peine besoin de rappeler les efforts en voie de
réalisation pour implanter la culture du lin dans l'Afrique du Nord.
Peut-être sera-t-il possible d'affecter à ces trois textiles les fonds
à provenir de la liquidation du « Comptoir du Jute » (500.000 francs
environ).*

*L' « Office national des Matières premières végétales pour la Dro-
guerie, la Parfumerie, la Distillerie et la Pharmacie » fonctionne
depuis plus de cinq ans et a donné d'heureux résultats. J'ai cru
devoir citer ici cette organisation pour indiquer ce que l'on peut
obtenir de la collaboration morale et matérielle des industries avec
l'Administration et les techniciens.*

*Je n'indique enfin que pour mémoire, et à titre d'exemple, l'orga-
nisation en cours d'exécution d'un « Office national du Pétrole et
des Combustibles liquides ». Il nous permettra de nous approvisionner en pétrole et de parer ainsi aux besoins de la vie économique et
de la défense nationale.*

. . . .

*Le développement de notre production en matières premières est
une des tâches les plus urgentes de l'heure présente. Il serait injuste
de méconnaître les efforts considérables qui ont été déjà tentés dans
ce domaine. S'ils n'ont pas tous obtenu une égale réussite, ce n'est
pas seulement parce que l'œuvre à entreprendre est immense, c'est
peut-être aussi parce qu'ils n'ont pas toujours été concertés suivant
un plan d'ensemble et dirigés par une impulsion unique.*

*Pour aboutir à cette coordination avec le minimum d'efforts pour
le maximum de rendement, il est bon, il est nécessaire de mettre à
profit toutes les tentatives déjà amorcées en tirant parti des leçons
de l'expérience et en adoptant à chaque situation particulière l'idée
directrice qui consiste à grouper, dans un but déterminé, les industriels, les producteurs et les représentants de l'Etat.*

Nous noterons simplement en passant que l'Office national du
Pétrole et des Combustibles liquides, auquel il est fait allusion
comme à un projet dans les déclarations que l'on vient de lire, a
été créé en date du 10 janvier 1925. L'Office comprend, en même
temps que des représentants des différents ministères intéressés
(Travaux publics, Guerre, Marine, Commerce et Industrie), des
représentants de l'industrie du pétrole et des combustibles liquides
(production, transports, raffinage, utilisation), et des représentants
des consommateurs et des techniciens.

On voit que nous ne nous mouvons pas dans les sphères de l'utopie
lorsque nous mettons à la base d'un programme d'organisation de
l'économie des groupements ou ententes industrielles soumis au
contrôle d'éléments représentants les intérêts généraux.

C'est donc en sous-entendant un tel contrôle à organiser dans le cadre international aussi bien que dans le cadre national que nous citerons deux autres faits concernant des ententes industrielles et qui présentent pour le plan esquissé ici un intérêt particulier. L'un d'eux a trait à l'accord franco-allemand sur les potasses. C'est au Bulletin quotidien de la Société d'études et d'informations économiques du 26 août 1924 que nous empruntons le texte suivant :

L'accord franco-allemand sur les potasses

Les industries allemande et française de la potasse viennent de passer un accord valable pour trois ans, pour la fourniture du marché américain. Cet accord est considéré comme un gros succès à l'actif du directeur général de la Société commerciale des potasses d'Alsace.

D'après cet accord, il est prévu, en principe, que les mines alsaciennes fourniront 37,5 %, les mines allemandes 62,5 % de la potasse livrée aux États-Unis. Toutefois, en ce qui concerne les sulfates, l'Allemagne en enverra 35.000 tonnes et l'Alsace 5.000 tonnes seulement. Par suite de ce traitement préférentiel accordé à l'Allemagne pour les sulfates, le pourcentage de l'Allemagne se trouve élevé en fait à 68,8 % et celui de l'Alsace réduit à 31,2 %.

Sur les 200.000 tonnes de potasse pure K^2O qu'absorbe à peu près le marché américain, les mines allemandes fournissent au total 131.500, les mines alsaciennes 68.500 tonnes. Au cas où les commandes américaines dépasseraient ce chiffre, les mêmes proportions seraient observées. Si l'un des contractants ne fournit pas les quantités demandées, l'autre se substituera à lui, mais il doit alors verser au premier 15 % de la valeur des livraisons. La part française, remarquent les journaux, est considérable.

Les prix doivent être fixés sur la base de 27 dollars par tonne de chlorure de potassium à 80 %. En cas de divergence sur la question des prix, un tribunal d'arbitrage est prévu à la Haye. Le bruit court d'ailleurs, disent les journaux allemands, que les entreprises alsaciennes poursuivent de vastes plans d'expansion et comptent sur de larges crédits américains pour les réaliser.

Par contre, il est à prévoir que sur les autres marchés mondiaux auxquels ne s'étend pas l'accord précité, la concurrence alsacienne ne se fera que faiblement sentir. Tel sera le cas pour la Hollande, à laquelle les Alsaciens n'ont livré en 1923 que 7 % des commandes totales.

En 1923, les livraisons de potasse K^2O à l'Amérique ont atteint au total 2.075.815 quintaux métriques d'une valeur de 15.354.755 dollars.

Les deux contractants s'engagent enfin à effectuer de concert la propagande auprès des fermiers américains. On espère que les livraisons atteindront, en 1925, trois millions de quintaux. Les frais de propagande seront répartis par les deux contractants dans la même proportion que les livraisons.

La Gazette de Cologne déclare que cet accord constitue un document de plus grande valeur que le protocole final de Londres. Pourquoi, ajoute-t-elle, ce qui vient de se faire en petit ne se répéterait-il pas en grand ?

La seconde information a trait, non à un fait déjà acquis, mais à un projet — à un projet à vrai dire d'une importance exceptionnelle en ce qui concerne à la fois les conditions économiques et les conditions morales de l'organisation de la paix. Il s'agit du projet de cartel métallurgique européen qui a surgi à l'occasion de la discussion du projet de traité de commerce franco-allemand.

Le cartel, ainsi que nous l'apprend un article du *Temps*, avait un double but qui était : « d'une part, de proportionner la production sidérurgique européenne aux besoins de la consommation et de mettre ainsi fin à une surproduction et à une concurrence ruineuse; d'autre part, de réaliser entre les parties contractantes un accord pour leurs exportations respectives » (1).

On peut se représenter quel pourrait être le rôle d'un tel cartel — relatif à une industrie maîtresse, à une industrie-clef comme l'industrie du fer — comme élément de régularisation de la vie économique de l'Europe, dans l'hypothèse, bien entendu, de l'établissement d'un contrôle destiné à assurer la sauvegarde de tous les intérêts en jeu.

Mais les organismes d'entente industrielle, soit dans le cadre national, soit dans le cadre international, ne sauraient être considérés comme des éléments d'organisation suffisants; entre tous ces intérêts organisés, une coordination doit être établie; il importe de les faire servir tous ensemble à une fin supérieure, l'organisation de l'économie nationale, d'abord, l'organisation de l'économie internationale ensuite. Pour ce but, de nouveaux organes plus larges, plus compréhensifs, sont nécessaires. Dans le cadre national, pour deux pays, l'Allemagne et la France, de tels organismes existent; ce sont le Conseil économique du Reich et le Conseil National économique récemment institué en France. On peut se rendre compte de la concordance parfaite entre une fonction comme celle que nous définissons et les attributions confiées au Conseil national économique par les lignes suivantes que nous extrayons du rapport adressé au Président de la République par le président du Conseil, à l'occasion du décret, en date du 16 janvier 1925, instituant le nouvel organisme :

Cette création est justifiée par la complexité de la vie économique et sociale, qui est telle que les différents départements ministériels, qui ont pour tâche de développer ou de contrôler l'activité économique de la nation, n'ont pas entre eux un lien suffisant. D'autre part, l'importance des intérêts économiques est à ce point vitale que le gouvernement et les pouvoirs publics doivent, à tous moments, se trouver en état d'utiliser les avis consultatifs émanant de personnalités qui, outre leur compétence spéciale et technique, puissent être considérées comme représentant la pensée des grandes organisations professionnelles qui les auront déléguées au conseil.

Ce conseil consultatif permettra au gouvernement de poursuivre une politique synthétique et d'éviter l'écueil toujours menaçant dans ce domaine, des décisions fragmentaires et insuffisamment coordonnées. Les diverses forces économiques du pays sont, en effet, à la fois solidaires et complémentaires (1).

L'article 1ᵉʳ du décret est ainsi conçu :

Il est institué un Conseil national économique ayant pour fonctions d'étudier les problèmes intéressant la vie économique du pays, d'en rechercher les solutions et de proposer l'adoption de ces solu-

---

(1) « Le Temps », numéro du 23 décembre 1924. Article intitulé :« Les négociations économiques fraco-allemandes. — Le problème métallurgique ».
(1) Voir « Journal Officiel » du 17 janvier 1925.

*lions aux pouvoirs publics. Les attributions du Conseil national éco-
nomique, autonome dans sa composition, sont administrativement
d'ordre consultatif.*

Pour bien marquer comment, par sa composition, le Conseil
national économique est bien qualifié pour remplir la tâche de
coordination que nous venons d'indiquer et d'autres tâches que
nous considérerons dans un instant, nous indiquerons ci-après les
forces économiques et sociales qui y sont représentées. Elles sont
groupées sous ces trois rubriques : 1° population et consommation;
2° travail; 3° capital. Ce sont les suivantes : I. **Population et consommation :** a) coopération de consommation et ligues d'acheteurs;
b) association des maires, municipalités; c) usagers des services
publics; d) pères et mères de famille et mutualités; II. **Travail :**
A) travail intellectuel et enseignement; B) travail de direction : a)
industrie, b) agriculture, c) commerce, d) transports, e) coopération, f) services publics; C) Travail salarié : a) fonctionnaires, b)
techniciens, c) main-d'œuvre : 1° industrie, 2° commerce, 3° agriculture, 4° transports; D) métiers urbains et ruraux (artisans). III.
Capital : a) capital industriel et commercial; b) capital immobilier
(propriété rurale et urbaine); c) banque, bourse, assurances et caisses d'épargne.

Ce sont bien toutes les forces vives de l'économie nationale qui
vont être réunies dans le Conseil. Il est légitime, d'après sa composition et d'après son statut, d'attendre de lui les initiatives et
l'action d'ordre général qui permettraient la coordination des efforts d'organisation de l'industrie faits dans les différentes branches.

Mais c'est dans d'autres directions encore que peut s'exercer
l'action du Conseil pour la réalisation des objectifs que nous avons
définis. Nous avons notamment en vue ici la canalisation méthodique des épargnes vers les différentes branches de l'activité nationale conformément et proportionnellement à leurs besoins effectifs.

On s'est plaint bien souvent en France du draînage irrationnel
et anti-économique des fruits du labeur du pays, de ses épargnes
et de ses richesses vers des placements où souvent elles allaient
s'engouffrer et s'anéantir pour le seul profit d'emprunteurs peu
scrupuleux et d'intermédiaires financiers exclusivement soucieux
de l'ampleur de leurs commissions. Donner à l'épargne de la nation un emploi solide, conforme aux intérêts essentiels de la nation
tout entière, voilà le programme qui a été tracé à maintes reprises,
mais il manquait pour sa réalisation un organe. Il existe aujour-
d'hui, c'est le Conseil national économique. Dans ses rangs sont
représentées, outre le capital industriel et commercial et le capital
immobilier, la banque, la bourse, l'assurance et les caisses d'épargne. L'élément bancaire y entre donc en relation avec l'ensemble
des forces économiques du pays et celles-ci sont en mesure de faire
valoir leurs revendications, d'affirmer leurs droits, de démontrer
leurs besoins, d'établir l'inventaire des emplois productifs pour
lesquels les besoins de capitaux existent.

Il ne nous appartient pas d'entrer ici dans l'examen des conditions techniques de l'établissement et de l'exécution d'un tel programme; nous n'avons point davantage à indiquer les formules
juridiques des obligations à imposer aux banques pour assurer la
sauvegarde, dans leurs octrois de crédits aussi bien que dans les
concours donnés par elles aux émissions, des intérêts généraux.
Le principe qui devra être posé, c'est que l'épargne nationale n'est

pas la propriété des banques et qu'elles n'ont pas le droit de la manier ni de la manœuvrer à leur gré; elles ne sont que les fermiers généraux de l'épargne et elles doivent des comptes à la collectivité, à l'Etat, de la manière dont elles s'acquittent d'une fonction qui est d'utilité publique. C'est au Conseil national qu'il appartient de poser les principes, d'en régler l'application et, d'une manière générale, d'assurer l'orientation systématique et harmonieuse des disponibilités issues des épargnes faites sur les revenus annuels vers le développement économique de la richesse nationale.

Sans doute, pour cette fin, estimera-t-il nécessaire la collaboration immédiate des grandes organisations professionnelles de l'industrie, de l'agriculture, du commerce. Ce sont elles qui, sous son égide et sous son contrôle, fourniront les éléments d'une répartition rationnelle et proportionnelle des capitaux liquides. Ce sont elles notamment qui établirons les données nécessaires relatives à l'équipement actuel des établissements et à leurs besoins d'extension. Une statistique devra être établie, et constamment tenue à jour, non seulement sur les équipements eux-mêmes, mais sur leur rendement technique. Il sera en effet essentiel pour le Conseil économique de savoir le fruit qu'il est normalement permis d'attendre du placement dans telles et telles branches et dans telles et telles catégories d'exploitations.

Parallèlement à ces informations relatives et à l'état actuel des équipements et aux besoins d'extension, il y a lieu d'établir et de tenir à jour de manière constante la statistique des disponibilités libres pour de nouveaux placements, c'est-à-dire la statistique des dépôts. En possession de telles informations, le Conseil national économique sera bien en mesure de prendre toutes les dispositions nécessaires pour assurer un développement régulier et méthodique de l'économie nationale. Nous ne nous dissimulons point — est-il besoin de le dire? — l'étendue et la difficulté des tâches que nous indiquons ici; point davantage nous ne méconnaissons le caractère profondément novateur des mesures préconisées. Aussi bien ne s'agit-il de rien moins que de jeter les bases d'un régime d'organisation de la vie économique nationale, préparant les voies à un régime d'organisation de la vie économique internationale et, par là même, à un régime de solidarité internationale et de paix véritable. Mais nous estimons que ce sont précisément des tâches d'un tel caractère qui, d'une part, sont la raison d'être profonde d'une institution telle que le Conseil national économique et qui, d'autre part, sont à l'origine du mouvement populaire qui a abouti à cette création et aux espérances qu'elle a fait naître dans de larges milieux. Le Conseil national économique ne serait pas par lui-même une grande innovation s'il n'était pas le principe et le gage de grandes innovations.

*
* *

C'est en transportant ces méthodes, cet esprit, ces fins sur le terrain international que nous pouvons espérer travailler efficacement à l'organisation économique de la paix, c'est-à-dire au grand œuvre qui était évoqué comme la tâche de demain, mais comme une tâche pressante, impérieuse et sacrée, par les délégués de la France à la dernière session de l'Assemblée de la Société des Nations. Ce n'est que par de tels moyens qu'il sera possible de réaliser cette politique économique nouvelle dans les rapports de nation à nation dont le caractère général a été défini à maintes reprises au cours des dernières années par les représentants de la Coopération. Aux conférences interalliées et neutre tenues à Paris en 1919, aussi bien qu'au Congrès international, tenu à Bâle en 1921, ils ont déclaré que d'après leur conception les rapports à établir entre les peuples, dans l'intérêt du bien-être commun aussi bien que dans l'intérêt de la paix, ne pouvaient être réglés ni par les formules étroites et rétrogrades du protectionnisme, ni par l'application aveugle des méthodes du libre-échange, mais devaient l'être selon l'esprit même de la coopération, c'est-à-dire avec le souci du développement le plus large possible de la division internationale du travail, mais sous la condition supérieure des droits de l'humanité et de la solidarité. C'est bien cet esprit, si l'on veut parvenir au but poursuivi, qu'il s'agit à cette heure de faire triompher dans les rapports économiques de pays à pays. Or, pour atteindre ce résultat, la seule méthode possible, c'est celle qui, dans le cadre international comme dans le cadre national, met en présence et associe pour une délibération commune tous les intérêts en présence.

Si nous nous reportons au temps qui a précédé la guerre, un grand pas, il faut le proclamer, a été fait en ce sens. La Société des Nations a été créée. Or, devant la Société des Nations tous les intérêts économiques peuvent être évoqués, tous pouvant faire l'objet de délibérations et d'accords. Il y a plus, certains organes ont été spécialement créés pour leur étude et leur conciliation. On sait que l'Organisation internationale du Travail a été instituée essentiellement en vue d'harmoniser les intérêts des différentes nations dans la propulsion de la législation ouvrière et du progrès social. Le Parlement du travail — la Conférence — se réunit toutes les années; le Conseil d'administration tient des sessions tous les trois mois, et le Bureau international du Travail, assure au jour le jour l'œuvre correspondante d'étude scientifique et d'administration. D'autre part, au Secrétariat général de la Société des Nations — dont l'Assemblée et le Conseil ont d'ailleurs constamment à s'occuper de problèmes économiques — s'est constitué, avec le concours administratif de la Section économique, une véritable Organisation économique et financière comprenant dans ses commissions des experts de tous pays. Au Bureau international du Travail, comme au Secrétariat général de la Société des Nations, fonctionnent des services statistiques qui publient, non seulement des tableaux d'ensemble groupant sur une série de matières les données contenues dans les différents bulletins statistiques nationaux, mais encore des statistiques internationales originales dont les éléments leur sont directement fournis chaque mois par les gouvernements. Il faut, par un effort d'imagination, se reporter à l'époque d'avant-guerre pour comprendre toute l'importance des organisations qui ont été créées en vue de l'étude des problèmes économiques internationaux et de leur solution et pour se rendre compte ainsi de la puissance des moyens qui, aujourd'hui, nous sont offerts pour la réalisation de tâches qu'il eût été utopique et presque insensé de concevoir il y a quelque dix ans.

Encore n'avons-nous point parlé de certaines grandes conférences économiques spécialement convoquées et organisées par la Société des Nations, telles que la Conférence financière de Bruxelles et la Conférence du transit et des communications de Barcelone.

C'est un grand fait que la question qui se pose aujourd'hui ne soit plus de créer de toutes pièces une organisation, c'est-à-dire de mettre en mouvement les forces prodigieuses qui seraient nécessaires pour parvenir, en des temps normaux, à une telle organisation, mais seulement de développer son activité, ses forces, ses moyens.

C'est dans l'ordre de l'information qu'il y aurait lieu de prévoir, en premier lieu, un nouvel effort. A maintes reprises, nous avons eu l'occasion de le signaler, on a demandé que fussent publiées des statistiques internationales complètes relatives au mouvement de la production des matières premières. Dès maintnant, pour certaines d'entre elles, de telles statistiques sont publiées dans le « Bulletin mensuel de statistique » de la Société des Nations. Mais il faudrait que le nombre des données fournies fut considérablement étendu. Il serait, d'autre part, nécessaire, pour les raisons que nous avons indiquées, que fussent également publiées, à des dates très rapprochées (au moins tous les mois) des informations internationales relatives : 1) aux épargnes, autrement dit à l'ensemble des dépôts en banque, pour tous les pays; 2) au mouvement de la production des industries mécaniques travaillant pour l'équipement des exploitations productives industrielles et agricoles ; 3) au développement effectif de l'équipement de ces exploitations. Nous donnerons pour exemple, pour prendre une donnée qui dès aujourd'hui existe, le nombre des broches nouvelles installées dans les différents pays et représentant un accroissement net. Pour que les informations de cette dernière catégorie aient toute leur valeur, il serait nécessaire qu'elles fussent précédées d'un inventaire général, établi sur des bases uniformes, de l'équipement industriel et agricole des différents pays.

Certes, nous ne nous dissimulons pas l'ampleur d'une telle tâche, pour laquelle le rôle de la Société des Nations ne saurait consister que dans l'établissement des méthodes et dans la centralisation des résultats, et qui suppose la collaboration extrêmement active des différents pays. Mais de telles informations sont indispensables au développement méthodique, rationnel et harmonieux de l'activité productive des différents pays.

Dans l'ordre de l'information, une seconde mesure nous paraît s'imposer : la publication de tous les documents relatifs aux conditions des échanges internationaux. Le Traité de Paix fournit à cet égard une base. L'article 18 est ainsi conçu :

Tout traité ou engagement international conclu à l'avenir par un membre de la Société devra être immédiatement enregistré par le secrétariat et publié par lui aussitôt que possible. Aucun de ces traités ou engagements internationaux ne sera obligatoire avant d'avoir été enregistré.

On avait évidemment en vue, en inscrivant cette obligation dans le Traité, d'écarter de la vie politique internationale les accords occultes de la politique secrète. On retrouve dans cet article le premier point du programme de la paix du droit formulé par le Président Wilson : « 1° Des conventions de paix publiques et ouvertement conclues, après lesquels il n'y aura pas d'accords internationaux clandestins d'aucune sorte, mais la diplomatie agira toujours franchement et en pleine vue du public ».

Mais la formule de cette disposition est absolument générale. Elle vise « tout traité ou engagement international » et s'applique juridiquement, par suite, aux traités et engagements purement politiques. La connexion entre les uns et les autres est d'ailleurs trop étroite pour qu'il soit possible d'établir une ligne de démarcation absolue. Aussi bien, en fait, différents traités d'ordre économique ont été déposés au Secrétariat général de la Société des Nations et enregistrés et publiés par ses soins. Il conviendrait seulement de consacrer cette pratique, en la rendant universellement obligatoire et en y ajoutant un complément.

En effet, ce qui importe au bon ordre des rapports internationaux, ce ne sont pas seulement, en matière commerciale, les traités ou accords, ce sont toutes les mesures qui conditionnent les échanges internationaux, mesures au nombre desquelles il faut compter les *tarifs autonomes* édictés unilatéralement par un Etat. Non seulement de telles mesures ne conditionnent pas les rapports commerciaux internationaux avec moins de rigueur que les traités, mais elles comportent, dans la règle, beaucoup plus de dangers d'antagonismes et de conflits. Il faudrait donc que fut décidé que les Etats devront faire enregistrer par le Secrétariat général et que celui-ci devra publier, non seulement tous les accords économiques entre Etats, mais toutes les mesures adoptées unilatéralement par un Etat et qui visent le commerce international.

Mais dans le domaine des accords économiques entre Etats, une autre mesure s'impose, d'une plus grande portée. Aujourd'hui, lorsque les Etats passent du stade du tarif autonome, du régime du bon plaisir établi par eux à leur frontière, au régime des accords ou des traités, ceux-ci sont toujours des accords entre deux parties, entre deux Etats ; même si, à un moment, un Etat traite avec une série d'autres Etats, c'est par une série d'accords bilatéraux. On peut se représenter tout ce que peut comporter d'incohérence et en même temps d'éléments de surprises et de conflits une telle méthode universellement pratiquée. Supposons que chaque traité, par lui-même, réalise entre les intérêts des deux Etats contractants une véritable harmonie, aussitôt qu'interféreront, dans les relations économiques de tous les Etats avec tous les Etats, l'universalité des clauses de l'universalité des traités, ce sera forcément une cacophonie analogue à celle qui se produirait au moment où l'on ouvrirait toutes les portes d'une pièce centrale communiquant avec toute une série de pièces dans chacune desquelles aurait lieu un concert. On peut imaginer le charivari qui succéderait soudain à des accords savamment nuancés. Toute métaphore mise à part, il est trop aisé de se rendre compte que si l'on veut, par une politique de conventions commerciales, sauvegarder vraiment les intérêts des Etats contractants, et assurer leur développement économique régulier, il faut élargir la base des accords et y comprendre le plus grand nombre possible d'intéressés, si possible tous les Etats du monde. Il ne s'agit, après tout, à vrai dire, que d'une application aux relations économiques d'une méthode maintenant consacrée dans l'ordre des relations politiques et juridiques. Lorsque les Etats réunis dans 'a Société des Nations délibèrent en commun sur certaines questions et finissent par se mettre d'accord, la convention prend un caractère général, universel dans le cadre de la Société des Nations. Sans doute, on peut faire observer la complexité particulière des questions économiques, les différences de développement des différents pays, l'opportunité, la nécessité peut-être de certaines différences dans les tarifs. Mais un accord général ne serait nullement exclusif de telles différences ; il leur enlèverait seulement leur caractère accidentel ou arbitraire et les conditionnerait par l'application de principes généraux. Non seulement on aurait écarté les discordances que nous signalions, mais on aurait fait disparaître en même temps des raisons d'antagonismes et de conflits.

Sans doute, nous nous acheminons ainsi graduellement, non seulement vers des méthodes nouvelles, mais vers des conceptions nouvelles. Ces méthodes présupposent un but, qui est l'établissement de la concorde dans les relations économiques. Mais ce but, c'est précisément celui qui, de tout temps, fut proclamé par la Coopération ; ce but, c'est celui qui fut proclamé, lors de la dernière session de l'Assemblée de la Société des Nations, dans les discours que nous avons cités, par des orateurs qui recueillirent des applaudissements unanimes. Nous nous bornons à indiquer ici les moyens qui paraissent propres à conduire à ce but.

Parmi ces moyens, il en est un qui nous paraît d'une importance particulière. Il faudrait qu'un organe spécial fût créé, qui répondit bien à ces tâches nouvelles de collaboration économique. Un tel organe devrait être un véritable Conseil économique international, analogue, sur le plan international, à ce qu'est, sur le plan national, le Conseil économique qui vient d'être créé en France. Toutes les forces économiques de tous les pays y seraient représentées : industrie, agriculture, commerce, crédit, travail, consommation, et ces forces y seraient représentées par des mandataires apportant au Conseil, non seulement une connaissance technique exacte de leur milieu, mais encore l'autorité qui s'attache au rôle joué par eux dans la vie des organisations correspondantes de caractère international. Un tel Conseil ne ferait pas plus du double emploi avec l'Assemblée et n'entrerait pas plus en concurrence avec elle qu'en France l'organisme purement consultatif qu'est le Conseil national économique, ne risque de faire double emploi ou d'entrer en conflit avec le Parlement. Mais, pour la série des tâches pratiques nécessaires à la préparation des accords, il serait en mesure de fournir un concours d'une efficacité plus grande que celui que l'on pourrait attendre de commissions ne comprenant que des experts. A vrai dire, il conviendrait de joindre aux représentants des forces économiques organisées des délégués directs des départements ministériels intéressés des différents Etats, représentant les intérêts généraux de chacun d'eux.

. Un tel Conseil serait bien qualifié pour préparer les accords économiques à soumettre aux différents Etats. Il serait l'organe de délibération sur la mise en harmonie des intérêts des différents Etats, l'organe de conciliation et d'arbitrage. Par la multiplicité et la diversité des questions et des intérêts dont il aurait à connaître, il serait en mesure de trouver plus aisément que certaines commissions mixtes représentant deux Etats les moyens de compensation et les formules de conciliation. Que l'on se représente l'ensemble des problèmes intéressant le monde dont il aurait à s'occuper, problème parmi lesquels se trouvent, au premier plan, ceux des matières premières, ceux des débouchés, ceux de la main-d'œuvre étrangère et l'on ne manquera pas de se rendre compte des possibilités toutes nouvelles de combinaisons et d'arrangements qui comporteraient des conventions internationales, où l'on ferait intervenir simultanément ces divers ordres de questions et peut-être d'autres encore : celles qui ont trait au crédit.

Il pourra en effet arriver que, dans l'effort pour assurer la mise en pratique du principe de la division internationale du travail, on se heurte à la résistance de certains pays qui, pour renoncer à certaines industries ne vivant que de protection, devraient en créer d'autres pour lesquelles les capitaux leur font défaut. Or, on peut très bien se représenter la Société des Nations offrant à ces pays, en compensation de mesures jugées d'intérêt général, des crédits qui leur permettront de créer et de développer dans les conditions les plus heureuses les nouvelles industries. Il ne serait nullement nécessaire que l'octroi des crédits fût direct ; il suffirait que la Société des Nations procédât comme elle l'a fait pour la reconstruction de l'Autriche et de la Hongrie, en formulant un avis favorable à un emprunt, en donnant à l'emprunt sa garantie morale, et en contrôlant l'exécution du projet.

Tel est bien l'esprit d'entr'aide qui permettrait, selon les principes de la coopération, de faire une politique qui ne serait ni le pur libre-échange, ni le protectionnisme. Lorsque certaines mesures de protection seraient jugées nécessaires, on les appliquerait dans un esprit qui ne serait ni un esprit de particularisme mesquin, ni un esprit d'isolement nationaliste, mais un esprit de solidarité internationale ; et de même lorsque la liberté des échanges pourrait être établie avec l'adhésion générale des intéressés, elle serait pratiquée non pas comme un moyen de combat, comme une méthode de domination des plus forts sur les plus faibles, comme une procédure d'asservissement des peuples économiquement moins développés aux peuples qui tiennent la tête de la concentration des capitaux, mais comme un moyen de progrès économique et de développement du bien-être universel.

Ni protectionnisme, ni libre-échange, mais coopération : nous nous sommes simplement attachés à traduire par des propositions pratiques la haute signification de cette formule. Au terme, nous apercevons la mise en valeur la plus complète possible des ressources de la planète par l'effort de tous les peuples associés dans cette œuvre commune et lui apportant chacun toutes les ressources de son sol, de sa race, de ses traditions professionnelles et de sa civilisation.

Telles nous paraissent être, dans leurs grandes lignes, les conditions économiques de la paix.

C'est conformément aux vues qui précèdent que nous permettons de soumettre à l'approbation du Congrès le projet de résolution suivant :

Le Congrès de la Fédération Nationale des Coopératives de Consommation, réuni à Nancy :

Considérant qu'il importe au bien-être commun de tous les peuples, au progrès économique général et à l'avancement de la civilisation que la division internationale du travail et les échanges internationaux puissent prendre leur plus large développement dans un régime de libre et féconde coopération économique des nations;

Considérant qu'un tel régime ne saurait se développer dans une atmosphère d'insécurité, de défiance et de paix armée, et présuppose l'établissement de garanties internationales toutes-puissantes par l'organisation juridique de la paix;

Mais, considérant, d'autre part, que l'organisation juridique de la paix ne saurait se suffire à elle-même et appelle nécessairement, comme complément, l'organisation économique de la paix.

Prend acte avec satisfaction aussi bien des décisions de l'Assemblée de la Société des Nations sur l'arbitrage, la sécurité et la préparation du désarmement que des déclarations faites par plusieurs délégués sur la nécessité d'éliminer des relations économiques internationales tous les foncteurs de guerre et d'établir entre les peuples des relations économiques de concorde et de paix.

Le Congrès constate que la Coopération, par sa tendance à mettre directement en rapports, dans un même pays et dans les différents pays, la production et la consommation organisées, prépare les voies à l'organisation nationale et à l'organisation internationale de l'économie et que, par suite, la réalisation générale de la formule coopérative fournirait à la paix du monde le point d'appui d'une organisation harmonieuse de l'économie universelle. Il invita donc les coopérateurs à redoubler d'efforts pour hâter les progrès de l'organisation coopérative et adresse aux larges masses des producteurs consommateurs des villes et des campagnes un pressant appel en ce sens.

Le Congrès rappelle les décisions des congrès antérieurs, nationaux et internationaux, tendant à faire pénétrer dans les relations économiques entre Etats l'esprit et les principes de la coopération.

Il condamne donc à nouveau, dans la politique commerciale internationale, toutes les méthodes de guerre. Il répudie, sous toutes leurs formes, les pratiques de tarifs différentiels ou préférentiels et de dumping. Rappelant l'article 23 du Traité de Paix en vertu duquel les membres de la Société des Nations s'engagent à prendre « les dispositions nécessaires pour assurer la garantie et le maintien de la liberté des communications et du transit ainsi qu'un équitable traitement du commerce de tous les membres de la Société » et proclamant que la Société des Nations doit devenir universelle, il déclare, en conséquence, que le principe de l' « équitable traitement » doit s'appliquer à tous les Etats. Il demande son extension à tous les problèmes économiques, concernant les personnes aussi bien que les choses, pouvant se poser dans l'ordre international.

Rappelant, d'autre part, que la politique économique de la Coopération ne saurait être ni celle d'un protectionnisme particulariste, étroit et rétrograde, ni celle d'un libre-échange de combat, mais doit avoir pour principe l'organisation internationale des échange — et, par là même, de la production — en vue de la satisfaction rationnelle des besoins, le Congrès demande que toutes mesures soient prises pour ménager les transitions et assurer les adaptations et les équilibres nécessaires, éventuellement par l'octroi de crédits internationaux.

A cette fin, le Congrès renouvelle le vœu qu'aussitôt que possible la Commission économique et financière de la Société des Nations organise un Office international de Statistique qui serait chargé de recueillir et de publier tous renseignements utile concernant la production, les approvisionnement et les besoins des différents pays. Il demande que ces renseignements soient publiés à des intervalles très rapprochés et qu'ils soient complétés par des informations sur les mouvements des disponibilités de capitaux.

Le Congrès dénonce les dangers des accords économiques bilatéraux qui n'entreraient pas dans le cadre d'accords économiques généraux ou ne seraient pas orientés vers de tels accords. Seul un système d'accords économiques généraux permettra de prendre simultanément en considération les intérêts de tous les pays, en même temps que de mettre en balance dans le règlement des problèmes l'ensemble des intérêts entrant en ligne, notamment ceux qui concernent les matières premières, la main-d'œuvre étrangère et les octrois de crédits, aussi bien que ceux qui ont trait aux débouchés. En vue de la réalisation d'une telle politique, le Congrès demande que soient utilisés, en même temps que les propres efforts du mouvement coopératif, toutes les forces d'organisation nationale et internationale de la production et des échanges pouvant exister dans l'économie non coopérative, toutes mesures étant prises pour assurer la sauvegarde des intérêts généraux par l'institution d'un contrôle collectif.

Le Congrès salue la création du Conseil économique nationale. Il voit en lui l'espoir d'un développement méthodique de toutes les forces économiques du pays. Il demande que le Conseil aborde au plus tôt le problème d'une politique bancaire de crédit et d'orientation de l'épargne répondant à ce programme. Il demande en outre qu'il oriente ses efforts, en même temps que vers la coordination des forces et activités économiques nationales, vers la coordination des forces et activités économiques, des différents pays. Il émet le vœu que pour l'œuvre de collaboration internationale indispensable soient institués de même dans les différents pays des conseils économiques nationaux, et que soit créé, avec le concours des grandes forces économiques organisées : industrie, agriculture, commerce, crédit, travail, consommation, un conseil économique international, dont les cadres administratifs seront formés par le Secrétariat général de la Société des Nations et par le Bureau international du Travail.

Conférences Spéciales

I

Le CAPITAL PROPRE des SOCIÉTÉS COOPÉRATIVES

Par Georges YUNG

— × —

I. — Insuffisance du capital propre des sociétés

J'appelle capital propre les sommes mises à la disposition des sociétés par les versements des sociétaires sur leur compte action et les richesses collectives économisées et accumulées dans les comptes de réserve de toute nature.

Il n'est plus besoin d'insister sur la nécessité et l'urgence pour beaucoup de sociétés d'augmenter ce capital.

Au Congrès, des chiffres pourront être donnés montrant que les besoins d'immobilisation des Sociétés ont augmenté considérablement, alors que l'effort de capital demandé au sociétaire n'est pas beaucoup supérieur à celui d'avant-guerre et que les réserves, depuis quelques années, sont en progression très réduite.

Or, en bonne règle financière, les immobilisations qu'il est impossible de comprimer devraient être couvertes par le capital propre. Il conviendrait même d'ajouter à cet actif net la partie des stocks de marchandises nécessaires à l'entreprise, et qui dépassent le crédit normal des fournisseurs.

Les administrateurs de nos sociétés ont surtout été le jouet des circonstances et il faut bien dire qu'il ne peut guère en être autrement dans un mouvement qui obéit surtout à des préoccupations d'intérêt du plus grand nombre. La Coopération ne peut limiter sagement, comme les capitalistes, la taille de l'entreprise à la force du capital, pour en tirer le rendement maximum.

En vérité, les sociétés anciennes, ayant des valeurs réelles d'avant-guerre et des réserves, ont un capital propre souvent très supérieur à leurs besoins, à moins qu'elles n'aient eu la pensée de se développer rapidement depuis la guerre.

Mais les sociétés de développement qui sont devenues les plus puissantes, ont le besoin le plus impérieux et le plus urgent de trouver du capital propre.

Pour l'instant, les sociétés ont recours à divers procédés pour effectuer les immobilisations qui leur ont paru indispensables malgré l'insuffisance de leur capital.

Ce sont ces procédés qu'il importe d'abord d'examiner, afin d'en montrer soit les dangers, soit les limites.

1° *Crédit des Fournisseurs.* — C'est sans contredit le plus mauvais procédé. Il doit être couvert et au-delà par les marchandises. Il est dangereux de solliciter des crédits plus étendus que ceux normalement accordés dans le commerce. Le rôle des réviseurs de comptabilité doit être de signaler comme un péril l'utilisation du crédit de fournisseurs en immobilisations. Inévitablement, il aboutit à la gêne de trésorerie, aux difficultés d'échéances, à la restriction du crédit, à la mort de la société.

2° *Crédit des Banques privées.* — Ce sont des crédits à court terme. Grave danger s'ils sont employés en immobilisations, car les banques peuvent demander le remboursement dans un délai rapide. Il faut les employer seulement en opérations facilement réalisables. Il n'est pas rare de voir des sociétés extrêmement gênées parce qu'elles avaient utilisé un crédit bancaire qu'elles croyaient permanent.

3° *Crédit des Sociétaires.* — La Société qui a des difficultés financières ne se rend pas toujours compte s'il s'agit d'une simple gêne de trésorerie due par exemple à l'accroissement momentané des stocks, ou si elle a trop immobilisé.

Elle fait appel au crédit de ses sociétaires. Elle substitue ainsi à l'avance faite par les fournisseurs l'avance faite par ses membres. Il y a là un progrès certain en ce sens qu'au lieu d'être livrée à l'arbitraire de ses fournisseurs, elle ne dépend plus que de ses sociétaires. Mais que de dangers encore! Tout a été dit à cet égard dans les Congrès nationaux, qui ont recommandé de ne pas créer de caisses d'économie particulières, et ces Congrès ont insisté vigoureusement sur le cas qui nous occupe, c'est-à-dire lorsque tout ou partie de l'épargne coopérative a été transformée en immeubles ou en matériel. Il suffit alors d'une crise locale très simple (chômage, grève, etc., pour déterminer des demandes de remboursement. La Société paie d'abord, en substituant le crédit des fournisseurs au crédit des déposants remboursés, ce qui la replace dans le premier cas que j'ai envisagé, puis, lorsque les mauvais effets se font sentir (manque de marchandises, gêne des échéances), elle recule ou restreint les remboursements, ce qui, inévitablement, accentue la crise.

4° *Crédit de la Banque des Coopératives de France.* — Soit avant cet évènement, soit après, la Société fait appel à la Banque des Coopératives de France.

Il faut le dire tout de suite nettement. La Banque des Coopératives n'a pas pour objet de faire des avances destinées à des immobilisations. Elle ne peut faire que des découverts à court terme, puisqu'elle même ne reçoit que des dépôts à court terme. Ce serait de sa part la pire imprévoyance si elle consentait des prêts immobiliers dont l'amortissement est naturellement assez lent, alors que la moitié de ses dépôts peuvent lui être réclamés à vue et les autres dans un an, deux ans et, assez rarement, cinq ans.

La Banque des Coopératives, et son rôle est assez considérable sur ce point, ne peut que prêter pour investissements de courte durée : marchandises, achats saisonniers. Elle peut mettre les sociétés, jusqu'à concurrence de la moitié de leur actif net, à l'abri des fluctuations qui peuvent se produire dans les achats ou dans les ventes. Il ne faut pas lui demander des miracles. C'en serait un que de faire, dès les premières années de son existence, des opérations à longue échéance.

5° *Les obligations.* — *Leurs avantages.* — *Leurs limites.* — Quelques sociétés ont eu recours alors, pour couvrir leurs immobilisations, à des emprunts obligatoires.

Ces opérations présentent déjà infiniment plus de garantie, et la Banque des Coopératives a, chaque fois, contribué puissamment à leur réussite. Dans la plupart des cas, d'ailleurs, il s'agissait non pas de trouver des ressources pour un plan d'extension, mais de revenir à un bilan sainement équilibré. C'était la consolidation de crédits à court terme, déjà employés en immobilisations, et que des administrateurs prévoyants désiraient transformer en crédits à long terme.

Les obligations, en effet, peuvent s'amortir suivant le rythme même de l'amortissement des immeubles. En incorporant les charges décroissantes à l'amortissement croissant des titres, on obtient une annuité régulière et, par conséquent, on connaît la charge exacte dont sont frappées les immobilisations.

Il est certain que le développement de nos obligations coopératives aidera beaucoup le développement de la coopération elle-même et, en particulier, lorsque la Banque sera capable de placer avantageusement des quantités considérables de ces titres, c'est-à-dire lorsqu'elle-même et ces titres jouiront de la faveur des déposants coopérateurs, les vastes programmes de production coopérative, avec l'outillage puissant et moderne qu'ils réclament, pourront être envisagés.

En attendant, il est bon, malgré les progrès certains que ces méthodes représentent sur les anciens errements d'en marquer les inconvénients et les limites.

D'abord les charges sont beaucoup plus lourdes que si la Société utilise les comptes d'épargne des sociétaires. C'est ce que des administrateurs, même de grandes Sociétés, opposent quelquefois soit à l'emprunt obligatoire, soit même au découvert en Banque. Il est certain que plus on veut de sécurité et par conséquent de durée dans l'emprunt qu'on fait, plus on doit payer, car le banquier doit utiliser des capitaux également d'assez longue durée, et il faut qu'il les paie plus cher. Les immobilisations, faites avec la caisse d'économie coûtent bon marché, mais ce sont des châteaux de sable.

Les charges obligatoires sont donc lourdes. Par conséquent, sauf le cas de consolidation de dettes flottantes car alors on ne peut discuter une situation déjà acquise, il y a lieu d'étudier soigneusement si les résultats d'exploitation prévus par les nouveaux immeubles ou le nouveau matériel compenseront les charges nouvelles. Par exemple, si un entrepôt doit être construit à l'aide d'un emprunt obligataire, il s'agit de calculer les résultats probables de son fonctionnement avec toute la prudence nécessaire. Si ces résultats permettent de couvrir largement l'annuité régulière dont j'ai parlé plus haut, l'opération peut être tentée. Sinon, c'est une opération qui, financièrement, est mauvaise.

Une deuxième limite à l'emprunt obligataire, c'est sa proportion par rapport à l'actif net. Nous ne devons pas oublier, en effet, que dans la recherche des capitaux à long terme, l'accroissement des actions augmente la garantie des tiers, mais l'accroissement des emprunts obligataires diminue cette même garantie. Les actionnaires, en effet, sont les responsables de la Société. Les obligataires n'en sont que les créanciers, ils viennent augmenter la masse de ceux-ci et diminuer par conséquent la sécurité de leurs créances.

Quel est le rapport raisonnable de l'emprunt obligataire à l'actif net ? Si on pouvait répondre à cette question, les affaires seraient vraiment simples et le seul examen du bilan permettrait à un commerçant de voir s'il peut livrer ou non à un client. Malheureusement, il n'en est pas ainsi, car cette proportion dépend de la nature de l'entreprise et aussi de sa valeur. Ce dernier facteur est lui-même composé d'éléments qu'il faut peser dans chaque espèce, et c'est par une longue expérience des hommes, des organisations et des affaires qu'on peut arriver à porter des jugements à peu près justes.

En tout cas, ce qui est certain c'est que ce rapport raisonnable existe pour chaque Société et qu'il est à déterminer par une étude. Si la proportion d'obligations est dépassée, il y a insécurité pour les tiers et pour les obligataires eux-mêmes.

On ne peut donc pas compter indéfiniment sur les obligations pour étendre nos entreprises coopératives. Il arrivera fatalement un moment où, saturée d'obligations par rapport à son actif net, la société devra arrêter son développement ou chercher à augmenter cet actif net.

II. — Les divers moyens d'augmenter le capital propre

Intérêt aux actions libérées. — Le capital propre doit régulièrement s'accroître chaque année par le jeu des réserves. Il s'accroît aussi par suite de la libération des actions et des nouvelles adhésions.

Ces divers moyens sont lents, car le montant de l'action est encore beaucoup trop faible par rapport à l'immobilisation qu'exige chaque sociétaire.

Il est certain que cette faiblesse ne fera qu'augmenter dans l'avenir, au fur et à mesure que les sociétés s'organiseront en profondeur, c'est-à-dire qu'elles passeront du détail à l'entrepôt de demi-gros, à l'achat direct, et qu'elles s'adjoindront des branches nouvelles comportant souvent de la production (charcuterie, confiturerie, chaussonnerie, vêtements, articles de ménage, boulangerie, etc., etc.). La société met à la disposition de ses membres des services qui auraient exigé le capital de plusieurs sociétés distinctes ou celui de commerçants nombreux. Et pourtant elle demande toujours l'effort unique d'une action de 100 francs.

Invinciblement les sociétés ont donc été incitées à rechercher l'augmentation de cet effort du sociétaire.

Comme il était impossible de le rendre obligatoire, on a commencé par faire aux principes une entorse qui paraît légère, mais qui est assez grave financièrement : on a décidé que, tant que l'action n'est pas complète, elle ne reçoit pas d'intérêts, mais que, lorsqu'elle est complète, elle reçoit un intérêt qui va jusqu'à 6 % (maximum prévu par la loi du 7 mai 1917). De cette façon, le sociétaire a intérêt, au sens strict, à compléter son action.

Voilà une première augmentation du capital, ou, plus exactement, de la proportion du capital versé par rapport au capital souscrit.

Les actions supplémentaires. — On a voulu aller plus loin et augmenter même le capital souscrit, indépendamment des adhésions nouvelles. Pour cela il a fallu faire campagne et inviter les actionnaires à souscrire volontairement non plus à une, mais au plus grand nombre d'actions possible. Cette campagne a porté ses fruits dans certaines sociétés où des actions supplémentaires nombreuses ont été souscrites. Il est certain qu'ainsi l'actif net de la société a été augmenté et que, par conséquent, son pouvoir d'extension s'est accru, soit à l'aide de cet actif, soit à l'aide des nouvelles possibilités de crédit à long terme (obligations).

Il y a lieu, toutefois, de faire sur la pratique de ces actions supplémentaires un certain nombre de remarques.

Ces actions naturellement, selon les principes coopératifs, ne donnent pas droit à des voix supplémentaires à l'assemblée générale ordinaire, et elles reçoivent l'intérêt fixe attribué aux actions ordinaires (au maximum 6 %). On voit ainsi que l'effort particulier demandé aux sociétaires (et cette invitation réussit surtout auprès des bons sociétaires) aboutit au résultat paradoxal suivant : en cas de liquidation de la société, le bon sociétaire, qui a souscrit à plusieurs actions et a accompli ainsi tout son devoir, sera légalement plus responsable que le sociétaire médiocre à action unique.

Aura-t-il eu en contre-partie des avantages particuliers ? Du tout. Il a eu droit à la ristourne sur ses achats comme s'il n'avait eu qu'une action, et il a touché un intérêt généralement moins élevé que les obligataires, puisque le maximum légal est de 6 % pour les actions, mais qu'il n'y a pas de maximum pour les obligations.

Ajoutons à cette remarque que, dans la pratique, les coopérateurs qui souscrivent à des actions supplémentaires sont généralement des petites gens qui ne savent pas faire la différence entre une action et une obligation et, par conséquent, ne se rendent pas compte de la responsabilité supplémentaire qu'ils acceptent ainsi.

En vérité, chaque fois qu'une société a été liquidée, lorsqu'il y avait des actions supplémentaires, les liquidateurs ont été troublés et ont cherché à donner à ces actions une priorité de paiement. Mais il n'y a pas de moyen légal de le faire.

Les actions de priorité. — Leurs privilèges. — Leur taux d'intérêt. — Les précautions à prendre. — Il semble donc qu'il y aurait lieu de donner à ces actions la forme légale qui répondrait à ces préoccupations de justice.

Or, cette forme existe. Elle a été indiquée par notre ami Bernard Lavergne dans son livre sur les sociétés coopératives de consommation : c'est l'action de priorité définie par les lois du 16 novembre 1903 et du 22 novembre 1913, dont texte ci-dessous :

« *Art.* 34 *du Code de Commerce* (Loi du 16 novembre 1903). — Le
« capital social des sociétés par actions se divise en actions et même
« en coupons d'actions d'une valeur nominale égale.

« Toute société par actions peut, par délibération de l'Assemblée
« générale constituée dans les conditions prévues par l'article 31 de
« la loi du 24 juillet 1867, créer des actions de priorité jouissant de
« certains avantages sur les autres actions ou conférant des droits
« d'antériorité, soit sur les bénéfices, soit sur l'actif social, soit sur
« les deux, si les statuts n'interdisent point, par une prohibition
« directe ou expresse, la création d'actions de cette nature.

« Sauf dispositions contraires des statuts, les actions de priorité et
« les autres actions ont, dans les assemblées, un droit de vote égal.

« Dans le cas où une décision de l'Assemblée générale comporterait
« une modification dans les droits attachés à une catégorie d'actions,
« cette décision ne sera définitive qu'après avoir été ratifiée par une
« Assemblée spéciale des actionnaires de la catégorie visée.

« (Loi du 22 novembre 1913). — Cette assemblée spéciale, pour
« délibérer valablement, doit réunir au moins la portion du capital
« que représentent les actions dont il s'agit, déterminée par les para-
« graphes 2, 3 et 4 de l'article 31 de la loi du 24 juillet 1867.

« (Loi du 16 novembre 1903) : D. P. 1903, 4, 80. — (Loi du 22 no-
« vembre 1913) : D. P. 1914, 4, 1. — Bull. Dalloz, 1914, p. 174. »

Ainsi, plutôt que de la forme action supplémentaire simple, je suis partisan de la forme action supplémentaire de priorité.

Quels devraient être les privilèges attachés aux actions supplémentaires ?

1º Droit d'antériorité sur l'actif social par rapport aux autres actions. Ce droit d'antériorité ne lèse pas les tiers créanciers et il ne lèse pas non plus les actionnaires, puisque, comme nous le verrons plus loin, les actionnaires de priorité seront en même temps actionnaires simples. Dans la réalité, tout le fardeau du déficit sera ainsi réparti également entre toutes les personnes actionnaires, qu'elles soient de priorité ou non. Si les actions ordinaires ne suffisent pas, les actions de priorité supportent alors la charge du surplus du déficit et, par conséquent, dans une proportion qui peut être moins considérable. Les bons sociétaires ayant apporté un effort financier particulier acceptent donc ainsi également une part de responsabilité.

mais une part raisonnable, plus faible, et une fois que tout le monde, eux y compris, a équitablement partagé la charge éventuelle du déficit ;

2° Droit d'antériorité sur les bénéfices. Il paraît juste que, si les bénéfices ne sont pas suffisants pour distribuer tout l'intérêt aux actions, ce soit d'abord les actions de priorité qui soient payées. Même si la justice de cette thèse était contestée, il faudrait tenir compte de la nature humaine et donner une garantie supplémentaire au sociétaire à qui on demande une responsabilité supplémentaire. Je sais bien qu'ainsi on s'éloigne des principes du début : l'égalité de tous les actionnaires. Mais on est amené à faire ces différences à partir du jour où l'on demande des apports de capital volontaires et, par conséquent, différents. La justice absolue serait évidemment de ne donner aucun intérêt à aucune action, mais nous avons besoin d'augmenter le capital dans un milieu non coopératif et qui, pour détourner ce capital vers nos adversaires, donne les avantages les plus séduisants.

Parmi ces avantages, le moindre n'est pas le taux élevé du loyer de l'argent. La loi du 7 mai 1917 limite ce taux à 6 % pour les actions coopératives et cette limitation est parfaitement juste pour les actions ordinaires, car ce qui doit faire l'intérêt de ces actions ce n'est pas le taux, c'est le droit au trop-perçu. L'intérêt de 6 % n'est qu'une sorte de prime accordée aux coopérateurs qui libèrent rapidement leur action. En ce qui concerne l'action supplémentaire, il n'en est pas de même. Le souscripteur a déjà tous les droits attachés à sa première action et il a accompli tous ses devoirs statutaires. On lui demande donc une responsabilité supplémentaire et on lui offre un placement. Il y aura toutes chances pour qu'il compare le taux de ce placement avec celui des autres qui lui sont proposés de toutes parts, soit par l'Etat, soit par des entreprises garanties par l'Etat, soit par des particuliers. Si, par conséquent, on veut faire un effort efficace, il faut que le taux de ces actions supplémentaires corresponde au taux du marché. La loi doit donc distinguer entre les actions ordinaires et les actions supplémentaires en laissant les sociétés libres de donner à celles-ci le taux d'intérêt qui correspond au cours.

Il n'est pas douteux qu'à l'heure actuelle ce cours est sensiblement supérieur à 6 %.

Il y aurait bien le subterfuge qui consisterait à émettre des actions supplémentaires à 6 %, mais à les offrir avec une prime plus ou moins forte, la loi étant muette sur ce point. Je ne pense pas que ce procédé serait digne du mouvement coopératif, et la modification de la loi serait bien préférable.

Il est certain que les actions supplémentaires de priorité, considérées comme des valeurs de placement (et il faut bien les considérer comme telles) seront un élément de plus en plus important dans les finances coopératives de l'avenir. Si l'on songe que ces placements échappent à la séduction du risque et du jeu, plus forte que l'on pense dans le cœur des hommes, et qu'ils sont déjà, par conséquent, une réaction salutaire de moralité financière, il ne faut pas ajouter à ce rigorisme obligatoire de nos principes la difficulté qui consisterait à maintenir le taux d'intérêt plus bas que celui des titres garantis ou des titres à risquer plus faibles (bons, obligations, etc.) (1). Cette

---

(1) Cette séduction, et la possibilité de répartir les réserves, permettent à nos concurrents d'obtenir très rapidement le capital supplémentaire qui leur est nécessaire (augmentation de capital Damoy, Galeries Lafayette, obligations Nicolas, etc.).

question est une des plus importantes du mouvement coopératif à
l'heure actuelle, car la politique du capital individuel, absolument
nécessaire pendant la période d'extension rapide, nous place exactement dans les conditions de nos adversaires capitalistes et, toute
répartition des résultats au prorata du capital individuel venant
diminuer la partie collective de ces résultats, est une brèche dans
notre œuvre coopérative. Il y a donc lieu non pas de l'empêcher, car
alors il faudrait arrêter le développement, mais d'aménager nos
finances de façon à diminuer peu à peu dans l'avenir la proportion
du capital individuel par rapport au capital collectif. Pour parler
plus simplement, la grande préoccupation des coopérateurs doit être
d'augmenter leurs réserves collectives pour diminuer leurs charges,
mais en même temps, ils doivent payer les actions supplémentaires
au taux du marché, pour continuer le développement.

Voilà les deux règles, qui semblent se contrarier, pour financer
sérieusement le développement coopératif tout en évoluant de plus
en plus vers la forme collective du capital.

Les actions supplémentaires de priorité auront d'autres caractéristiques.

D'abord, il semble bien que le sentiment coopératif portera à les
réserver aux sociétaires. Au surplus, qui, en dehors des coopérateurs, pourrait s'intéresser à ces actions sans dividende et ne permettant aucune plus-value ?

Les alinéas 4 et 5 de l'article 34 du Code de commerce recevront
ainsi satisfaction très facilement. Toutefois, le quorum de la deuxième Assemblée ne sera pas le même selon qu'il s'agira d'une modification aux droits des actions ordinaires ou d'une modification aux
droits des actions de priorité.

. Pour que la Société soit assurée que les actions supplémentaires
de priorité restent bien aux mains des sociétaires, il est nécessaire
qu'elles soient essentiellement nominatives et transmissibles seulement par inscription sur les registres de la Société.

Cette règle est de nature à contrarier un peu la besogne de négociabilité de ces titres, que nous examinerons tout à l'heure. Si, en
effet, ces titres ne sont pas frappés, de la taxe de 0,72 % par an sur
les titres au porteur, ils doivent supporter, au moment où on veut
les vendre, le droit de transfert des titres essentiellement nominatifs,
soit 1,08 %, et, de plus, il est nécessaire de demander au vendeur et
à l'acheteur quelques formalités : bordereaux de demande et d'accep-
tation de transfert. Mais ces difficultés apparaissent peu considérables lorsqu'on sait que les coopérateurs conservent généralement
fort longtemps leurs titres et qu'ils ne demanderont à les négocier
que dans des cas très rares.

Négociabilité des actions de priorité. — Toujours est-il qu'il m'apparaît indispensable d'assurer dans une certaine mesure la négociabilité de ces titres. Le coopérateur qui placera une partie de ses
fonds en actions supplémentaires posera la question suivante : si j'ai
besoin de mon argent, est-ce que je pourrai en disposer ?

Cette question a réponse facile en ce qui concerne les titres ordinaires négociés en Bourse. Lorsqu'il y a trop de vendeurs, ceux-ci
en sont quittes pour consentir une perte plus ou moins forte et allé-
cher ainsi des acheteurs. Dans la coopération, nous jugerions immo-
ral qu'un acheteur bénéficie d'une différence parce qu'un sociétaire
a besoin de vendre ses titres.

Les Sociétés devront donc, par leurs moyens habituels, solliciter
des acheteurs, ou, plus exactement, elles solliciteront continuellement
les souscripteurs d'actions supplémentaires, et pourront ainsi rem-

bourser, dans la mesure des possibilités, les sociétaires ayant besoin de leurs fonds.

Devra-t-on procéder par transferts ou par remboursements ?

Dans le premier cas, on a les formalités de transfert et le droit de transfert de 1,08 %, mais l'opération est parfaitement régulière et, de plus, il devient clair pour tout le monde que la vente des titres ne peut avoir lieu que si des acheteurs se présentent.

Dans le second cas, on évite les formalités et les frais de transfert, ainsi que l'impôt sur les opérations de bourse, mais on doit demander la démission du sociétaire pour toutes ses actions, afin de le faire souscrire à une action ordinaire nouvelle. L'inconvénient le plus grave serait l'esprit des sociétaires se figurant qu'en toutes circonstances la Société est tenue au remboursement. Il y aurait ainsi des déceptions et des mécontentements.

Je penche donc pour le premier système (les ventes par transfert) malgré les quelques frais qui en résultent.

Le seul inconvénient grave qu'il pourrait présenter pour nos coopérateurs est le suivant : un actionnaire dans le besoin et qui aurait besoin d'argent au moment où il n'y a plus d'acheteurs se verrait-il impitoyablement refuser ses fonds ?

L'Union des Coopérateurs de Paris a répondu à ce besoin par un procédé ingénieux. Elle a un fonds spécial qui permet au Conseil d'administration de faire une avance au sociétaire sur le montant de ses actions supplémentaires. Ainsi le but visé est atteint et, dès que le sociétaire, la crise passée, peut rembourser le prêt, ses actions redeviennent libres. Ce fonds de prêts sur actions supplémentaires permettrait en même temps d'éviter dans bien des cas un ordre de vente des titres pour le remplacer par un simple prêt, ce qui est tout au bénéfice du capital de la Société. Il va sans dire que l'intérêt du prêt sera exactement celui des actions et, s'il est majoré d'une commission pour les frais comptables, ce sera toujours dans une proportion très faible.

Si la Société préfère le deuxième système (les remboursements), il serait sage d'inscrire dans les statuts une clause garantissant les tiers en donnant une certaine fixité au capital. Ce pourrait être qu'en aucun cas il ne sera donné suite aux demandes de remboursement dont l'effet serait de réduire le capital au-dessous des neuf dixièmes du plus haut chiffre atteint.

Le versement des bonis au capital de priorité négociable. — Pourrait-on stimuler les souscripteurs d'actions supplémentaires, au moment de la distribution des ristournes ?

Evidemment, il y a là une question d'habitudes, puisque le chiffre même de la ristourne est une pure habitude locale.

Les sociétés sont libres de distribuer la ristourne en espèces ou en marchandises. Il y a des partisans de l'un et de l'autre, et je sais les discussions interminables qui peuvent s'élever dans une Assemblée générale à ce sujet.

Aussi pourra-t-on assez rarement proposer que les bonis soient affectés d'office à des actions supplémentaires de priorité. Lorsque ce sera possible, il y aurait pourtant de grands avantages pour la Société, et les inconvénients pour les sociétaires ne seraient pas considérables. Ceux, en effet, qui voudraient toucher immédiatement n'auraient qu'à donner l'ordre de vente dès que l'action est complète. Et il est à penser que beaucoup conserveraient leurs titres dont, d'ailleurs, ils auraient la satisfaction de voir grossir le compte dans leur situation de chaque année, et sachant qu'il s'agit là d'une véritable épargne pouvant aider la famille en cas de nécessité.

Si la Société pense, et ce sera souvent le cas, qu'elle aura des difficultés pour faire admettre l'application d'office des bonis au compte actions, elle pourra faire de la propagande pour obtenir que ce système soit appliqué à ceux des sociétaires qui l'accepteront bénévolement. Il est possible que cette propagande obtienne assez de succès pour que ce moyen terme soit profitable au capital de la Société; car les meilleurs sociétaires y souscriront, et ils représentent la plus grosse part du trop-perçu.

La présentation des comptes actions et bonis. — Je dois ajouter que ce serait peut-être l'occasion de présenter d'une façon différente les comptes de résultats.

Jusqu'à présent les Sociétés informent leurs membres qu'ils peuvent se distribuer une ristourne de X % sur leurs achats. C'est la formule clairement coopérative. Cependant dans la réalité des faits, lorsque le coopérateur reçoit cet avis, lorsqu'il cherche quel a été son avantage personnel, égoïste, à souscrire à une action, à quoi compare-t-il ce taux ?

A moins de savoir lire un bilan, à moins d'être au courant des affaires, c'est-à-dire presque toujours, il compare au loyer normal de l argent à la Caisse d'Epargne ou aux fonds publics.

Avant la guerre, cette comparaison ne portait pas préjudice aux Sociétés. Il n'en est plus de même actuellement. Le sociétaire dit : « On m'a donné 2 % à la Coopérative. La Caisse d'Epargne me donne 4,25 %. Je peux placer à 7 %. Je n'ai donc pas d'avantages dans ma Société ».

Il faut qu'il lise le rapport attentivement, y compris le bilan, et qu'il fasse un calcul personnel pour se rendre compte que s'il a une action de 100 francs libérée et s'il a consommé pour 1.000 francs dans son année, il a placé en réalité son argent à $6+20=26$ %. Ou bien, le capital de la Société étant de 100.000 francs et le trop-perçu distribué, de 15.000 francs, le taux du placement ressort ainsi à $6+15=21$ %. Donc, la Société est une excellente affaire, à laquelle vous ne devez pas hésiter à prendre des actions supplémentaires qui vous rapporteront 7 ½ %.

Ainsi, à côté du résultat coopératif, je pense qu'il serait utile de présenter à chaque sociétaire le résultat capitaliste de son placement. Il saurait ainsi que mettre son argent dans sa Société, c'est le placer sûrement, et que prendre des actions supplémentaires c'est encore une bonne affaire, car si l'accroissement du capital permet une augmentation même légère des résultats coopératifs, cela représente un relèvement important du taux capitaliste.

Le Congrès peut demander à l'Office Technique de la F. N. C. C. l'étude d'une présentation simple et peu coûteuse du point de vue comptable. Cette présentation-type serait ensuite portée à la connaissance des Sociétés.

III. — Conclusion

En résumé, il me semble que la politique financière actuelle doit être un gros effort en faveur du capital, et la restriction très prudente du trop-perçu pour augmenter les réserves collectives.

Le développement de la Banque des Coopératives de France, bien que très important pour l'avenir du mouvement, ne peut pas rendre inutile cet effort de capital. Bien au contraire, en donnant des facilités de trésorerie et des espoirs de développement, il oblige les Sociétés à consolider leurs bases financières par des crédits à long terme et du capital nouveau.

Ce capital nouveau peut être obtenu en donnant des garanties et des avantages soigneusement étudiés aux sociétaires qui souscrivent des actions supplémentaires.

Peut-être même, pourrait-on faire entrer peu à peu dans les mœurs la conversion des bonis en actions supplémentaires.

Ce serait l'occasion de présenter ce versement des bonis au capital comme une placement d'épargne dont le compte annuel du sociétaire ferait ressortir le taux capitaliste avantageux à côté du résultat coopératif.

IV. — Vœux

a) Le Congrès de Nancy demande à la F. N. C. C. de faire modifier la loi du 7 mai 1917 de façon à permettre aux Sociétés coopératives d'émettre pour leurs membres des actions des actions supplémentaires à un taux supérieur à 6 %.

b) Le Congrès de Nancy demande à l'Office Technique de la F. N. C. C. d'étudier une présentation type du compte-action et trop-perçu de chaque sociétaire de façon à faire apparaître le taux capitaliste du placement à côté du résultat coopératif.

ᴧᴧᴧᴧᴧᴧᴧᴧᴧᴧᴧᴧᴧᴧᴧᴧᴧᴧ

II

RAPPORT SUR LA FOURNITURE POSSIBLE DE FARINE AUX BOULANGERIES COOPÉRATIVES

— x —

Rapporteur : Well

A différentes reprises, le M. D. G. a tenté de grouper les besoins des boulangeries coopératives pour tâcher de remplir auprès d'elles le rôle qu'il remplit auprès des coopératives de consommation. Réunir au M. D. G. la plus grosse partie des quantités de farines employées par les sociétés et tâcher — forts de cette puissance d'achat — d'obtenir des conditions sinon spéciales, tout au moins meilleures que celles qu'obtiennent les boulangeries de moyenne importance, parce que livrées à elles-mêmes, c'est là l'objectif qui est envisagé.

Le M. D. G. voulait, en un mot, remplir le rôle qui lui est assigné dans le mouvement coopératif. Ses tentatives échouèrent parce qu'il n'avait pas en face de lui une meunerie aux ramifications assez étendues pour livrer aux boulangeries dispersées sur tout le territoire les farines qu'elles emploient et, surtout, les livrer dans des condiitons de transport suffisamment intéressantes.

Mais, l'an dernier, il est venu à sa connaissance qu'une société rachetait ou avait racheté quelques grosses affaires de meunerie en province. C'est alors qu'il a adressé à toutes les boulangeries coopératives de France, connues de lui, un questionnaire. Toutes, malheureusement, n'ont pas répondu à cet appel. Sur 1.400 interrogées, 200 seulement lui ont fourni les renseignements demandés. Ces 200 boulangeries travaillent annuellement 378.950 balles de farine de qualités diverses.

. Nous communiquons ci-dessous une énumération de ces quantités par département :

Ain	2.630 sacs.	Haute-Saône	1.030 sacs.
Aisne	14.000 —	Haute-Savoie	700 —
Ardèche	1.200 —	Haute-Vienne	34.300 —
Ardennes	25.200 —	Hérault	1.464 —
Ariège	4.000 —	Indre-et-Loire	5.115 —
Aube	4.585 —	Jura	900 —
Aude	4.790 —	Landes	1.980 —
Aveyron	7.500 —	Loire	12.040 —
Bas-Rhin	5.500 —	Loiret	6.000 —
Basses-Pyrénées	950 —	Loire-Inférieure	12.780 —
Bouches-du-Rhône	7.580 —	Lot-et-Garonne	750 —
Ch.-Inférieure	6.045 —	Maine-et-Loire	600 —
Corrèze	1.000 —	Manche	6.700 —
Corse	130 —	Marne	6.700 —
Creuse	1.900 —	Meurthe et Moselle.	8.600 —
Deux-Sèvres	5.550 —	Nièvre	4.250 —
Dordogne	10.325 —	Nord	42.053 —
Doubs	5.440 —	Oise	1.500 —
Drôme	1.200 —	Pas-de-Calais	2.265 —
Finistère	2.000 —	Puy-de-Dôme	1.200 —
Gard	2.160 —	Rhône	15.750 —
Gers	5.600 —	Saône-et-Loire	5.300 —
Gironde	12.130 —	Sarthe	2.740 —
Haute-Loire	940 —	Savoie	1.000 —
Haute-Marne	1.800 —	Seine	1.000 —
Haut-Rhin	10.000 —	Seine-Inférieure	1.000 —
Somme	28.000 —	Vendée	1.380 —
Tarn-et-Garonne	1.100 —	Vienne	2.980 —
Terr. Belfort	1.500 —	Vosges	11.170 —
Var	4.000 —	Yonne	8.256 —

Il est incontestable que ce chiffre de 378.950 balles est imposant, mais il eût été décuplé sans doute si le M. D. G. avait trouvé auprès des boulangeries interrogées l'accueil favorable qu'il pouvait espérer. Cependant, il ne se décourage pas et il s'efforcera. avec les éléments qu'il possède, d'arriver à des résultats satisfaisants. Ce sera sans doute le meilleur moyen d'encourager les sociétés réfractaires à venir à lui.

Muni de ces renseignements, il a amorcé les premiers pourparlers avec la firme très importante dont nous parlons plus haut et qui nous paraît disposée à une entente, mais se déclare incapable, de prime abord, de répondre aux demandes de toutes les sociétés de tous les départements.

Le M. D. G. préfère du reste aller doucement en besogne et ne s'engager que sur un terrain solide, quitte à étendre ses opérations petit à petit si, comme il faut l'espérer, ses efforts sont couronnés de succès.

Le but du M. D. G. n'est pas. nous le déclarons nettement, de devenir un négociant en farines. Il veut être pour les farines ce qu'il est pour les articles traités habituellement : l'organisme de répartition aux meilleures conditions possibles.

Il ne cherche pas à prélever sur ces opérations un bénéfice com-

mercial, ce qui le mettrait en état d'infériorité manifeste et éloigne-
rait de lui le résultat qu'il recherche.

Le M. D. G. veut seulement devenir le courtier de nos boulangeries coopératives, courtier travaillant avec une commission extrêmement minime, commission versée par la meunerie. Nous dirons plus :
nous tenons essentiellement à ce que les courtiers de province soient
intéressés à cette commission, parce qu'il est nécessaire qu'ils soient
les auxiliaires auprès des sociétés, non seulement pour les visiter
régulièrement, dans le seul but d'enlever des ordres, mais, — et cela
est beaucoup plus important à notre avis — pour renseigner les
adhérentes sur l'état du marché et les conseiller utilement.

Il nous a été demandé de faire un exposé de la question pendant
le Congrès de 1925 et au cours d'une réunion à laquelle seront convoquées les boulangeries coopératives. Nous entrerons alors dans le
vif de la question et indiquerons aux congressistes de quelle façon
nous entendons sa mise au point définitive.

Union de Revision et de Contrôle

des

Coopératives de France

(adhérentes à la F. N.)

Malgré un effort de propagande, digne d'un meilleur résultat,
seulement 41 Sociétés coopératives ont adhéré à l'Union de Revision
depuis le dernier Congrès National, ce qui porte le nombre des
Sociétés adhérentes à 163, soit à peine le 10e des sociétés qui font
partie de la Fédération Nationale.

Il y a pourtant, pour les Administrateurs, soucieux de leurs responsabilités, un intérêt indéniable à faire examiner la comptabilité
qui a servi à dresser les documents qu'ils présentent, sous leur
signature, à l'approbation des Coopérateurs. Ils auraient ainsi la
certitude que ces documents sont exacts et présentés conformes aux
obligations légales.

Nous rappelons que les reviseurs tenus à la disposition des sociétés
ayant été choisis par les Fédérations régionales, offrent toutes les
garanties, tant morales que professionnelles.

Nous rappelons également que, grâce à la subvention accordée à
l'Union de Revision par les organismes centraux, les sociétés ne sont
tenues au versement d'aucune indemnité aux reviseurs, mais seulement au remboursement de leurs frais de déplacement et de séjour,
frais peu importants, la revision ne demandant pas beaucoup de
temps et les reviseurs habitant la région.

ANNEXES

CAISSE FÉDÉRALE

Le bilan de la Caisse Fédérale arrêté au 31 décembre 1924 a été vérifié et approuvé par le Ministère du Travail. Une longue nomenclature de chiffres est toujours fastidieuse à lire, nous nous contenterons donc d'en extraire les plus importants, de manière à donner un compte-rendu aussi bref que possible de notre situation financière et morale.

L'ensemble des fonds placés à la Caisse des Dépôts et Consignations s'élève à 677.454 francs, contre 469.751 francs pour le précédent exercice, soit une augmentation de 45 %. Nous sommes heureux de constater cette intéressante progression qui est une preuve de confiance de la part de nos sociétaires.

Notre actif se totalise par 660.283 francs, en excédent de 116.444 fr. sur l'an dernier. Au passif, constitué par les réserves mathématiques afférentes aux retraites éventuelles de nos assurés, nous relevons 634.769 francs contre 497.906 francs, soit une augmentation de 136.863 francs. Notre excédent d'actif qui était de 45.937 francs ne ressort plus ainsi qu'à 25.513 fr.

L'examen du bilan montre, d'une part, un accroissement très élevé des fonds placés, d'autre part une diminution du solde créditeur. Cela peut paraître anormal. C'est malheureusement la situation présente de tous ceux dont le portefeuille est uniquement composé de valeurs mobilières à revenu fixe. Le renchérissement du foyer de l'argent, la dévalorisation du franc, ont provoqué une baisse des cours particulièrement sensible sur les rentes et les emprunts de ville; par suite de cette dépréciation, notre capital se trouve diminué, nos charges restant les mêmes, il en résulte donc que notre balance d'actif est plus faible. Nous espérons d'ailleurs que les pouvoirs publics sauront prendre les mesures propres à enrayer cette baisse qui, si elle s'accentuait, mettrait les organismes de retraites aussi bien que les institutions de prévoyance dans une situation très embarrassée.

Nous comptons maintenant 6.267 adhérents, dont 232 retraités. 3.697 cartes sont rentrées au lieu de 3.577. La moyenne des versements par carte est de plus en plus élevée, elle atteint près de 60 francs, ce qui indique que nos Sociétaires se rendent compte que pour avoir droit à une retraite convenable il ne faut pas se contenter d'effectuer les versements minima obligatoires. D'ailleurs, l'Etat de son côté ne devrait-il pas s'intéresser du sort de ces nombreux assurés ayant atteint la soixantaine, à qui on fait miroiter une pension, qui déjà insuffisante avant la guerre ne représente pas même maintenant l'ombre d'un secours.

Les bénéficiaires des pensions de retraite ouvrières et paysannes seront-ils donc les seuls à ne pouvoir espérer la moindre amélioration à leur situation pourtant si digne d'intérêt?

Au cours de cette année, nous avons eu le plaisir d'enregistrer un certain nombre d'adhésions nouvelles venues de groupements coopératifs qui, à l'exemple du M. D. G. et de l'U. D. C. ont organisé un service de retraites pour leur personnel. Nous adressons nos remerciements et espérons que leur exemple sera suivi par l'ensemble de l'organisation coopérative française. La question des retraites doit être en effet l'objet de toutes nos préoccupations. Comptons un peu sur l'Etat-Providence à ce sujet, comptons beaucoup plus sur nous. La Coopération n'aura vraiment atteint son but que le jour où elle aura assuré à ses membres la sécurité de leurs vieux jours. Il faut donc que tous les Coopérateurs de France viennent grossir les rangs de la Caisse Fédérale.

Nous pourrons ainsi, grâce au fonds dont nous disposerons, accueillir les demandes qui nous sont faites de toutes parts et aider au développement des nombreuses œuvres sociales créées par la coopération.

Il ne nous était guère possible jusqu'à présent d'user de la faculté que nous offrait la loi de 1910, de consentir des prêts aux institutions de prévoyance, d'hygiène sociale reconnues d'utilité publique ou aux offices de construction d'habitations à bon marché. Les ressources dont nous aurions pu disposer à cet effet étaient trop limitées pour nous permettre d'apporter à ces œuvres un appoint suffisamment important pour être efficace. Mais d'année en année, nos moyens financiers deviennent plus puissants. Nous voici à la tête d'un capital voisin de 700.000 francs. Nos recettes ont atteint en 1923 plus de 200.000 francs et ne pourront que s'accroître avec le développement du Mouvement coopératif lui-même.

Nous serions tout disposés, si la Fédération Parisienne (par exemple), réalise son projet de construction d'habitations à bon marché, de lui apporter notre concours en mettant à sa disposition une bonne partie de nos disponibilités. Une circulaire récente du Ministère du Travail nous donne toute facilité à ce sujet. Nous serions ainsi très heureux de pouvoir aider à remédier à cette crise du logement dont souffrent tant les travailleurs.

Nous ne doutons pas que cette suggestion ne soit accueillie favorablement et ne contribue à intéresser davantage encore tous les organismes coopératifs au développement de la Caisse Fédérale.

TABLE DES MATIÈRES

ANNEXES

RAPPORTS ET DOCUMENTS

PREMIÈRE PARTIE

DEUXIÈME PARTIE

CONFERENCES SPECIALES

IMPRIMERIES RÉUNIES
22, Rue de Nemours. Rennes